# 市场调研与统计分析应用

Marketing Research and Application of Statistical Analysis

罗振鹏　编著

北京出版集团
北 京 出 版 社

**图书在版编目（CIP）数据**

市场调研与统计分析应用 / 罗振鹏编著. — 北京 ：北京出版社，2022.2

ISBN 978-7-200-17058-0

Ⅰ. ①市… Ⅱ. ①罗… Ⅲ. ①市场调研 — 统计分析 Ⅳ. ①F713.52

中国版本图书馆CIP数据核字(2022)第033375号

责任编辑：张素琴
封面设计：魏建欣
责任印制：武绽蕾

市场调研与统计分析应用
SHICHANG DIAOYAN YU TONGJI FENXI YINGYONG

罗振鹏　编著

*

北 京 出 版 集 团
北 京 出 版 社　出 版

（北京北三环中路6号）
邮政编码：100120

网　　址：www.bph.com.cn
北京出版集团总发行
新华书店经销
北京建宏印刷有限公司印刷

*

185毫米×260毫米　19印张　42千字
2022年2月第1版　2022年2月第1次印刷

ISBN 978-7-200-17058-0

定价：49.00元

如有印装质量问题，由本社负责调换
质量监督电话：010-58572393

# 序言

目前，学术研究已经成为高等院校本科生、研究生以及高校教师必不可少的工作。然而人们对研究方法的理解、统计分析知识的掌握及统计分析软件的应用，对科研起到了很大桎梏作用。相应地，写出的学术论文存在研究设计不妥、数据分析质量不高等问题，因此造成很多论文很难达到国内标准或国际标准。本书立足于破解上述问题，把学术研究中最关键部分问卷设计、数据分析进行系统阐述，从而实现解决疑难、提高研究人员的学术研究水平，并逐步达到国内标准或国际标准。

针对市场调研课程或研究方法的教学，目前市面上现有的教材或是侧重调研方法，或是简单的SPSS统计分析，而把调研方法和数据分析融合到一起的教材基本没有。另外，在SPSS统计分析的教材中，运用社会科学领域的真实数据的教材不多（很多是医学研究数据）。本书为了克服目前市面上此类教材的这些问题，首先增加了问卷设计、问卷内容的解释及数据收集方面的知识，并以问卷内容为核心进行SPSS统计分析方法的介绍，更具有针对性；另外，本书统计分析中使用的数据都是作者多年来进行社会科学研究所积累的真实数据（主要涉及旅游与酒店行业），对这些数据的统计分析介绍会帮助读者更好地掌握数据分析技巧，更好地进行社会科学研究，并深刻理解分析结果的含义。

本书是作者基于多年市场调研实践及相关课程的教学经验，以及多年进行学术研究并在国际著名期刊发表高水平论文所积累的经验撰写的。相信本书会为广大读者带来清晰的调研与统计分析知识，并帮助读者提升学术研究水平，发表高质量的论文。本教材主要是针对本科、硕士研究生及高校教师编写的。适用于社会科学研究教学，尤其是旅游类院校市场调研课程。

## 本书撰写思路

本书内容以问卷为核心，围绕问卷内容的含义和设计（探索性研究）、问卷的数据收集（样本及抽样设计）、数据分析（统计分析基础知识），以及数据分析方法（SPSS软件的应用）进行撰写。这一思路体现了作为数据收集工具的问卷的核心地位，以及其他四部分与问卷的逻辑关系（如图所示）。

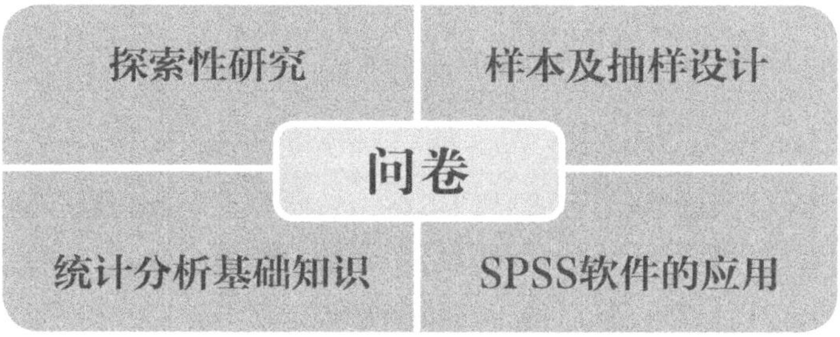


**补充说明：**书中大部分图、表为SPSS软件操作过程中，计算机自动生成的结果，为确保图、表数据信息的真实性和可参考性，将计算机自动生成的图、表采取截屏的方式来展示，有个别不清晰之处，但不影响参考使用，请读者谅解。

# 目录

第一部分

# 数据收集方法

# 绪 论

在社会科学研究中，一般要撰写研究报告或学术论文，用于成果展示或发表。在报告或论文中，主要包括题目、摘要、引言、文献综述、研究方法、研究发现，以及结论和讨论等部分。本书第一部分主要围绕研究方法展开，涉及问卷设计、样本设计、数据收集和测量误差四章内容。本书第二部分主要围绕研究发现所需的数据分析技术进行介绍，并在最后详细介绍研究报告各部分的写法及彼此间的逻辑关系。目的是便于研究人员撰写科学规范、逻辑性强、一致性高的研究报告或学术论文。

在进行一项研究时，根据研究目的可以确定研究的层次。图 I 展示的是研究的三个层次：探索性研究、描述性研究和因果研究。简单的研究可以止于探索性研究，复杂的研究要进行到描述性研究甚至因果研究（见图 I 粗线方向）。同时，不同层次的研究都是可逆的（见图 I 细线方向）。下面就分别介绍三类研究的特征和主要内容。

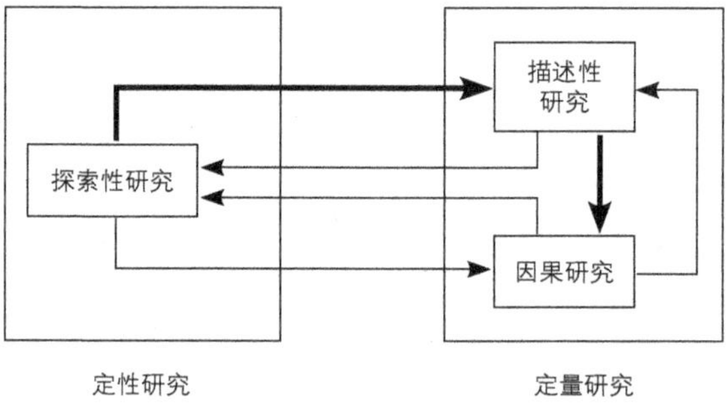


图 I　研究设计的层次

## 1. 探索性研究

探索性研究是一种定性研究方法。其实质是搞清一项研究所涉及的概念及概念间的相互关系。简单地说，定性研究就是要搞清“是什么”的问题。探索性研究是一切研究的基础，也是研究的开始。由于研究者对所研究的问题涉及的领域缺少相关的知识，因此就要进行探索性研究以获得必要的知识、想法或启发，从而寻找研究的思路，进而找出所研究问题的答案。探索性研究的目的主要有以下几点：

（1）为进行深入细致的研究界定准确的研究问题；

（2）增进研究人员对所研究问题的深入了解（如历史、现状及问题背景信息等）；

（3）理清研究问题所涉及的概念及概念间的关系；

（4）建立假设与研究模型。

探索性研究主要采用二手数据，常用方法有文献查阅、体验性调查及案例分析。文献查阅主要是从他人的研究成果中获取相关信息，如问题所涉及的相关概念及概念间的关系、与所研究问题相似的问题及研究结果；体验性调查主要是根据研究者自己的经历获取研究问题的相关信息和认识，从而得出有助于问题解决的一些想法和启发，主要方法有专题小组讨论、深度访谈、观察法等；案例分析也是根据类比或相似的逻辑思维，从其他类似事件的经验得出所研究问题的近似答案或研究启示。探索性研究很少使用详细的问卷或概率抽样方法，其主要目的是通过灵活多样的手段获取信息和知识，并建立与问题相关的假设（即所研究问题可能的答案的假说）。

然而事物是变化的，所涉及的问题的背景往往是各有不同的。因此，只靠探索性研究就得到所研究问题的解决方案是很困难的。尤其是只靠定性的结果来回答研究的问题是不准确的。在强调理论与实际贡献的学术研究中，止步于探索性研究这一阶段的局限性很大。因此，基于定量的描述性研究和因果研究已成为学术研究的重要组成部分。

## 2. 描述性研究

描述性研究，顾名思义，是对所研究的概念或变量给出描述性统计量的结果。描述性统计量主要包括两个层次：一个层次是变量的个体特征，如发生的频次与百分比、总体中心趋势的均值与标准差、表示变量位置的中位数、众数，以及变量分布的峰度与偏度。第二个层次是多个变量之间的统计量的比较、相关及关联分析的问题，如列联表分析、相关分析、独立分析及均值比较分析等。描述性研究的目的是回答变量“是多少”、变量间是否“相关联”，或某变量均值在不同的群体是否有“差异”的问题。

进行描述性研究，要收集数据，并对数据进行分析来量化所研究的问题。数据收集所采用的手段主要有横向研究（截面数据）或纵向研究（见图Ⅱ）。

纵向研究（也叫时间序列研究），是指针对一个总体样本进行重复性研究。这一方法还可以细分为真实固定样本组调查和混合固定样本组调查。真实固定样本组调查指的是在不同的时间对相同的变量进行重复测量，并且样本的被试保持不变；而混合固定样本组调查指的是不同的调查中问卷的问题会有所变化，而为了方便研究，被试的选择也可能会发生变化，并非完全

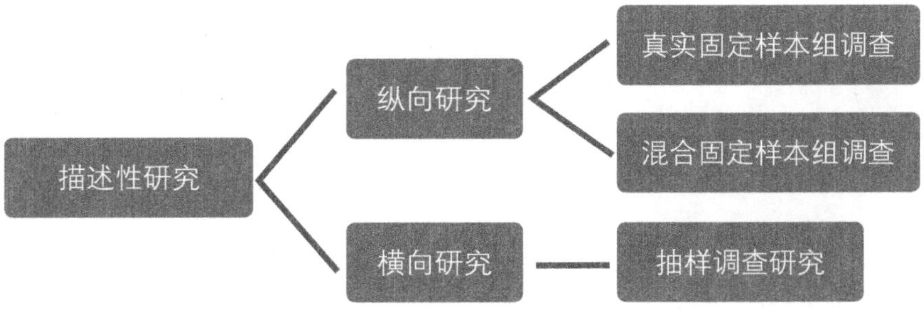


图Ⅱ　描述性研究的方法

随机选择。

横向研究（也叫截面研究），是指在研究的总体中选择一个样本，并在某一个时间点对样本进行研究。此研究的目的是通过样本统计量推断总体参数结果。

描述性研究涉及的分析方法主要有：

（1）描述研究对象的群体特征——人口统计学特征分析（基本描述性分析）；

（2）研究对象的特征、行为或态度关联性分析（相关分析和列联表分析）；

（3）不同群体态度或行为差异分析（均值比较分析）。

## 3. 因果研究

当我们知道研究的问题“是什么”以后，也研究了涉及的变量“是多少”的问题。而科学研究的目的不仅是要了解现在，还要预测未来。因此，因果研究的任务或目的是回答“为什么”的问题。因果研究就是针对变量间的因果关系进行检验，换句话说，是要研究一个变量的变化（因变量）是由哪些变量（自变量）引起的，自变量对因变量的影响效果是多大。而回答为什么的主要方法，是在数据收集的基础上进行相关的统计分析，这些分析主要包括：

（1）回归分析；

（2）方差分析；

（3）因子分析；

（4）聚类分析；

（5）判别分析；

（6）时间序列分析；

（7）结构方程建模分析。

从图 I 可以看出，以上三类研究类型是相互依赖的，但总的来说，是按从探索性研究到描述性研究再到因果研究这一顺序进行的。换句话说，就是先做定性研究，后做定量研究。这些研究和所涉及的数据分析将在本书后面的章节中详细介绍。

# 第1章 研究问题与问卷设计

## 1.1 研究问题

社会科学或市场调研从研究问题开始。因此，如何界定研究问题并科学地表达出来是研究的重要阶段，也是一项非常难的工作。本节主要介绍市场调研的主要领域，以及对研究问题的提炼。

### 1.1.1 市场调研的领域

市场调研涉及的领域很广，为了说明这些领域，本书通过图1-1给出了具体的展示。此图以营销三角形（也称铁三角）为基础，在营销大环境和小环境范围内，围绕管理、员工、顾客这三个主体进行扩展。即首先研究每个主体本身涉及的研究内容，然后进一步扩展到彼此间的互动问题研究（见图1-1方块中的内容），其中的每一部分都可以作为市场调研的问题。

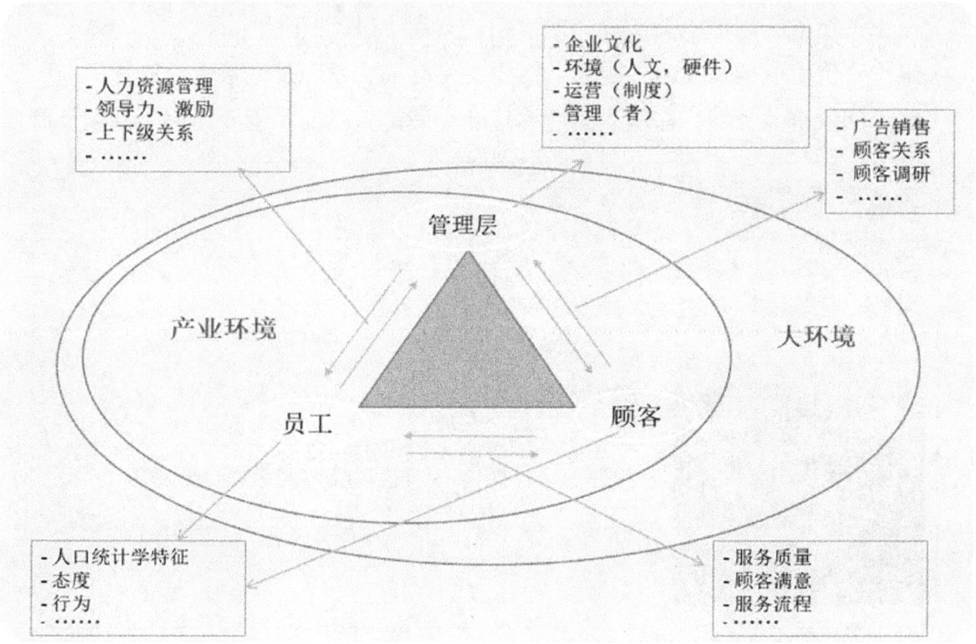


图1-1 科学研究的主要内容

任何市场调研问题都离不开企业经营的环境，这里包括大环境（社会、技术、经济、环境、文化、法律、政治等因素）和产业环境（请参考波特的五力模型）。因此，在做市场调研时决不能忽略这些因素。在此基础上，围绕营销的三个主体进行细化研究。具体研究内容可以参考图1−1进行思考，从图中可以看出，研究的领域很广，涉及的学科和理论知识很多。研究人员应根据自己的专业知识水平选择要研究的问题，或者通过研究某个问题进行知识拓展，不断丰富自己的知识，将来成为某一领域的专家。

## 1.1.2 研究问题

确定在某一领域进行研究后，就需要锁定管理问题。然后进一步从管理问题转化为研究问题。图1−2展示了这一过程。在确定研究问题时，要遵循以下几点：

1. 结合企业实际（实习或管理经历）发现并定义管理问题；

2. 根据自己的能力与资源确定研究层次 ：探索、描述、因果研究；

3. 参考现有研究成果提炼出要研究的问题：首先，明确研究的理论基础与创新点；其次，力图对现有理论研究有创新或对管理实践有贡献；再次，对管理问题进行学术化表达（这是难点！不同研究层次语言表达不一样，可以参考他人研究问题的表达方法，一般最多15个字）。

第3点的“参考现有研究成果提炼出要研究的问题”可以通过下面的例子来解释说明。例如，要研究有关酒店员工离职严重的问题，可以根据下面的步骤进行提炼。

（1）确定关键词——酒店、员工离职；

（2）探索性研究——中国知网二手数据（数据库、图书馆）；

（3）在相关搜索区域输入关键词，搜索相关文献（最近5年的）；

（4）筛选有价值或相关文献（题目、摘要、关键词、发现及局限性）；

（5）认真阅读有关文献，在他人研究的基础上确定自己或小组要研究的问题及题目。

**管理问题**
特征：可观察的现象、问题
描述：行业术语（行话）
问题举例：顾客在酒店闹事

**研究问题**
特征：隐含的实质
描述：学术概念、假设、理论
问题分析：顾客不满意、顾客满意理论，服务质量、员工态度等
*能够用学术语言定义问题需要相关理论知识的铺垫。

图1−2 从管理问题向研究问题的转化

# 1.2 问卷设计

在社会科学研究中，定量研究是最常见的研究层次。问卷调查是进行定量研究的一个最常用手段，而问卷设计是问卷调查的基础，也是一项复杂而困难的工作。下面将详细讨论问卷的结构与内容、问题设计要注意的事项、问卷与变量、研究模型、假设的关系及问卷的效度与信度等，从而正确认识问卷本身的特点及其在研究中的地位和作用。

## 1.2.1 问卷及其功能

问卷是数据收集的工具，具有测量所研究对象的属性特征、行为及态度的功能。

### 1.2.1.1 测量

测量是指按照特定的规律，用数据来描述观察到的现象，即对事物做出量化描述。

研究对象包括具体对象和抽象对象。其中具体对象指人、物或事件的表面特征，例如人的性别、体重、身高和行为举止等；而抽象对象一般指研究对象的不可直接测量的属性特征，如人的智力、认知、态度、观点、偏好、意向和期望等。

在调研活动中，测量的一般不是研究对象本身，而是其属性特征（具体的或抽象的）。在市场调研中，我们感兴趣的不是消费者个人，而是群体特征（如性别、年龄、教育水平、收入等具体特征，也称为人口统计学特征），以及其消费行为特征与态度（如研究对象的意见、态度、偏好、意向、预期等）。

实现问卷的测量功能主要有以下三个步骤：

1. 选择可观察的对象（人、物或事件）；
2. 确定测量尺度——用数字或符号表示事件的不同属性；
3. 记录——利用测量尺度把观察现象的属性用数字或符号表示。

例如：某汽车生产商对其新车型参观人员的男女比例与参观人员对此车型的喜好程度感兴趣，要对此次参展人员的这两项指标进行测量。如何完成这一工作？

分析：

1. 选择对象：每天选择到此车型展区的参观者的一个群体（抽样知识请参考第3章第2节内容）。

2. 确定测量尺度：性别可以用符号或数字来表示，例如用M表示男性，F表示女性。也可以用数字1表示男性，2表示女性。

参观者的态度，用数字1～5表示喜好的程度。其中5表示非常喜欢，4表示喜欢，3表示一般，2表示不喜欢，1表示非常不喜欢。

3. 记录：对选择的研究对象进行问卷调查，并把其性别特征及态度分别在问卷的相应位置做一下标记（在相应的符号或数字处打钩或画圈）。

（1）M□　　F□

（2）你对此车型的喜好程度是　　1　　2　　3　　4　　5

当所做的问卷调查数量达到要求后（这点涉及样本大小的知识，请参考第2章第2节的内容），这一测量工作就结束了。

## 1.2.2 常用的量表

测量所研究的对象的特征、行为、态度的表格称为量表。量表根据回答的形式可分为分类量表、排序量表、定距量表和定比量表四类。

### 1.2.2.1 分类量表

把研究的对象按照同一标准进行分类，并把每类赋予对应的数值。在分类时应注意：（1）标准要一致；（2）分类要具有完备性、纯粹性（即不重不漏），每个对象属于且只属于其中的一个类。下面是几个错误的例子。

例1：您的婚姻状况是（单选）

□已婚　　□未婚　　□有子女　　□无子女

上面选项的问题是标准不一致，是以结婚与否为标准，还是以有无子女为标准？这使得被试[1]很难选择，所得结果也很难统计分析。

例2：您的职业是（单选）

□公务员　　□自由职业者　　□农民　　□政府工作人员

上面的选项设计存在不完备和不纯粹的问题：（1）漏项，即其他职业没有被包括在内；（2）选项内容重复，公务员和政府工作人员有重复。因此，应该加上“其他”选项来完备问题中的选项，并把政府工作人员选项在公务员选项中细分，不要作为并列选项，以避免重复。

例3：您的年龄是

□18岁以下　　□19–22岁　　□22–30岁　　□31岁以上

上面选项的问题是18岁、31岁没被包括在内，22岁有重复。因此可以改为“18岁及以下”“19–22岁”“23–30岁”“31岁及以上”。这些在分界点的重复或遗漏问题在没有经验的问卷设计人员设计的问卷中经常出现。这个选项的问题也是完备性、纯粹性不强。

分类量表还可以分为有序分类和无序分类。当分类标准不涉及大小或先后时，分类是无序的。如性别、种族、职业、婚姻状况等。当分类标准以数值为标准时，对应的类也是有序的。如按收入区间分类、年龄段分类等。不管是有序分类还是无序分类，赋予每个类的数值代表的只是一个类的标识，其数值的大小意义不是考虑的主要特征。

在分类时，类的数量不宜过多。为了便于数据分析，把研究对象分为4～5类较为合理。其原因是，当分类过多时，如果问卷数量少，每类的个体数量也很少，这会影响数据分析的质量。另外，为了抓主要矛盾，在研究设计阶段就应该把握研究的重点对象（几个子群体），为

**注释：**

[1] 被试：本书指的是参与问卷调查的人。

分类做好准备。但为了保证问卷的完备性，即每个回答问卷的人都有适当的选项，一般在分类里有一个“其他”选项，以包含未考虑到的答案。

分类量表主要有以下几种形式：1. 简单分类（二分法）；2. 多选项，单选择；3. 多选项，多选择。具体例子见表1-1。

**1.2.2.2 排序量表**

被试被要求对两个或多个对象或特性的态度（如重要性、喜好程度、美观度等）进行比较性评价，赋予数字并按照大小进行排列。如对几个品牌汽车的喜欢程度排序，对北京的旅游景点的喜欢程度排序，等等。这些数字之间的间隔不是固定的，只是粗略的定性估计。因此，代表这类顺序的数字主要是以大小区分意义，对于更多的其他数据意义（如均值）不是很有价值。

排序量表主要有以下三种类型：1. 强制排序；2. 配对比较；3. 比较评价。具体例子见表1-1。

1. 强制排序。

此类问题要求被试把所给的若干对象根据某一标准进行排序。此法简单易行，但排序对象4～5个较好，不要太多，因为对象太多时不能准确排序。

例4：请你对下列品牌的汽车A、B、C按喜欢程度排序。1表示喜欢；2表示一般；3表示不喜欢。

量表为：

| 品牌名称 | 等级 |
|---|---|
| A | —— |
| B | —— |
| C | —— |

结果统计方法：

可以把每个品牌的得分汇总。如品牌A，1的人数为$n_1$，2的人数为$n_2$，3的人数为$n_3$。总分= $1 \times n_1 + 2 \times n_2 + 3 \times n_3$。同法可求B和C的总分，然后进行比较，总分数越小，表示越受欢迎。

2. 配对比较。

当要比较的对象太多时，一般把 n 个对象配对分为 $n(n-1)/2$ 组。对每一组，被试要求明确选出两个中更喜欢哪个。但是要求对象一般不多于 10 个，数量很大时，意义不大。配对比较方法同时可以避免由于比较对象太多而造成的态度模糊问题。为了说明问题，例 5 只讨论针对三个对象的配对比较。

例5：下面是对三个品牌汽车A、B、C的喜好程度调查，在每一对中，指出您更喜欢哪一个，并在方格里打√。

分析：三个品牌汽车两两配对结果共有3组。

（1）A □——B □

（2）A □——C □

（3）B □——C □

被试选择的结果可以统计如下：A____，B____，C____。

为了得到所有被试选择的结果，并排列被试对三个品牌汽车的喜爱程度，可以通过统计软件进行分析（具体分析方法见第二部分）。

3. 比较评价。

选定某一标杆作为标准，从而对某些活动、过程、品牌、人的某些特征与标杆进行比较。这是一种粗略的比较法，目的是把研究对象的某种属性进行评价。达到或超过标杆的是一个层级、未达到标杆的为另一层级。

**1.2.2.3　定距量表**

定距量表中相邻两个数字的间隔被认为是一样的。而数字间的差异是研究人员感兴趣的。但是数字的绝对大小之间的比较意义不大。例如用华氏温度制测量的气温，40华氏度和80华氏度差异与80华氏度和120华氏度的差异相同，这表示“热量”的差异相同，40华氏度和120华氏度的热量差是80华氏度和120华氏度热量差的2倍。但是真正的热度不是两倍的关系，如40华氏度的绝对温度是4.4摄氏度，80华氏度的绝对温度是26.7摄氏度，其热度并不是2倍的关系。因此，当量表没有绝对的零点时，主要考虑的是数字间隔关系的统计分析，而不是绝对值的分析。

定距量表主要有：1. 李克特量表（多重评价）；2. 语义差异量表；3. 斯坦普尔量表。例子见表1-1。

1. 李克特量表[2]。

李克特量表是测量被试（研究对象）对某些特征陈述的态度。即对研究对象特征的陈述（肯定或否定陈述），要求被试给出自己对陈述的同意程度的评价。李克特量表一般使用5分制，1=完全不同意，2=不同意，3=一般，4=同意，5=完全同意。为了获得被试更精确的感情状态，也有使用7分制或9分制的。还有的研究者则使用4分制进行测量（目的是避免中间倾向）。在这里，对于使用李克特量表，给出如下建议：

（1）尽量使用奇数分制的李克特量表。有些研究者为了避免被试中间倾向，把表示中间状态的分值去掉（如5分制改为4分制）。被试态度的中间状态是客观存在的，而研究对象的特征也存在中间状态，因此还是要保留表示中间状态的分值。

（2）在对问题的陈述中，尽量使用正面陈述。有些研究者为了避免晕轮效果（见本章第4节解释），会把一些问题的肯定陈述改为否定陈述。但是这样做会造成两个问题：一是如果在一系列的陈述中，较多的否定陈述会加重被试的思维负担，造成思维混乱，甚至评价结果混

**注释：**

[2]　李克特量表是由Rensis Likert设计的，最早出现在1932年。

乱；二是在把数据输入到统计软件时，需要把否定陈述的问题的评分进行“转化”，即对于否定陈述的评价，分值1相当于正面陈述评价的分值5，依此类推。有时数据输入人员会忽视这一步骤，即在把每份问卷进行数据输入时，忘记把反面陈述问题的评价分值转化。转化数值的同时也加大了数据输入人员的工作负担。总的来说，在问题中加入否定式陈述得不偿失。

（3）选择几分制，本书建议以5分制或7分制为主。前者有利于被试的选择和态度定位。后者更有利于统计分析。但是过多分值的李克特量表（9分制或更高分制）会造成被试态度困惑，过分精确反而模糊。

（4）使用的数可以是1、2、3、4、5或者−2、−1、0、1、2，但为了避免后续统计中出现麻烦，本书建议使用正数来表示。

2. 语义差异量表[3]。

语义差异量表通过使用两极形容词或意思相互对立的短语来描述人们对研究对象属性的兴趣或态度，如“服务糟糕”与“服务优秀”、“环境好”与“环境差”等。态度一般分为7个等级，被试可以在适当的位置选择自己的评价（例子见表1−1）。

3. 斯坦普尔量表[4]。

斯坦普尔量表是语义差异量表的改版。它分别通过10个数（5个正数1、2、3、4、5和5个负数−1、−2、−3、−4、−5）来分别表示研究对象某个特征的两极属性，被试可以根据自己的态度来选择适当的数字对某属性给出评价（例子见表1−1）。

#### 1.2.2.4 定比量表

定比数据有自然的或绝对的零点。比如说人的身高、体重、年龄、收入等。这类数据的绝对值是研究人员更感兴趣的。

对于定比量表，一般是要求被试直接回答具体的数值，如身高、年龄、体重等。另外，为了研究被试对研究问题某些属性的重要性态度评价，有时也会采用常和量表法，即要求被试对几个属性的重要性进行评价，其分值总和是100。通过常和量表，可以测量人们对某属性的重要性的态度。

例6：请把您在旅游中各部分的重要性填在下面的横线上，总分为100。

餐饮____，交通____，住宿____，旅游信息服务____。

除了以上介绍的几种量表，还有用图形来评价态度或喜好程度的量表。但是由于此类量表不能提供直接的数值，不利于统计分析，这里不再赘述。

测量的意义是用数字去反映测量对象的某些属性，进而用统计方法来分析属性特征及属性间的关系。测量的量表是构成一份问卷的主体。下面主要介绍问卷的主要结构和内容。

**注释：**

[3] 语义差异量表源于美国伊利诺伊州立大学的研究报告。

[4] 斯坦普尔量表是Stempel于1950年设计的。

表1-1 各种类型的量表形式举例

| 量表名称 | 举例 | 数据类型 |
|---|---|---|
| 1. 简单分类量表 | 你将在一年内购买一辆轿车<br>□是 □否 | 分类数据 |
| 2. 多选项、单选择量表 | 你最喜欢哪项体育运动?<br>□游泳 □篮球 □跑步 □其他（具体说明） | 分类数据 |
| 3. 多选项、多选择量表 | 在找工作时，下列哪些因素你认为很重要?<br>□工资 □兴趣 □发展 □其他（具体说明） | 分类数据 |
| 4. 强制排序量表 | 对以下3个旅游景点的喜欢程度排序（1=喜欢，2=一般，3=不喜欢）<br>故宫 长城 颐和园 | 定序数据 |
| 5. 李克特量表 | 这个酒店的服务质量很好。<br>1=完全不同意 2=不同意 3=一般 4=同意 5=完全同意 | 定距数据 |
| 6. 语义差异量表 | 评价某学生的学习态度<br>认真 7 __ __ __ __ __ 1 不认真 | 定距数据 |
| 7. 斯坦普尔量表 | 对团队员工的合作精神评价<br>−5 −4 −3 −2 −1 1 2 3 4 5 | 定距数据 |

## 1.3 问卷的结构与内容

### 1.3.1 问卷的结构

问卷一般包括如下几个部分：标题、问卷编码、问卷调查介绍、问卷主体部分（基本信息部分、行为部分、态度部分）及调查实施信息（人员、地点和时间）（见表1-2）。

### 1.3.2 问卷中各部分的意义和作用

问卷各部分内容具有不同的作用，而且必不可少。下面按照表1-2的内容顺序介绍各部分的意义和作用。

标题：每个问卷都要有标题，其形式一般是“关于XXX的问卷调查”。它的主要作用是告诉被试调研的主题和内容，以便被试决定是否同意配合调查。另外，标题也会便于研究者把不同的问卷调查结果分类或者记录不同研究内容。

问卷原始编号和有效编号：问卷的原始编号是为了便于问卷总量控制和调研任务分配管理。在做问卷调查前，调研人员要根据研究需要的精度计算所需发放的问卷总数（见第2章样本设计）。

在问卷全部收回后，组织者或研究者要对问卷进行整理，并筛除信息不清的、不完整的或无效的废卷，进而保留有效问卷。接着把保留下来的有效问卷按照原始编号的顺序从小到大排列，然后按照顺序对有效问卷进行重新编码，即得到问卷的有效编号。问卷有效编号的作用是在问卷数据输入到统计软件（如SPSS）时，这个编号序列就是软件中问卷的编号序列。

表1-2 问卷的基本结构

| |
|---|
| 标题：关于XXX的问卷调查 |
| 原始编号：______ 有效编号：______ |
| **问卷调查介绍：**介绍调查者身份、调研目的、调查内容、调查结果与被调查人的关系、对答卷人信息保密的承诺，以及完成问卷所需要的大概时间。最后请求被调查者协助认真完成问卷填写并表示感谢。 |
| 联系方式：xxx（电子邮箱或者电话等信息） |
| **问卷填写说明：**如符号含义说明，填写说明（打钩或画圈等） |
| 下面是问卷主体的三个部分（一般问卷的主体结构） |
| A. **行为调查**（具体名称可适当更改） |
| B. **态度调查**（具体名称可适当更改） |
| C. **个人信息调查**（具体名称可适当更改） |
| 最后再次感谢被访者的合作。 |
| 调查人：______ 地点：______ 日期：______ |

综上所述，对问卷进行原始编号与有效编号对问卷调查的管理和后续问卷整理、数据输入、数据整理等工作是非常重要的。

问卷调查介绍：这部分主要介绍调查者身份、调研目的、调查内容、调查结果与被调查人的关系、对答卷人信息保密的承诺，以及完成问卷所需要的大概时间。请求被调查者协助并认真完成问卷填写并表示感谢。其中介绍调查人员身份的目的是让所选的被试了解调查人员，使之产生信任；说清调查的主要内容和目的，以便被试决定自己是否有能力或相关经历对问卷问题进行评价；明确调查结果对被试的意义，以便促使被试积极参与；要保证对被试所填信息进行保密，以便被试产生安全感，真实地填写问卷；同时要说明填写问卷所需的大概时间，因为没有心理准备的过长时间问卷填写会造成被试失去耐心，半途而废或敷衍了事，从而产生废卷，影响问卷调查效率；最后要恳请被试配合问卷调查，但注意语言要客气并表示感谢，这样会提高被试配合的比率。这部分一般还要提研究人员的联系方式（如电子邮件），以便被试有问题进行后续联系。

问卷填写说明：问卷如何填写需要向被试明确说明，否则会影响被试顺利填写问卷。被试对问题的模糊不清会导致误差的产生，而混乱不一致的填写会影响后期的数据输入。要说明的主要有问卷中问题或符号的含义，如何填写（如打钩、画圈）等。

行为调查：消费者行为是其需求、动机及态度的外在表现，它更能真实反映消费者的内在需要、动机与态度，因此研究消费者行为在市场调研中是必不可少的。常见的行为调查问题主要有：如何获取信息、如何购买或预订、消费人数、人员关系、消费量、花费、消费时间、如何消费、消费地点等，即主要涉及5个“W”（who、what、when、where、why）和一个“H”（how much）的问题。

态度调查：态度是一个人的想法、信念或者是对某个具体事物（或观念）的喜好程度。态度具有持续的倾向性或偏好，并对个人的行为产生重要影响。正是因为态度的特性，态度在市场营销中扮演着核心角色。透彻了解消费者的态度对营销决策，如产品设计、定价、促销与分销等是非常重要的。消费者消费后的态度评价也对提升营销效果或提升产品和产品服务质量起到关键作用。在以服务为主导的经济社会，了解消费者对服务（服务产品、质量等）的态度是非常重要的。

个人信息调查：个人信息是对被试（消费者）个性特征的描述。这些信息主要包括人口统计学特征（或社会经济学特征），如性别、年龄、身高、民族、职业、婚姻及子女状况、教育水平、收入等。有些研究还需要了解消费者的所在地信息、消费心理特征等来深刻了解消费者个体或群体。

调查人、地点、日期：问卷最后要由进行调查的人员填写自己的姓名、调查地点和时间。填写调查人员姓名的目的是在问卷出现问题时（丢失、不清楚、造假等）可以找到调查人员，以便核实情况或追究责任；调查地点可以帮助研究者汇总调查的范围或样本范围，用以说明问卷的代表性；调查日期可以帮助研究者界定调查经历的时间段以界定数据的时效性。这些信息在调研报告中都是非常重要的，同时在问卷归档时也很重要。

## 1.4 问卷设计的注意事项及问卷实例

### 1.4.1 问卷设计的注意事项

问卷中的问题设计应遵守如下规则：

1. 问题分类注意完备性与纯粹性。

在市场调研中，分类数据很常用。把信息按某一标准分类时，要注意完备性和纯粹性（即不重不漏）的准则。

完备性指的是不遗漏。例如颜色分类：1=红色，2=白色，3=灰色，4=蓝色。以上选项没有包含所有颜色，还应加上“5=其他颜色”，才具备完备性。

纯粹性指的是不重复。在分类问题中最常见的是组间内容重复。如年龄分段：A. 18　B. 18-23　C. 24-30　D. 31-50　E. 50岁以上。这里A与B的18岁有重复。这会造成被试选择上的迷茫，不利于准确获取信息。

2. 分类标准要一致。

在设计选择问题时，分类标准要一致，否则会影响收集数据的质量。例如可以按照年龄、教育水平、性别、家庭结构等标准来分类，但是不能混合在一起。如下面的分类：您的家庭人口状况是：A. 单身1人，B. 夫妇2人，C. 3口之家，D. 离异。其中的“离异”是婚姻状况，和前三者的家庭人口标准有差异，因此标准不一致。

3. 单选、多选要注明。

很多问卷在选择问题处没有标明是单选还是多选，这样会给答卷人造成困惑，如果对于多选题，有的单选，有的多选，这会给数据分析带来麻烦。在某种意义上，这些问题等于没有回答，因此也就丧失了数据收集的意义。

4. 问题方式要具有多样性。

在设计问题时，应注意数据收集的多样性。有的需要定性数据（如分类），有的需要连续数据（态度问题等），同时单选、多选也要兼顾，这样才能得到更全面的信息并利于数据分析。

5. 信息要充分。

在设计问题时，有的该问的问题没有出现在问卷里，这样在数据分析时就无法进行相关的分析。因此在问卷设计时，必须考虑好要进行哪些数据分析，把有关的问题列出，并放到问卷中。

6. 去除冗余问题。

为了节约调研时间和资源，没用的问题一定要去掉。否则会增加成本，降低数据收集效果。很多研究人员设计了很多问题，用了很多纸张，并花费了被试的很多时间和精力，但是在数据分析时，只用了很少的问题，这是十分低效的。因此问卷的问题设计要够用，但不累赘。

7. 语言表达要简洁、完整、清晰不含糊，避免使用导致被试误解或不理解的表达。

8. 问题表述要一句一意，避免一句多意。例如，“您对您的工资和工作满意吗？”这个问题有时不能回答，因为工资满意不一定对工作满意。因此以上问题可以分为两个问题分别问。

9. 尽量不用否定式陈述。人们习惯肯定式陈述的问题，如果突然有否定式陈述或者肯定式、否定式陈述交叉出现，会造成被试思维混乱，影响数据质量。同时，在数据处理和分析时，也会造成麻烦。虽然有些学者建议肯定式、否定式陈述问题兼顾，以避免晕轮效果等，但是如果被试不能认真、清楚地回答问卷问题，这一做法也是徒劳的。

10. 不要用太多术语或行话。如果被试对有些术语、行话不理解，就会导致无法回答或被试根据自己的理解随便填写，造成收集的信息不准确。

### 1.4.2 问卷举例：请参考附录1～3。

## 1.5 概念与变量

概念在社会科学的研究中很常见。比如服务质量、离职意向、顾客满意度、顾客忠诚度等。一般情况下，研究的主题都涉及一个或几个概念。例如，“员工离职意向的驱动因素研究”，这个题目明确了主要概念是“离职意向”，同时题目中还隐含了相关的其他概念（如驱动因素：员工满意度、公平等）。在社会科学研究中，这些概念也被称为变量。之所以称概念为变量，其因有二：一是概念可以量化，即所研究的概念要通过问卷调查进行测量，从而得到其数值。比如说某个员工离职意向的程度可以用1～5不同程度的数值来表示，员工可以根据自己的实际意向选择不同程度的数值。二是概念在可量化的基础上，具有变异性。因为不同的员工有不同的离职意向程度，所以这个量是可变的。在做问卷调查时，把每份问卷得到的答案汇总起来，就得到了某个概念的不同被试的不同赋值。但是一般来说，概念都具有抽象性，其变量值不是可以直接测量到的。比如说“顾客忠诚度”“员工满意度”等概念，人们不能从表面测量出其数值，因此我们把这些概念习惯上称为“潜在变量”或“抽象变量”。在统计分析中，潜在变量也被称为“因子”。

那么，如何克服潜在变量的不可直接测量特性呢？在社会科学研究中，人们引入了指标变量的概念，即能够反映某个概念的重要属性特征的问题，这些问题是可以直接用数值来测量的（如性别、身高、态度、离职率等）。举例来说，某人的英语水平是一个概念，是一个潜在变量，我们不能直接观察到其“英语水平”，但是通常的做法是测量此人英语“听”“说”“读”“写”四种能力，并分别给予分值来测量。其四种能力的总和或平均值作为对此人英语水平的评价。其他概念变量的测量都与此类似，因此找到概念的“指标变量”非常重要。指标变量也被称为“显变量”、“可观察变量”或“操作变量”等。

当某个概念很简单而且不易产生混淆时，也可以用一个指标变量来测量某个概念（如销售量、对某个品牌的喜爱程度、总体满意度等）。一般情况下，为了更好地反应某概念，以及有利于统计分析，一个概念的指标变量一般至少选择3个。这种用多指标变量来刻画某个概念的观点来自于一种叫“反应测度理论”。这一理论认为潜在变量导致指标变量的发生，或者说指标变量反映潜在变量，因此箭头是从潜在变量（概念）指向指标变量的。一个概念变量和其解释的几个指标变量构成一个架构。例如，员工离职意向这一概念可以用下面三个指标变量测量：（1）我经常考虑离开这家酒店；（2）我不久就会离开这家酒店；（3）我可能马上要换一个工作（见图1-3）。

有关变量的核心内容可参考下面方框中的总结。

- 变量是指所研究的对象（人、物或事件）的特征或特性。这些特征或特性可以取不同的数值来量化。
- 变量可以根据不同的标准分类。其中一种重要的分类是看变量是否可以直接观察或测量。不可直接测量的变量叫“潜在变量”，而可直接测量的变量叫“指标变量”。
- 潜在变量（抽象变量），指不可直接观察或测量的变量。
- 指标变量（操作变量、显变量），指可直接观察或测量的变量。
- 概念变量是通过指标变量来衡量的。

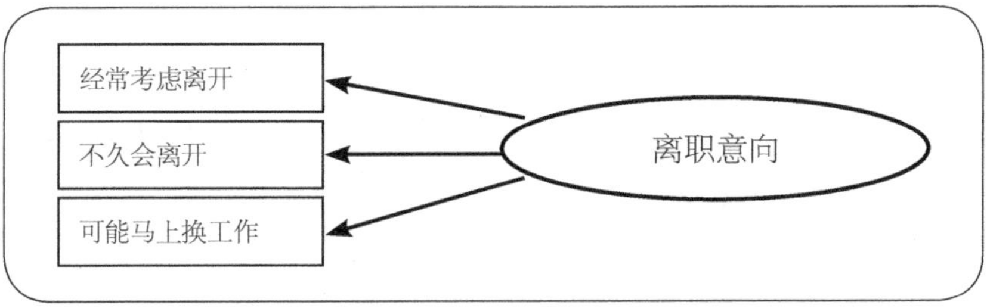


图1-3 概念“离职意向”及其指标变量关系示意图

那么接下来的问题是这些指标变量是如何确定的呢？问卷中的问题主要是来源于所研究的问题，并在研究大量文献或实际经验的基础上确定的。因此问卷中问题的来源可以是借鉴他人的研究成果或已成熟（具有较好的效度和信度）的典型问卷，也可以是问卷设计人员根据自己的实际经验或相关专家意见，或研究人员根据对研究概念内涵的理解而新研发的问题。因此，问卷中设计的问题来源主要有以下几个渠道：

（1）通过文献查阅发现现有的测量某些概念的指标变量，直接采用或进行调整后使用；

（2）根据自己的实际经验或专家意见设计有关问题；

（3）对概念的内涵深刻理解后自主探索设计问题。

表1-3对以上三种渠道的优缺点进行了归纳。

表1-3 不同渠道的优缺点分析

| | 问题来源 | | |
|---|---|---|---|
| 评估要素 | 借用或调整采用他人设计的问题 | 根据自己经验或专家意见设计问题 | 根据对概念内涵的理解探索设计问题 |
| 效度 | 较高 | 待检验 | 待检验 |
| 信度 | 较高 | 待检验 | 待检验 |
| 成本 | 低 | 高 | 低 |
| 理论贡献 | 低 | 高 | 较高 |

# 1.6 概念模型与假设

## 1.6.1 概念模型的含义

在阅读理论书籍和他人论文的前提下，理清自己所研究题目涉及的不同概念及概念间的关系，建立假设，进而形成概念模型。概念模型反应的就是研究问题所涉及的若干概念间的因果关系。随着对概念的深刻理解及其相互关系的深入思考，模型的建立是一个不断完善的过程。

## 1.6.2 概念模型的图示

为了形象地表示概念模型，一般把概念变量用椭圆或圆表示，而指标变量用矩形表示（见

图1-4）。概念变量间的关系用单向箭头（因果）或双向箭头（互为因果）表示，但常见的是单向因果关系。这里值得注意的是，概念变量与指标变量间的箭头方向一般是由概念变量指向指标变量。其含义是，指标变量不是概念变量的因，而是对概念变量（特征或特性）的解释或反映。例如离职意向是由人的意念决定的。测量离职意向的几个问题只是这种意向的不同外在或明确的反映，所以应该是离职意向决定测量离职意向的几个指标变量。

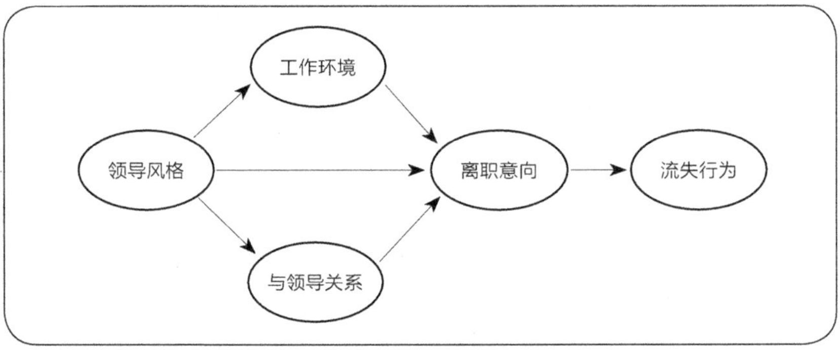


图1-4　概念模型图

一个包含$n$个概念的模型中，任何两个概念都可能存在因果关系，因此完整的连线应该有$C_n^2$个。但是一般情况下，人们研究的是其中假设的或重要因果关系，这些关系通常是根据他人的理论和研究结果或自己研究的意图来确定的。而不重要或没有理论支撑的因果关系不予以讨论，因此模型中常见的是只有几个概念间的关系（如图1-5）。

模型中概念间的因果关系是研究的主要问题。这些关系可以用研究假设来表达。任意两个变量的连线都可以用一个假设来表达；有时三个变量间的关系亦可以用假设表示出来（中介变量或调和变量）。在模型中，箭头指向的变量叫作因变量（被解释变量），箭头离开的变量叫自变量（解释变量）。因此自变量与因变量是相对的，即一个变量可以是另一个变量的因变量，但同时可以作为另一个变量的自变量（如图1-4中的工作环境、离职意向等）。确定一个变量相对于另一个变量的因的主要方法是：

（1）人们公认的因果关系；

（2）两个变量发生的顺序，一般是先为因，后为果；

（3）实验中一个为刺激变量（因），另一个为反应变量（果）；

（4）他人研究并验证的因果关系；

（5）自己的经验知识。

## 1.6.3　假设

假设就是对研究对象某种特征的一种论断或对变量间关系的一种陈述。假设只是一种判断，正确与否需要对其进行检验。假设的作用有如下几点：

1. 确定研究的范围（确定相关的对象、概念及现象）；

2. 指导研究的进展方向（按概念图示进行研究）；

3. 帮助确定恰当的研究设计（总体、样本、问卷的形式等）；

4. 作为研究发现或结论的写作框架（前有假设、后有发现、结论及讨论）。

常见假设类型有：描述性假设、相关假设、因果假设。

描述性假设是对研究对象的某个变量（或其特征、特性）描述性统计量（频数、百分数、均值等）大小的一种论断，或是某个变量均值在研究总体的不同子群体是否有差异的论断。

关系假设包含了相关假设和因果假设。它是对研究对象的两个变量间的关系的陈述，这些关系包括简单相关及因果相关。

假设的表达方法：假设一般分为零假设（记为$H_0$）和备择假设（记为$H_a$）。二者是同一事物的两个对立面或成互补关系。统计分析中假设检验的原理就是通过拒绝一个假设的一个方面（零假设）而验证其对立面（备择假设）的正确性。下面是几种假设的例子：

描述性假设的例子：

例1：关于员工离职率的假设（频率特征）。

$H_0$：我国酒店业员工的年离职率不大于20%。

**$H_a$：我国酒店业员工的年离职率大于20%。**

例2：关于消费者满意度差异的假设（均值）。

$H_0$：国外游客与国内游客对我国旅游服务满意度没有显著差异。

**$H_a$：国外游客与国内游客对我国旅游服务满意度有显著差异。**

相关性假设的例子：

例3：消费者的收入层次与其所去商场的层次的关联性假设（相关性假设）。

$H_0$：消费者的收入水平与其所去的商场层次无显著关系。

**$H_a$：消费者的收入水平与其所去的商场层次有显著关系。**

例4：父母受教育的水平与子女受教育水平的关系的假设（相关性假设）。

$H_0$：父母受教育的水平与子女受教育水平无显著关系。

**$H_a$：父母受教育的水平与子女受教育水平有显著正相关关系。**

因果关系假设的例子：

例5：领导风格与员工离职意向的关系假设。

$H_0$：领导风格对员工的离职意向没有显著的影响。

**$H_a$：领导风格对员工的离职意向有显著的影响。**

以上是几个针对不同类型假设的例子。在统计分析软件中（如SPSS），软件默认的是零假设，即直接对零假设进行检验。如果结果拒绝了零假设，那么就同时肯定了备择假设。如上面例子所表达的，零假设的特点是等于某个特定数值，二者均值没有差异，二者无显著相关等。因此，我们在写假设时要按照这个规则来写。既然软件已经默认了零假设，我们关心的是备择假设的正确性，因此在学术论文中只写出备择假设（见上面例子中的加黑部分）。换句话说，写了备择假设，零假设是无须赘述的，它只是备择假设的对立面。这样写出的假设既简洁又明了。

图1-5描述了前面介绍的几个概念间的关系，它描述了研究最初阶段的过程及对应的概念。认真理解此图，对于理解相关概念和研究过程非常重要。

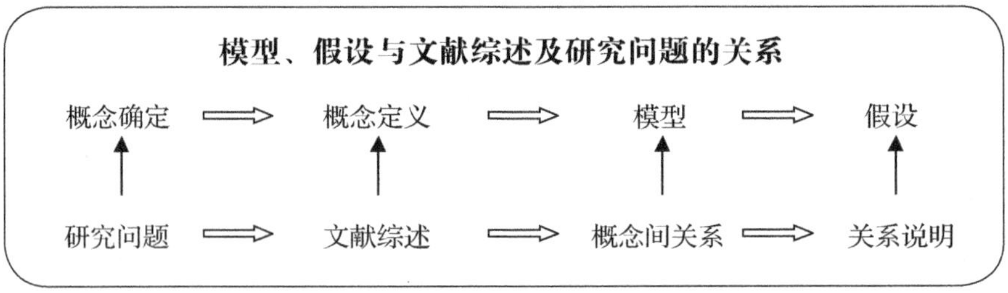


图1-5　模型、假设与文献综述及研究问题的关系图

## 1.7　信度与效度

既然问卷中测量概念的指标变量往往是借鉴他人的研究成果，或研究者根据自己的经验得到的，那么这些指标变量在所研究问题的特殊背景下是否能够很好地刻画对应的概念，或这些指标变量在不同背景下是否仍然适用。这里隐含了两个问题：首先，这些指标变量测量的结果是否具有稳定性，既稳又准的指标变量才是理想的，反映了所研究的概念；其次，衡量稳定性的指标叫信度，而衡量测量的准确性的指标叫效度。

### 1.7.1　信度

信度指的是一个或多个指标变量所测量的结果数值与测量对象真值的接近程度。信度的主要衡量指标是测量误差的大小。随机误差越小，信度越高。相对于信度低的指标变量，信度高的一组指标变量在进行测量时，结果的一致性更高，即不同指标变量测得的结果高度接近。或者说一个或多个指标变量在进行重复测量时，结果稳定性很高。研究人员每次都要测量指标变量的信度，当有可选的信度更高的指标变量时，要及时调整。信度刻画的是测量结果的准确性及稳定性，而不关注测量的对象是什么，是一个量化的指标。测量信度的主要方法有重复测量检验和内部一致性检验（含克朗巴哈系数、折半信度法检验等）。

#### 1.7.1.1　重复测量检验

重复测量检验是针对同一组被试在两个不同时点进行测量，并计算两次测量结果的相关系数。高的相关系数代表更高的稳定性或信度。

#### 1.7.1.2　内部一致性检验

一般情况下，一个指标变量不能很好地表示一个概念。所以要由几个指标变量同时刻画一个概念，一般至少要3个。这样就可以利用内部一致性来评价问题的信度。

1. 单个指标变量-总和变量（概念变量）相关系数

这一指标测量的是每个指标变量与对应的概念变量（总和变量的值等于所有指标变量的平

均值）的相关系数。相关系数大于或等于0.5的指标变量被认为是好的指标变量。证明这些指标变量具有较高的内部一致性并描述同一个概念。

2. 指标变量间相关系数

为了测量指标变量是否具有紧凑性或内部一致性，通常计算指标变量间的相关系数。相关系数大于0.3的指标变量被认为是具有较好的内部一致性。

3. 克朗巴哈系数

克朗巴哈系数是常用和普遍被接受的测量内部一致性的信度指标。它计算的是一个概念变量中任意两个指标变量相关系数的平均值。克朗巴哈系数值大于或等于0.7被认为是可接受的信度值。当克朗巴哈系数小于0.7时，需要查看指标变量-概念变量相关系数是否大于0.5，或通过去除弱相关的指标变量来提高信度值（这一操作将在第9章信度分析中详细解释）。当量表的问项增加时，值也会随之增加。但多余或不相关的问项会夸大此信度值。

4. 折半信度法

折半信度法把量表中的问项分为等价的两半（如把问项按奇、偶序号分开，或随机分成相等的两部分），再通过计算这两组问项数值的相关系数来估计信度。相关系数越高，信度越高。

5. 组合信度

当一个研究模型中包含多个概念时，研究者关心的是所定义的某个概念的几个指标变量是否具有内部一致性（即这些指标变量只被这个概念变量所解释），还是某个指标变量同时描述多个概念变量。前者被称为“单一维度”架构，即所定义的几个指标变量只与其对应的概念变量相关，而与模型中的其他概念变量不相关。人们把同时测量一个模型中多个概念变量的指标变量内部一致性的概念称为组合信度。组合信度的值大于或等于0.7属于好的信度，但是当模型的其他效度指标很好时，介于0.6与0.7之间的组合信度值也是可以接受的。由于这里的组合信度值的计算需要进行线性结构模型分析的结果，在熟悉相关软件分析后，才可以进行组合信度分析。而本书主要介绍SPSS统计软件的应用，所以在此只是给出这一概念的简单介绍，目的是让读者对信度的概念有一个全面的了解。

除了组合信度，以上其他信度都可以通过SPSS统计软件直接获得。组合信度和下面的效度评价（除了内容效度），则需要用线性结构模型统计软件的统计结果来计算。虽然本书不介绍有关统计软件的使用方法，但是作为不可或缺的指标，本书仍介绍相关的效度概念，以便读者对效度知识有一个完整的认识，并在未来的学习中进行完善。

### 1.7.2 效度

效度指的是一个或多个指标变量所测量的是不是研究者设定要测量的概念。也就是说所选的指标变量是否准确地反应相应概念的内涵。例如，我们要测量某人的英语水平（概念），选择四个指标变量“听”“说”“读”“写”是准确的，即它们测量的都是英语水平的核心内容，而且很全面。但是如果用“学习英语的年限”测量英语水平的话，那是无效度的。首先学习年限不是英语水平的核心内容，其次学习英语的年限长未必英语水平就高。另外，如果在原有的四个指标变量基础上再加上学习英语的年限，效度会降低。综上所述，效度刻画的是指标变量能否准确地反映所测量的概念的核心内涵，是一个定性的指标。

#### 1.7.2.1 预测效度

预测效度指量表的测量值对所研究对象其他属性预测的程度。二者若相关性很强，则此量表具有好的预测效度。例如，托福成绩可以作为学生去国外进行硕士学习的预测指标。那么多高的成绩才会保证好的学习效果呢？托福的及格成绩就可以作为一个最低的预测效度值。

#### 1.7.2.2 架构效度

在复杂的模型中（下面的概念请参考图1-6），架构效度指的是一组指标变量真实地反映其所设定要反映的理论架构的程度。它反映的是测量的精确性。好的架构效度主要体现在样本统计量的结果准确地反映了总体参数的数值。架构效度主要包括下面四个效度概念。

1. 内容效度（面上效度）

内容效度主要评估一组指标变量与某个概念内涵的对应性。内容效度通过专家意见，或在不同的子群体进行预试而进行评价，因此其具有一定的主观性。内容效度要考虑到他人的实证结果、概念的理论意义以及概念的实践寓意各方面的因素，从而确定某个指标变量是否符合作为某个概念的指标变量。实证的内容效度可以通过探索性因子分析获得，理论效度可以根据概念的内涵与外延的文字表述来实现，而实践性内容效度可以通过概念应用的实际环境或情境来评价。比如说员工满意这个概念在不同行业指的是哪些具体内容。内容效度是其他效度的基础，因此在检验其他效度指标之前，应该首先评价内容效度。对于学术性不是很强的研究，做好内容效度的评价是必须的。而对于高层次的研究，则需要评价下面的效度指标。

2. 聚合效度

聚合效度评价的是描述同一概念的任何两个指标变量的相关程度或它们共享方差的百分比。常见的评价聚合效度的指标有因子载荷、平均抽取方差及前面介绍的组合信度。

3. 判别效度

判别效度刻画的是一个架构相对于其他架构的差异化程度。高的判别效度意味着不同的概念架构都具有各自的个性，或各自描述了不同的现象（如图1-4中的离职意向）。

评价聚合效度和判别效度的主要方法需要进行更高级的分析技术，在此不详细介绍。有兴趣的读者可以参考相关书籍。

4. 法则效度

法则效度通过判断概念变量间的相关系数来判断变量间的因果关系是否与设想的彼此间的关系一致或有意义。这个判断只需要计算概念变量间的相关系数即可做到。一旦出现与假设不一致的相关系数，即表示法则效度不够好。

信度是效度的必要条件，即没有好的信度不可能有好的效度。但是信度高不意味着效度也高。当用几个指标变量来测量某一概念时，首先要求这几个指标变量要具有较高的内部一致性

（高信度），否则即使这组指标变量看起来测量的确实是某个概念的内涵，但它们并不是很集中（信度不高），这就意味着对概念内涵的测量不是很准确，也就不具有好的效度。而在保证高信度的情况下，又保证了高效度（准确性），那么这组指标变量就是好的选择。由于信度是效度的必要条件，信度又比较容易测量，因此研究者通常要进行信度研究。在学术性不是很强的研究中，对效度的研究往往侧重内容效度。

信度与效度的关系就像是打靶。子弹数量代表指标变量的个数，靶心代表概念的核心内涵，而每次射击的环数代表测量的不同值。信度刻画每次射击的稳定性，而效度刻画每次射击的准确性。图1-6描述了几种信度、效度高低的不同组合。它们对理解信度和效度的关系非常重要。

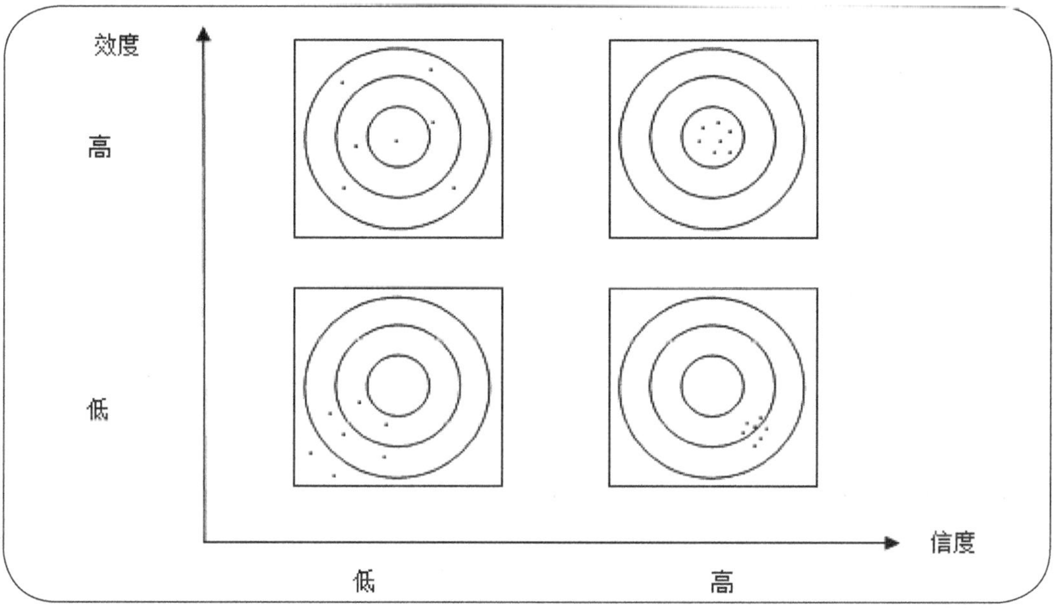


图1-6　效度与信度关系展示图

不管一个架构的指标变量体系是如何得到的（他人研究得出的或是自己设计的），在做调研时都需要重新评价此架构的信度与效度。这两个指标是衡量问卷这一测量工具好坏的关键，也对测量的结果产生重要影响。不合格的测量工具会造成较大的误差，以致所得的数据不能真实精确地反映实际现象的特征，所得出的结果也就没有什么意义。

## 1.8 本章小结

本章介绍了问卷的结构与内容，进而介绍了变量、模型以及假设的概念。以此强调问卷不是独立于研究问题之外的简单工具，它是基于对研究问题的理解和文献综述的结果。问卷设计源于要研究的问题，进而概念模型，即问卷涵盖了研究问题涉及的主要概念及其指标变量。问卷的设计是一个复杂的工作，包括问题设计、文字表述、量表使用、效度和信度等方面。本章对这些内容都进行了详细介绍。对于问卷设计和问卷调查的更多知识请参考第3章数据收集的相关内容。

## 1.9 练习题

### 一、多项选择题

1. 问卷的主题部分包括 （ ）
   A. 行为调查 B. 态度调查 C. 个人基本信息 D. 问卷结果
2. 问卷中的分类问题要满足 （ ）
   A. 完备性 B. 多样性 C. 简单性 D. 纯粹性
3. 问卷中量表有 （ ）
   A. 二分类 B. 多分类 C. 李克特量表 D. 斯坦普尔量表
4. 概念变量也叫 （ ）
   A. 抽象变量 B. 潜在变量 C. 文字变量 D. 可操作变量
5. 反映某个概念的重要属性特征的问题叫作 （ ）
   A. 指标变量 B. 显变量 C. 可观察变量 D. 操作变量

### 二、判断题

1. 克朗巴哈系数测量的是效度。 （ ）
2. 效度是反映几个指标变量测量某一概念的稳定性指标。 （ ）
3. 信度是反映几个指标变量测量某一概念的可靠性指标。 （ ）
4. 效度是信度的必要条件。 （ ）
5. 好的指标变量应该有高效度和高信度。 （ ）

# 第2章

# 样本设计

社会科学研究有两个主要任务：描述现在和预测未来。不管是描述研究还是预测研究，都是针对研究对象的总体属性或特征进行研究。由于有的研究对象具有无限大的特性或研究对象的总体很难把握，人们一般通过选择研究对象的一部分个体进行研究，通过统计分析推断了解对应的总体特征，而这一工作就涉及样本设计。本章介绍的是样本设计以及对应的抽样方法。

## 2.1 样本设计的相关内容

### 2.1.1 基本概念

1. 总体：由研究项目的目标明确规定的整个集体。

2. 个体：构成总体的基本元素，也叫元素。

3. 抽样框：抽样框是进行具体抽样时所依据的一个所有元素的列表（如一个单位员工的名册）。抽样框与总体非常接近。只有当总体有限时才可以有抽样框。抽样框要求总体中的个体要不重不漏，否则会出现两类错误：其一是总体的一部分成员不在抽样框内（如漏记，后补人员）；其二是抽样框内的一部分成员不属于目标总体（如未删除名单等）。

4. 样本：由个体构成的总体的一个子集。

5. 样本容量：样本中个体的个数。

### 2.1.2 样本选择的标准

一个好的样本应该具有如下特性：

1. 代表性：由于样本只是总体的一部分，但是其属性要反映总体属性，因此样本必须具有好的代表性。缺少代表性的样本会造成抽样误差或系统误差。为克服代表性低的问题，就要选择科学的抽样方法，以及适当的样本容量。

2. 精确性：造成不准确和不精确的原因是非抽样误差，或者说是随机误差。当样本具有代表性后，那么就需要对被选择的个体（被试）进行严格选择或培训，使得被试作为合格的参与者（有些个体由于年龄、身体或心理因素可能不适合做被试），能够清楚地了解问卷问题，并诚实、准确地回答问卷的问题。这样能够保证数据的准确性，进而对总体的结果推测具有精确性。

# 2.2 抽样方法

## 2.2.1 普查与抽样

普查是对每个个体进行调查（如人口普查）。而抽样是从总体中选取部分个体进行研究，从而推断总体属性的某些结论。

抽样的意义有以下几点：

1. 成本低。

由于抽样只是针对总体的一部分进行调查，这样可以节省很多时间、人力和资金。

2. 结果具有很高的准确性。

根据研究显示，一个容量为2000的样本可以令人满意地代表比较大的总体。

3. 数据采集迅速。

相对于普查，样本数据收集是非常迅速的。对于横向研究，只需几天或几周即可获得所需的数据。

4. 能克服普查的局限性。

对于一些产品的寿命或汽车安全性检查，人们不可能把所有的产品都进行试验，否则就都变成废品了。再如商场的顾客或景点的游客具有流动性和无限性，调查人员不好把握所有的顾客，因此用抽样方法是解决以上问题的一种很好的方案。

抽样方法包括随机抽样和非随机抽样。表2-1列出了二者的作用及优缺点。下面分别详细介绍这两种方法。

**表2-1 随机抽样与非随机抽样的对比**

| 抽样方法 | 作用 | 优点 | 缺点 |
|---|---|---|---|
| 随机抽样 | 以样本推断总体 | 科学规范、代表性较强 | 成本较高、不灵活、不方便 |
| 非随机抽样 | 研究总体局部现象 | 成本较低、灵活方便 | 不够科学、代表性低 |

## 2.2.2 随机抽样

随机抽样要求总体的每个成员有一个相同的机会（概率）被选入样本中，这个机会是由选择样本的具体程序来确定的，而非由人为因素（如好恶、资力、个人意愿）决定。随机抽样包括：简单随机抽样、系统抽样、分层抽样及整群抽样。下面对这些抽样方法进行详细介绍。

### 2.2.2.1 简单随机抽样

简单随机抽样要求在有限总体中，对于总体中的每个成员，被选入样本的概率是相等的。被选择的概率 = 样本容量（$n$）/总体容量（$N$）。简单随机抽样有抽签法和随机数表法。

1. 抽签法。

通过抓阄或抽签的方法进行样本个体的选取。这一方法的理论基础就是每个个体被选择的概率相等。但此法适合小样本的情形。此法实施的步骤是：

第一步：确定样本框；

第二步：做阄或做签；

第三步：进行抓阄或抽签。按样本容量要求确定样本个体。

例1：要从某专业的在校学生中选出10名学生做问卷调查，如何用简单随机抽样法选择这10名学生？假设学生总数为120人。

分析：每个学生被选择的概率是10/120=1/12。下面是以1/12的概率抽取10名学生的步骤。

样本框：把所有学生编号001～120，或者找到该专业的学生名册（但是要注意是否有已转走的或者名字没有在列的学生，确保不重不漏）。

做签（或阄）：做120个签（或阄）。

抽签（或抓阄）：依次随机抽出每个样本元素，直至找到10名对应学生。

2. 随机数表法。

随机数表在统计学或市场调研的书籍中都可以找到，也可以通过计算机程序生成随机数表。计算机生成的随机数分为两类：真随机数和伪随机数。要生成一个真随机数，计算机会检测其外部发生的某种物理现象而生成随机数。伪随机数这个概念是相对于真随机数而言的。计算机通过发送种子数值，运用算法产生某个看起来像随机数的数字，但是实际上这个数字是可以预测的，但毕竟所产生的数字是彼此独立的，因此在选择样本时，使用的随机数是伪随机数还是真随机数并不重要。

使用随机数表法选择样本的步骤如下：

第一步，把总体的每个元素依次编码。如果总体数是3位数，初始数字从001开始，直到最后一个元素分别赋值，用数值代替元素。例如总体含有345个元素，那么编码就从001到345。

第二步，在随机数表中任意选择一个起始数字，由于表中的数字是随机的，所以选择哪里也是没区别的。例如在345个总体中选择，起始数字应该是三位数。而总体是1450时，应该是四位数。

第三步，从选择好的起始位置开始，按任一选定的方向（上、下或者交叉）选择在总体数值范围内的数字作为样本元素。这里要注意的是：（1）使用随机数表按某个方向走到头时，可以转换任一方向继续选择；（2）当选择的数字大于总体的数值时，舍弃此数值，继续选择其他有效的数字。例如在有345个元素的总体中，选到的数字是456，那么就要舍弃；（3）当出现重复数字时，不计，继续挑选，直至选出需要的样本个数。

随机数表法的优点是简单、易行。每个个体被抽到的机会相同。缺点有：（1）当样本总体很大时，逐一编号非常困难（如某城市的所有居民）；（2）列表有时不能考虑到其他信息，如性别、年龄、职务等，这会影响代表性；（3）对于某些总体的清单无法得到时，我们认为是无限总体。这种情况不适合运用随机数表法，如某商场的顾客、旅游景点的顾客等。

#### 2.2.2.2 系统抽样（或机械抽样）

系统抽样是代替简单随机抽样的常用方法。其使用步骤如下：

第一步，获得总体元素的列表。

第二步，根据样本容量$n$和总体容量$N$确定“步长”$k$（$k$取$N/n$的整数部分），即把总体分成$n$个相等的部分，每部分含有$k$个元素。

第三步，用随机数表在第一部分选取一个元素$i$，然后顺次选取$i+k$，$i+2k$……直至选出所有$n$个元素。

例2：某居民区有100户居民，要从中选取20户进行消费水平调查，那么如何利用系统抽样来得到这20户居民？

分析：

（1）找到居民户口名册，然后排列（或编号）；

（2）计算步长：$k = 100/20=5$（把100户分成20部分，每部分5户）；

（3）用随机数表在前5户中选取1户，然后开始每隔5户选择一户，直到选出20户为止。例如随机选出的第一个数字是4，后面的数字分别是4+1×5，4+2×5……，从而选取20户居民（用斜体字表示）（见图2−1）。

| | | | | | | | | | |
|---|---|---|---|---|---|---|---|---|---|
| 1 | 11 | 21 | 31 | 41 | 51 | 61 | 71 | 81 | 91 |
| 2 | 12 | 22 | 32 | 42 | 52 | 62 | 72 | 82 | 92 |
| 3 | 13 | 23 | 33 | 43 | 53 | 63 | 73 | 83 | 93 |
| *4* | *14* | *24* | *34* | *44* | *54* | *64* | *74* | *84* | *94* |
| 5 | 15 | 25 | 35 | 45 | 55 | 65 | 75 | 85 | 95 |
| 6 | 16 | 26 | 36 | 46 | 56 | 66 | 76 | 86 | 96 |
| 7 | 17 | 27 | 37 | 47 | 57 | 67 | 77 | 87 | 97 |
| 8 | 18 | 28 | 38 | 48 | 58 | 68 | 78 | 88 | 98 |
| *9* | *19* | *29* | *39* | *49* | *59* | *69* | *79* | *89* | *99* |
| 10 | 20 | 30 | 40 | 50 | 60 | 70 | 80 | 90 | 100 |

图2−1　机械抽样结果图

说明：由于等距抽取，系统抽样可能出现系统偏差。如要计算航空公司的日销售记录，选52天作为样本，此时步长是365/52≈7，如果第一天选为星期日（或其他某日期），所选的日期均为星期日（或其他某日期），这会造成系统偏差。因此，在选择样本大小时应注意适当调整，如把样本量改为55天。

**2.2.2.3　分层抽样**。

分层抽样法是先把总体分成若干个层，再从每个层里随机选择一定量的元素而构成样本。在每个层中选择的元素个数可以通过：等比例分层抽样、非比例分层抽样来实现。下面结合字母来解释分层抽样法。

将总体（$N$）分为$M$层（组），每层有$N_i$个元素，然后在每层里选出$n_i$个元素构成样本（$n$）。满足：

$N_1+N_2+\cdots+N_m = N$,

$n_1+n_2+\cdots+n_m = n$,

其中$N$为总体容量，$n$为样本容量。

说明：（1）层内元素间的差异要比层间差异小，这是分层抽样的核心（见图2-2）。

（2）分类标准可以是年龄、性别、地区、收入、产品类型等，但要保证元素不重不漏。

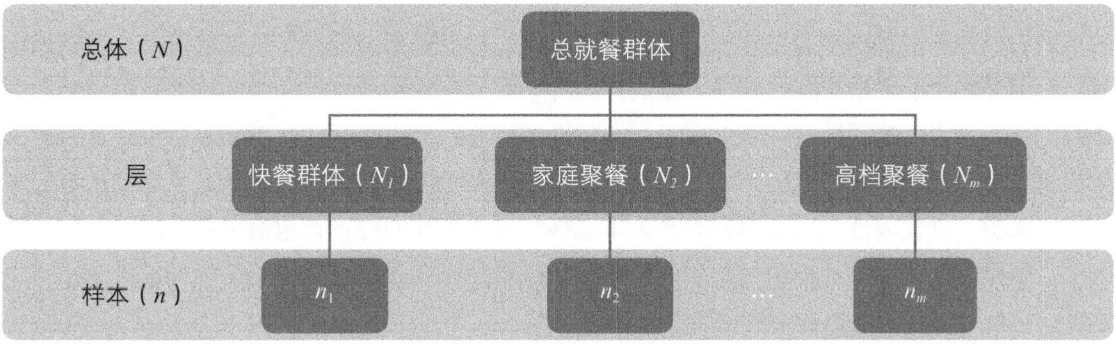


图2-2　分层抽样示意图

当把总体以某个标准分层以后，接下来的工作就是从每层中抽取一定量的元素构成样本。下面分别介绍等比例分层抽样和非比例分层抽样。

1. 等比例分层抽样。

等比例分层抽样按各层元素数占总体元素数的比例（$k$），分别抽取各层的元素数目。这一方法只考虑每个层元素的数量比重，而不考虑其他因素。根据上面的说明，各层的比例可以按照下面的方法计算。

$k = n_1/N_1 = n_2/N_2 = \cdots = n_m/N_m = n/N$。

在确定好比例后，在每个层中所选组的元素个数应为：

$n_i = k \times N_i = n/N \times N_i$，$i = 1, 2, 3, \cdots, m$。

在确定每个层要抽取的元素个数后，层中元素的抽取方法可以利用前面介绍的简单随机抽样（简单随机抽样和系统抽样）方法来进行。

例3：某地区有居民5000户，其中高收入的有1000户，中等收入的有3200户，低收入的有800户。要从中抽取250户进行购买力调查，采用等比例分层抽样，如何确定这250户？

分析：

此问题把总体分成3层，分层标准是收入。

$n = 250$，$N = 5000$，$n/N = 1/20$。

所以每层抽取数$n_i$占各层单位数$N_i$的1/20。

根据$n_i = (n/N) \times N_i$（$i$=1，2，3）可得：

高收入居民应抽取：$n_1 = 1000 \times 1/20 = 50$（户），

中等收入居民应抽取：$n_2 = 3200 \times 1/20 = 160$（户），

低收入居民应抽取：$n_3 = 800 \times 1/20 = 40$（户）。

进一步抽取50、160、40户居民的方法可以利用简单随机抽样或系统抽样法来进行，这里不再赘述。

2. 非比例分层抽样。

非比例分层抽样在分层的基础上，进一步考虑层内元素相关特征的差异性（例如高档层次的消费者群体其消费水平的差异），这个差异可以用标准差来衡量。尽管按照统一标准把总体分层，但是并不能保证不同的层内元素的差异都一致。在分别计算每个层的标准差后，就会对不同的层内元素间的差异有一个全面了解。标准差越小，元素的同质性越强，少量元素就可以代表这个层的元素；反之，层内元素标准差越大，层内元素间的差异也越大，就需要选取更多的元素来提高其代表性。因此研究人员为了选择更有代表性的样本，也会采取非比例分层抽样方法。但是非比例分层抽样中每个层的元素数量是根据研究人员结合不同层的标准差大小来决定的，因此在此没有统一的量化标准。

分层抽样的特点是：除可以对总体进行估计，还可以对层进行估计，可以起到一箭双雕的作用；当层内差异（方差）较小时，结果的精确度很高，因此分层时尽量使层内差异变小（细分层）。这样我们可以采用等比例分层抽样，而不采用非比例分层抽样。

#### 2.2.2.4 整群抽样

将总体分成若干个具有相似特征的群（组）[如以省（市）为单位划分全国地区、以学校为单位划分某地区的大学生总体、以班级为单位划分一个学校的所有学生]，并以群作为元素。首先从总体中随机抽取若干个群，然后对抽取的群，或者把群内全部元素作为样本，或者在所抽取的群内继续进行随机抽样而选出群中的部分元素构成样本元素。我们把前者称为单阶段整群抽样，而把后者称为两阶段整群抽样。

例如，要调查某省的选民意向，把此省按县、区划分为若干个群。此时群与群的构成具有相似性，但群内的单位具有异质性，即差异性。选取时以县、区为单位选出若干个县、区作为样本，然后对这些县、区的所有选民进行调查。这就是单阶段整群抽样。但为了降低成本，在每个被选择的县、区内继续随机选取一定量的人员作为样本来推断这个县的整体情况，这就是两阶段整群抽样。单阶段整群抽样一般没有固定的样本容量，但是由于不同的群之间有极高的相似性，所选的几个群具有很高的代表性；而两阶段整群抽样一般是根据样本的大小来进行的，整群抽样比较适合对某区域内的研究对象进行抽样，因此也叫面积整群抽样。

例4：某区有5个社区共800户居民，每个社区的家庭数分别是100、200、150、150、200户。现要对居民的消费水平进行研究，准备抽取50户进行调查，请利用整群抽样选择样本。

分析：

如果按照单阶段整群抽样，随机抽取1个社区足以满足抽样要求（50户）。那么就可以用简单随机抽样的方法在5个社区中随机抽取1个，然后对这个社区的所有居民进行调查。

但为了节约成本或提高样本代表性，也可以利用两阶段整群抽样。例如，可以选择2个社区，每个社区选取25户；也可以选择3个社区，每个社区选取17户等方案。以上方法是根据所需样本的大小，主观确定第一阶段所选群的数量和第二阶段每个群内元素的数量。我们也可以在确定第一阶段群的数量后，再利用等比例或非比例抽样的方法确定二次抽样的元素数。但是每次抽取的元素都需要利用简单随机抽样的方法或系统抽样的方法进行抽取。

整群抽样与分层抽样的相似性和区别：

相似性：二者都把总体分成若干个组，分别叫作层和群。

区别：

（1）分层抽样要求每层内元素的差异尽量小，而层间差异大；整群抽样要求群内元素差异大，群间具有相似性。

（2）分层抽样是每层必选，层内随机抽样；整群抽样是首先把群作为元素随机选取，然后群内每个元素必选（单阶段）或再随机抽样（两阶段）。

（3）分层抽样的单位是元素；整群抽样的单位是群。

## 2.2.3 非随机抽样

非随机抽样与随机抽样相反，即总体的每个元素被选入样本的概率不确定。它依赖于样本选择过程中研究人员的主观判断、需要来选择样本元素。对于非随机抽样的方法，不同的作者有不同的分类和解释。本书结合现有的书籍和教材，把非随机抽样分为下面几种。

### 2.2.3.1 便利抽样

所谓便利抽样，是指研究人员或调查人员以最容易的方式找到研究总体中的部分个体进行相关调查。例如与亲友调查、电话调查、志愿者调查、拦截采访等。

便利抽样的缺点是难判断代表性，而且准确性也不敢保证。但是在探索性研究阶段，这种方法对于研究人员获得研究现象形成概念和看法还是有一定价值的，有时甚至是非常准确的。首先，由于与调查者的密切关系或主动性，这些被试一般会很真实地反映其态度或想法，因此偏差小；另外在一些群体性较强的市场活动中，研究对象的态度基本上是明确和一致的（例如某个经营很红火的餐馆的顾客，大家有共同喜好的口味，也基本是通过朋友介绍才光顾的），因此个别人的态度或观点或许可以代表整体的意见。

另外，当便利抽样的样本量增大时，其代表性和准确性也会随之增强。在社会科学研究中，由于随机抽样调查的难度很高，很多样本的选择也是利用便利抽样的方法实现的。在诸多国际水平的学术论文中，很少有作者声称其研究样本是随机抽取的。

**2.2.3.2　主观抽样**

主观抽样也叫意图抽样。顾名思义，主观抽样是研究者根据研究的意图，按照研究对象的特征标准，精心策划选择最符合总体特征的一些样本进行研究。主观抽样有两类，分别是判断抽样和滚雪球抽样。主观抽样更注重被试的资质及其所具有的经验，以便研究者对所研究的现象获得有效信息和深层理解。

判断抽样：研究者有目的性地选取总体中的个体（往往是小样本），并认为他们有代表性，能够提供准确信息（如专家小组成员、有经验的被试与行业精英等）。判断抽样同样在探索性研究阶段非常适合。

滚雪球抽样可以看作是二次判断抽样，从而增大样本容量。第一次由研究者或调研人员判断并选择若干被试，第二次是由入选的被试再次判断并推荐新的合格的被试。这一方法适合于研究者对所研究的领域不熟悉，或认识此领域的专业人员有限的情况下使用，有时甚至可以多次推荐被试。鉴于这一过程被试的选择都是靠主观的判断来实现的，本书把滚雪球抽样方法归为主观抽样。

**2.2.3.3　配额抽样**

有些作者把非随机抽样分为便利抽样和主观抽样，把配额抽样视为主观抽样的一种。而有些作者把配额抽样分离出来，单独作为一种非随机抽样方法。配额抽样方法是为了提高样本的代表性，更常用于实验性研究，因此被试的选择可能会根据便利与简单判断的结合而定，而且样本容量一般较大。鉴于这一特征，我们认可后一种分类，即把配额抽样作为单独的非随机抽样方法。

为了使样本具有代表性，配额抽样综合多种因素选择样本元素（如性别、年龄、教育程度），以便样本的组成与总体的组成在特定特征方面相同。其背后的逻辑是某些相关的特征或因素是对总体特征的重要刻画。如果样本在这些方面与总体有相同的分布，那么样本就会对总体有很好的代表性。例如，从性别角度看，在总体中女性占主要部分，而样本中是男性占主要部分，这就使得样本的代表性受到质疑。具体而言，如果总体的男女比例是60：40，那么样本中的男女比例也应该是60：40。

在研究中，研究者或许会设定多个控制因素。而设定的因素都要满足2个条件：一是因素分布的估计必须能够从总体那里得到；二是所选的因素一定和研究问题密切相关。对于第一个条件不再细说，而第二个条件非常重要。一个总体会有很多特征，究竟选哪些特征作为控制因素，要根据研究问题来确定。例如性别特征在购买行为研究中会很重要，家庭收入特征在消费行为上会很重要，种族因素在接待服务上会很重要。因此研究者需要根据自己研究的主题，尽量考虑有关的因素，并列出来。这些相关因素很多都涉及人口统计学因素或社会经济学因素，也正因为如此，被试的人口统计学及社会经济学因素的信息经常出现在问卷的基本信息部分。

这也告诉我们，一个问卷调查结果中人口统计学因素的分布要与总体的一致，这样才能得到有代表性的样本。

研究者根据研究问题设定了三个特征：性别（男/女）、婚姻状况（已婚/未婚）、收入（高/中/低）。根据这三个特征把总体进行精细分类，会有12（2×2×3）组，并考虑其与总体分布的情况。但是当设定特征因素较多时，这类配额的确定非常复杂，因此一般只是考虑每个特征的比例要与总体的比例大致相同。

例如：表2-2是配额抽样中三个特征因素比例与总体比例对照。在二者比例基本一致的情况下，可以看作是合理的配额。

表2-2 配额抽样中总体与样本特征因素比例

| | 总体 | 样本 |
|---|---|---|
| 性别（男） | 40% | 39% |
| 婚姻状况（已婚） | 30% | 32% |
| 收入（高） | 12% | 10% |

虽然配额抽样有很多不足，例如所设定的特征因素是否能够真正代表总体的其他特征，换句话说，即使按照配额抽样，样本也未必能够真正代表要研究对象的核心特征。另外，在被试的选择上，操作人员会运用便利抽样，这也会产生偏差。但即使有诸多不足，只要结果具有好的预测效度，这一方法在意见收集和市场调查中还是被广泛使用，尤其是在实验研究中应用更为广泛。

## 2.3 样本大小的确定

抽样方法对样本的代表性起着非常重要的作用，而样本容量决定了结果的精确性。前者从定性的角度反映了样本选择方法对样本代表性的重要作用，而后者从定量的角度强调了样本的大小对结果精确性的作用，二者是相辅相成的。下面就从经验和理论角度介绍样本大小的确定方法。

### 2.3.1 样本大小确定的经验法

所谓经验法，就是根据研究者的实践积累以及相关的理论知识而得到的一些样本大小的确定方法。一般来说，总体中元素间差异越大（例如样本中含有多个不同的子集），要求的估计精度较高（比如说估计的区间小），样本也会要大些才能有较好的代表性和精确性。下面是几个经验原则：

1. 5%原则：当总体很大时（本书认为总体至少达到1000），样本容量达到总体的5%，即可获得较好的代表性。但是这一方法得到的样本容量大小可能只有50。而50个元素的样本在一些高级统计分析中是不能满足分析要求的。

2. 大于30原则：样本的统计量是用来推断总体参数的，因此在统计分析中，一个重要的假设是总体的正态分布。当样本不是正态分布时，根据中心极限定理，只要样本容量大于30、样本均值分布也是满足正态分布的，相应地统计分析方法才可以使用。

3. 大于50原则：有些统计分析需要一定的样本容量才能得到有效的结果，例如列联表分析。这种分析也是常用的，因此建议做此类分析时，样本大小至少是50。

4. 大于100原则：在进行$t$检验时，理论上要求样本容量达到100，才能保证正态分布。否则不能保证结果的可靠性。

5. 1∶5原则：在进行因子分析时，理论上要求问项数与有效问卷的数量比要达到1∶5，才能得到理想的结果。问项越少，问项与问卷数量比就要求越大（如1∶10）。

以上几个原则的好处是不需要复杂计算就可以确定样本的大小。研究者需要根据自己的研究目的和要求进行决策。但是，这里要强调的是，为了充分利用数据，本书建议样本容量越大越好。至于多大合适，研究者可以参考运用下面的公式计算出的结果做决定。

## 2.3.2 样本大小确定的公式法

在实际应用中，样本的大小是由所研究总体大小及要估计结果的精度决定的。而对总体参数的估计一般包括总体均值及总体比率问题。因此在确定样本时，可遵循以下原则：

1. 总体均值的区间估计中所需的样本量。

$$n=\frac{(Z_{\alpha/2})^2\sigma^2}{E^2}$$

其中，$E$表示边际误差，$\sigma$表示总体方差，$Z_{\alpha/2}$表示标准正态分布随机变量相应上侧分布面积为$\alpha/2$的值。$\alpha$表示统计的显著性水平，而$1-\alpha$为置信水平。

$\alpha$的值一般取0.05，要求的精度高时，可以取0.03、0.02，甚至0.01。

图2-3中矿泉水的pH是水酸碱度的一个参数。这个品牌矿泉水的酸碱度在25℃时是7.3，即水的总体酸碱度均值是7.3。但是此值后面还有一个±0.5。这个0.5就是边际误差$E$。为了控制这一指标在规定范围内，生产厂家就要进行抽样检验，来保证总体矿泉水的这一指标符合要求。那么要选取多少瓶矿泉水进行检验呢？这要根据设定的显著性水平$\alpha$决定。一般取$\alpha$值为0.05，即置信水平为$1-\alpha$=95%，其意义是每100瓶矿泉水满足要求的数量为不少于95瓶。有了$\alpha$值，$Z_{\alpha/2}$的值就可以在标准正态分布表中查到。那么为了估计$n$的值，还要知道$\sigma$值，即水源的pH的标准差。很显然这一值是不能得到的，可以根据一部分样本（若干瓶矿泉水）的pH进行测量，并代表总体的pH的标准差。

在以上有关数值确定后，就可以根据上面的公式来计算所需的样本大小，并根据结果判断一批产品是否合格。如果合格，厂家就可以声称，有95%的把握保证本矿泉水的酸碱值为7.3，正负误差不超过0.5。

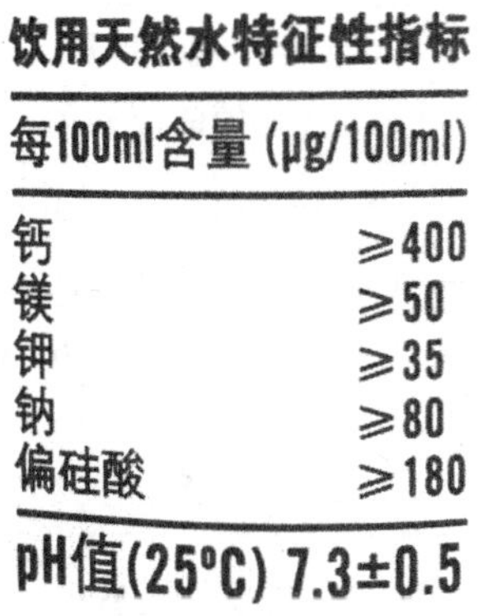


图2-3　矿泉水pH的估计

2. 总体比率区间估计的样本容量。

$$n=\frac{(Z_{\alpha/2})^2 p(1-p)}{E^2}$$

其中，$E$表示边际误差，$p$表示总体比率，$Z_{\alpha/2}$表示标准正态分布随机变量相应上侧分布面积为$\alpha/2$的值。$\alpha$表示统计的显著性水平，而$1-\alpha$为置信水平。

当取$p=0.5$时，所得的数值最大，因此为了获得可靠的样本容量，一般取$p=0.5$。而$\alpha$的值一般取0.05，要求的精度高时，可以取0.03、0.02，甚至0.01。

$E$值一般取10%。在盖洛普（Gallup）和哈里斯（Harris）进行的美国全国范围公众民意测验中，边际误差$E$常取0.03或0.04。关于总体比率估计样本大小的实际应用与上面均值的计算类似，其结果的意义也与均值的解释类似，这里不再具体解释。

表2-3给出了具体的不同的置信水平下，满足不同边际误差要求的样本大小计算的经验数据和公式。以上样本确定内容中涉及了几个概念，如样本统计量与总体参数、显著性水平和置信水平、边际误差。这些概念在第5章有详细介绍。

3. 确定问卷数量的计算公式。

问卷数量=样本大小（385）×（1 + 拒绝率50% + 废卷率15%）

= 385 ×（1 + 0.5 + 0.15）

≈ 635

其中，拒绝率和废卷率基于经验数据。

表2-3　确定样本大小的方法与公式

| 确定因素 | 定距、定比数据（均值估计） | 分类、排序数据（比率估计） |
| --- | --- | --- |
| 1. 所需精确度及量化<br>● 置信水平（根据风险确定）<br>● 边际误差（所能接受的区间 半径大小） | $1-\alpha=68\%$（$Z=1$）<br>$1-\alpha=90\%$（$Z=1.65$）<br>$1-\alpha=95\%$（$Z=1.96$）<br>$1-\alpha=99\%$（$Z=2.58$）<br>$\pm E$值（估计误差如2） | $1-\alpha=68\%$（$Z=1$）<br>$1-\alpha=90\%$（$Z=1.65$）<br>$1-\alpha=95\%$（$Z=1.96$）<br>$1-\alpha=99\%$（$Z=2.58$）<br>$\pm E$值（如10%） |
| 2. 确定样本大小的公式 | $n=\dfrac{(Z_{\alpha/2})^2\sigma^2}{E^2}$ | $n=\dfrac{(Z_{\alpha/2})^2 p(1-p)}{E^2}$ |
| 3. 经验数据 | $n=97$<br>（$E=1$，$Z=1.96$，$\sigma=5$） | $n=97$<br>（$E=0.1$，$Z=1.96$，$p=0.5$） |
| | $n=385$<br>（$E=0.05$，$Z=1.96$，$\sigma=10$） | $n=385$<br>（$E=0.05$，$Z=1.96$，$p=0.5$） |

## 2.4　本章小结

本章介绍了抽样的基本概念、抽样方法、样本大小以及问卷数量的确定方法。每种抽样方法都有优缺点，因此在选择抽样方法时，要根据自己的资源和能力去选择。样本尽量要有代表性，并满足一定的大小要求才能准确地反应总体的特征。样本过小会导致结果不精确，而样本过大会造成资源浪费。研究人员要根据本章所介绍的方法科学地进行样本设计。

## 2.5　练习题

### 一、多项选择题

1. 抽样方法有（　　）
   A. 普查　　B. 随机抽样　　C. 非随机抽样　　D. 任意抽样
2. 随机抽样有（　　）
   A. 简单随机抽样　　B. 阶段抽样　　C. 分层抽样　　D. 整群抽样
3. 非随机抽样有（　　）
   A. 便利抽样　　B. 主观抽样　　C. 配额抽样　　D. 任意抽样

4. 分层抽样可以分为 （ ）

A. 等比例分层抽样 B. 非等比例分层抽样

C. 二阶段抽样 D. 单阶段抽样

5. 整群抽样与分层抽样的区别是 （ ）

A. 每群必选，层是随机选取 B. 层间差异大，群间差异小

C. 层间差异小，群间差异大 D. 每层必选，群是随机选取

## 二、计算题

1. 假设某学院想对今年的毕业生开始工作时的年薪进行一次调查。学院有5个专业：酒店管理、旅游管理、营销管理、餐饮管理、会展管理。今年共有毕业生150名，其中酒店管理50名，旅游管理35名，营销管理20名、餐饮管理30名、会展管理15名。根据往年资料分析，毕业生开始工作时年薪在专业间的差异比专业内大，故采用分层抽样法抽取15名学生作为样本。问应各取多少名学生？如何抽取？

2. 在调查北京高校教育情况时，也可采取整群抽样法，群是什么？单位是什么？要在北京市高校抽取1000名志愿者，如何抽样？

3. 要在95%的置信水平上，边际误差为5，应选多大的样本容量估计总体的均值和比率？假设总体的标准差为25。

4. 在一项调查中，总体比率的规定值为0.35。那么当边际误差为0.05，95%置信水平时的样本容量是多少？

5. 请完成下面等比例分层抽样表中的空格部分。

**表2-4 某旅游目的地国际游客调查的分层抽样设计**

| 总体分层 | 各层数量（人） | 比例 | 样本容量 |
|---|---|---|---|
| 美国 | 25000 | | |
| 日本 | 30000 | | |
| 东南亚 | 20000 | | |
| 欧洲 | 25000 | | |
| 总数 | 100000 | 100% | 500 |

# 第3章

# 数据收集

数据分为一手数据和二手数据。二手数据是现有的或为其他研究目的而收集或积累的数据。例如企业内部员工信息、运营信息、顾客信息，以及图书馆、电子数据库信息、互联网上的信息等。二手数据中的理论、概念、研究发现，以及一些数据会对研究者自己的研究主题提供很好的背景信息，而这些信息在研究的引言和文献综述部分非常重要。二手数据在定义概念、建立假设、确定研究方法这几个环节是必不可少的，因此，二手数据在探索性研究阶段非常重要。

一手数据是针对研究者的具体研究问题，在缜密设计的基础上，通过设计好的问卷或设备收集的数据。由于本书的重点是以问卷为导向的数据分析，因此下面主要介绍一手数据的收集方法。本书将一手数据的收集方法分为两类：定性数据收集方法和定量数据收集方法。下面将逐一进行介绍。

## 3.1 定性数据收集方法

### 3.1.1 德尔菲法

德尔菲技术是由美国兰德公司在20世纪50年代开发的。其最初的目的是预测与军事相关的未来技术水平。其做法是汇集某领域一些专家的知识和经验，并以此作为权威来生成预测或达成一致意见。之后，德尔菲法的应用不再局限于军事预测，而目前针对不同领域（如营销、企业管理、休闲研究、旅游与接待业研究、健康研究、政府规划等）的复杂问题运用德尔菲法进行评判或形成共识已经很普遍。

虽然德尔菲法可以用于定性和定量研究，但其最大的用途是进行定性研究。尽管德尔菲法在实际研究中运用很广泛，但也存在一些问题。例如研究人员对专家意见的解释会出现偏差，缺少科学严谨性，缺少计量效度。为了克服传统德尔菲法的不足，近年来，研究人员把德尔菲法细分为规范型德尔菲法和政策型德尔菲法。下面对这两种方法分别进行介绍。

#### 3.1.1.1 规范型德尔菲法

1. 概念

规范型德尔菲法是用来促发、整合及获得专家意见而达成共识的一种方法。它是一种利用一组资质高深的某个领域专家的集体决策机制。这些专家可以是高层管理决策者、专业人员与其支撑团队，以及其他有评判能力的人员。其实质是在研究过程中参与专家都是匿名的，目的是避免或减少彼此间的影响，并为每位专家提供一个安全无扰的环境。德尔菲法的创始人认为，此方法可以从不同的现实生活中发现最佳的知识或观点，而且是用来预测和优化专家组意见的一系列程序。因为一人的观点往往具有偏见，而小组会议可能会陷入一种随从意见领袖的怪圈。德尔菲法允许专家系统地、匿名地根据自己的知识自由地给出评价。因此，此法可以得出与传统科学方法一样有效度和信度的结论。规范型德尔菲法专家组的人数没有固定限制，一般10人以上，要进行3～4轮。

2. 研究目的

德尔菲法的研究目的主要有以下4个：

（1）收集并吸取一组专家的知识或观点；

（2）对无准确支撑信息的复杂事物未来走向达成共识或进行评估；

（3）对不同观点给予可靠及创新性的解释；

（4）整理关键决策所需的必要信息。

3. 实施步骤

知识、经验和习惯是专家的主要特征。他们在研究中对问题的深刻解释对于定性问题的研究极为重要，并通过德尔菲法重复研究三个阶段进行强化。

（1）起始阶段；

（2）核心过程；

（3）结尾。

起始阶段的德尔菲研究要达成以下三个主要结果：1）研究问题或主题的确定以及明确的问题表述；2）设计好选择专家的标准；3）确定所需专家人数和类型的标准。

核心过程：此阶段研究人员把起始阶段形成的研究问题或主题，以及问题的表述进行整理归档，并逐一送到专家那里获取评论和反馈。如果专家们没有对问题的观点达成共识，专家的反馈要进行汇总和分析，然后对问题表述进行修改。如果一些专家的评论很极端，在规范型德尔菲法中，研究人员要让这些专家在专家组评论的基础上重新评估他们的评论，并说明他们这些极端评论的合理性。

德尔菲技术的基础是明确表述、解释并检验专家观点。由于专家的观点带有主观性，这一过程往往需要若干个回合。德尔菲法要根据其质量及与研究问题的契合度或贡献度来评价结果的好坏。

有些问题可以经过一个回合德尔菲法研究就达成共识。有些要经过2～3轮，甚至5轮才能达成共识。但一般情况下，2～3轮基本上就可以达成共识。研究人员和专家可以采取不同的方式进行互动。传统的德尔菲法是使用书面材料并邮寄给专家（这种方法浪费时间和劳动力）。也可以采取面对面交谈的方式，其间研究人员向专家告知其他专家的评论或前一轮专家组的评论反馈来获得进一步的评论。通过现代技术（电子邮件、博客、微信等），研究人员可以组织更大的专家库（来自不同地区和时区的专家），并能够很好地控制讨论过程。

结尾阶段：当共识达成后，讨论即结束，德尔菲法研究过程即告结束。之后要撰写一个含共识表述的汇总报告，并把这个报告发给所有的参与专家进行评价。然后新的知识或理论就可以应用到最初提出的研究问题并发布结果。

#### 3.1.1.2 政策型德尔菲法

1. 概念

政策型德尔菲法是图洛夫在1970年提出的。它是用来获取针对某问题提出的所有不同的观点及其主要优、劣势的表述，而非建立无偏见的专家共识。它是用来对决策或预测进行分析，而不是作为决策或预测的一种工具。

2. 作用

政策型德尔菲法更侧重于一个专家组能够针对某问题拿出所有可能的支撑证据的解决方案，并加以讨论，而不是关注一组专家提出问题解决的共识方案。

3. 步骤

政策型德尔菲法是一个多阶段的研究过程，一般需要2～5轮。严谨的政策型德尔菲法研究则需要至少5轮。但为了不过分耗费专家的精力，在实践中，政策型德尔菲法可以通过3轮高效率的调研来完成。即允许专家把他们自己新的观点或立场附加到研究主题，或第一轮提供的假设、支持的观点中。

例1：关于酒店业危机信号监测的德尔菲法研究过程。[5]

研究目的：在组织背景下，利用政策型德尔菲法去探索危机信号管理的概念，并用于分析酒店管理中对影响危机信号的监测、转换、解释的过程和实践的一些状况。进而建立一个框架，使得这些状况有利于酒店危机处理的过程和实践。

研究方法：鉴于此研究不是获取危机信号探测框架的共识问题，而是获取影响危机信号监测境况的不同观点，因此采用政策型德尔菲法比采用规范型德尔菲法更合适。

专家样本选取：由于对“专家”的概念存在争议，此处用“专业人员”来表示一些对所研究的问题既有丰富的知识，又有经验的人员。即使这样，人们的知识和经验也是有限的或片面的，因此需要一个经验多样化的群体作为样本。样本的选择可以采取主观抽样的方法，即研究人员根据自己的判断来选择“专业人员”，同时采取“门槛式”抽样法，即根据预先确定的标准来选择参与者。此危机信号监测研究中，参与人员要满足以下条件：（1）集团层级的负责或直接参与危机/风险管理决策的专家；（2）在国内或国际多分店的酒店集团工作的人员；（3）在组织内至少经历过一次危机事件的人员。

第一条的必要性是参与者的差异性使得他们可以通过丰富的信息，理解不同案例并揭示系统的弱点并进行提升的可能；第二条要求参与者要有具体的企业背景；第三条要求参与者要有一手经验。这些条件能保证通过专业人员的亲身体验来给出危机信号监测的主观视角，并归纳

注释：

[5] 例1摘自Alexandros Paraskevas and Mark N.K. Saunders，(2012)。其中内容进行了简化和必要修改。

性地开发出酒店业危机信号监测的概念模型。

第一轮政策型德尔菲法

根据图洛夫的步骤1～3（见表3-1），采取与专业人员面对面的访谈方法，力求获得三项内容：

1. 提出不同的境况；
2. 展示不同的观点；
3. 确定对境况的初步立场。

每次访谈都是以关键事件技术（关键事件法请参考有关资料）来获取事件的最重要境况或事项的数据（事件、事故或议题）。被访者描述他们是如何管理危机的（从认知、情感和行为方面），结果如何等。通过专业人员回忆事故，总结自己从危机中所获得的经验来获取危机发生的早期信号。为了获得完整的涉及关键事件的细节和结果的背景画面，还要运用内容分析法，根据专业人员提供的其他信息资源，如档案、会议记录、备忘录、电子邮件等内外部信息进行分析。面谈最后，要对危机管理的专业人员的答复进行文字记录，并要求专业人员阅读并确认内容和解释的准确性。进而通过内部和外部效度确保获取答案的可信性。然后对确认后的记录进行分组，标明危机信号监测的状况，并发给每位专业人员。每位专业人员都可以用不同的颜色区分自己与别人的观点。

简单地说，第一轮的目的就是获取影响有效危机信号监测的各种境况，并征得参与者对这些境况的不同观点。

**表3-1　政策型德尔菲法步骤**

| 步骤 | 轮次 |
|---|---|
| 1. 境况的形成：所提的境况是否值得考虑？议题如何表述？ | 1 |
| 2. 给出选项：针对给出的议题，可选的政策选项有哪些？ | |
| 3. 确定对境况的初步立场：哪些选项已获得共识？哪些选项不重要，需要忽略？哪些选项还没达成共识？ | |
| 4. 探索并获得那些意见不一致选项的理由：每个人的立场是通过什么假说、观点和事实来支撑的？ | 2 |
| 5. 对这些理由进行评估：专家组如何看待支持不同立场的辩解？他们如何对不同的立场进行相对性比较？ | |
| 6. 对选项进行再评估：再评估基于对证据的评价及与其他立场的相关性。 | 3 |

资料来源：摘自图洛夫（2002，p.84），见参考文献[11]。

第二轮政策型德尔菲法

第二轮政策型德尔菲法研究的目的是获取参与者对第一轮产生的境况表述的观点、看法，以及他们各自立场的支撑材料（步骤4、5）。根据图洛夫的观点，政策型德尔菲法的最主要任务是应对参与者的陈述和评论。因此，最适合的方法是利用4分制的量表去评估每个想法和观点的迫切性、可行性、重要性、效度或可信性。对迫切性、可行性的评价可以鼓励参与者间进行辩论，从而产生更多的观点。而对重要性和效度的评价可以探索状况背后的深层原因及支撑性论点。量表没有中性选项的目的是激发参与者间的辩论，以获取观点优、劣势信息。如果对问题没有把握，参与者可以给出无观点的答案。

调研人员要根据第一轮获取的境况表述设计一份4分制问卷，并让每位参与者对图洛夫给出的4个维度（迫切性、可行性、重要性、效度）进行评分或评论。参与者同时还可以根据自己的具体情况给出更多的境况表述及实施方案。参与者评价完后，把他们的评价结果进行汇总并统计（即哪些观点一致，哪些观点不一致）。同时把所有参与人的评论汇总，并进一步分析，以获得更深层的核心原因。

例如针对某个境况，可以制作如下量表（其中1=完全不同意，2=不同意，3=同意，4=完全同意，NA=无判断）：

| | | | | | | |
|---|---|---|---|---|---|---|
| （1）境况XXX是迫切的 | …………… | 1 | 2 | 3 | 4 | NA |
| （2）境况XXX是可行的 | …………… | 1 | 2 | 3 | 4 | NA |
| （3）境况XXX是重要的 | …………… | 1 | 2 | 3 | 4 | NA |
| （4）境况XXX是有效度的 | …………… | 1 | 2 | 3 | 4 | NA |

第二轮的目的就是丰富第一轮征得的境况内容，并给出明确的表述，以及参与者的观点一致性（或不一致性）统计。

第三轮政策型德尔菲法

在最后阶段，让参与者按照他们的危机信号监测想法或观点为自己所在公司制定一个有效的可操作系统。与此同时，组织者建议参与者考虑第一、二轮产生的不一致观点和因果假设，评估这些分歧与自己公司的关联性，并提出合理的行动方案（见表3-1步骤6）。在这一步，参与者要作为自己公司的代表而非匿名参与者。因为如果参与者仅作为一个个体或者匿名参与决策，结果参与者会简单粗糙地思考所研究的问题，因而不能得到深入细致的结果。在得到充分的关于危机信号监测境况（前两轮获得的一致和不一致的观点）后，每个参与组合可以为其所在公司设计一个行动方案，用来优化和提升各自公司危机信号监测的过程和实践。在此基础上，再综合所有的个体方案，通过分析，生成一个一般性的企业危机信号监测的有效方案。

第三轮的目的就是在前两轮的基础上，汇总不同参与者制订的方案，在既考虑境况一致性，又考虑不一致性观点的前提下，综合形成一套一般性的通用方案。

### 3.1.2 专题小组法

1. 概念

专题小组法指在一个训练有素的主持人的引导下，对某一具体的主题进行讨论，从而交换想法、感受和体验。专题小组研究是定性研究，一般用在确定调研问题的探索研究阶段。专题小组法的假设是从小组成员获取的信息要大于逐个单独访谈获取的信息。

2. 作用

获取对某一议题（或概念）的共同的感知、观点和态度。

3. 方法（步骤）

（1）确定调查主题（主题不宜太宽或太窄，在现实操作中，可以把主题演绎成若干个问题，拟定一个供讨论的主题大纲，引导讨论的进程）；

（2）选定参加座谈会的人员；

（3）确定时间和地点；

（4）召开座谈会；

（5）整理记录并汇报结果。

说明：人员构成及作用——

1）主持人及作用：

a. 鼓励与会者畅所欲言，尽量激发其讨论热情。

b. 尽量防止讨论话题偏离主题，一旦出现，主持人要灵活扭转这种局面，但要避免生硬，影响气氛。

c. 巧妙地引入新话题，以防止某一话题用时过长而不能完成讨论计划。

d. 防止出现中心人物左右讨论的局面，避免“从众”现象发生。同时激励沉默的参与者发言，充分利用资源。

（除了主持人，为了记录和整理发言内容可派一名记录员。）

2）观察人：由一个或多个委托人代表在单向镜子后观察参与者的言语和行为，看是否有一人主导或互相影响的情况。

3）参与者：7～12人，最多15人。要求有同质性（消费者小组、专家组）以获取对某一议题共同的感知、观点和态度。同时要具有代表性，如性别、种族、工作、教育等因素。所以一般要进行多次专题小组会议（3～5个专题小组）。

4）参与者的选择方法：一般非正式渠道（同事、社区机构、目标群体、广告）。

5）时间：1～1.5小时。

4. 专题小组调查法的发展

除了面对面的专题小组调查法，随着科技的发展，出现了新型的专题小组调查法。主要形式有：电话专题小组、在线专题小组、视频会议专题小组。对于以上提到的相关方法，有兴趣的读者可以参考有关书籍，这里不再赘述。

5. 专题小组调查法的优缺点

表3-2 专题小组调查法的优缺点

| 优点 | 缺点 |
|---|---|
| （1）调查成本低；<br>（2）快速获得问题的核心内容；<br>（3）可获得新的想法和额外信息 | （1）会出现少数人说了算或"从众"现象；<br>（2）样本代表性低 |

### 3.1.3 名义小组技术

1. 概念

名义小组技术是指在决策过程中对群体成员的讨论或人际沟通加以限制，但每个成员是独立思考的。成员首先提出个人观点，经过汇总后，再对所有列举的观点进行二次评价，从而获得最一致的结果。

2. 作用

（1）人们在面对信息不完全的决策问题，或者现有的定量分析方法和计算工具难以胜任时，需要进行粗略的估计和采用定性分析方法。

（2）当面临问题涉及人们的主观意愿，或者当多个决策者意见有分歧时，需要以定性分析为主的决策方法。

3. 步骤

管理者先选择一些对要解决的问题有研究或者有经验的人作为小组成员，并向他们提供与决策问题相关的信息。小组成员之间互不通气，独立思考，要求每个人尽可能把自己的备选方案和意见写下来。然后再按次序让他们一个接一个地陈述自己的方案和意见。在此基础上，由小组成员对提出的全部备选方案进行投票，根据投票结果，赞成人数最多（或最重要）的备选方案即为所要的方案。管理者最后决定是接受还是拒绝这一方案。具体方法见表3-3。

表3-3 名义小组技术

| 步骤 | 活动 |
|---|---|
| 1 | 准备：<br>●选定一间有黑板的教室（会议室）。<br>●发给各被试一张写有要讨论的主题及说明的纸条。<br>●给每位参与者一张A6纸。 |
| 2 | 主持人陈述要讨论的主题范围，直至每个被试都对话题很清楚。 |
| 3 | 被试思考并写出观点或想法（5～20分钟）。 |

续表

| 步骤 | 活动 |
| --- | --- |
| 4 | 收集被试的观点：<br>●主持人按顺序让被试分别说出他（或她）想出的一个观点，所有这些观点用简明扼要的文字写在黑板上（被试可以简单解释其观点以明确其含义）。<br>●重复这一过程，直至所有被试都有机会给出至少一个观点。<br>注：被试可以在别人观点的启发或鼓励下给出更多的观点。<br>根据所给的观点多少，第4步可以重复进行。 |
| 5 | 汇总所有的观点：<br>●把所有观点写在黑板上，让大家都可以看到。<br>●主持人查看观点，去掉重复观点，保证所有被试能够理解写出的观点。<br>●给所有的观点编码（如A、B、C或1、2 、3……）。 |
| 6 | 排列观点重要性：<br>●要求每个被试从上述结果中选出5~9个他（或她）认为最重要的观点。<br>●同时被试给所选的观点排序从1~5（或7、9）（1表示最重要或者数越大表示越重要）。 |
| 7 | 确定结果的重要性：<br>●主持人逐个念出黑板上的观点，同时统计被试所给出的排序赋值，并记在黑板上。<br>●把每一个观点的排序数加起来，并得出其重要性（总和或百分数，数值越大越重要或越小越重要）。<br>（如果结果特别分散，而意图是达成小组的高度共识，要进行第二轮的排序，让被试调整其原来的判断重新评价。）<br>这一步的替代方法是：对所有的观点进行内容分析或把问题分类来构成问题的不同方面，而不是简单考虑其重要性。 |

4．名义小组技术的优点

名义小组技术的主要优点在于每个被试可以独立思考不受限制，同时也可以在别人答案的启发下想出新的观点。而个人访谈、专题小组法则不会达成最后的一致观点。

### 3.1.4 自由列举法

1．概念

自由列举法是为了人们对一个语义范畴或语义域（术语、概念、心理模式或者信仰）的理解所采取的一种简单技术。语义范畴有两个要素：内涵与外延。内涵是概念中所反映的事物的特有属性或内在结构；外延是具有概念所反映的特有属性的所有事物或范围。自由列举法可以帮助研究人员确定某语义的内在结构和涉及的范围。

自由列举法可以作为卡片分类技术的前期工作或卡片分类技术的替代方法。它可以帮助定义并界定语义的范畴。自由列举法看似是探索个人主观倾向的开放问题问卷，但实际上它探索的是语义范畴。

2. 作用

通过计算被试回答的条目的频数及顺序来了解某语义范畴（内涵与外延）。同时通过列举，可以分析哪些被试有共同的语义概念，并把所列出的条目细分为更多的子概念（语义架构）。

3. 方法

自由列举法是一种半结构化的方法。可以采取当面问询的方式进行，也可以采取笔答（或在线问询）的方式进行。可以直接问被试“你认为哪些服务对你最重要？”等问题，此时给被试几分钟至一刻钟的时间回答。如果被试给出的答案很少，可以鼓励被试积极思考，尽量多给出一些答案，问询者把答案按顺序记录下来。

那么，多少位被试合适呢？这主要取决于语义范畴达成的一致性程度。达成一致的程度越高，需要的被试就越少。一般情况下20～30名被试就足够了。最佳的判断方法是在获取5～6名被试的答案后，把获取的信息清单排序，并计算各个条目的频数。然后继续进行，并观察这个排序是否还有变化，以及新的条目和条目的频数。若排序相对稳定了，则不需要新的被试。

凸显性，调研结果中每个条目的凸显性主要是通过频数和排序图来体现的。有些条目在所有的被试中提到的频数比其他条目多，这是因为这些条目是概念的核心部分。自由列举法的一个主要特性是条目的频数与其排序是相关的。因此，一个条目被提到的频数越多，其地位就越高或越早被提到。因此频数和排序是概念特征的两个指标。

如何决定一个条目足够显著并保留此条目呢？一种方法是根据降序频数图，在图的尾部有的条目频数很小，从中找到一个（或几个）自然的断点，保留断点前的条目。保留的所有条目将进入下阶段分析。

图3-1中列出了10个条目的频数图，所有保留的条目都会在某种程度上反应所研究的概念，但是这些条目也可能细分为不同的子概念（或者说是结构要素），这就需要运用一些手段进行细分。自由列举法可以根据不同条目的共同出现频数来体现条目之间的相似性，也可以采用卡片分类的方法把所保留的条目细分为不同的子概念。

4. 步骤

为了获取有价值并且容易列举的信息，一般需要以下几个步骤：

（1）问题设计：“请您列出有关XXX问题的所有条目（或想法）。”（选择适当的媒介，例如把问题在一张A4纸上打印出来。）

（2）调研的简短说明（相当于问卷的开头部分），主要包括：

A. 这一自由列举调研的目的；

B. 如何使用不同的手段（纸张、网络等）；

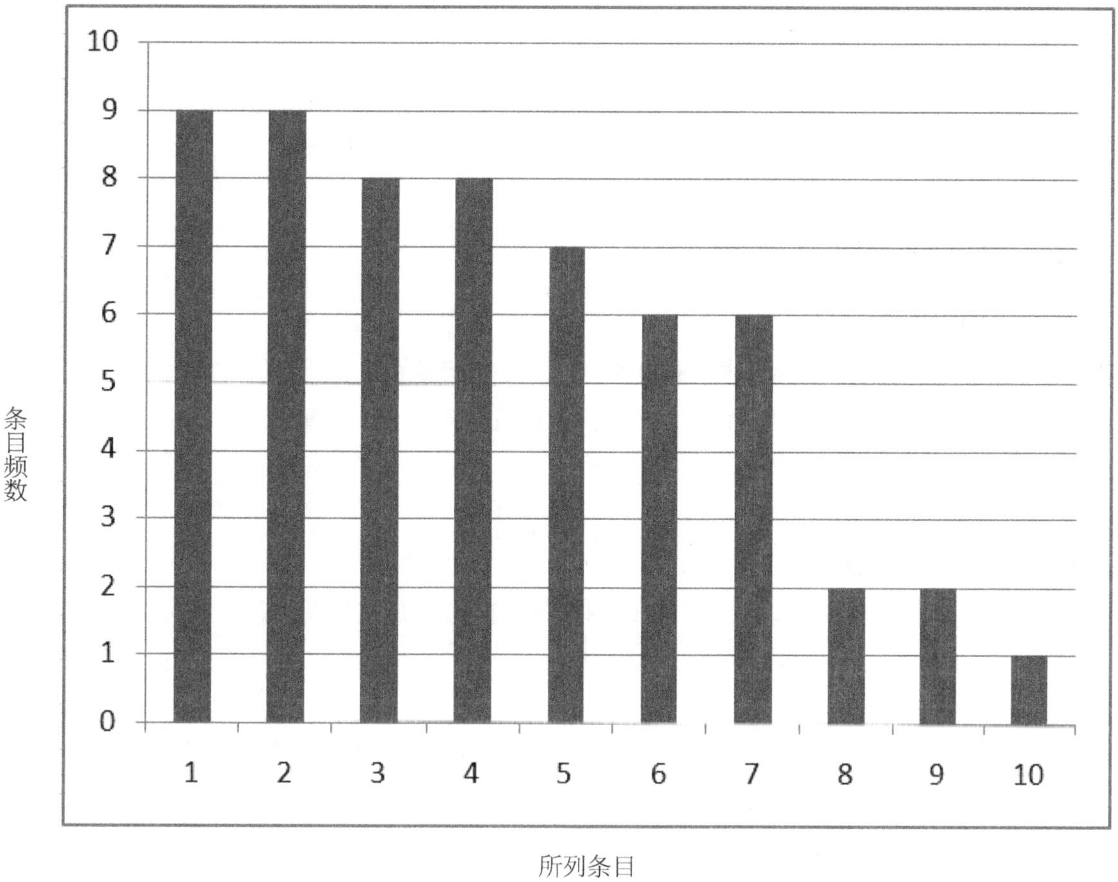


图3-1 自由列举法的条目及频数图

C. 所需时间；

D. 文字要简洁，意思表达要清楚；

E. 结果对被试的意义。

（3）进行数据收集，并适当启发被试给出更多信息。可以采取字母顺序提醒或者语义相似概念提醒法来激发被试思考。

（4）收集所有渠道的答复，并建立频数排序表。

（5）确定需要保留的条目作为概念的内涵。

5. 自由列举法举例

例：为了解酒店客人对服务质量的感知，某研究人员选取了115名来自北京的3～5星级的酒店顾客（其中84名中国顾客，31名外国顾客）进行自由列举法调研。

通过被试列举的自己所关注的酒店服务质量要素，我们对相同或相似的要素进行了细分类，并得到10个维度（见附件1-酒店服务质量调查问卷）。这些要素包括服务操作、酒店环境、设施设备、员工态度、卫生状况、安全、网络服务、餐饮、位置、价格。

之所以对“服务质量”这一概念进行细分，是因为此概念比较抽象，涉及方面较广，获取的条目多。如果研究的概念比较具体，那么所获取的条目会较少，可能不需要细分为更多子概念。上例在对所列条目进行再细分时，用了卡片分类法，这种方法可以对概念进行细分，在探索性研究中非常重要，而且简单易行。有兴趣的读者可以参考有关书籍和网络资源，这里不再赘述。

## 3.2 定量数据收集方法

### 3.2.1 问卷调查方法

定量数据收集主要是针对结构化的问题（问卷）进行调查，因此数据收集比定性数据收集要简单些。具体方法有：邮寄调查、网上调查、拦截调查、电话调查等，以上几种调查方法的具体操作可以参考相关书籍和网络资源，这里不再赘述。

### 3.2.2 外包调查服务

目前专业调查公司越来越多，而且很专业。他们可以提供实地调研，也可以提供调研平台（如网络调研公司）。专业调研公司有如下优点：

1. 特定的采访场所；
2. 完备的调研设施；
3. 现成的问卷模板及系统；
4. 训练有素的员工；
5. 固定的被试样本框；
6. 强大的数据处理和统计分析能力。

很多研究人员开始通过这类新平台进行数据收集。但是由于不同研究的研究对象的特定性，在选择调研公司时，要注意被试是否满足样本要求。研究人员也可以利用平台软件技术，自己设计问卷并选择被试，利用微信等社交媒体进行问卷调查。数据分析可以外包或者自己进行分析。下面列出的是近些年来出现的网络调研公司，读者可以通过网络连接深入了解其具体服务内容和方式。目前，问卷星也成为比较流行的问卷调研平台。

（1）问卷星：http://www.sojump.com/

（2）调查派：http://www.diaochapai.com/index

（3）问卷网：http://www.wenjuan.com/

### 3.2.3 问卷星使用介绍

下面对通过问卷星进行问卷调查涉及的重要步骤进行图解。由于问卷星版本不断更新，本书介绍的操作只供参考。另外，问卷星中的其他功能需要读者自己在应用过程中慢慢熟悉掌握。

第一步，问卷星注册：通过问卷星微信号sojumpwjx进行注册。

第二步，创建问卷，步骤如下：

1. 问卷星下部选择“设计问卷”；

2. 然后点击“调查”；

3. 点击“从空白创建”；

4. 点击“调查名称”，输入调查问卷标题；

5. 点击“创建调查”；

6. 根据已设计好的问卷中问题类型按照程序提供的模板进行具体输入，创建问卷问题。

说明：在问卷中可以在最后添加一个问题“问卷调查人”，即把进行问卷调查的人员名称作为不同选项，哪位调查员找到的调研对象，在问卷填写时最后就选择那位调查人员的名字，这样就可以在问卷星中实时监测不同问卷调查人员所做的问卷调查数量和进度。

第三步，问卷设置与发布，步骤如下：

1. 在问卷设计完成后，可以对问卷进行进一步编辑。打开问卷后，可以选择“编辑问卷”“问卷设置”“问卷外观”等选项（见图3-2），根据自己的意愿进行设置。此处可以进行基本设置、提交后显示、作答次数限制等。

图3-2

2. 点击“发送问卷”即完成问卷发布，各种发布方式见图3-3。调研人员就可以通过发布页给出的链接地址或者二维码推送给被调查人员进行问卷填写。可以利用“问卷链接”进行在线问卷调查，或者通过二维码利用微信进行问卷调查。

图3-3

第四步，把数据导出为SPSS类型数据：

当问卷调查达到设计的数量时，可以结束问卷调查工作，并把数据直接导出为SPSS格式的数据，具体操作如下：

1. 进入问卷星账号，在首页点击“我的问卷”出现界面（见图3-4），并选择需要导出数据的那份问卷（此例选择“酒店员工自我效能感相关因素研究”问卷）；

2. 点击“结果”，出现界面如图3-5；

3. 在图3-5中点击“统计与分析”，可以看基本分析结果；

4. 在图3-5中点击“查看下载答卷”，出现界面如图3-6；

5. 在图3-6中点击“下载答卷数据”，选择“下载到SPSS（.sav）”，出现界面如图3-7；

6. 在图3-7中点击“生成数据”，出现界面如图3-8；

7. 点击“下载数据”出现界面如图3-9；

8. 选择适当的文件夹保存SPSS格式的数据文件52950020_555_555.sav（此处可以给文件重新命名）。

第五步，SPSS数据编辑：

1. 从存储调研数据文件的文件夹中打开数据文件（根据保存的位置和文件名）；

2. 检查变量窗口的变量设置（名称、标签、编码、数据类型等）是否需要调整；

3. 通过数据探索分析检查极端值（数据输入错误不存在，但可能是误选或理解错误，参考第二部分数据编辑方法）。

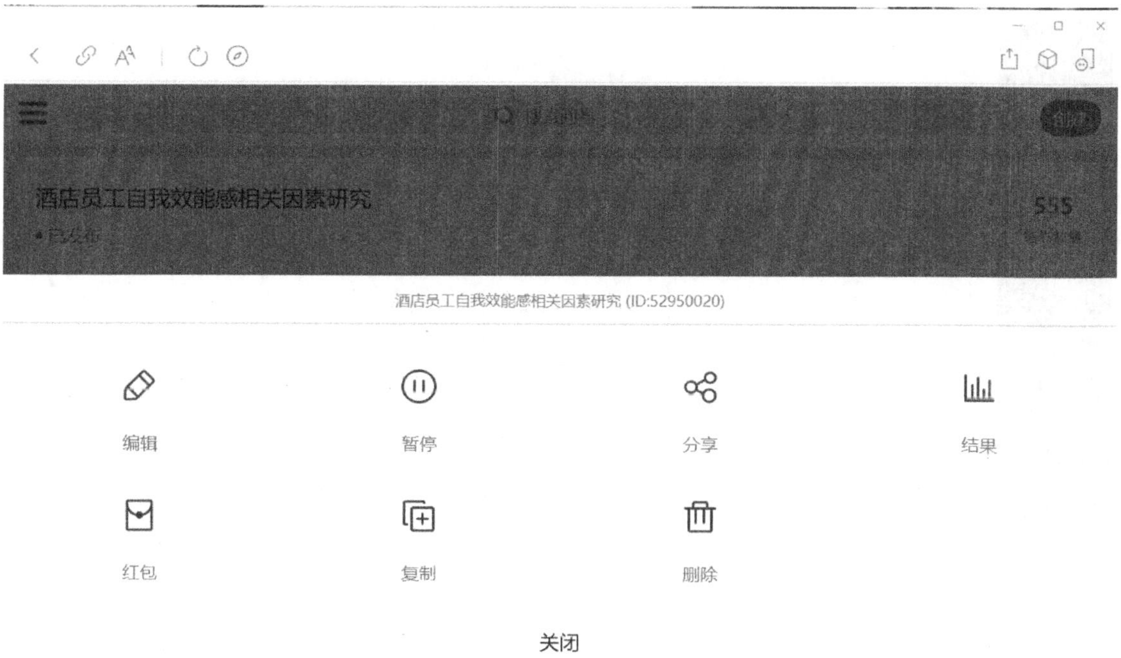
酒店员工自我效能感相关因素研究
555
酒店员工自我效能感相关因素研究 (ID:52950020)
编辑
暂停
分享
结果
红包
复制
删除
关闭

图3-4

酒店员工自我...
统计&分析
查看下载答卷
答案来源分析
完成率分
设计问卷
发送问卷
分析&下载
默认报告
分类统计
交叉分析
显示设置
第一部分：个人基本信息
第1题： 您的性别 [单选题]
选项
小计
比例
男
180
女
361
本题有效填写人次
541

图3-5

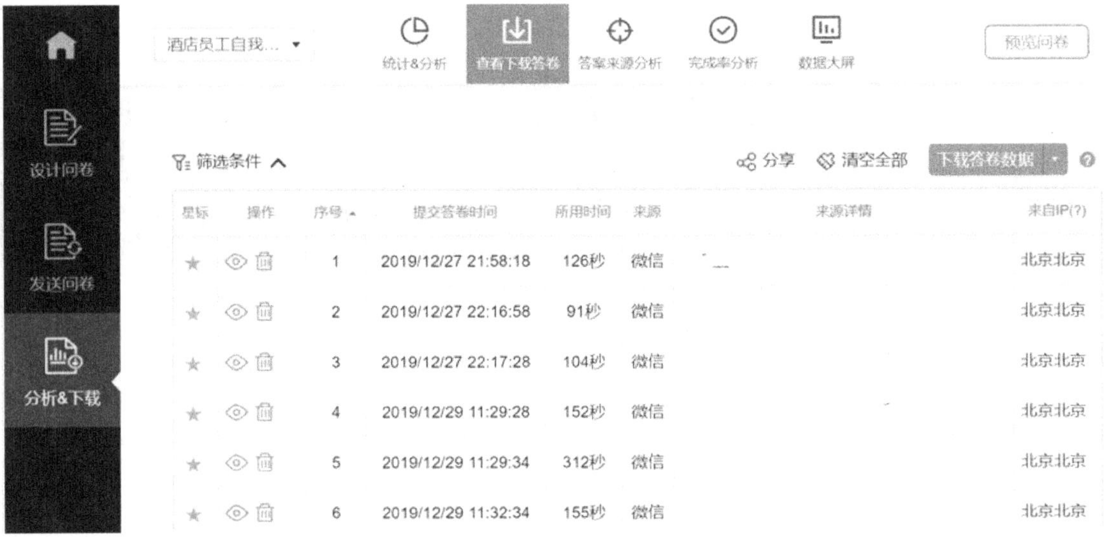
设计问卷
发送问卷
分析&下载
酒店员工自我...
统计&分析
查看下载答卷
答案来源分析
完成率分析
数据大屏
预览问卷
筛选条件
分享
清空全部
下载答卷数据
星标
操作
序号
提交答卷时间
所用时间
来源
来源详情
来自IP(?)
1
2019/12/27 21:58:18
126秒
微信
北京北京
2
2019/12/27 22:16:58
91秒
微信
北京北京
3
2019/12/27 22:17:28
104秒
微信
北京北京
4
2019/12/29 11:29:28
152秒
微信
北京北京
5
2019/12/29 11:29:34
312秒
微信
北京北京
6
2019/12/29 11:32:34
155秒
微信
北京北京

图3-6

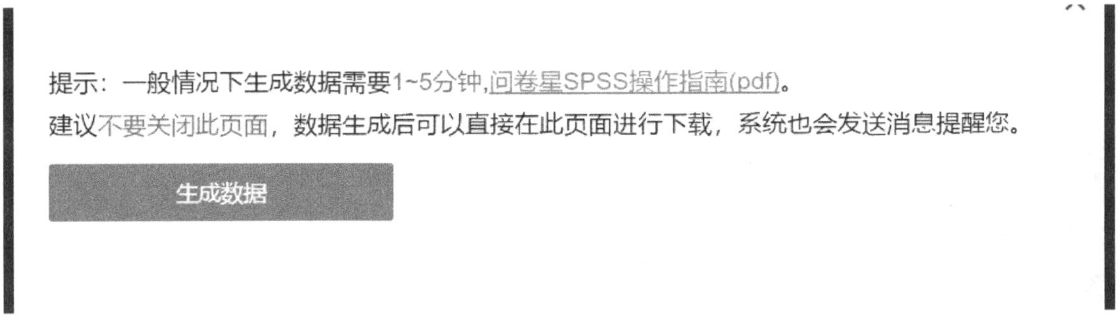
提示：一般情况下生成数据需要1~5分钟,问卷星SPSS操作指南(pdf)。
建议不要关闭此页面，数据生成后可以直接在此页面进行下载，系统也会发送消息提醒您。
生成数据

图3-7

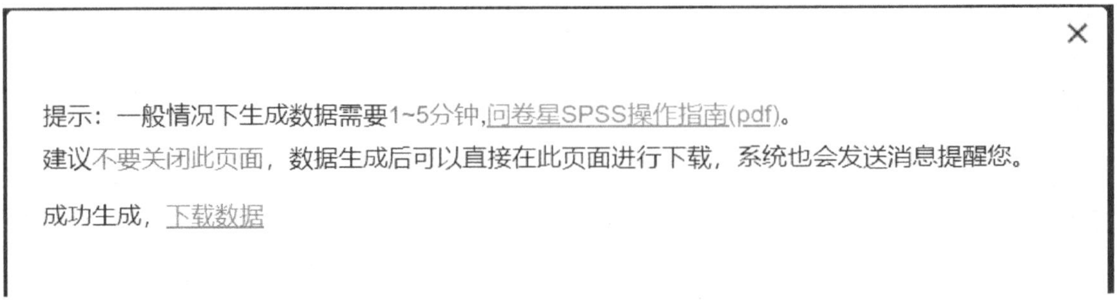
提示：一般情况下生成数据需要1~5分钟,问卷星SPSS操作指南(pdf)。
建议不要关闭此页面，数据生成后可以直接在此页面进行下载，系统也会发送消息提醒您。
成功生成，下载数据

图3-8

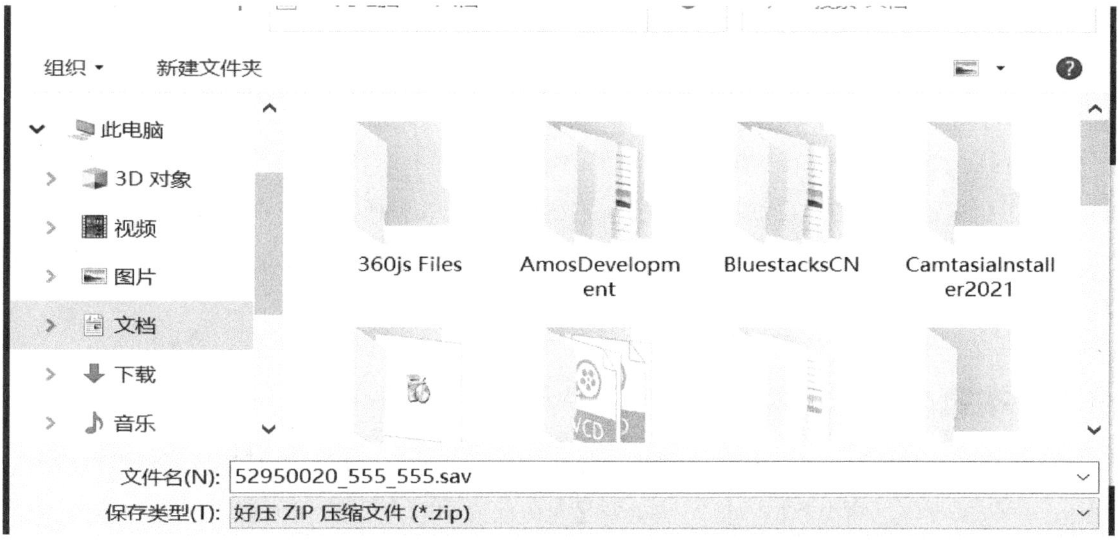


图3-9

### 3.2.4 问卷调查的组织实施

大量的问卷调查往往需要多人或多组来实施，这样就要把问卷分到不同的人或组。为了便于管理，组织者要记录问卷是如何分配的。组织者可以通过记录问卷的原始编码来分配问卷。例如，1～100号问卷分给第一组，101～200号问卷分给第二组，依此类推。然后每组再进一步把问卷分给不同组员（例如1～50号分给组员1，51～100号分给组员2）。这样会便于组织者计算发放问卷和收回问卷的数量。同时，当一些问卷出现问题时（如答案不清楚、问卷损坏缺失等），组织者可以直接找到调查人员或小组进行核实、核对（问卷组织结构图见图3-10）。

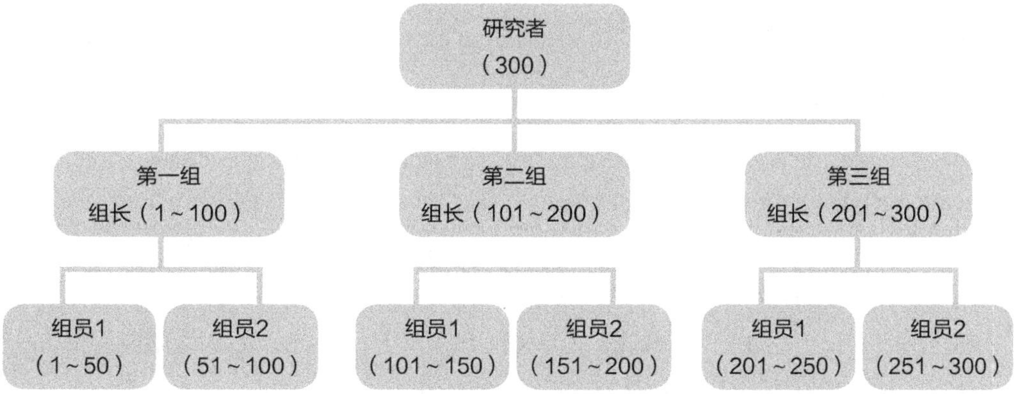


图3-10 问卷调查组织实施图

同样，当问卷数量较大时，把问卷信息输入统计软件时，也需要多人合作输入。此时可以按照上面分配原始问卷的方法，对有效问卷进行分配和管理，例如1～100号问卷分给第一组，101～200号问卷分给第二组，依此类推。然后每组再进一步把问卷分给不同组员（例如1～50号分给组员1，51～100号分给组员2）。不同小组把分配的问卷数据输入软件后，需要对数据进行汇总（见第6章中的数据编辑），此时要按照有效问卷编码的顺序合并数据文件。另外，当对数据进行整理时，如果发现输入错误，可以找对应的小组进行纠正，或找到对应的问卷进行核实并修改。

## 3.3 本章小结

本章介绍了数据收集的方法——定性数据收集和定量数据收集，这两类数据收集方法都是用于一手数据收集。两类数据收集方法主要是对应研究中的定性研究阶段和定量研究阶段（请参考图Ⅰ），因此每种数据收集方法都很重要。本章介绍了4种定性数据收集方法，以及定量数据收集（问卷调查）的常用方法和新趋势。两类方法解决了研究过程中的“是什么”与“是多少”的问题。两种方法结合既能够获得研究概念的内涵（要素），也能量化这些内涵，从而透彻掌握研究问题、本质属性（指标）和指标的量化。研究人员需根据自己的研究问题特征以及自己的资源情况采用不同的定性、定量数据收集方法，以获取准确可靠的信息，并得出客观的结论，为后期决策提供可靠依据。

## 3.4 练习题

### 一、单项选择题

1. 政策型德尔菲法一般需要（　　）

A. 1～2轮　B. 2～5轮　C. 5～6轮　D. 7～8轮

2. 专题小组法一般需要（　　）

A. 1～2组　B. 3～4组　C. 5～6组　D. 7～8组

3. 专题小组一般需要（　　）

A. 5人以下　B. 7～12人　C. 15人以上　D. 没人数限制

4. 自由列举法可以通过以下什么确定是否可以停止（　　）

A. 条目频数　B. 内容多少　C. 排序变化　D. 凸显性

5. 以下调查属于网络调查的是（　　）

A. 问卷星　B. 电话调查　C. 邮寄信件　D. 拦截调查

## 二、判断题

1. 专题小组法是定量调查法。 (　　)
2. 自由列举法要求大家一起讨论。 (　　)
3. 名义小组技术和专题小组法没区别。 (　　)
4. 德尔菲法主要依赖专家进行调研。 (　　)
5. 网络调查问卷星可以通过微信进行。 (　　)

# 第4章

# 测量误差

## 4.1 误差的概念

任何测量都会产生误差。社会科学的测量误差更为严重。这些误差主要有系统误差和随机误差。

系统误差是指每次测量结果都会产生的一致性偏差。这种误差是可预测的，且不由被试个人因素影响。系统误差一般是由测量工具（问卷）、测量方法或测量环境造成的。例如测量重量的秤开始指针不在零点（初始）位，那么系统误差就会出现。每次测量的结果都会（以一定重量）多出或少于物体真实的重量。下面“误差的来源”中1、2和3是典型的系统误差产生的原因。

随机误差是指不可预测的、由不明原因造成的误差。每次测量时误差的大小不一致，发生的可能性也不一样。随机误差一般是由被试造成的，例如被试不愿意给出真实信息，或不同被试的态度存在差异。当然，调研人员也会造成随机误差。下面的4、5和6是典型的随机误差产生的原因。

基于上面的原因， 可以了解测量的数值、真值、测量误差间的关系，即：

测量值 = 真值 + 系统误差 + 随机误差。

测量误差越小，测量值就越接近真值。

## 4.2 误差的来源

测量误差来源于测量的各个环节。主要涉及问卷质量、环境因素、被试者，还有调研人员。其中问卷质量、调研环境、抽样导致的误差属于系统误差，人为的误差（被试、调研人员、数据输入）一般属于随机误差。下面是误差的主要来源：

1. 问卷质量，语言因素：文字含义模糊、语句复杂难懂、行话和专业术语、诱导性问题、含糊问题、预留空间不足、一句多意的问题、文化背景差异造成的理解问题等；内容设计因素：信度或效度不高、选项遗漏，导致收集的信息不准确等；另外，填写说明不清楚、印刷质量不好等也会造成被试不能给出准确的答案。

2. 调研环境因素：在访谈时由于外界环境变化或他人干扰常影响答案的真实或信息的

完整。

3. 抽样误差：样本过小或样本代表性差都会带来系统误差。

4. 被试误差：被试不愿意表达强烈的负面或正面感情及与他人不同的观点，或对选项问题不了解而进行猜测式回答。被试由于暂时的疲劳、烦躁不耐烦（即情绪的变化）也会影响答案的准确和完整。另外被试往往会出现以下误差：

（1）仁慈：负向仁慈——对对象评价时，倾向于给出较低的评价；正向仁慈——对对象评价时，倾向于给出较高的评价。

（2）中间倾向：有些人不愿意给予被评价的对象很高或很低的评价，特别是当不了解或难以表达时，往往倾向给出中间性评价。

（3）晕轮效果：如果被试对被评价的对象有一种整体印象，可能会导致系统偏差。

5. 测量者误差：采访者在询问过程中会引起误差，信息记录和处理过程中也会出现误差。

6. 数据输入也会产生误差：在数据输入统计软件时，输入人员可能因误输入数据而造成误差。

## 4.3 减少测量误差的对策

为了测得真实的数据，应尽量减少测量误差。根据上面总结的误差来源，可以通过如下手段减少测量误差。

1. 问卷设计要遵循前面的设计要求和注意事项，规范整齐，文字清晰，并且要征求专家的意见，在实际使用前要进行问卷测试（选择部分研究对象）。

2. 做问卷调查时，要选择安静、无自然及人为干扰的环境，让被试独立思考，放松答卷。在户外做问卷调查时，要准备好硬的夹纸板。

3. 问卷调查前，必须设计好样本，根据一定的精度要求确定样本的大小和代表性（见第2章第3节中样本大小的确定）。

4. 为了避免被试的各种倾向（见“误差的来源”4），问卷的问题可以采取肯定、否定陈述法，或把同类问题分开的方法。

5. 在做问卷调查时，要2～3个人一起，分工明确，互相帮助，以避免数据收集过程出现误差（如答卷有不清楚的问题或未回答的问题，可以及时与被试沟通）。

6. 在数据录入时，也要尽量2人一组合作录入（一人读数据，一人输入），互相监督，避免因疏忽造成输入错误。同时数据输入完成后，要随机抽取部分问卷进行检验，保证数据输入的正确率。

## 4.4 本章小结

本章主要介绍了调研过程中数据收集造成的误差问题。误差是导致调研结果不准确的主要因素，因此克服调研误差也是研究人员要特别重视的地方。测量误差主要包括系统误差和随机误差两类，其含义和来源本章给了详细的说明。误差主要来自测量工具、测量人员、测量对象，以及后期的数据处理，其中有系统误差，也有随机误差。误差是社会科学及自然科学调研很难避免的问题，尤其是社会科学调研。而误差也会很大程度地影响调研结果，因此研究人员要根据本章给出的消除误差的方法和建议，最大程度减少误差，以获得更准确的信息，并得出可靠的研究结论，为后期决策提供可靠依据。

## 4.5 练习题

### 一、多项选择题

1. 测量值包括 （　　）

A. 真值　　B. 系统误差　　C. 随机误差　　D. 干扰值

2. 误差值包括 （　　）

A. 真值　　B. 系统误差　　C. 随机误差　　D. 干扰值

3. 被试主观造成的误差包括 （　　）

A. 仁慈　　B. 中间倾向　　C. 晕轮效果　　D. 个人恩怨

4. 问卷导致的测量误差有 （　　）

A. 含义模糊　　B. 不精确　　C. 行话　　D. 效度不高

5. 克服调研人员造成的误差可以采取 （　　）

A. 小组作业　　B. 分工明确　　C. 互相帮助　　D. 事后检查

### 二、判断题

1. 测量误差可以降低为零。 （　　）
2. 误差只是在数据收集时才产生。 （　　）
3. 误差和研究人员没关系。 （　　）
4. 误差是可以适当避免的。 （　　）
5. 问卷设计造成的误差是随机误差。 （　　）

第二部分

# 数据分析

# 绪 论

科学研究体现在理论和实证两个层面。在理论层面，研究的主要目的是致力于确定理论框架和建立假设；在实证层面通过数据收集对理论架构和假设进行检验。本部分主要内容是通过统计分析对理论或假设进行检验。统计分析包括描述性统计分析和推断性统计分析。

当数据收集以后，面临的是数据分析或数据挖掘问题。面对一份问卷包含的若干问题，如何去分析这些信息或挖掘出更多信息是研究人员面临的一个主要问题，也是一项挑战。本书提出“两个层次”的基本思路，以帮助研究人员进行数据分析。

第一层次：描述性统计分析。

描述性统计分析的目的是针对问卷中的每个具体问题进行分析。具体分析方法请参考第7章描述性统计分析。

第二层次：推断性统计分析。

推断性统计分析主要是假设检验。可以在问卷中组合不同类型变量进行分析，以便挖掘更多信息。例如选择一个二分类变量与一个连续变量进行独立样本 $t$ 检验分析，或者选择几个连续变量进行线性回归分析等。具体内容请参考本书后面其他章节的分析方法，进一步理解如何通过问卷中多个问题的组合来挖掘更多信息。

# 第 5 章

# 统计分析基本知识

统计分析知识是SPSS软件应用的基础。然而这些数学知识却让很多研究人员感到困惑。其实在使用SPSS软件进行统计分析中需要用到的统计学知识不是很多，因此本章重点介绍与SPSS应用关系密切的一些统计学知识内容，目的是便于读者快速识别核心的统计学概念及其含义，打消畏难情绪，进而顺利掌握软件的使用方法并对结果进行分析和解释。

## 5.1 样本统计量与总体参数

样本统计量：用来概括样本位置、离散程度、相关程度的数值量度（如样本平均值、样本方差、样本标准差）。这些数值量度是由样本中的数据计算得到的，因此称它们为样本统计量。

总体参数：用来概括总体位置、离散程度、相关程度的数值量度（如总体均值、总体方差、总体标准差）。这些数值量度是由总体中的数据计算得到的，因此称它们为总体参数。

以上两个概念针对的分别是样本和总体，名称略有差异，使用的表达符号也有不同。

## 5.2 描述统计与统计推断

描述统计量是对样本特征的描述，包括频数和百分比、集中趋势的度量（例如均值、中位数和众数），以及变异性的度量（例如方差和标准差）。这里最常见的描述统计量是频数和百分比（一般配对给出）、均值、方差和标准差（一般配对给出）。结果一般可以用简洁的图、表格或纯数值表示。

统计推断是对总体特征的判断，是利用一个样本统计量的值对总体参数的值进行估计或检验假设的过程。统计推断是基于描述统计量的。

## 5.3 假设检验

### 5.3.1 假设检验的含义

在假设检验中，我们首先对总体参数的某个特征做一个尝试性的假设，即原假设（零假设），记作$H_0$。然后定义一个与原假设内容对立的假设，即备择假设，记作$H_a$。假设检验就是根据样本数据对这两个对立的假设进行检验，从而推断总体特征。

假设检验类似于对犯罪案件的审判。在犯罪案件的审判中，假定被告人是无罪的，用原假设来表示。认为被告人是有罪的，则用与原假设对立的备择假设表示。因此，对于一项犯罪案件审判，其假设可写作：

$H_0$：被告是无罪的；

$H_a$：被告是有罪的。

### 5.3.2 两类错误

原假设和备择假设是两个对立的假设。要么原假设$H_0$为真，要么备择假设$H_a$为真，但是两者不可能同时为真。理想的假设检验是当$H_0$为真时，接受$H_0$；当$H_a$为真时，拒绝$H_0$。但是假设检验是基于样本信息推出结论的，因此就像犯罪审判会出现误判一样，很有可能发生判断错误。

表5-1列出了假设检验中可能发生的两类错误。表中第一列说明，当$H_0$是真的时，假设检验会出现两种结果：接受$H_0$或拒绝$H_0$。当做出接受$H_0$结论时，则该结论正确；但做出拒绝$H_0$结论时，则犯了第一类错误（去真）。第二列说明，如果$H_0$是假的，当做出接受$H_0$结论时，则犯了第二类错误（取伪）；但做出拒绝$H_0$结论时，则该结论正确。

**表5-1　检验假设的两类错误**

| 检验结论 | 总体情况 | |
|---|---|---|
| | $H_0$是真的 | $H_0$是假的 |
| 接受$H_0$ | 正确 | 第二类错误 |
| 拒绝$H_0$ | 第一类错误 | 正确 |

根据以上讨论，我们给出如下三点说明：

（1）假设检验时，只需检验原假设（备择假设是其对立面）；

（2）原假设一般是表示无罪、无显著差异、不显著相关等否定状态；

（3）假设检验的理想结果是拒绝原假设。

## 5.4 检验的显著性水平和置信水平

SPSS进行假设检验的原理是只对原假设$H_0$进行正确性检验。通过拒绝原假设来肯定备择假设。这种判断是基于一个样本统计量进行推断的，或者说是基于概率的判断，因此所下结论（拒绝或不拒绝）有犯错误的可能。为了保证严谨性，不管针对样本统计量检验结论对$H_0$是拒绝还是不拒绝，都要说明这种判断犯错误的概率。由于统计软件是针对$H_0$进行检验的，因此人们关注的是拒绝$H_0$时所犯错误的概率（即犯第一类错误的概率），并把犯第一类错误的最大概率称作显著性水平，一般用$\alpha$表示。如果把犯第二类错误的概率设为$\beta$，则$1-\beta$为检验的功效。$\beta$越小，功效越高。对于显著性水平，我们有如下解释：

显著性水平是一个指定概率$\alpha$。

这个概率$\alpha$是犯第一类错误的最大概率。

当假设检验的实际概率$p \leqslant \alpha$时，说明拒绝原假设犯错误的机会很小，此时则拒绝原假设$H_0$。与此同时，接受备择假设的正确的概率为（$1-\alpha$），称之为置信水平。

进行假设检验时，人们首先指定一个显著性水平。显著性水平一般选择为$\alpha = 0.05$或0.01。即当原假设为真时，因拒绝它而犯错误的最大概率对应为5%或1%。相应的，我们称假设检验的置信水平分别为95%或99%（$1-\alpha$）。

具体来讲，最常用的显著性水平值$\alpha$=0.05。这意味着$H_0$本身为真，而拒绝$H_0$犯错误的概率小于或等于5%。如果在$\alpha$=0.01时，意味着$H_0$本身为真，而拒绝$H_0$犯错误的概率小于或等于1%。当软件计算得出的所犯错误的概率$p$小于或等于给定的$\alpha$值时，就拒绝原假设，接受备择假设；否则不能拒绝原假设。例如，当$\alpha$=0.05时，拒绝原假设时保证犯第一类错误（去真——原假设正确却拒绝它）的概率$p$小于或等于5%（这已经是小概率事件，即基本不可能发生的事件），从置信水平的角度，其意义是能够保证做100次的抽样检验，至少95次拒绝原假设的结论是正确的。

$p$值的应用：$p$值用于是否拒绝$H_0$，它是一种参考值。若$p \leqslant \alpha$，则拒绝$H_0$，$1-\alpha$为置信水平。$p$值也叫实测显著性水平。它表示拒绝域的面积小于或等于（或大于）实测临界值的概率。

本章介绍了统计分析基础知识，这些基础知识对于后续的统计分析具有非常重要的意义。常见的假设检验及SPSS分析方法将在后面的章节中详细介绍。

## 5.5 本章小结

本章介绍了基于样本特征的统计量概念，基于总体特征的参数概念。二者是描述性统计和推断统计知识不可分割的两个概念。本章还介绍了推断统计中涉及假设和假设检验的概念和方法，强调了原假设和备择假设的概念、假设检验的原理，以及假设检验中的第一、第二类错误。在此基础上，又介绍了显著性水平和置信水平的概念。本章内容是后面进行统计分析的理论基础，而且是核心内容，读者可以参考有关统计分析的书籍，对这部分知识进行更深入地学习和理解，以便更好地掌握后续知识。

## 5.6 练习题

### 单项选择题

1. 把描述样本特征的统计结果称作 （ ）

A. 描述统计 B. 参数 C. 统计量 D. 统计推断

2. 把描述总体特征的统计结果称作 （ ）

A. 描述统计 B. 参数 C. 统计量 D. 统计推断

3. 当原假设是真，而假设检验结果拒绝原假设的错误属于 （ ）

A. 第一类错误 B. 第二类错误

4. 当原假设是假，而假设检验结果没有拒绝原假设的错误属于 （ ）

A. 第一类错误 B. 第二类错误

5. 把假设检验犯第一类错误的最大概率称作 （ ）

A. 置信水平 B. 显著性水平 C. 错误概率 D. 检验错误

# 第6章

# 数据处理

数据是SPSS软件处理的内容，软件分析只认数据，不认文字。因此，要对问卷进行分析，就必须先把问卷的文字内容数字化。本章将介绍SPSS软件处理的几类数据、数据特征，以及对应的分析方法。

## 6.1 数据的分类

1. 名义数据

问卷中有单选或多选问题。其答案被分为不同的类，类之间无明显顺序特征，这种数据也叫无序分类数据。在问卷中被试的基本信息或行为调查问项的一些问题经常使用分类数据。例如性别、喜好、获取信息的途径、顾客喜欢的颜色（1=红色，2=白色，3=灰色，4=蓝色，5=其他颜色）等都可以列出几个选项，由被试选择（单选或多选），但选项之间没有显著的大小或先后顺序关系。

2. 定序数据

问卷中问题的答案被分为不同的类，类之间有明显的顺序特征。例如人的年龄段、收入水平区间、教育水平的层次等，这种数据也叫有序分类数据。顺序数据能确定一个对象比另一个对象大或小，但不能确定大多少或小多少，以定性为主。如产品的质量等级，对某种服装不同款式的喜好程度等。定序数据常用于观点、倾向等类型问题的研究。

3. 定距数据

问卷中涉及被试态度的问题一般被认为是定距数据。定距的意思是每两个相邻分值的差都是相等的。例如问题“您对酒店服务的满意度是？”在使用5分制评价时，我们认为分值1和2的态度差异与2和3的差异是相等的。这类数据的一个特征是数据没有绝对的零点。它更关注的是态度差异。因此，5分制态度量表分值可以从1到5，也可以从0到4等，这里的1或0不是绝对的最小值，只是相对于其他数字而言的。另一个特征是两个数字间的比值没有实际意义。在市场调查中，态度通常被作为等距数据处理。

4. 定比数据

问卷中一些问题了解的是有唯一或绝对0点的数据，表示一个变量的真实值。例如年龄、身高、收入等，这类数据叫作定比数据，其意义在于数字之间的比值有实际意义。例如6是3的

2倍具有大小意义，而定距数据的4未必是2的2倍，因为其初始值是不确定的，或者说是可变的（从0开始或从1开始）。在市场调研中，很多地方用到定比数据，如销售额、人数、回报率、生产率、市场份额和总时间等。在态度测量中很少用到定比数据。以上四种数据特征可以归纳如下（见表6–1）：

表6–1　不同类型数据特征比较

| | 顺序 | 距离 | 原点 |
|---|---|---|---|
| 名义数据 | 无 | 无 | 无 |
| 定序数据 | 有 | 不等 | 无 |
| 定距数据 | 有 | 等或不等 | 人为确定 |
| 定比数据 | 有 | 相等 | 0 |

## 6.2　不同数据的统计量特征

表6–2列出了不同类型数据的描述性统计量。表6–3列出了不同的研究内容与四类数据类型的对应关系。在进行描述统计分析时，可以参考表6–2。在进行更多分析时，可以参考表6–3。

表6–2　不同类型数据的分析技术及图示

| 变量 | 举例 | 统计技术 |
|---|---|---|
| 名义二分类 | 性别：1=男，2=女 | 频数/百分比 |
| 名义多分类 | 媒体：1=电视，2=网络…… | 频数/百分比（饼图或条形图） |
| 定序分类 | 教育水平：1=初中，2=高中，3=大学 | 频数/百分比（饼图或直方图） |
| 定距数据 | 态度或观点：1=完全不同意，……5=完全同意 | 频数/百分比（饼图、直方图）<br>均值/标准差（折线图） |
| 定比数据 | 年龄、体重、收入等 | 均值/标准差（折线图） |

表6-3 不同类型数据对应的研究类型和统计分析内容对应关系

| 研究类型 | 分析内容 | 测量水平 | | |
|---|---|---|---|---|
| | | 无序分类 | 有序分类 | 定距/定比 |
| 描述性研究 | 频数/百分比 | √ | √ | √ |
| | 直方图/柱状图 | √ | √ | |
| | 饼图 | √ | √ | |
| 中心趋势 | 众数 | √ | √ | √ |
| | 中位数 | | √ | √ |
| | 均值 | | | √ |
| 离散程度 | 标准差 | | | √ |
| | 四分位数 | | √ | √ |
| 组间差异 | *t* 检验 | | | √ |
| | 方差分析 | | | √ |
| 相关研究 | 列联表与卡方检验 | √ | √ | |
| | 相关与回归分析 | | | √ |

# 6.3 数据录入

在问卷调查结束后，研究人员要根据问题类型给答案进行赋值（也叫编码），从而把所有问题数字化。然后根据被试的具体选项或答案，把数据录入统计软件中，为下一步数据分析做好准备。

在对调研数据类型有了基本认识后，本节将介绍如何把调研数据输入SPSS软件中。SPSS最早于1968年由美国斯坦福大学几位研究生开发，原名为社会科学统计软件包。2002年更名为统计产品及服务解决方案。2009年4月9日，美国芝加哥SPSS公司宣布重新包装旗下的SPSS产品线，定位为预测统计分析软件，简称PASW。IBM于2009年7月28日宣布以12亿美元收购SPSS公司，SPSS正式成为IBM信息管理产品线的一个品牌。本书使用的就是PASW 18.0，虽然软件名称改变了，但习惯上大家还是称之为SPSS。

## 6.3.1 问卷变量编码

数据分析是由计算机完成的，而计算机只识别数字，因此有必要对数据进行编码（即数字化），以便计算机进行处理。

编码是把原始数据转化为符号的技术化程序。这些符号通常是数字，因为它们易于分析计算。编码不是自动完成的，而是基于编码者的判断。在原始问卷中，每个问题都是一个变量，而备选答案都是变量的赋值，但这些赋值往往是用文字或数字做答案的，尤其是分类变量。例如，“性别”是一个变量，被试选择的答案是“男”或“女”。在统计分析中，软件只认数字，因此要把文字答案“男”或“女”数字化，即令男=1，女=2。下面是几类问题的编码要求：

（1）单选分类问题，要给每个选项赋值，一般按顺序赋值1，2，3……

（2）态度问题的李克特量表，一般都是以1～5、1～7或1～9等数字方式出现在问卷中，因此不再编码。如果此类问题没有用数字，只是用文字表达的态度等级（如非常不满意、不满意……非常满意），则需重新编码。

（3）一些问题的答案是数值的（如年龄、收入、身高等），不需再编码。

（4）多重选择问题，在问卷中主要有两种类型——多选和限选*n*项。例如：

A. 多选问题：您是通过什么渠道了解XX酒店的？（多选）

□ 朋友介绍　□网络搜索　□宣传手册　□手机应用软件　□其他

B. 限选问题：对以上问题，可以要求被试限选3项。

对于多选问题，需要把问题的每个分类作为一个变量，并为每个选项赋值1或0（1对应被试选择此选项，0表示未选择此选项）。

对于限选问题，要给每个选项按顺序赋值，但是在数据录入时需要特殊处理（见6.3.3数据录入部分）。

数据编码时通常会遵循一些约定：

1. 每列只有一个属性。大多数计算机程序无法识别一列多个属性。当题目允许多选时，每个答案采用独立的列分别作为一个子变量。

2. 只能采用数值型编码，而拒绝采用字母表中的字母或者特殊字符，比如@或者空格。

3. 用来记录变量的宽度应该包含尽可能多的列以获取变量（见图6-1变量窗口中的“宽度”设置）。

4. 对“空置信息”采用标准编码。例如，对于问卷中有些问题的答案，所有选“不知道”的可以被编码为“888”，无答案的编码为“999”，选择（√或X）与选项不对应编码为“000”。但以上答案不能用“0”来替代，因为数字“0”是有意义的。

5. 给每份问卷设定一个识别号码（即问卷的有效编号）。这个编码在数据整理中会很有用，尤其是发现数据输入错误或不清楚的答案时，可以回查对应的问卷进行纠正。

在实际操作中，可以用一份空白问卷，在相应的位置给变量命名、需要编码的位置编码即可。

### 6.3.2 编辑变量窗口

在建立了编码本后，所有文字答案都被赋予了数字，这时就可以把纸质的问卷转化为电子问卷，即在SPSS的变量窗口建立电子问卷。

#### 6.3.2.1 变量窗口的打开

在SPSS软件界面中有两个窗口，一个叫作变量窗口（见图6-1），另一个叫作数据窗口（见图6-2），二者可以互相切换。本节介绍的是变量窗口。

首先介绍打开SPSS的几种方式（在软件已安装的情况下）：

1. 从计算机“开始”→“所有程序”→“SPSS inc”中双击“PASW statistics 18”；
2. 当桌面有快捷方式时，直接双击PASW图标即可打开软件；
3. 在已建立的SPSS文件中，双击要打开的SPSS文件即可直接打开已输入数据的文件。

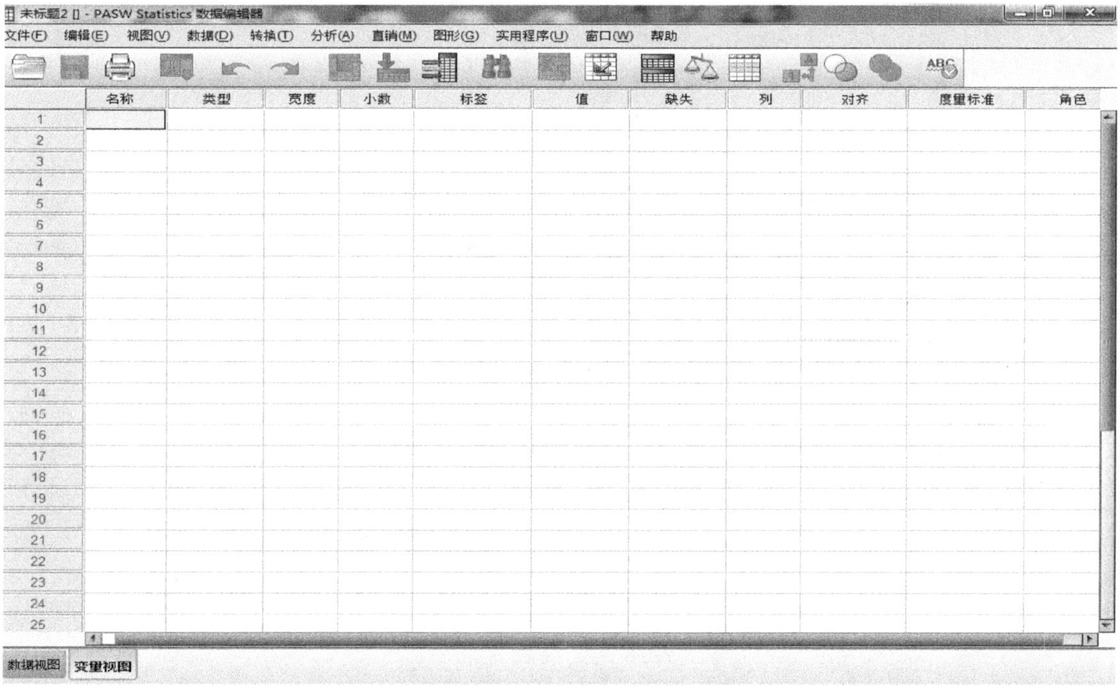


图6-1 变量窗口

#### 6.3.2.2 变量窗口的使用说明

变量窗口就像一份纸质版的问卷。每一行对应问卷的一个问题，并把问卷问题编码后的属性赋予数值，以便计算机软件识别，并进行对应的运算。下面就是对变量窗口不同栏的逐项解释：

**名称**：第一个名称是“有效问卷编号”，即在收集的问卷中，删除不合格的问卷后，对问卷重新编号（此编号可能不同于发放的问卷编号）。编号位数要与有效问卷总数位数一致。如总问卷数是568份，那么编号应该从001开始（设置为三位数）。除此之外，要把问卷中的所有变量重新命名写在下面的行里。变量名称的使用需遵循以下规则：

1. 简单明了，名字要短。一般名称的字符长度是有限的（最多32个汉字），而且过长的名字在分析结果中非常占用空间，且不美观。

2. 首字符必须是字母，不能以数字开头；不能含空格、@、#、下划线或$等字符；不要使用计算机默认的字符（如input 等）；不能以句点结尾；同一文件中名字不能重复。

**类型：** 分为数值型，例如工资、年龄、成绩的取值，包括标准型、科学计数法型、逗号型、圆点型、美元符号型、用户自定义型；字符型，例如职工号码、姓名、性别等；日期型，一般选择数值型。

图6-2　数据窗口

**设置：** 把光标放在“类型”栏的右角，点击就会出现图6-2的“变量类型”窗口。选择“数值”，同时可以设定数值的“宽度”和“小数位”（程序默认宽度是8，小数位是2）。这样就免去了后面“宽度”和“小数位”栏的设置。要想结果保留2位小数，就设置小数位为2。

**宽度：** 宽度是指该变量的长度，比如数值变量12.23，这个变量是5个单位的宽度。字符变量则是字母、数字每一个占一个宽度单位，中文字一个字占两个宽度单位。比如身高为162.23，则是6个单位的宽度，小数点算一个宽度单位，如果说性别为“男”，这个“男”字就占两个宽度单位。

要确保位数足够输入数字。此项可以在“类型”中设定，也可以鼠标点击“宽度”右侧进行选择。

**小数：** 数值需要保留小数点的位数（一般保留2位）。设置同“宽度”设置。

**标签：** 对变量进行详细说明（可以是问卷中问题的原始表达），以便了解简单的变量名称的实际含义。

**值**：用来给分类变量赋值（二分类及以上）。例如，4种颜色的编码为：1= 红色，2=黄色，3=绿色，4=白色。那么，这4种颜色值就可以在此栏定义。

**设置**：点击图6-1中“值”中对应变量颜色的单元格右侧，会出现一个“值标签”对话框（见图6-3a）。此时在“值”窗口中输入数字1，在“标签”窗口中输入“红色”，继续点击下面的“添加”（见图6-3b），即可把红色的数值1定义到软件中（见图6-3c）。依此类推，可以顺序把黄色、绿色、白色的值定义到软件中。最后点击“确定”按钮即完成分类变量的赋值（见图6-3d）。

**说明**：当多个变量的赋值一样时，可以右键点击“值”右侧的三个虚点处（见图6-4a），此时会出现“复制”“粘贴”“网格字体”三个选项，选择“复制”，然后在其他变量的“值”栏单元格内，右键点击，然后选择“粘贴”，即可轻松为有相同赋值的分类变量定义。这种情况在态度测量时使用的5分制李克特量表中很普遍。即虽然问题不同，答案的选项是一样的赋值。

**缺失**：缺失数据意味着某些变量没有答案，或者说是“缺失的”。缺失数据的默认值为句点（.），因此这里使用软件默认值，可以不再定义。也可以自己定义，如“不知道”可以被

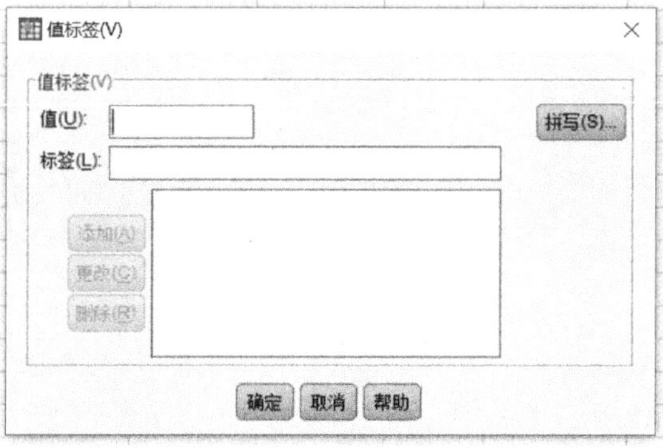


图6-3a

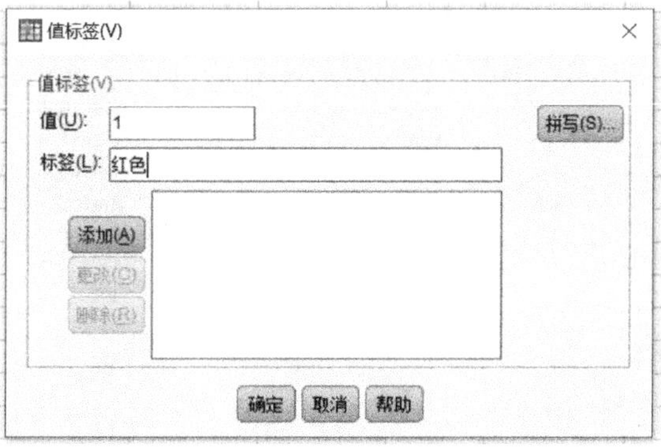


图6-3b

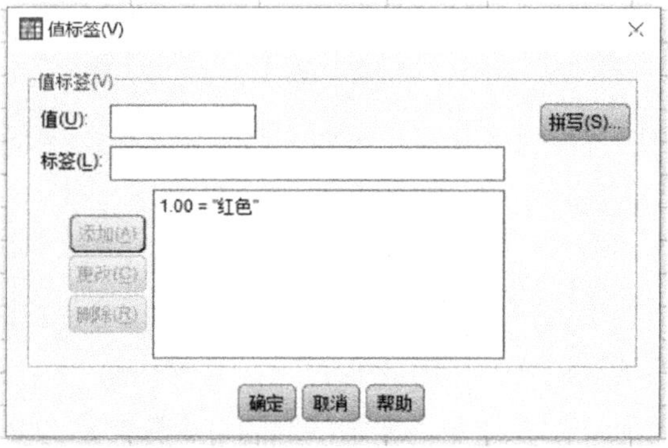


图6-3c

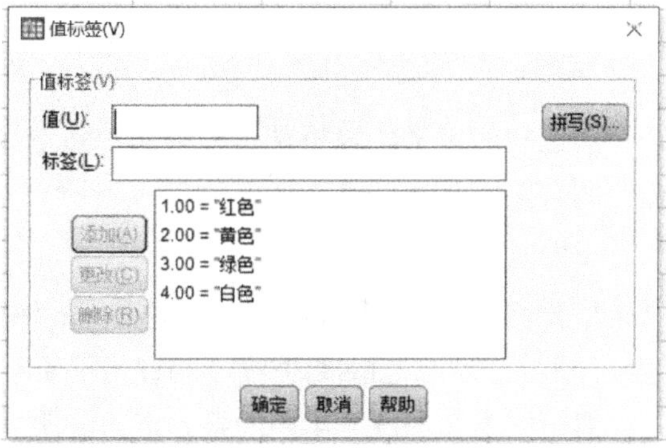


图6-3d

编码为“888”，无答案编码为“999”， 选择（√或X）与选项不对应编码为“000”。需要注意的是，问卷中某个问题没有答案时，不能以数字0替代，可以空着不填，让计算机赋予默认值，或者自己定义缺失值的具体代码，如999等。

**列：**表示在数据窗口中列的宽度，默认是8个字符。此项可以鼠标点击“列”右侧进行调整。

**对齐：**表示数据在数据窗口中的单元格的位置显示，可以居中、靠左（右）。默认值为右对齐。此项可以鼠标点击“对齐”右侧进行选择。

**度量标准：**分为名义变量、序号及度量（定距/定比）三类。

图6-4a就是4个变量的最后定义结果。将纸质版问卷的选项都在变量窗口定义后，一份电子问卷即呈现在SPSS软件的变量窗口中。通过问卷收集的数据就可以在数据窗口进行录入了。在变量窗口，最左边的序号表明电子问卷变量的个数。如共有25个问题，则在变量窗口占有25行的空间。

变量窗口定义好后，要保存文件。点击软件功能菜单中的“文件”，选择“另存为”对文件保存位置和名称进行定义。

| | 名称 | 类型 | 宽度 | 小数 | 标签 | 值 | 缺失 | 列 | 对齐 | 度量标准 | 角 |
|---|---|---|---|---|---|---|---|---|---|---|---|
| 1 | 性别 | 数值(N) | 8 | 2 | 被试的性别 | {1.00, 男}... | 无 | 8 | 右 | 名义(N) | 输 |
| 2 | 颜色 | 数值(N) | 8 | 2 | 喜欢的颜色 | {1.00, 红}... | 无 | 8 | 右 | 名义(N) | 输 |
| 3 | 收入 | 数值(N) | 8 | 2 | 2015年总收入 | 无 | 无 | 8 | 右 | 度量(S) | 输 |
| 4 | 年龄 | 数值(N) | 8 | 2 | 被试年龄 | 无 | 无 | 8 | 右 | 度量(S) | 输 |
| 5 | | | | | | | | | | | |
| 6 | | | | | | | | | | | |
| 7 | | | | | | | | | | | |
| 8 | | | | | | | | | | | |
| 9 | | | | | | | | | | | |
| 10 | | | | | | | | | | | |
| 11 | | | | | | | | | | | |
| 12 | | | | | | | | | | | |
| 13 | | | | | | | | | | | |
| 14 | | | | | | | | | | | |
| 15 | | | | | | | | | | | |

图6-4a 变量窗口

多选题的定义比较特殊，分为简单多选题和限选*n*项的多选题，下面分别介绍二者的变量窗口的定义方法。

下面是一个简单多选题：

例3：您是通过什么渠道了解XX酒店的?

☐朋友介绍 ☐网络搜索 ☐宣传手册 ☐手机应用软件 ☐其他

对于简单多选题，采用的是多重二分法。如前所述，多选题需要把问题的每个分类作为一个变量，并为每个选项赋值1或0（1对应被试选择此选项，0表示未选择此选项）。简单多选题的变量定义步骤：

（1）在变量窗口的第一列“名称”中输入“渠道”作为问卷中此多选题的名称。在同一行的“标签”格内把问题的完整内容“您是通过什么渠道了解XX酒店的？”复制到里面，其他选项忽略。

（2）在下一行把“朋友介绍”作为一个变量，其他选项与变量“性别”的定义一样（见图6-4b）。

（3）重复上述步骤定义变量“网络搜索”“宣传手册”“手机应用软件”“其他”。

对上面例题，限选3项的变量窗口定义采用的是多重分类法。步骤如下：

（1）在变量窗口的第一列“名称”中输入“渠道1”作为第一选项的名称。在同一行的“标签”格内把问题的完整内容“您是通过什么渠道了解XX酒店的？”复制到里面。

（2）在值列，分别给5个选项赋值1～5。

（3）重复上述步骤定义变量“渠道2”“渠道3”即可。

图6-4b就是两种不同的多选题的变量窗口定义方法。

*未标题1 [数据集0] - PASW Statistics 数据编辑器

文件(F) 编辑(E) 视图(V) 数据(D) 转换(T) 分析(A) 直销(M) 图形(G) 实用程序(U) 窗口(W) 帮助

| | 名称 | 类型 | 宽度 | 小数 | 标签 | 值 | 缺失 | 列 | 对齐 | 度量标准 | 角色 |
|---|---|---|---|---|---|---|---|---|---|---|---|
| 1 | 渠道 | 数值(N) | 8 | 2 | 您是通过什么... | 无 | 无 | 8 | 右 | 名义(N) | 输入 |
| 2 | 朋友介绍 | 数值(N) | 8 | 2 | | {.0, 不选择}... | 无 | 8 | 右 | 名义(N) | 输入 |
| 3 | 网络搜索 | 数值(N) | 8 | 2 | | {.0, 不选择}... | 无 | 8 | 右 | 名义(N) | 输入 |
| 4 | 宣传手册 | 数值(N) | 8 | 2 | | {.0, 不选择}... | 无 | 8 | 右 | 名义(N) | 输入 |
| 5 | 手机用用软件 | 数值(N) | 8 | 2 | | {.0, 不选择}... | 无 | 8 | 右 | 名义(N) | 输入 |
| 6 | 其他 | 数值(N) | 8 | 2 | | {.0, 不选择}... | 无 | 8 | 右 | 名义(N) | 输入 |
| 7 | 渠道1 | 数值(N) | 8 | 2 | | {1.00, 朋友... | 无 | 8 | 右 | 名义(N) | 输入 |
| 8 | 渠道2 | 数值(N) | 8 | 2 | | {1.00, 朋友... | 无 | 8 | 右 | 名义(N) | 输入 |
| 9 | 渠道3 | 数值(N) | 8 | 2 | | {1.00, 朋友... | 无 | 8 | 右 | 名义(N) | 输入 |
| 10 | | | | | | | | | | | |

图6-4b 两种不同的多选题的变量定义

## 6.3.3 录入数据

### 6.3.3.1 数据窗口的使用说明

数据窗口与变量窗口是对应的。如果变量窗口定义了25个问题（名称栏），在数据窗口就会出现25个列（变量），每个列的变量名称与变量窗口每个行的变量名称一致。简单来说，就是把变量窗口的行（名称）变成了数据窗口的列（变量）。在数据窗口中每个行代表一份问卷的数据，即如果收集了500份有效问卷，就要占用500个行。每个行分别要录入问卷中每个问题的答案（数字编码）。

通过数据窗口可以录入数据、编辑数据、视图、数据转换、分析数据等（见图6-5上面的功能菜单名称）。这些功能将在本节和以后章节中逐步介绍。

### 6.3.3.2 数据录入步骤

数据录入是很简单的工作，但是很容易出错。当问卷数量很大时，数据录入又是一个枯燥的工

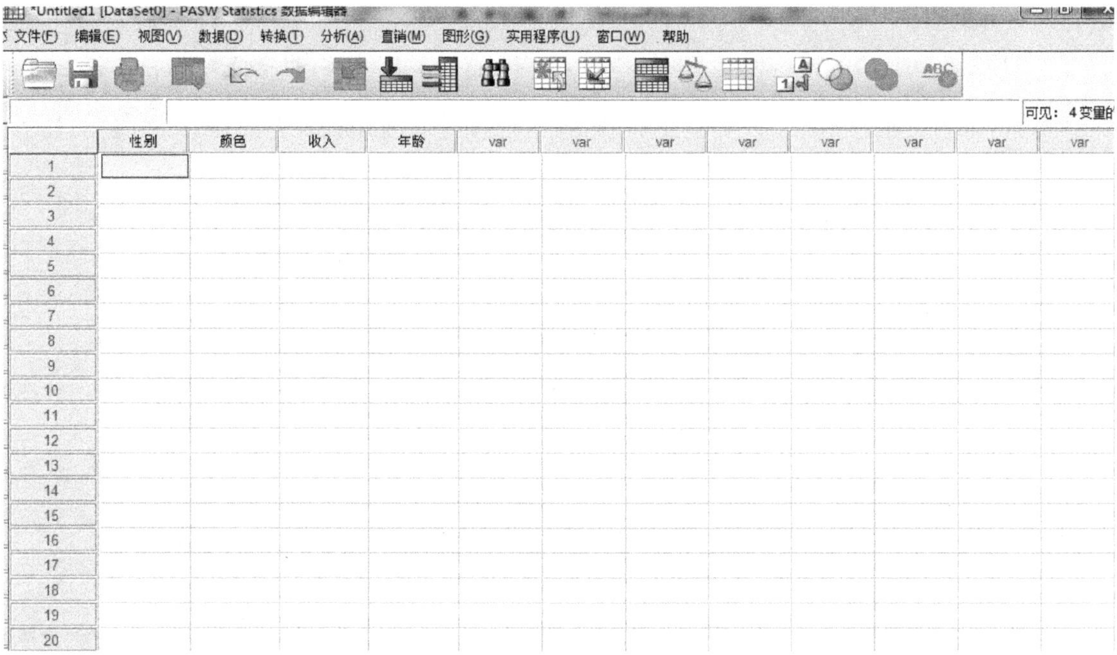


图6-5　数据窗口

作，因此容易因为疲劳而出现录入错误（如数字错误、位置错误等）。数据输入也会产生误差。

为了避免错误，应注意以下几点：

1. 问卷数量很大时，可以分给不同的人同时录入数据，然后合并所有的数据文件，以避免因疲劳而产生错误。此时要有统一设置的编码本和变量窗口。另外，不同录入人员的问卷要按顺序连续分发，以便合并后数据编号与原来的顺序编号保持不变。例如，有250份问卷数据需要录入，可以把250分问卷平均分给5个人，问卷按照有效编号分别分给A、B、C、D、E。最后合并时也按照这个顺序合并5份数据文件（见表6-4）。

表6-4　问卷分配表

| A | B | C | D | E |
|---|---|---|---|---|
| 1～50 | 51～100 | 101～150 | 151～200 | 201～250 |

2. 个人在数据录入时，尽量使用计算机的功能键（鼠标操作比较慢），如Home键、End键、上下左右移动键进行操作，这样既方便又省时。

3. 有条件时可以两人一组，一人读数，一人录入，既快又不至于疲劳。但两人要配合好，避免二者速度脱节，造成误录入。

4. 录入时要及时保存文件，避免文件丢失。点击“文件”，在下拉菜单中选择“保存”或“另存为”即可。如果分组录入文件，最好把小组名称作为文件名。

以上是数据录入时的几点建议，具体实施还要在实践中进行尝试。随着在线问卷调查的流行

（如问卷星），研究人员可以直接把数据导入SPSS的数据视图中，这就降低了由于数据录入而造成的误差。在这种情况下，变量视图的定义要以导入的变量编码为参考，以免二者不对应。

## 6.4 数据整理

数据录入统计软件后，需要对其进行整理。整理的含义是检查输入错误、答案100%相同的问卷（查出被试简单抄袭他人答案，或防止录入人员为完成任务不认真对待简单复制已有数据）、检查极端或离群值，清除不合理数据，纠正错误数据。目的是保证问卷数据的准确性，为后续数据分析做好准备。此项工作应该在数据录入完成后立即进行。如果是分组录入的，要等文件合并后，对最终的数据文件进行整理。

### 6.4.1 查错

查错主要是检查数据输入时出现的数据错误，尤其是与编码矛盾的数值（即超出数值定义的范围）。例如，性别的编码1=男，2=女，但是结果中输入了数字3或其他数字，此时可以判定数据录入出现了错误。这类错误通过计算基本的描述统计量频数与百分比即可发现。这种方法对名义数据、定序数据和定距数据更适合。

具体操作：可以在打开文件后，点击“分析”，选择“描述统计”，点击“频率”（见图6-6a）。软件就会在结果对话框中给出所有取值的频数与百分比。选择变量A1即可分析各变量的频率和百分比，如表6-5所示。如果发现了定义值之外的数值，说明出现输入错误。变量A1是5分制量表，如果统计中出现了数值6，就可以判断输入有误。

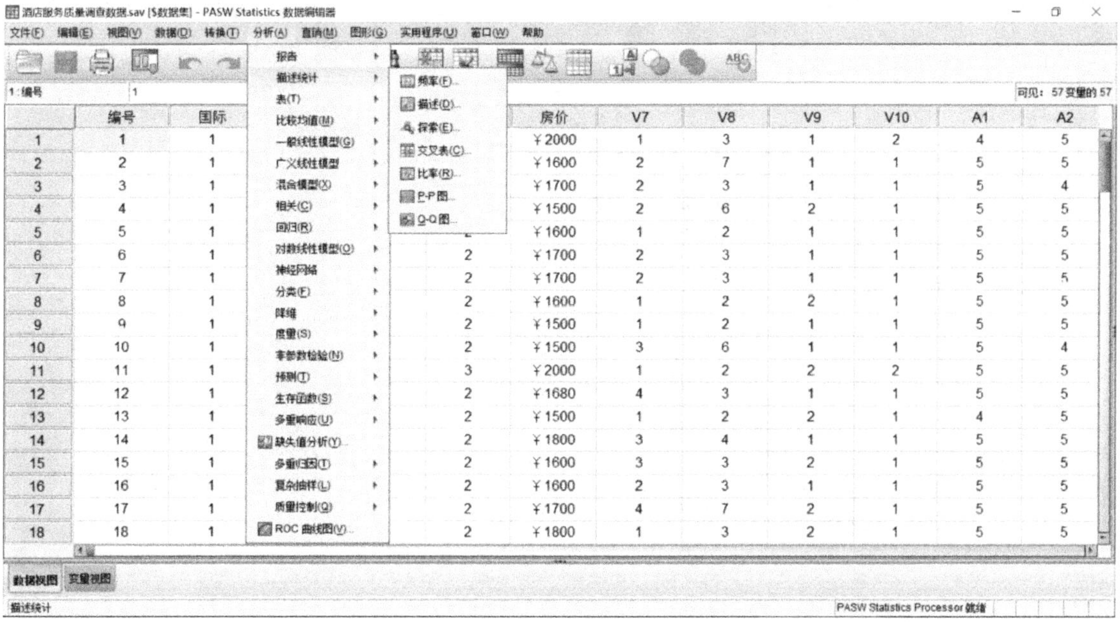


图6-6a

**表6-5　变量A1的频率统计**

| | | 频率 | 百分比 | 有效百分比 | 累积百分比 |
|---|---|---|---|---|---|
| 有效 | 1.00 | 1 | 5.0 | 5.0 | 5.0 |
| | 2.00 | 2 | 10.0 | 10.0 | 15.0 |
| | 3.00 | 3 | 15.0 | 15.0 | 30.0 |
| | 4.00 | 9 | 45.0 | 45.0 | 75.0 |
| | 5.00 | 4 | 20.0 | 20.0 | 95.0 |
| | 6.00 | 1 | 5.0 | 5.0 | 100.0 |
| | 合计 | 20 | 100.0 | 100.0 | |

发现输入错误后，需要进行纠正。方法是在PASW数据窗口：

1. 点击“变量A1”，整列变为黄色。

2. 点击功能菜单“编辑”，点击“查找”，出现“查找和替换”对话框。

3. 在“查找”框内输入数字6，点击“查找下一个”按钮，数字6在变量A1列的位置就会被发现，以黄色显示（见图6-6b）。

4. 此时在左侧的文件编号列会发现表6-5的问题出现在第54份问卷中。回查第54份问卷，看原答案具体是几。经过回查发现原答案是3。

5. 在“查找和替换”对话框中点击“替换”，在“替换内容”中输入数字3，然后点击“替换”。数字6则被替换为数字3，纠错完成（见图6-6c）。

图6-6b

图6-6c

## 6.4.2 查重

在图6-6d中的“数据”功能下拉菜单中点击“标识重复个案”，即出现一个“识别重复个案”对话框。根据对话框要求，选择适当的操作，即可进行重复个案查找。此项操作可以筛选完全重复的个案，进行必要删除或纠正，也可以发现所有被试在哪些变量上是持完全一致态度的。

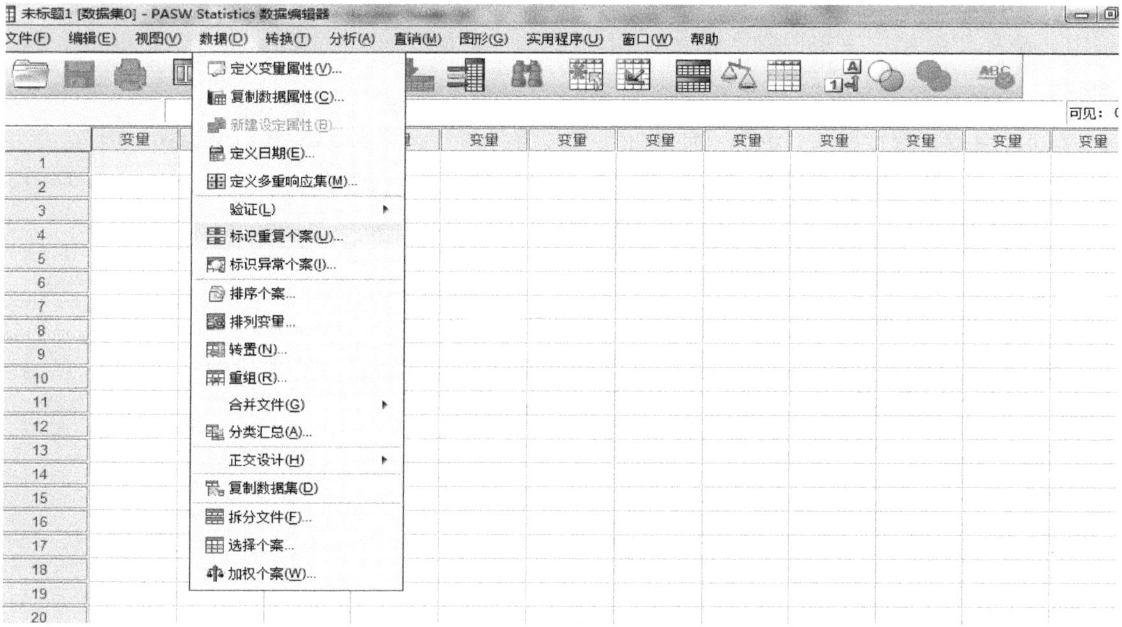


图6-6d

### 6.4.3 查异常值

有些数值明显大于或小于其他数值，因此可能被试不太符合所界定的样本或数据输入出现了错误。这些值会影响数据分析的结果，因此要进行核对或进行必要处理（如去除）。另外，一般这些值也会影响整体分析结果，应该检查错误并进行纠正或去掉。这类值的具体特征可以利用四分位数间距来定义，即低于下四分位数1.5倍四分位数间距的数值或高于上四分位数1.5倍四分位数间距的数值被称为异常值，统计软件中称为界外值（四分位的相关知识请参考有关文献）。

异常值的查找可以通过SPSS软件分析中的“探索分析”功能进行。

首先，探索分析综合了频数分析（分类变量）与描述性分析（连续变量）的内容，可以一次获得前两类分析的所有信息，并能够把信息根据被试的特征分类进行描述，同时还可以获取异常值及正态分布的信息。

其次，探索分析可以把一个连续变量的描述统计量按照分类变量（因子）进行细分。

例4：对酒店员工调研数据中变量月收入按照性别进行探索分析，以了解此变量数据的描述性特征。

1. 变量：月收入、性别。

2. 分析步骤：

（1）在SPSS软件中打开附件2—酒店员工调研数据文件，选择“分析”→“描述统计”→“探索”（见图6-7）。打开“探索”对话框，变量“月收入”“性别”等出现在左侧对话框的左边（见图6-8）。

（2）选择“月收入”，点击向右箭头按钮“”，把变量移到“因变量列表”对话框中；选择“性别”，点击向右箭头按钮“”，把变量移到“因子列表”对话框中（见图6-9）。

（3）点击“统计量”，选择“描述性”和“界外值”，点击“继续”（见图6-10）。

（4）点击“绘制”，在箱图中选择“分组”，选择“带检验的正态图”，在描述性窗口选择“茎叶图”和“直方图”（见图6-11），点击“继续”回到主页面。

（5）点击“确定”，程序将进行探索分析。

3. 分析结果与解释。

探索分析的结果根据选项可以不同，本例在分析结果中选择了几个重要结果（见图6-12至图6-18）。下面分别对这些结果中的重要信息进行解释。

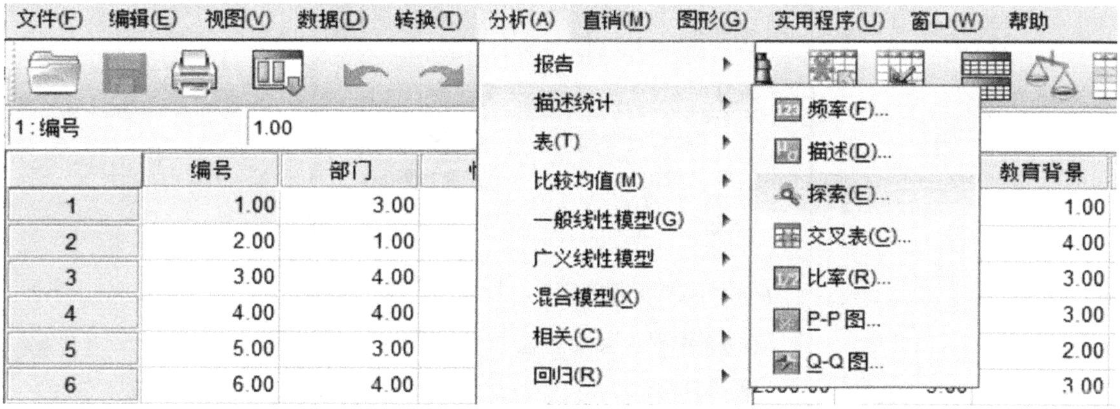


图6-7

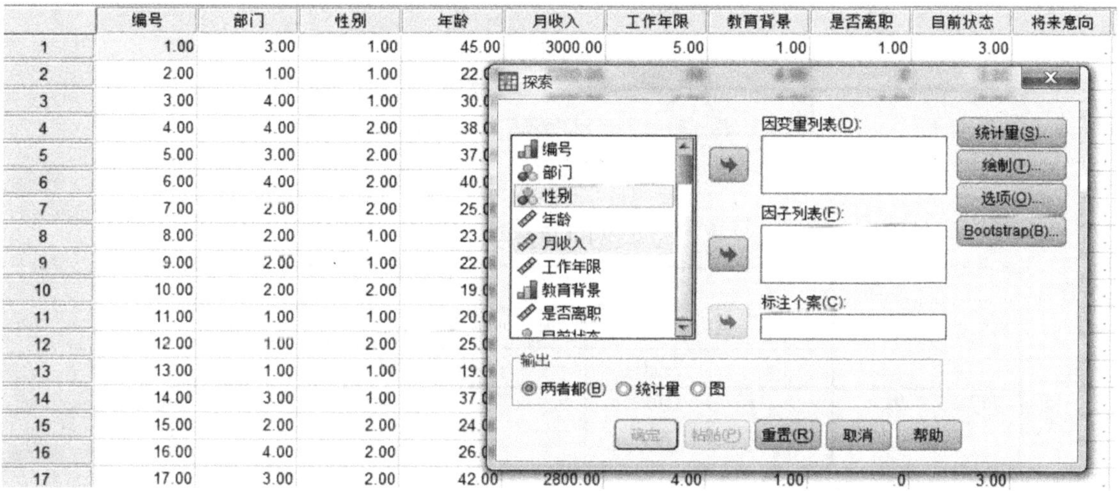


图6-8

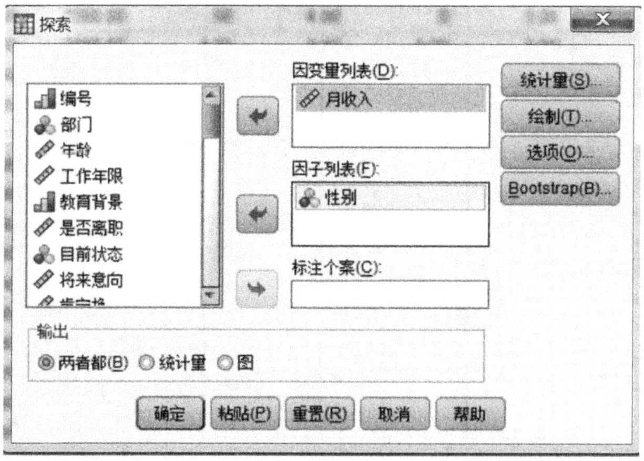


图6-9

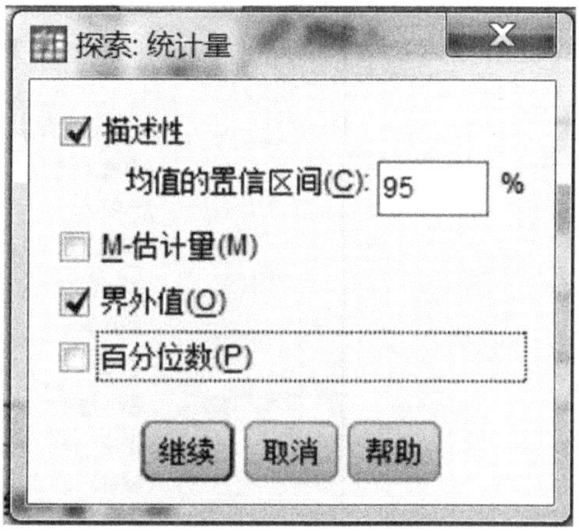


图6-10

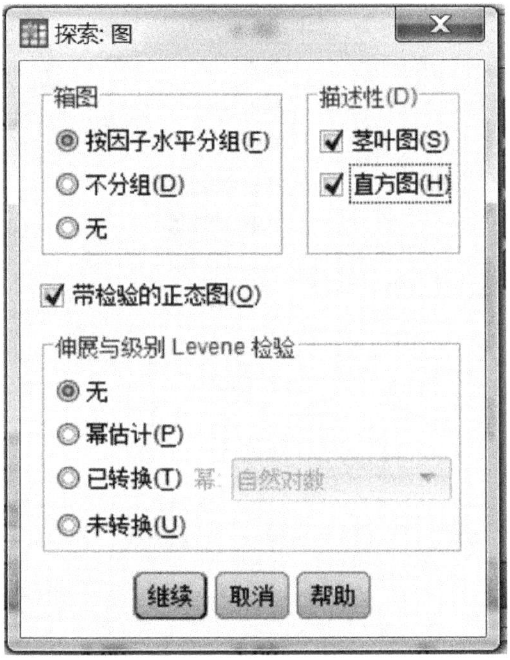


图6-11

**案例处理摘要**

| | 性别 | 案例 | | | | | |
|---|---|---|---|---|---|---|---|
| | | 有效 | | 缺失 | | 合计 | |
| | | N | 百分比 | N | 百分比 | N | 百分比 |
| 月收入 | 男 | 157 | 100.0% | 0 | .0% | 157 | 100.0% |
| | 女 | 95 | 100.0% | 0 | .0% | 95 | 100.0% |

图6-12

| | 性别 | | | 统计量 | 标准误 |
|---|---|---|---|---|---|
| 月收入 | 男 | 均值 | | 2649.9045 | 69.51975 |
| | | 均值的 95% 置信区间 | 下限 | 2512.5830 | |
| | | | 上限 | 2787.2259 | |
| | | 5% 修整均值 | | 2612.2788 | |
| | | 中值 | | 2600.0000 | |
| | | 方差 | | 758780.279 | |
| | | 标准差 | | 871.07995 | |
| | | 极小值 | | 1100.00 | |
| | | 极大值 | | 6000.00 | |
| | | 范围 | | 4900.00 | |
| | | 四分位距 | | 900.00 | |
| | | 偏度 | | .685 | .194 |
| | | 峰度 | | 1.902 | .385 |

图6-13a

| | | | | |
|---|---|---|---|---|
| 女 | 均值 | | 3253.6842 | 157.2211 |
| | 均值的 95% 置信区间 | 下限 | 2941.5179 | |
| | | 上限 | 3565.8506 | |
| | 5% 修整均值 | | 3128.6550 | |
| | 中值 | | 3000.0000 | |
| | 方差 | | 2348257.559 | |
| | 标准差 | | 1532.40254 | |
| | 极小值 | | 1100.00 | |
| | 极大值 | | 10000.00 | |
| | 范围 | | 8900.00 | |
| | 四分位距 | | 1700.00 | |
| | 偏度 | | 1.514 | .247 |
| | 峰度 | | 3.596 | .490 |

图6-13b

极值

| 性别 | | | | 案例号 | 值 |
|---|---|---|---|---|---|
| 月收入 | 男 | 最高 | 1 | 45 | 6000.00 |
| | | | 2 | 203 | 6000.00 |
| | | | 3 | 130 | 4600.00 |
| | | | 4 | 61 | 4500.00 |
| | | | 5 | 91 | 4500.00[a] |
| | | 最低 | 1 | 134 | 1100.00 |
| | | | 2 | 235 | 1200.00 |
| | | | 3 | 225 | 1200.00 |
| | | | 4 | 163 | 1200.00 |
| | | | 5 | 132 | 1200.00[b] |
| | 女 | 最高 | 1 | 30 | 10000.00 |
| | | | 2 | 139 | 7300.00 |
| | | | 3 | 229 | 7200.00 |
| | | | 4 | 25 | 7000.00 |
| | | | 5 | 12 | 6000.00[c] |
| | | 最低 | 1 | 204 | 1100.00 |
| | | | 2 | 213 | 1200.00 |
| | | | 3 | 189 | 1200.00 |
| | | | 4 | 165 | 1200.00 |
| | | | 5 | 161 | 1200.00[b] |

图6-14

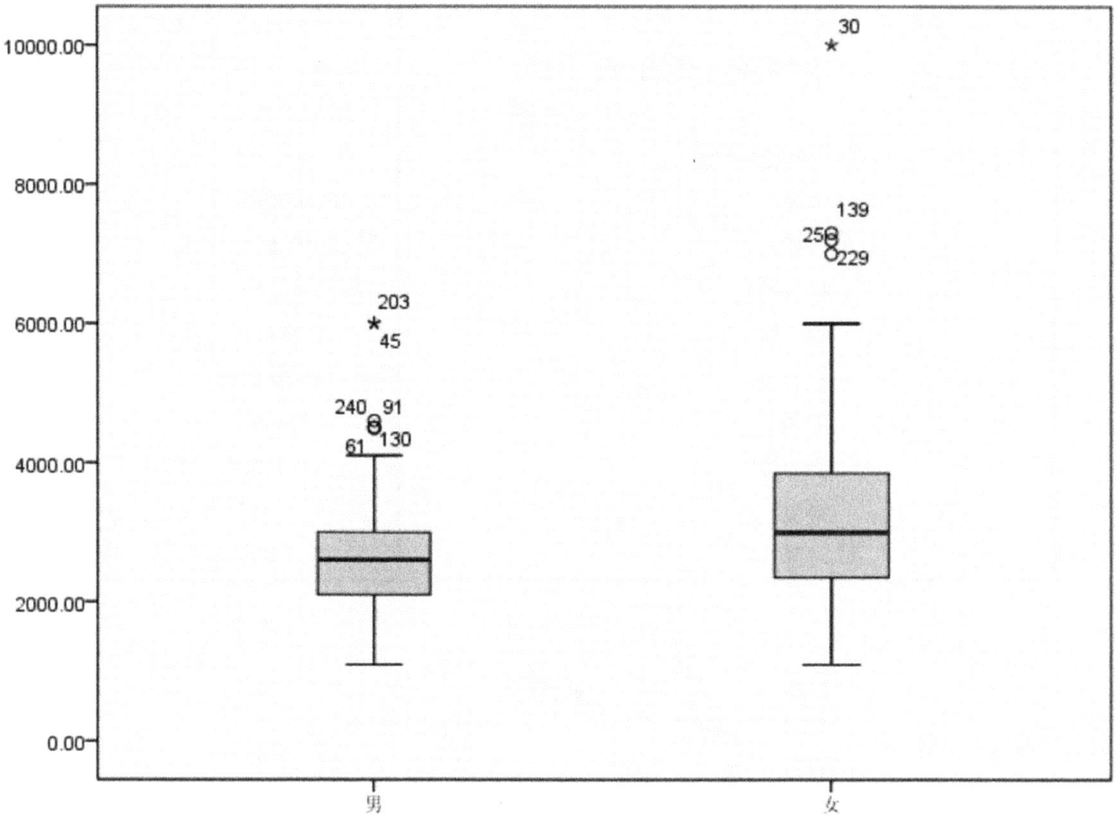


图6-15

正态性检验

| 性别 | | Kolmogorov-Smirnov[a] | | | Shapiro-Wilk | | |
|---|---|---|---|---|---|---|---|
| | | 统计量 | df | Sig. | 统计量 | df | Sig. |
| 月收入 | 男 | .140 | 157 | .000 | .940 | 157 | .000 |
| | 女 | .166 | 95 | .000 | .889 | 95 | .000 |

a. Lilliefors显著水平修正。

图6-16

百分位数

| | | 性别 | 百分位数 | | | | | | |
|---|---|---|---|---|---|---|---|---|---|
| | | | 5 | 10 | 25 | 50 | 75 | 90 | 95 |
| 加权平均（定义 1） | 月收入 | 男 | 1200.0000 | 1200.0000 | 2100.0000 | 2600.0000 | 3000.0000 | 3837.0000 | 4010.0000 |
| | | 女 | 1200.0000 | 1680.0000 | 2300.0000 | 3000.0000 | 4000.0000 | 5200.0000 | 6200.0000 |
| Tukey的枢纽 | 月收入 | 男 | | | 2100.0000 | 2600.0000 | 3000.0000 | | |
| | | 女 | | | 2350.0000 | 3000.0000 | 3850.0000 | | |

图6-17

```
月收入 Stem-and-Leaf Plot for
性别= 男
Frequency      Stem & Leaf

    1.00        1 .  1
   17.00        1 .  22222222222222223
    1.00        1 .  5
    2.00        1 .  77
    6.00        1 .  889999
   13.00        2 .  0000000011111
   11.00        2 .  22233333333
   21.00        2 .  444555555555555555555
   13.00        2 .  6666666777777
   20.00        2 .  88888888888888888889
   24.00        3 .  000000000000000000001111
    2.00        3 .  22
    9.00        3 .  555555555
     .00        3 .
    3.00        3 .  889
    8.00        4 .  00000001
    6.00 Extremes    (>=4500)

 Stem width:    1000.00
 Each leaf:        1 case(s)
```

```
月收入 Stem-and-Leaf Plot for
性别= 女

Frequency      Stem & Leaf

   15.00        1 .  122222255888899
   29.00        2 .  00000123345555555556677888899
   27.00        3 .  000000000000022344555555567
   11.00        4 .  00001255589
    7.00        5 .  0000588
    2.00        6 .  00
    4.00 Extremes    (>=7000)

 Stem width:    1000.00
 Each leaf:        1 case(s)
```

图6-18

**结果解释：**

图6-12案例处理摘要主要揭示了针对变量月收入，因子变量性别的不同水平的个案统计数（频数/百分比）。图6-13分别给出了不同因子水平月收入的描述性统计量（尤其是均值/标准差）。图6-14、图6-15给出了数据中变量月收入的极值（尤其是界外值、大于或小于四分位数间距1.5倍的数值）。图和表都给出了具体的信息，因此可以回到数据视图，找到相应的个案，并删除这些数据，以免影响下一步的分析。图6-16给出了变量月收入的正态性检验结果，由表中Kolmogorov-Smirnov统计量的显著性概率可以判断数据是否符合正态分布：Sig.≤0.05，数据不满足正态分布；Sig.>0.05， 数据满足正态分布。本例的结果Sig.<0.05，因此，数据不满足正态分布。在SPSS分析结果中还伴有Q-Q图用来简单判断数据是否满足正态分布，但是由Kolmogorov-Smirnov统计量的显著性概率来判断更可靠。图6-17给出了数据的百分位数，从表中可以看到不同收入位于总体收入的位置信息。图6-18给出了不同性别月收入的茎叶图（直方图省略）。根据不同的性别，图形给出了以收入最高位数值为茎，以次高位数值为叶的分布统计，并给出了不同茎水平值的频数。研究人员可以通过茎叶图，直观了解样本的月收入的分布和分类，直方图也是基于这种按茎分类而建立的图形。同时还可以通过图形的形状大致判断数据是否符合正态分布。

# 6.5 数据编辑

## 6.5.1 变量级数据编辑

数据录入后，只是以原始的形式存在，要进行数据分析，则需要对原始数据进行处理和转换，以便进行更复杂的数据分析。点击PASW数据窗口功能菜单中的“转换”，在下拉菜单中就会显示此功能键的所有功能，其中主要有计算变量、转换值、重新编码、创建时间序列等几大功能（见图6-19a）。本节主要介绍数据计算与转换功能。下面以附件1—酒店服务质量调查数据为例加以说明。

图6-19a 数据转换功能菜单

#### 6.5.1.1 计算新变量

打开附件1—酒店服务质量调查数据，点击“转换”下拉菜单的“计算变量”就会出现图6-19b中的对话框。图中的“函数组”部分列出了所有可行的计算。中间的运算按钮键可以进行加、减、乘、除及逻辑运算，与之配合的是括号和0～9的数字。这里最常见的是四则运算。本节以第一部分介绍过的一份调查问卷数据为例进行数据计算的讲解。最常见的计算就是求算术平均值，因此本节只介绍此类计算，其他计算可依此类推或参考软件的帮助功能进行操作。

例如，在问卷中有一个维度叫“酒店的卫生状况”，但原始数据只给出了三个问项的数值（1. 公共区域的卫生状况很好；2. 客房的卫生状况很好；3. 餐厅的卫生状况很好），要计算总体卫生状况，需要对三个问项的值进行平均值计算。计算出的结果是一个新的变量，命名

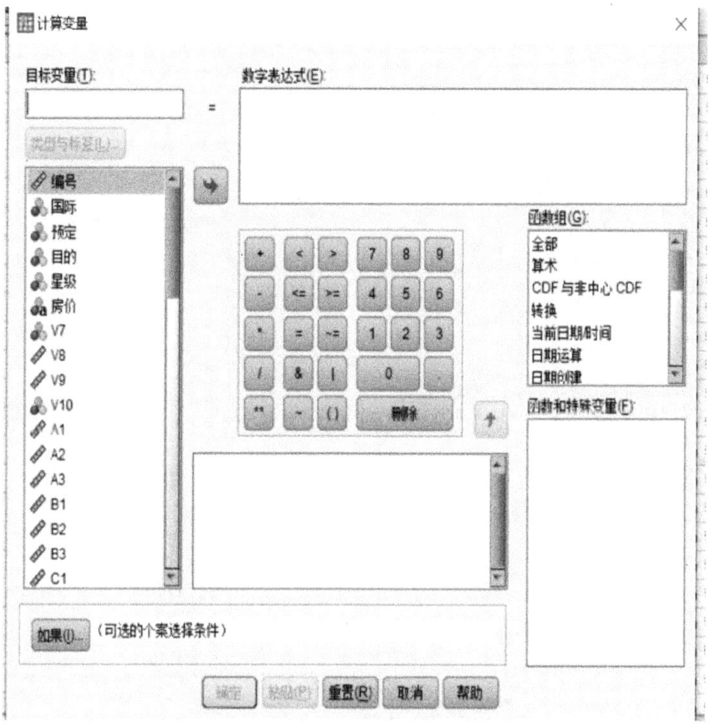


图6-19b　计算变量对话框

为“酒店卫生状况”，并写在对话框“目标变量”里。后续的操作如下：

1. 点击中间运算按钮键中的“( )”，此括号就会出现在“数字表达式”窗口里，然后点击括号，把光标放入括号中“( )”。

2. 在左边的“类型与标签”对话框里点击变量“公共区域的卫生状况很好”，继续点击“类型与标签”与“数字表达式”窗口之间的箭头“”变量（名称A1）就会进入括号内（见图6-20a）。

3. 点击“+”号，继续点击变量“客房的卫生状况很好”，点击“”，则A2进入括号里。

4. 重复上述操作，把变量“餐厅的卫生状况很好”移入括号内，然后在括号后面点击除法运算符“/”，再点击数字3，继续点击“确定”按钮，在跳出的对话框中“是否改变现有的变量”中选择“确定”，新的变量“酒店卫生状况”就被定义并显示在变量窗口的最后一行，相应的数值也会显示在数据窗口的最后一列（见图6-20b）。

通过以上步骤，一个新的变量（三个变量的算术平均值）就计算出来了。其他数据计算的操作与之类似，这里不再赘述。

#### 6.5.1.2　重新编码

有些变量的原始数据可能是连续型的（例如年龄），但是有时需要对不同年龄段的某些属性进行讨论。因此需要把连续型数据类型转化为分段的定序数据类型。另外，有时原始数据中

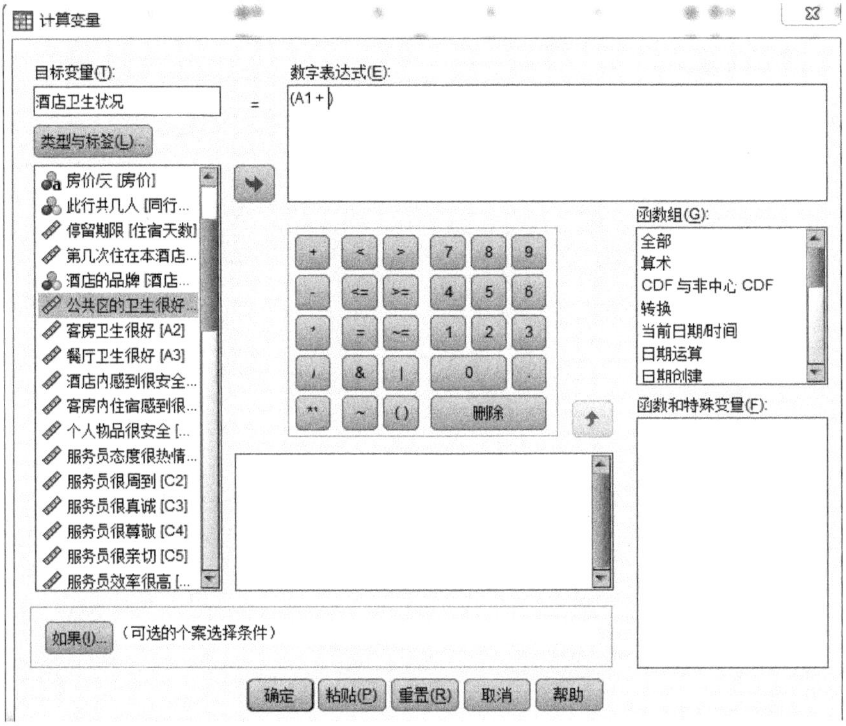
计算变量
目标变量(T):
酒店卫生状况
=
数字表达式(E):
(A1 + )
类型与标签(L)...
房价/天 [房价]
此行共几人 [同行...
停留期限 [住宿天数]
第几次住在本酒店...
酒店的品牌 [酒店...
公共区的卫生很好...
客房卫生很好 [A2]
餐厅卫生很好 [A3]
酒店内感到很安全...
客房内住宿感到很...
个人物品很安全 [...
服务员态度很热情...
服务员很周到 [C2]
服务员很真诚 [C3]
服务员很尊敬 [C4]
服务员很亲切 [C5]
服务员效率很高 [...
删除
函数组(G):
全部
算术
CDF 与非中心 CDF
转换
当前日期/时间
日期运算
日期创建
函数和特殊变量(F):
如果(I)...
(可选的个案选择条件)
确定
粘贴(P)
重置(R)
取消
帮助

图6-20a

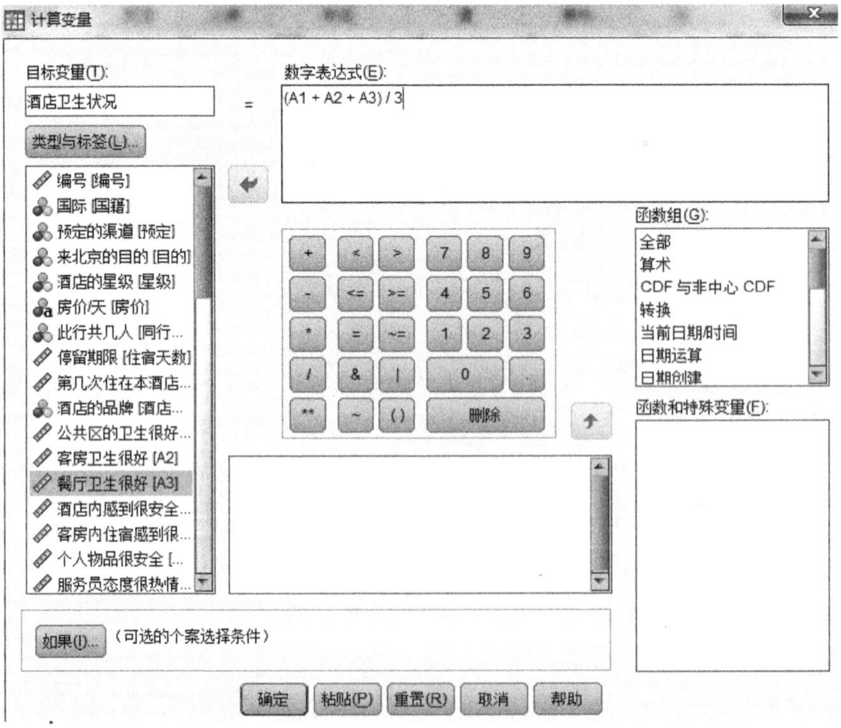
计算变量
目标变量(T):
酒店卫生状况
=
数字表达式(E):
(A1 + A2 + A3) / 3
类型与标签(L)...
编号 [编号]
国际 [国籍]
预定的渠道 [预定]
来北京的目的 [目的]
酒店的星级 [星级]
房价/天 [房价]
此行共几人 [同行...
停留期限 [住宿天数]
第几次住在本酒店...
酒店的品牌 [酒店...
公共区的卫生很好...
客房卫生很好 [A2]
餐厅卫生很好 [A3]
酒店内感到很安全...
客房内住宿感到很...
个人物品很安全 [...
服务员态度很热情...
删除
函数组(G):
全部
算术
CDF 与非中心 CDF
转换
当前日期/时间
日期运算
日期创建
函数和特殊变量(F):
如果(I)...
(可选的个案选择条件)
确定
粘贴(P)
重置(R)
取消
帮助

图6-20b

的值需要重新调整，例如态度问题的1～5，有时会用否定表达（如认为酒店环境不是很好）。在统计分析时，必须把否定性的结果转化为肯定性。这就需要把数字1～5进行转换。在SPSS软件中的“转化”下拉菜单中有重新编码功能，分别为“重新编码为相同变量”、“重新编码为不同变量”和“自动重新编码”。当把连续型数据转化为定序数据时，为了保留原始变量的连续数据，最好选择“重新编码为不同变量”。下面以客人在酒店停留的天数为例，把连续型变量转化为定序变量。

1. 在转化下拉菜单中，点击“重新编码为不同变量”就会出现图6-21a的对话框。

2. 选择“停留期限（V8）”变量，点击“输入箭头”，变量V8就会进入“输入-输出变量”窗口。

3. 在“输出变量”窗口的名称框内定义新的名字，在标签框内给出具体描述。

4. 最后点击“更改”，便得到图6-21b的结果，此时新的变量定义结束。

在进行值的转换时，可以进行数值间一对一的转换，也可以把连续数据变为定序数据。操作如下：

5. 点击“旧值和新值”，就会出现“重新编码到其他变量”对话框。

6. 在左侧“旧值”部分选择“范围”，在下面窗口中输入数字1，再在“到”下面窗口中输入数字3，同时在右侧的“新值”中输入数字1，点击“添加”，即得到图6-21c。此时把停留天数1～3定义为数字1。

7. 重复上述步骤，可以把停留天数4～6定义为2。

8. 停留天数7及以上的数，通过选项“范围，从值到最高”中输入数字7，并在“新值”

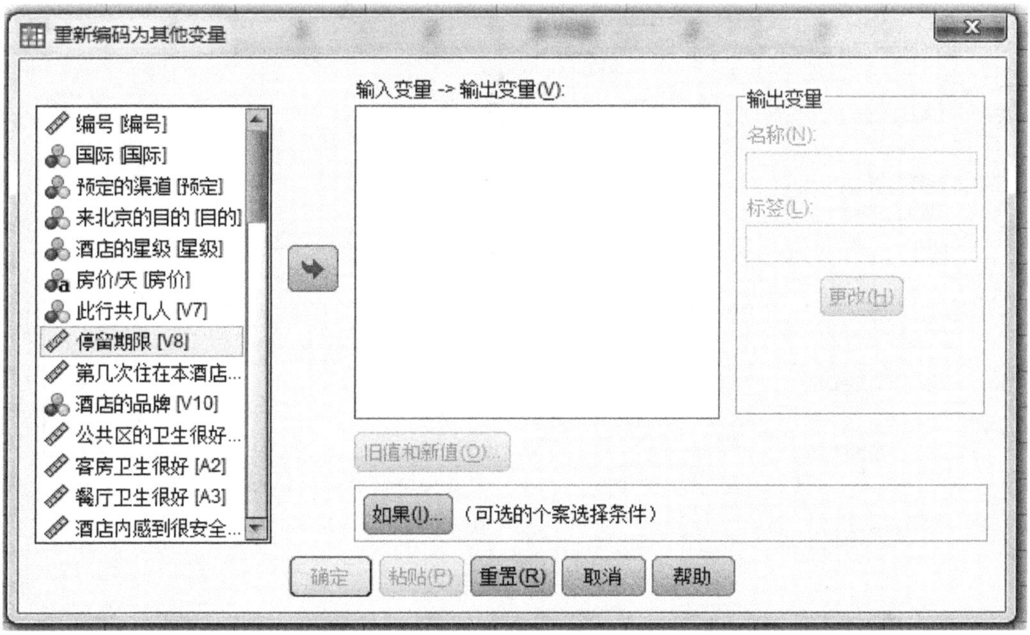


图6-21a

中输入数字3，点击“添加”则得到图6-21d。点击下面的“继续”回到图6-21b，再点击“更改”、继续点击“确定”，即完成连续变量的重新编码过程。

上述操作把停留期限分为三段：1～3天，4～6天，7天及以上，并在PASW变量窗口中出现新定义的变量“停留期限分段”，同时数据窗口中也有了对应的数值（1～3）。需要注意的

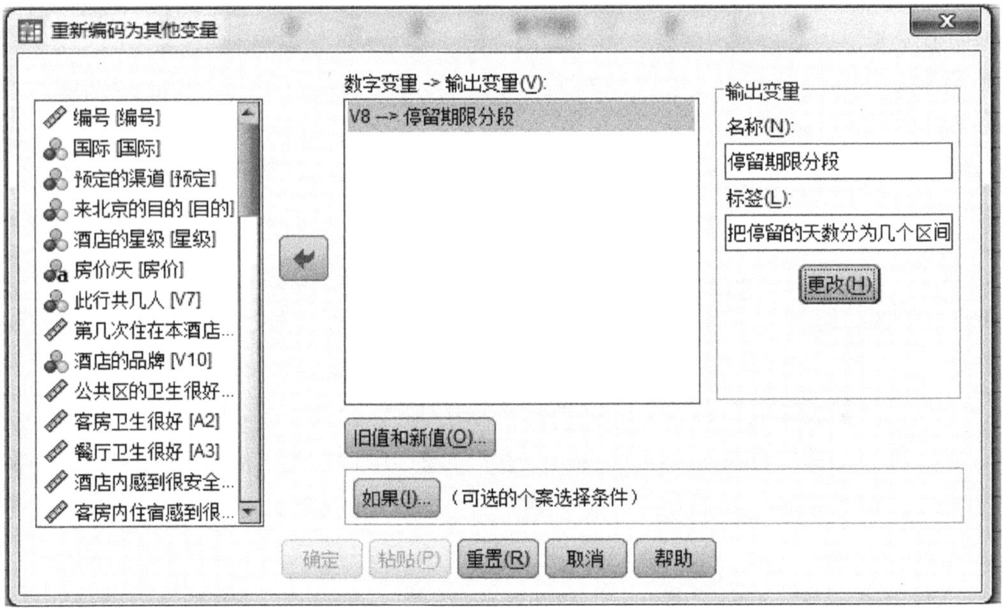


图6-21b

图6-21c

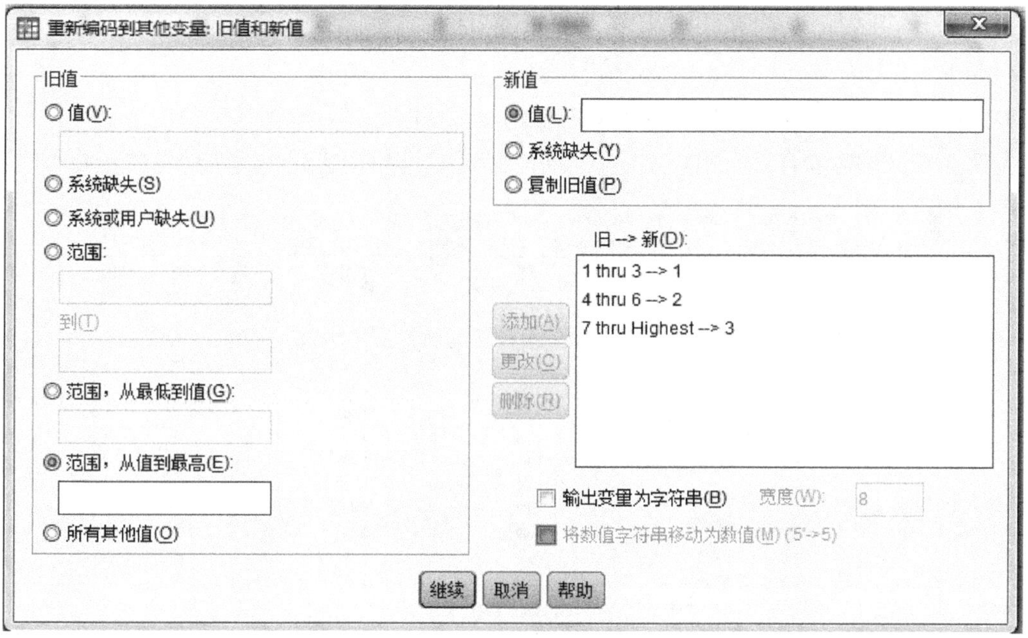


图6−21d

是，分段时要保证数据不重不漏。

被试对否定句的态度值转化为肯定值时需要对数字进行转化，否则会出现奇怪的数据结果。数值间一对一的转换，如1→5、2→4、3→3、4→2、5→1，只需使用对话框中的“旧值”“新值”，按照上面的操作顺序，一步一步去定义即可。这种转换也可以利用功能菜单“转换”下拉菜单中的“自动重新编码”功能进行，在“重新编码起点”选项框中选择“最高值”即可。

## 6.5.2 文件及数据编辑

如前面介绍的，当问卷数量很大时，会分组进行数据录入。当这些小组把数据分别录入完成后，就形成了分散的数据文件，这些文件需要合并。第二种情况是，对同一个问卷在不同时期收集的数据，为了进行对比分析，也需要合并。第三种情况是，问卷中的问题在不同时期会进行增加，对同一组被试，后期的研究增加的问项数据也需要合并，以形成完整的数据。因此，文件合并是必要的操作。前两种情况是增加了被试（即个案），第三种情况是增加了问项（变量），因此文件合并分别称为“添加个案”和“添加变量”。

### 6.5.2.1 添加个案操作

1. 点击数据窗口的“文件”，光标放在“打开”处，选择下拉菜单中的“数据”，然后到相应的文件夹中打开编号最靠前的文件（或第一组录入的文件）。本例打开文件1（1～40）问卷数据。

2. 在数据窗口中的“数据”功能下拉菜单中，把光标放在“合并文件”处，就会出现“添加个案”和“添加变量”选项（见图6−22a）。

3. 点击“添加个案”，则出现对话框，选择“浏览”，并“打开”第二份文件（41～80）（见图6-22b）。点击“继续”。

4. 在图6-22c中点击“确定”，即完成前两份文件的加行合并（共80个个案）。

如有多个文件需要合并，重复上述2、3两个步骤，即可逐步完成所有文件的合并。

图6-22a

图6-22b

5. 把合并后的新文件进行保存，点击“文件”中的“另存为”，并以默认的.sav为扩展名，给合并后的数据文件重新命名（见图6-22d）。最后点击右侧的“保存”即可。

#### 6.5.2.2 添加变量

添加变量的操作与添加个案类似。由于此类合并不常使用，这里不再赘述。

图6-22c

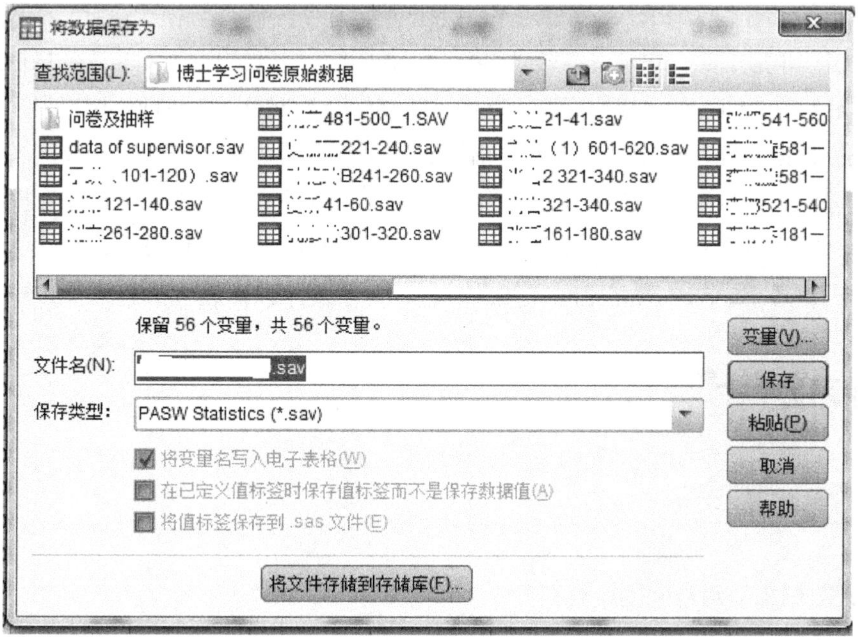


图6-22d

# 6.6 SPSS文件保存与打开

## 6.6.1 文件保存

文件保存分两类。第一类是在编辑已有文件时及时保存，以避免断电或误操作时新编辑的数据丢失。此时点击“文件”中的“保存”即可。第二类是给新建立的文件或现有文件命名，点击“文件”中的“另存为”，选择保存的位置并输入文件名即可。PASW文件的扩展名为.sav，扩展名前面的名字可以自定义。

## 6.6.2 文件打开

1. 从计算机“开始”→“所有程序”→“SPSS inc”中双击“PASW statistics 18”，或通过桌面快捷方式直接打开SPSS软件。点击数据窗口中的“文件”，光标放在“打开”处，选择下拉菜单中的“数据”，然后到相应的文件夹中打开想要打开的文件。

2. 在已建立的SPSS文件中，直接找到要打开的文件，双击此文件即可打开已输入数据的文件。

# 6.7 本章小结

本章介绍了调研数据的四种类型。除了开放式问题，问卷中的所有结构化的问题都可以转化为本章介绍的四种数据之一。本章还介绍了不同类型数据对应的分析内容和方法，供后续统计分析时参考使用。只有了解数据类型，才能确定适当的分析内容和方法，进而对收集数据隐含的信息进行深刻揭示。因此，本章内容对后面章节的学习非常重要。

另外，本章介绍了数据录入、数据整理、数据编辑和文件保存与打开操作。在数据录入前，对数据进行编码非常重要，它是文字形式的纸质问卷向数字形式的电子问卷（变量视图）的转化方式。数据录入需要细心和一定的程序，这样才能够保证数据录入少出或不出错误。数据录入完成后，要进行数据整理，以便发现录入的错误、极端值等需要纠正和处理的数据。数据录入完成并进行整理后，要保存一份只读类型原始数据文件，以便后期分析使用。在数据录入以及后期数据分析时，也需要对数据进行编辑，这些编辑操作是必要的分析技巧，因此要认真掌握。文件打开，进行各种操作，要注意对文件及时保存，以避免数据丢失，造成不必要的损失。

# 6.8 练习题

**一、单项选择题**

1. 名义数据相邻两数间的距离 （　　）

A. 无　　B. 不等　　C. 相等　　D. 不一定

2. 顺序数据相邻两数间的距离 （ ）
A. 无 B. 人为确定 C. 常数0 D. 不一定
3. 对分类变量进行统计描述，常用的一对统计量是 （ ）
A. 均值/标准差 B. 频数/百分比 C. 均值/百分比 D. 频数/标准差
4. 对于连续变量型常用的一对统计量是 （ ）
A. 均值/标准差 B. 频数/百分比 C. 均值/百分数 D. 频数/标准差
5. 把问卷问题转化为电子数据时，操作所在的窗口是 （ ）
A. 变量视图 B. 数据视图 C. 结果窗口 D. 分析窗口
6. 把数据录入SPSS软件时，操作所在的窗口是 （ ）
A. 变量视图 B. 数据视图 C. 结果窗口 D. 分析窗口
7. 给分类变量编码时，数据类型一般设置为 （ ）
A. 名义数据 B. 顺序数据 C. 度量数据 D. 分类数据
8. 给定距变量编码时，数据类型一般设置为 （ ）
A. 名义数据 B. 顺序数据 C. 度量数据 D. 分类数据
9. 给定比变量编码时，数据类型一般设置为 （ ）
A. 名义数据 B. 顺序数据 C. 度量数据 D. 分类数据

## 二、判断题

1. 众数和中位数都是描述集中趋势的统计量。 （ ）
2. 标准差是刻画总体离散程度的统计量。 （ ）
3. 对于单选题，编码时对每个问项分别赋值即可。 （ ）
4. 对于多选题，编码时要对每个问项分别进行编码。 （ ）
5. 计算分类变量的频数可以查看是否有录入错误。 （ ）
6. 对变量重新编码没有实际意义。 （ ）
7. 定比数据可以通过重新编码转化为定序数据。 （ ）
8. Kolmogorov-Smirnov的显著性概率大于0.05表示数据服从正态分布。 （ ）
9. 探索分析给出的异常值应该保存，不会影响后续分析的结果。 （ ）

## 三、操作题

把自己实际调研的问卷进行编码，并把数据录入SPSS软件中，然后进行数据整理、编辑，保存。

# 第7章

# 描述性统计分析

描述性统计量是对样本特征的描述，包括频率（百分比）、中心趋势（比如均值、中位数和众数）以及变异性（比如方差和标准差）的度量。这里最常见的描述统计量是频率/百分比配对给出、均值和标准差配对给出。描述性统计分析的结果一般用易于理解的表格、图形或数值表示。第6章的表6-2和表6-3给出了不同数据类型的描述性统计量内容。本章介绍如何利用PASW软件进行描述性统计分析。

## 7.1 频率与百分比

频率主要是针对分类变量（名义数据和定序数据）的统计量。它指的是分类变量中每个类个案发生的次数。目的是对一个变量中不同类的个案的绝对数量进行比较。与频率对应的是百分比，它是指一个变量的某个类中个案的频率占总个案的比重，是一个相对值。这个百分比既可以在某个组内进行分类比较，也能够清晰地展示不同的类个案所占的比重（例如性别变量汇总的男和女，可以给出男、女的频率，同时可以给出百分比，以了解其所占比重）。另外还可以与不同组中相同类的个案发生的比重进行比较（即横向比较，如不同班级中的男女比例）。因此在对分类变量进行描述性统计分析时，一般要把频率与百分比同时计算。

例1：对酒店服务质量调查数据（见附件1）中变量预订渠道和入住酒店星级进行频率分析。

1. 分析变量：预订渠道和酒店星级。

2. 分析步骤：

（1）在PASW软件中打开附件1—酒店服务质量调查数据文件，选择“分析”→“描述统计”→“频率”（见图 7-1）。打开“频率”对话框，“预订”“星级”等变量出现在对话框的左边；

（2）按住键盘“Ctrl”键，用鼠标选择变量“预订”和“星级”，点击向右箭头按钮“”，把两个变量移到“变量”对话框中（详见图 7-2）；

（3）点击“图表”，会出现“频率·图表”对话框。在“图表类型”对话框中可以选择“条形图”、“直方图”或“饼图”选项，在“图表值”对话框中选择“频率”或“百分比”作为图表中的值特征。点击“继续”；

（4）点击“确定”，运行程序，运行结果显示在“PASW Statistics查看器”窗口；

图7-1 描述统计功能菜单选择图示

图7-2 频率统计和图形选择图示

（5）在“PASW Statistics查看器”窗口，可以选择所需的图或表，然后按鼠标右键，选择复制后粘贴到word文档中适当的位置。同时还可以对表格进行适当编辑（见表7–1，表7–2）。

表7–1 变量预订的频率/百分比统计表

| | | 频率/% | 百分比/% | 有效百分比/% | 累积百分比/% |
|---|---|---|---|---|---|
| 有效 | 1 | 120 | 27.9 | 28.0 | 28.0 |
| | 2 | 40 | 9.3 | 9.3 | 37.3 |
| | 3 | 122 | 28.4 | 28.4 | 65.7 |
| | 4 | 113 | 26.3 | 26.3 | 92.1 |
| | 5 | 34 | 7.9 | 7.9 | 100.0 |
| | 合计 | 429 | 99.8 | 100.0 | |
| 缺失 | 系统 | 1 | .2 | | |
| 合计 | | 430 | 100.0 | | |

表7–2 变量星级的频率/百分比统计表

| | | 频率/% | 百分比/% | 有效百分比/% | 累积百分比/% |
|---|---|---|---|---|---|
| 有效 | 1 | 85 | 19.8 | 19.8 | 19.8 |
| | 2 | 175 | 40.7 | 40.8 | 60.6 |
| | 3 | 169 | 39.3 | 39.4 | 100.0 |
| | 合计 | 429 | 99.8 | 100.0 | |
| 缺失 | 系统 | 1 | .2 | | |
| 合计 | | 430 | 100.0 | | |

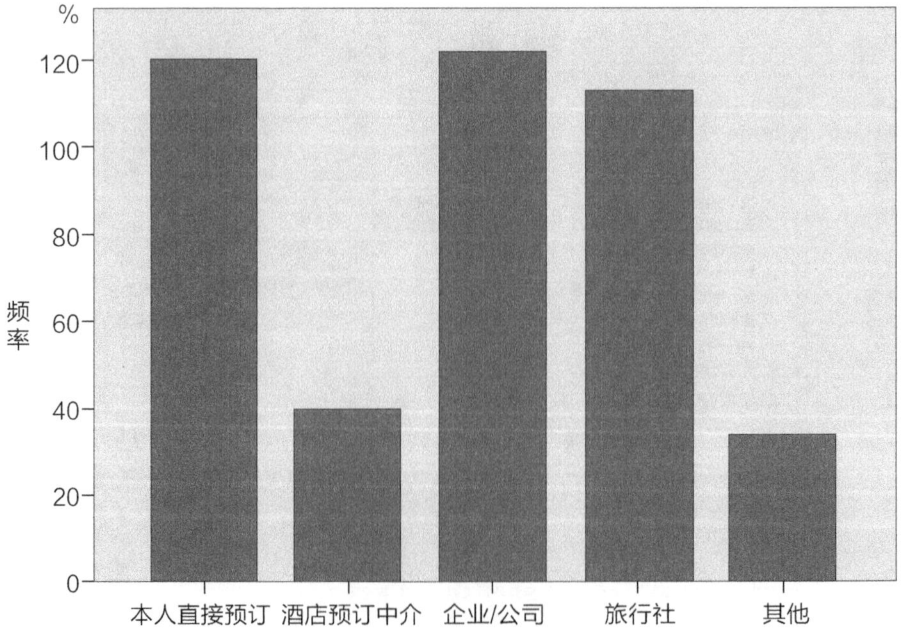


图7–3a 预订的渠道条形图

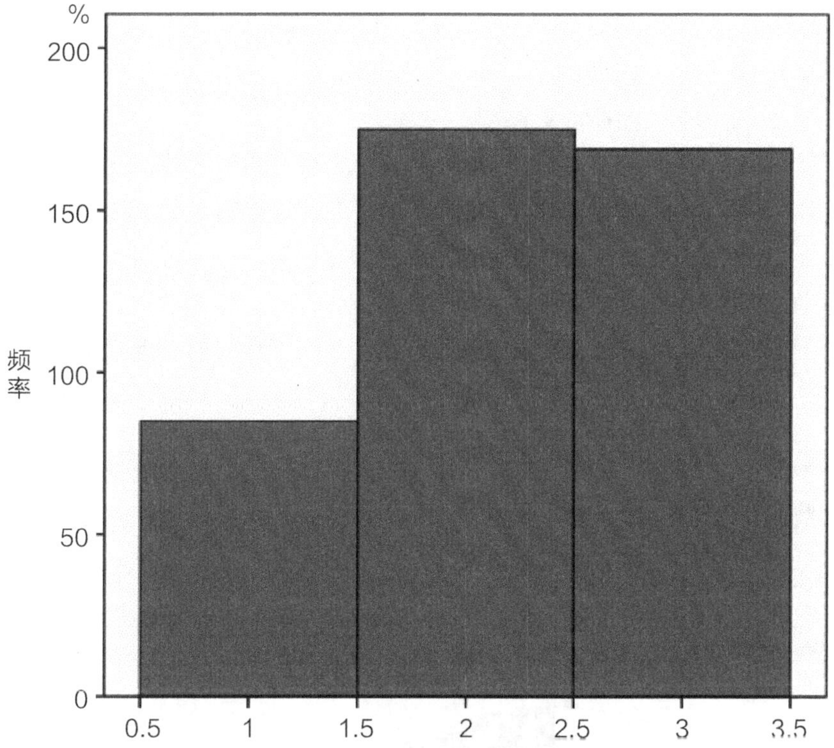


图7-3b 酒店的星级直方图

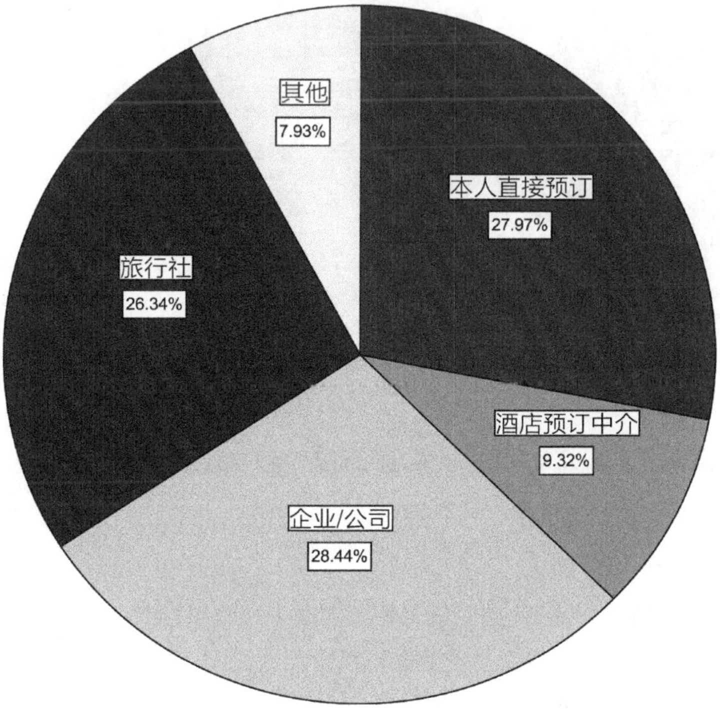


图7-3c 预订的渠道饼图

3. 图形及编辑说明：

首先，二分类的问题不一定需要图示，而一个变量分类较多时，用直方图、升序（或降序）排列的条形图比饼图更能够清晰地表示结果。

图形的编辑在“PASW Statistics查看器”窗口中进行。双击图形区域，就会跳出“图形编辑器”窗口（见图7-4）。通过编辑器，可以对图形进行细致地编辑，如增加标题、脚注、添加文本、添加坐标轴、改变图形颜色和背景颜色、增加数据标签（频率或百分比）、升降序排列、设置图注、把图形进行分解（饼图）等。这些操作比较简单，但需要进行实践才能熟练掌握图形编辑技巧。由于操作过程描述起来比较复杂，图形编辑器中设有帮助功能，本书不做详细介绍。

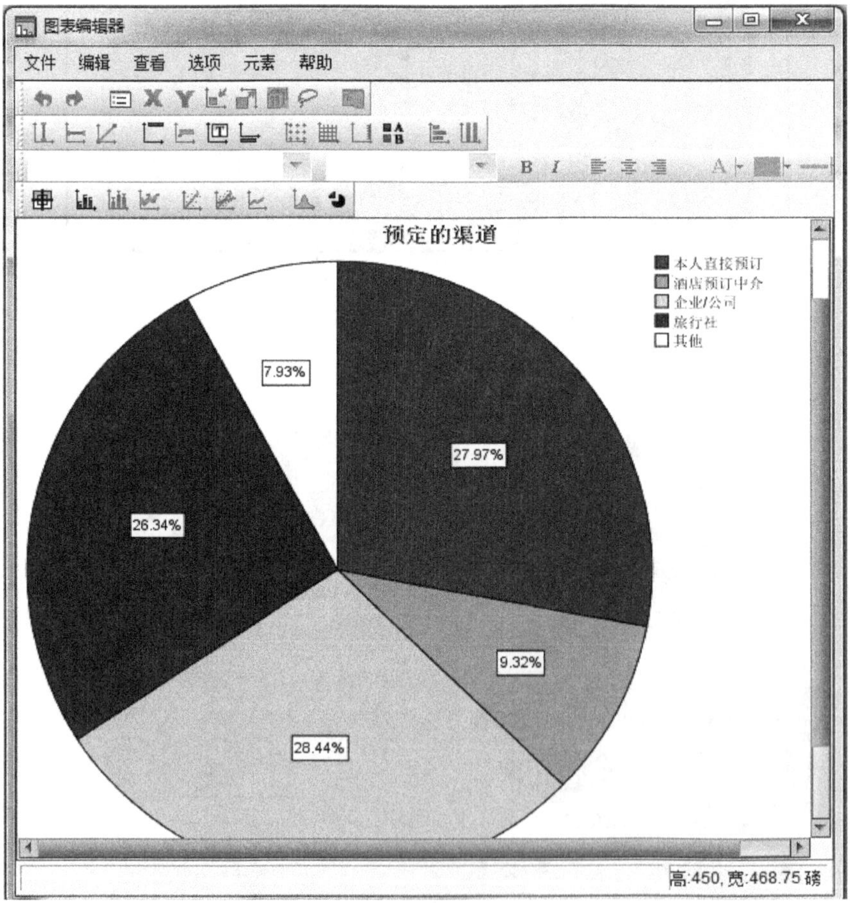


图7-4　图形编辑器

4. 上面的例子分别是针对无序分类变量（名义数据）和有序分类变量（定序数据）进行分析的。前者要用条形图或饼图，而后者一般要选择直方图或饼图（见图7-3）。条形图与直方图的区别是前者的类之间没有顺序要求，彼此独立，而后者按分类赋值的顺序（从大到小或从小到大）连续排列。

5. 结果解释：

对变量预订的频率解释：由表7-1可知，针对5种酒店预订方式，在430名被试中，429人给出了选择。按照从大到小的顺序，通过企业/公司预订的有122人，占有效人数的28.44%；本人直接预订的有120人，占有效人数的27.97%；通过旅行社预订的有113人，占26.34%；通过酒店预订中介预订的有40人，占9.32%；通过其他方式预订的有34人，占7.93%（如图7-3c所示）。前三种渠道是主流，后两种渠道不是很受欢迎。对于变量星级的解释类似，此处不再赘述。

注意：此处要把频率和百分比同时给出解释。另外百分比用的是有效百分比（表7-1的第四列），它剔除了没有给出选择的人数，结果更客观。百分比的解释意义不大。如果把分类按降序排列，累积百分比会有一定的解释意义，它能解释前面几类共占的比重大小。

## 7.2 中心趋势

中心趋势是用来描述样本或总体某特征的中心，包括均值、中位数、众数。均值主要用于定比数据。

均值就是算术平均数（得分的总和除以得分的总次数）。在没有异常值时，均值是较好的中心趋势描述指标。

中位数也叫中值，是位于数列（把数值按从小到大或从大到小进行排序）中间位置的数值。当数列有奇数个值时，中位数就是中间的那个数值；当数列有偶数个值时，中位数是中间两个数的平均值。中位数可以避免最大值或最小值对整体平均值的影响。中位数主要用于定序数据。

众数就是在数据集中出现频率最多的那个值。在一些名义数据或平均值意义不大的有序分类数据中，一般用众数。如衣服的不同尺寸、不同菜品的销售量等。

例2：对酒店服务质量调查数据中变量预订渠道、停留期限和入住房价进行中心趋势分析。

1. 变量：预订渠道、停留期限和房价。

2. 步骤：

（1）在PASW软件中打开附件1—酒店服务质量调查数据文件，选择“分析”→“描述统计”→“频率”。打开“频率”对话框，“预订渠道”、“停留期限”和“房价”等变量出现在对话框的左边；

（2）按住键盘“Ctrl”键，用鼠标选择变量“预订渠道”、“停留期限”和“房价”，点击向右箭头按钮“”，把三个变量移到“变量”对话框中（见图7-5）；

（3）点击“统计量”会出现“频率·统计量”对话框。在“频率·统计量”对话框中可以选择“均值”“中位数”“众数”选项，点击“继续”（见图7-5）；

（4）点击“确定”，运行程序，运行结果显示在“PASW Statistics查看器”窗口；

（5）在“PASW Statistics查看器”窗口，可以选择所需的表格，然后按鼠标右键，选择复制后粘贴到word文档中的适当位置。同时还可以对表格进行适当编辑（见表7-3）。

表7-3　变量的中心趋势统计量表

| 中心趋势统计量指标 | | 预订渠道 | 停留期限 | 房价 |
|---|---|---|---|---|
| N | 有效 | 429 | 423 | 294 |
| | 缺失 | 1 | 7 | 136 |
| 均值 | | 2.77 | 3.78（天） | 858.91 |
| 中值 | | 3.00 | 3.00（天） | 600.00 |
| 众数 | | 3 | 2（天） | 688 |

3. 结果解释：

为了提高分析效率，本例同时计算了三个变量的均值、中位数（中值）和众数的统计结果（见表7-3）。但是对于预订渠道（名义数据），其均值和中值是没有意义的，因此在此不考虑这两个值；对于停留期限、房价（连续型数据），这三个统计量有实际意义。

图7-5　中心趋势分析图解

因此表7-3的结果可以解释为：在所有预订渠道中，企业/公司预订最多。结合频率统计表，有28.44%是通过企业/公司预订的。对于停留期限，平均居住3.78天，居中的天数是3天，而居住天数最多的是2天。对于房价，平均房价是858.91元，居中的房价是600元，最多的房价是688元。

## 7.3 变异性的度量

变异性的度量用来描述一组数据离其中心的平均距离的指标。最常用的有方差、标准差、极差和四分位数间距。

方差：指的是变量的每一个观察值与平均值之差的平方和的均值。方差的值越小，表示数据分布得越密集；反之，数据越分散。

标准差：是方差的算术平方根。其意义与方差一样，标准差的值越小，表示数据分布得越密集；反之，数据越分散。

方差和标准差主要用于连续型数据（定距、定比数据），一般同时给出，但标准差的意义更直接，也便于其他运算。

极差：指的是一个数据集合中最大测量值和最小测量值的差。

四分位数间距：指的是分布的75%分位数和25%分位数的差。

例3：对酒店服务质量调查数据中变量停留期限和入住房价进行变异性分析。

1. 变量：停留期限和房价。

2. 步骤：

（1）在PASW软件中打开附件1—酒店服务质量调查数据文件，选择“分析”→“描述统计”→“频率”。打开“频率”对话框，停留期限和房价等变量出现在左边的对话框中；

（2）按住键盘“Ctrl”键，用鼠标选择变量“停留期限”和“房价”，点击向右箭头按钮“ ”，把两个变量移到“变量”对话框中（见图7–6）；

图7–6　变异性分析图解

（3）点击“统计量”会出现“频率·统计量”对话框。在“频率·统计量”对话框中可以选择“四分位数”“标准差”“方差”“最大值”“最小值”选项，点击“继续”（见图7-6）；

（4）点击“确定”，运行程序，运行结果显示在“PASW Statistics查看器”窗口；

（5）在“PASW Statistics查看器”窗口，可以选择所需的图表，按鼠标右键，选择复制后粘贴到word文档中的适当位置。同时还可以对表格进行必要的编辑（见表7-4）。

表7-4 变异性统计量结果

| 变异性统计量指标 | | 停留期限 | 房价 |
|---|---|---|---|
| N | 有效 | 423 | 294 |
| | 缺失 | 7 | 136 |
| 标准差 | | 2.81 | 630.47 |
| 方差 | | 7.89 | 397497.27 |
| 极小值 | | 1 | 99 |
| 极大值 | | 30 | 3000 |
| 百分位数 | 25 | 2.00 | 350.00 |
| | 50 | 3.00 | 600.00 |
| | 75 | 4.00 | 1400.00 |

3. 结果解释：

对于变量停留期限，方差是7.89，标准差是2.81，极差是29（30-1），四分位数间距是2（75%的值-25%的值）；对于变量房价，方差是397497.27，标准差是630.47，极差是2901（3000-99），四分位数间距是1050（75%的值-25%的值）。

对于连续变量，标准差是最好的变异性指标，因此一般只计算标准差。另外，中心趋势与变异性统计量一般同时给出。例如，均值和标准差是一对描述中心趋势和离散程度的统计量，中位数和四分位数间距也是一对，众数和极差也可以作为一对，因此在进行统计分析时，可以在“频率·统计量”对话框中同时选取均值和标准差或其他配对统计量。此处为了更清楚地解释不同的指标，才分开进行操作。

表7-5是本书案例的被试基本信息描述统计量。

表7-5 酒店顾客基本信息

| 问项 | 百分比（%）（计数） | 问项 | 百分比（%）（计数） |
|---|---|---|---|
| 国籍 | | 教育背景 | |
| 中国 | 74.2（319） | 初中及以下 | 2.2（8） |
| 外国 | 25.8（111） | 高中或职高 | 4.9（18） |

续表

| 问项 | 百分比（%）（计数） | 问项 | 百分比（%）（计数） |
| --- | --- | --- | --- |
| 性别 | | 高职 | 11.6（43） |
| 男 | 59.9（227） | 本科 | 60.8（225） |
| 女 | 40.1（152） | 研究生及以上 | 20.5（76） |
| 年龄 | | 职业 | |
| 18及以下 | 0.3（1） | 学生 | 9.7（37） |
| 19～25 | 8.8（34） | 公务员 | 5.3（20） |
| 26～30 | 26.5（102） | 制造业 | 5.8（22） |
| 31～40 | 46.5（179） | 自由职业者 | 17.8（68） |
| 41～55 | 16.9（65） | 商人 | 45.5（174） |
| 56及以上 | 1.0（4） | 农民或其他 | 15.9（60） |
| 婚姻状况 | | 旅行目的 | |
| 已婚 | 64.1（236） | 商务 | 24.2（104） |
| 单身 | 32.6（120） | 度假 | 43.5（187） |
| 其他 | 3.3（12） | 会议/其他 | 16.7（72）/15.6（67） |
| 平均月收入（国内顾客） | | 平均月收入（国外顾客） | |
| 2000元及以下 | 9.1（24） | 2000美元及以下 | 19.0（19） |
| 2001～3000元 | 10.6（28） | 2001～3000美元 | 25.0（25） |
| 3001～5000元 | 24.0（63） | 3001～5000美元 | 36.0（36） |
| 5001～6000元 | 21.7（57） | 5001～6000美元 | 12.0（12） |
| 6001元及以上 | 34.6（91） | 6001美元及以上 | 8.0（8） |

## 7.4 本章小结

本章介绍了数据分析的描述性统计中的频率分析和描述分析技术。描述性统计分析是对问卷中数据特征（中心趋势、变异性程度、分布情况等）的刻画。针对不同类型的数据，所分析的参数是不一样的，因此在进行描述性统计分析时，首先要明确数据类型，再根据类型进行对应的分析，这样才能准确把握数据特征。通过描述性分析，研究人员除了可以了解数据特征外，还可以发现数据中的输入错误、异常值等问题，进而对数据进行纠正或处理，为后期的数据分析打好基础。本章没有讲解描述性统计分析下拉菜单中的描述分析，因为这部分内容可以通过频率分析获得。

## 7.5 练习题

### 一、选择题（可多选）

1. 对于名义数据，其描述统计量主要是 （　　）

A. 均值/标准差　B. 频率/百分比　C. 中位数/极差　D. 众数/四分位数间距

2. 对于顺序数据，其描述统计量主要是 （　　）

A. 均值/标准差　B. 频率/百分比　C. 中位数/极差　D. 众数/四分位数间距

3. 对于度量数据，其描述统计量主要是 （　　）

A. 均值/标准差　B. 频率/百分比　C. 中位数/极差　D. 众数/四分位数间距

4. 探索性分析的主要数据类型是 （　　）

A. 名义数据　B. 度量数据　C. 顺序数据　D. 都可以

5. 探索分析的因子列表中要求是 （　　）

A. 名义数据　B. 度量数据　C. 顺序数据　D. 都可以

### 二、判断题

1. 名义数据没有中位数。 （　　）
2. 顺序数据可以计算平均值。 （　　）
3. 度量数据的中心趋势可以使用均值表示。 （　　）

### 三、操作题

把自己实际调研的问卷中的数据或由其他渠道获取的数据进行描述性分析。答题要求：1. 分析问题；2. 结果（图、表）；3. 结果解释。

# 第8章

# 探索性因子分析

## 8.1 因子分析介绍

因子分析是一种多变量统计分析方法。因子分析分为探索性因子分析和验证性因子分析。探索性因子分析的目的是通过对数据的分析，把多个变量间的相互关系进行梳理，并根据变量间关系的紧密程度对其进行分组，以揭示这些变量中隐含的维度，进而揭示不同的维度所反映的不同概念。这些维度被称为因子。探索性因子分析可以通过SPSS软件实现，而验证性因子分析则需要其他软件和更多的统计分析知识来实现。本书只介绍探索性因子分析。

探索性因子分析发生在探索性研究阶段。探索性研究的目的是搞清楚研究中涉及的概念“是什么”的问题。一般情况下，一个概念可以通过文献查阅、专家意见或根据研究者自己的经验和假设来获得。但是这些定性研究都存在不同的局限性，即不同的概念来源可能会导致概念中包含的指标变量不充分、冗余或者不正确等问题，有时人们给出的概念中的指标变量可能不尽相同。因此在简单定性研究基础上，为了得出更完备、准确的概念（指标变量），就需要进一步通过定量研究来进行优化。这一优化的过程就是探索性因子分析过程。探索性因子分析的主要作用有：

1. 定义变量维度：把问卷中的测量问项进行分类，构成不同的维度（因子）。

2. 确定因子指标变量：通过因子分析，决定保留或去除某些指标变量，从而确定最终的指标变量。

## 8.2 探索性因子分析路线图

为了更清楚地介绍探索性因子分析，本书设计了一个路线图（见图8-1），并分为几个阶段来进行解释描述。

第一阶段：前提及必要条件检验。

1. 三个前提条件：总体具有正态分布、线性、方差齐性。

以上三个前提条件在探索性因子分析中的概念意义大于其统计意义。即三个概念是必要的假定，但是对其要求并不是非常苛刻。三个假定只是概念性提出，主要是保持理论的严谨性。

2. 两个必要条件： 变量间的相关性与样本充足性。

在进行因子分析时，同一个因子的指标变量之间存在一定的相关性（一般大于或等于

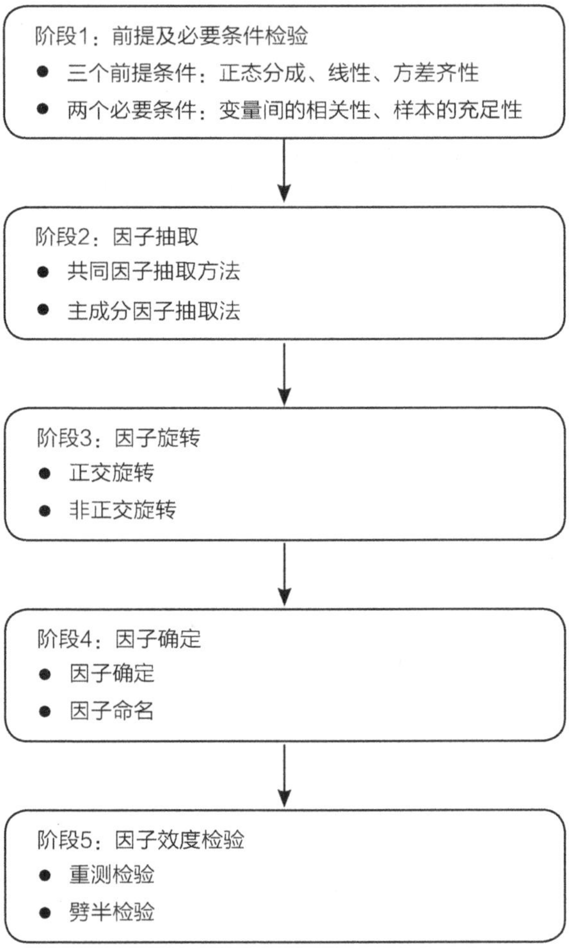


图8-1　探索性因子分析步骤

0.3）是必要的。因子分析要求变量间存在一定程度的相关性，因子分析就是根据变量间关系的紧密程度来分组。判断变量间相关性的分析方法主要是简单的相关系数矩阵，通过变量间的相关系数可以进行简单判断（如果大于或等于0.3的相关系数很少，则需考虑数据是否适合进行因子分析）。

除了直接计算变量间的相关系数，在SPSS中检验变量间相关性的重要指标是巴利特的球形检验，它检验的是变量间（或者至少部分变量间）存在显著相关性的可能性指标，概率要小于或等于0.05才表示变量间存在显著相关性。但是样本量越大，巴利特的球形检验结果就越敏感，容易得出显著的结果。

进行探索性因子分析时，样本量的大小也非常重要，要求总样本数不少于150或者个案数（有效的问卷份数）与变量数的比是5：1或更大。SPSS通过计算KMO（Kaiser-Meyer-Olkin）值来检验样本量是否充足（不低于0.6预示样本量充足）。

以上几个条件都满足了，就可以继续进行因子分析的下一阶段。

第二阶段：因子抽取。

因子抽取是对所有问项所隐含的因子个数进行初步确定。在因子抽取阶段，研究人员要面临两个问题：1. 因子抽取的方法；2. 因子个数的确定。

1. 因子抽取的方法

因子抽取方法包括主成分分析法、未加权的最小平方法（最小二乘法）、综合最小平方法、最大似然、主轴因子分解、α因子分解和映像因子分解法。常用的方法是主成分分析法。

2. 因子个数确定

因子个数确定主要有三种方法：凯瑟规则、卡特尔碎石图法和平行分析法。

凯瑟规则：是最常用的方法之一，也称为特征根法。这种方法只保留特征根值大于或等于1的因子。因子的特征根值代表的是总方差被这个因子所解释的部分。由于以1为临界点，这种方法得出的因子数会比较多。本书建议因子太多时，那些少于3个问项的因子，即使特征根值满足条件，也可以考虑去除。

卡特尔碎石图法：卡特尔1966年提出此方法，即把每个特征根的值用散点图描绘出来（SPSS有此功能），然后观察散点连线图的走势，找到图像由陡峭向水平方向的拐点。建议保留拐点之上或含拐点（本书建议看拐点的因子所含的问项个数是否大于或等于3来决定）的所有因子。这种方法的弊端也是容易得到因子的个数比较多。

平行分析法：是在社会科学研究中比较流行的一种方法，它是霍恩于1965年提出的。这种方法是把现有数据集所得的特征根值与样本大小相同的随机生成的数据集所得的特征根值进行比较，只有那些数值大小超过随机生成的数据集所得的对应的特征根值才保留下来。平行分析法的优点是，相比前两种方法，它可以得到最精确的因子个数。如果想在心理或教育领域学刊发表文章，最好采用这种因子提取法。

对于因子抽取，需要进行多种方法综合考虑。一般先采用特征根法进行抽取并解释，然后再看其他方法的结果如何，最后确定合适可行的因子个数。因子数过多或过少都会产生不良效果。因子太少则会掩盖真实的数据架构，也会丢失重要的维度；因子太多就会造成对因子解释的困难。但是简约原则（不要太多因子）是因子抽取的重要原则。另外在社会科学研究中，可以参考结果中多个因子共同对总方差解释的累积百分比，一般要求超过60%。

第三阶段：因子旋转。

如果说因子抽取解决了要保留多少个因子的问题，那么因子旋转的目的则是通过对因子进行旋转（一种统计分析方法）来获得更容易解释的因子概念，进而确定最终的因子的指标变量。

因子旋转是在因子抽取的基础上，对变量特征（如载荷——变量方差变异被因子解释的百分比）及变量间相关性进行重新计算，并根据变量在新轴上的载荷值及变量间的相关系数来确定哪些变量聚集在一起构成一个因子。因子旋转的主要方法有正交旋转法和斜交旋转法两种。两种方法的结果很多情况下是比较一致的，而最直观的是正交旋转法，所以比较流行。在正交旋转中最常用的是最大方差正交旋转法，在斜交旋转中最常用的是直接斜交旋转法。大多数研究人员会运用两种旋转方法进行综合比较，选择明确和容易的结果，进而确定精确的因子。这里不对旋转方法进行更多的解释，只对旋转方法的应用进行说明，其具体的含义可以参考相关书籍。

第四阶段：因子确定。

1. 因子确定

因子确定实际上是对指标变量的筛选。因子旋转的结果主要是每个变量在不同因子（轴）上的载荷，另外分析结果会根据载荷和相关性把变量分别归入不同的轴。这个参数值可以帮助确定一个因子应该包含哪些变量。旋转结果会显示每个变量在不同因子的载荷。在确定一个因子中的变量时，主要遵循三个标准：一是变量间的两两相关系数都要大于0.3；二是变量的载荷在某个因子上的载荷要足够大，一般不小于0.5（0.3是最低要求，0.4是比较重要，研究人员可以根据数据特征进行设置）；三是因子中变量的个数最好不少于3个。当一个因子中符合要求的变量被选择后，此时因子才算确定。

2. 因子命名

因子确定后，对于若干个变量的探索性因子分析就有了清晰的结构（即包含哪些因子），另外每个因子中包含的变量有哪些也确定了。但是统计分析软件不会给每个因子命名，只是以因子1、因子2的格式呈现。研究人员要根据因子中所含的指标变量的内容和内涵、结合研究的对象、根据理论或行业术语，给出恰当合理的名字，以便后期对因子进行理解和解释。

第五阶段：因子效度检验。

通过一个样本所确定的数据架构（由因子构成）具有偶然性，这就要检验其效度，即可推广性。常用的两种方法之一是重复测量检验，即重新选择样本进行数据收集，然后对数据进行因子分析，看是否得到一致的结果。另一种方法是劈半检验法，即在样本很大时，把样本随机分成相等的两部分，分别进行因子分析后，比较两个子样本的因子结构是否一致。第一种方法的工作量很大，不宜采用。第二种方法要求样本量要足够大（建议样本量不低于500）才可以进行。其他效度检验方法（如验证性因子分析）需要复杂的软件技术（如LISREL），本书不做介绍。

## 8.3 探索性因子分析实例

下面将根据一个实际调研数据进行探索性因子分析介绍。数据收集是基于一份问卷，而问卷中的问题来自自由列举法。通过自由列举法所获得的是若干个无序、无分类的问题（37个），然后研究人员通过语义分析，把37个问题分为10个因子，并在此基础上进行后续分析（因子信度分析、回归分析、验证性因子分析等）。为了验证人工分类的正确性，本书在此运用探索性因子分析方法来对这10个因子的结构进行验证。下面按照以上介绍的步骤进行分析。

第一步： 前提及必要条件检验。

关于三个前提条件（正态分布、线性、方差齐性），正如前面介绍的，这里不做详细讨论。重要的是研究变量间的相关性及样本大小是否满足条件。

对于变量间的相关性，可以对变量（37个）进行相关分析，看大多数变量间的相关系数是否大于或等于0.3，同时进行巴利特球形检验。它检验的是变量间（或者至少部分变量间）存在显著相关性的可能性指标，要求概率要小于或等于0.05。对于样本大小是否合适，可进行KMO检验，以不低于0.6为样本量充足的标准。下面是SPSS针对37个变量（见表8-1，这里列出的是人工分类的结果）的统计分析结果。由于篇幅关系，在此不把相关系数表列出，但是37个变量间的两两相关系数的分析结果显示，任意两个变量间的相关系数都大于0.3，而且显著相关，因此变量满足相关性要求。巴利特球形检验和KMO检验结果见表8-2（具体分析操作请参考下面的分析步骤）。其中巴利特球形检验的显著性概率为0.000，小于0.05，说明变量间相关性满足要求；KMO值为0.973，大于0.6，此数据适合进一步做探索性因子分析。到此，第一步分析工作结束。

**表8-1 服务质量要素**

| 服务要素 | 服务要素 |
|---|---|
| 卫生状况 | 网络服务 |
| 1. 公共区域很干净。<br>2. 客房很干净。<br>3. 餐厅很干净。 | 1. 互联网速度很快。<br>2. 联网很方便。<br>3. 互联网价格合理或免费。 |
| 服务操作 | 酒店环境 |
| 1. 服务操作效率高。<br>2. 员工解决问题能力强。<br>3. 员工有必要的服务知识。<br>4. 员工有很好的沟通技能。<br>5. 员工服务能满足顾客需要。<br>6. 员工能保证顾客隐私。 | 1. 酒店的环境很优美。<br>2. 客房很宽敞。<br>3. 酒店内没有异味。<br>4. 酒店内很安静。<br>5. 酒店内标识很清楚。<br>6. 酒店装饰很吸引人。 |
| 员工态度 | 设施设备 |
| 1. 员工很热情。<br>2. 员工服务很周到。<br>3. 员工值得信赖。<br>4. 员工尊重顾客。<br>5. 员工很友好。 | 1. 酒店的设施设备很现代。<br>2. 设备使用很方便。<br>3. 设施设备维护得很好。<br>4. 使用设备感觉很舒服。 |
| 安全 | 位置 |
| 1. 我感觉酒店很安全。<br>2. 客房私密性很好。<br>3. 我的物品很安全。 | 1. 酒店位置很理想。<br>2. 周围交通很方便。 |
| 餐饮 | 价格 |
| 1. 食物种类很多。<br>2. 食物味道很好。<br>3. 食物价格合理。 | 1. 酒店服务价格合理。<br>2. 服务价格明确。 |

表8-2 KMO 和 Bartlett 的球形检验

| | | |
|---|---|---|
| 取样足够度的 Kaiser-Meyer-Olkin 度量 | | .973 |
| Bartlett 的球形检验 | 近似卡方 | 17887.912 |
| | df | 666 |
| | Sig. | .000 |

为了便于说明第一步的相关性检验、巴利特球形检验、KMO检验和以下步骤，下面先对用SPSS统计软件进行探索性因子分析的操作过程进行详细介绍，然后将结果在不同的步骤部分进行解释。具体操作过程如下：

（1）打开附件1—酒店服务质量调查数据文件，选择“分析”→“降维”→“因子分析”（见图8-2）。打开“因子分析”对话框。

（2）选择表8-1所列出的37个变量，点击向右箭头按钮“➡”，把所选变量移进右边的“变量”窗口（见图8-3）。

（3）点击“描述”，进入“因子分析：描述统计”对话框。在“统计量”部分，选择“原始分析结果”选项，在“相关矩阵”部分，选择“KMO和Bartlett的球形度检验”（见图8-4），点击“继续”回到图8-3。

（4）在图8-3中点击“抽取”则出现“因子分析：抽取”对话框。在出现的对话框中“方法”部分选择“主成分”，在“分析”部分选择“相关性矩阵”；在“输出”部分选择“未旋转的因子解”和“碎石图”。在“抽取”部分选择“基于特征值”的“特征值大于1”（见图8-5），或者选择“因子的固定数量”，并在“要提取的因子”选项中给出因子个数的数值，本书的例子有10个因子，因此选择因子数10（见图8-6）。点击“继续”回到图8-3。

图8-2

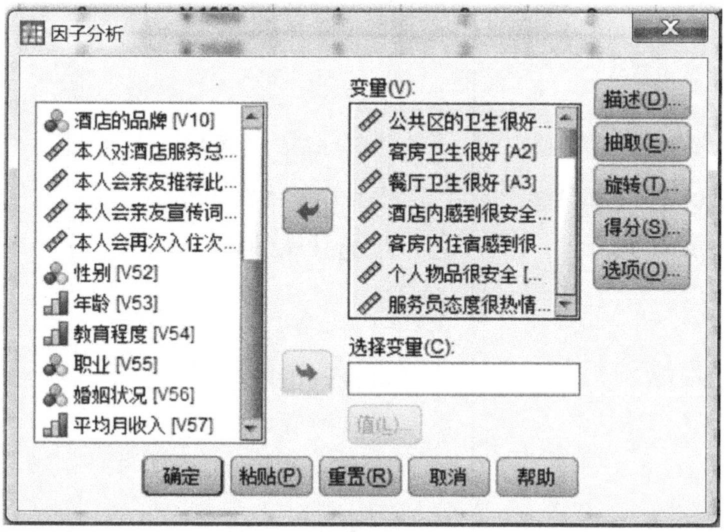


图8-3

图8-4

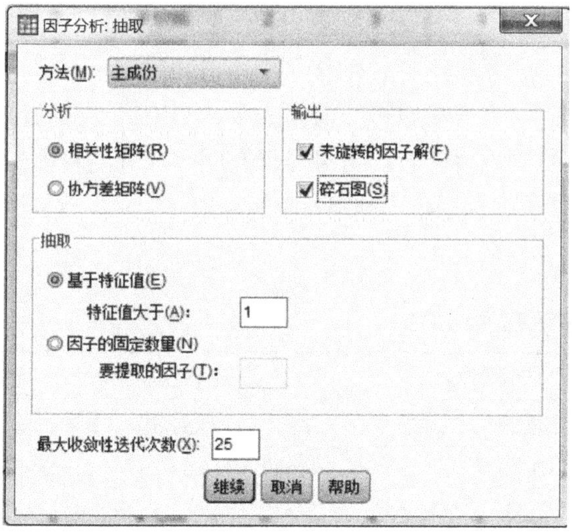


图8-5

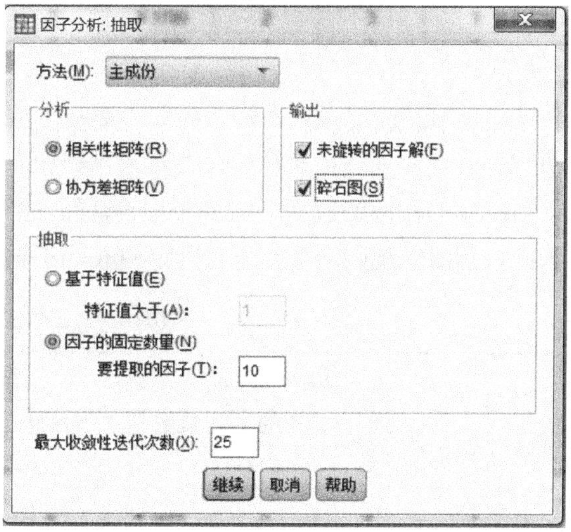


图8-6

（5）在图8-3中点击“旋转”则出现“因子分析：旋转”对话框。在“方法”部分选择“最大方差法”，在“输出”部分选择“旋转解”（见图8-7），点击“继续”回到图8-3。

（6）在图8-3中点击“选项”则出现“因子分析：选项”对话框。在“缺失值”部分选择“按对排除个案”，在“系数显示格式”部分选择“按大小排序”和“取消小系数”，并在“绝对值如下”窗口中输入0.30（或0.40、0.50，具体系数大小由研究人员确定）（见图8-8），点击“继续”回到图8-3。

第二步：因子抽取。

因子分析的第二步是因子抽取。其结果主要包括解释的总方差和碎石图。这两个结果的主要作用就是帮助研究人员确定抽取的因子个数。

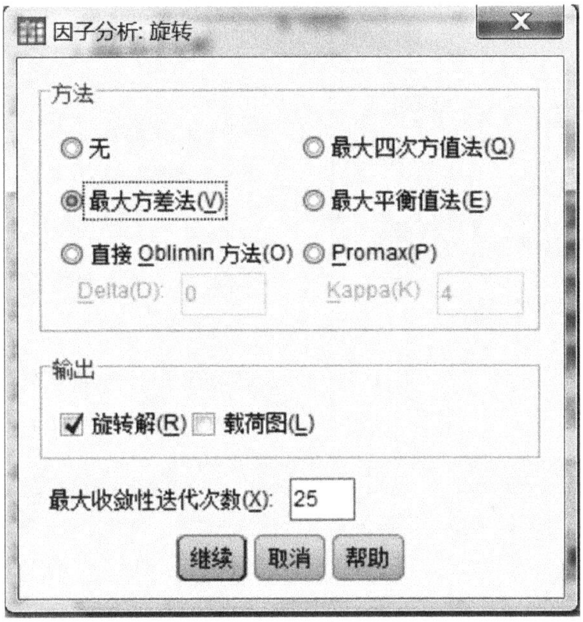


图8-7

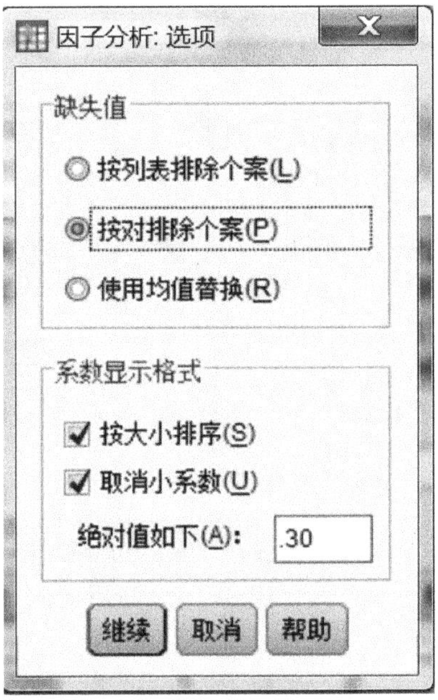


图8-8

因子解释的总方差表格中需要考虑两个参数，一个是初始特征值列的合计列中显示的特征值。另一个参数就是最后一列旋转平方和载入中的累积百分数。结果显示有四个成分的特征值大于凯瑟的指标值1，而且四个因子解释的总方差达到75.28%，超过60%的标准（见表8-3）。因此按照凯瑟规则，这37个变量应抽取4个因子。

表8-3　4个因子解释的总方差

| 成分 | 初始特征值 | | | 提取平方和载入 | | | 旋转平方和载入 | | |
|---|---|---|---|---|---|---|---|---|---|
| | 合计 | 方差的% | 累积 % | 合计 | 方差的% | 累积 % | 合计 | 方差的% | 累积 % |
| 1 | 22.694 | 61.334 | 61.334 | 22.694 | 61.334 | 61.334 | 8.649 | 26.079 | 26.079 |
| 2 | 2.705 | 7.312 | 68.646 | 2.705 | 7.312 | 68.646 | 8.526 | 23.043 | 48.122 |
| 3 | 1.372 | 3.707 | 72.353 | 1.372 | 3.707 | 72.353 | 4.846 | 13.098 | 62.220 |
| 4 | 1.083 | 2.927 | 75.281 | 1.083 | 2.927 | 75.281 | 4.832 | 13.061 | 75.281 |
| 5 | .846 | 2.286 | 77.567 | | | | | | |
| 6 | .744 | 2.011 | 78.578 | | | | | | |
| 7 | .639 | 1.726 | 81.304 | | | | | | |
| 8 | .563 | 1.522 | 82.826 | | | | | | |
| 9 | .544 | 1.471 | 84.297 | | | | | | |
| 10 | .510 | 1.380 | 85.677 | | | | | | |
| . | . | . | . | | | | | | |
| . | . | . | . | | | | | | |
| . | . | . | . | | | | | | |

注：1. 提取方法——主成分分析；2. 由于没有实际意义，为了节省空间，此表省略了后面的27行。

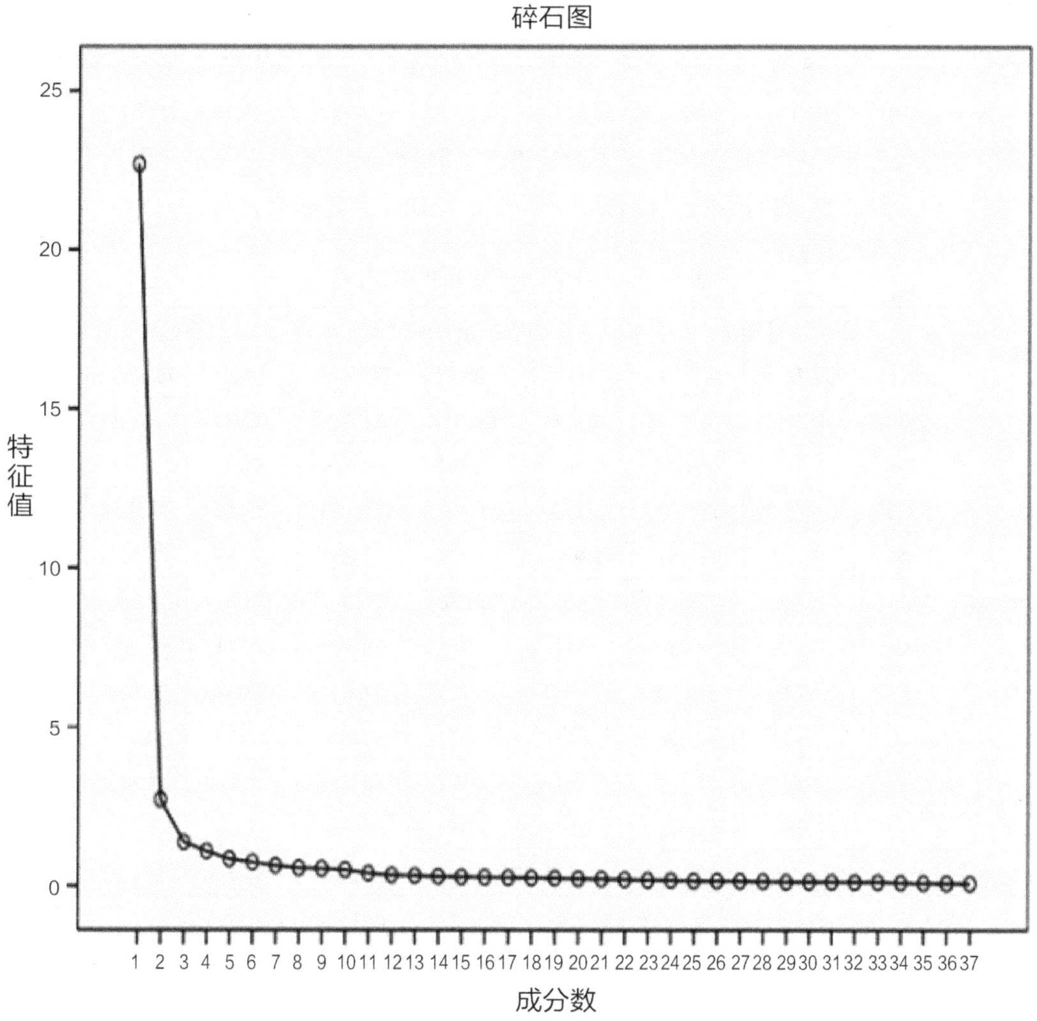


图8-9

另外一个确定抽取因子个数的方法就是卡特尔碎石图法。此法根据SPSS提供的碎石图（见图8-9）的形状来确定因子的个数。其关键是找到碎石图中散点图的拐点处，从某点处开始，图由陡变缓，其后面的点都在一条平稳的直线上。这个拐点之上的点的数量代表了可以保留的因子个数。从图8-9中可以发现，自第5个点开始，后面的所有点基本都在一条平稳的直线上。因此碎石图也支持保留4个因子的结论。这里要注意的是，碎石图有时不是很明显（可以参考图中的纵轴上的特征值来判断），因此它只是凯瑟规则的辅助方法。由于SPSS没有提供第三种判断因子个数方法（平行分析法）的程序，因此不做详细介绍。有以上两种方法已经足以解决因子抽取的问题。

除了根据凯瑟规则和碎石图法抽取因子，SPSS提供了另一种方法，即根据研究人员的因子个数设计来进行因子抽取。图8-6的“因子分析抽取”选项中有一个“因子的固定数量”选项，本例中由于最初人工分类的因子个数是10，因此此选项也设定为10，来验证人工分类的可靠性。表8-4显示，当设定抽取因子的个数是10时，有6个因子的特征值小于1，但10个因子解释的总方差达到85.68%。从理论上说，抽取10个因子违背了凯瑟规则，但是其解释力度加强了。另外一个问题是10个因子的架构略显复杂，但是如果这10个因子确实有其不同的含义，仍可以保留10个因子来进行讨论，即使因子数10违背了凯瑟规则和碎石图标准。因为计算机是没有思想的，只是严格地依据数据进行运算，所以最后的决定者是研究人员。

**表8-4　10个因子解释的总方差**

| 成分 | 初始特征值 | | | 提取平方和载入 | | | 旋转平方和载入 | | |
|---|---|---|---|---|---|---|---|---|---|
| | 合计 | 方差的% | 累积 % | 合计 | 方差的% | 累积 % | 合计 | 方差的% | 累积 % |
| 1 | 22.694 | 61.334 | 61.334 | 22.694 | 61.334 | 61.334 | 8.404 | 25.416 | 25.416 |
| 2 | 2.705 | 7.312 | 68.646 | 2.705 | 7.312 | 68.646 | 5.073 | 13.711 | 38.127 |
| 3 | 1.372 | 3.707 | 72.353 | 1.372 | 3.707 | 72.353 | 3.428 | 8.265 | 48.392 |
| 4 | 1.083 | 2.927 | 75.281 | 1.083 | 2.927 | 75.281 | 3.153 | 8.522 | 56.914 |
| 5 | .846 | 2.286 | 77.567 | .846 | 2.286 | 77.567 | 2.808 | 7.590 | 64.504 |
| 6 | .744 | 2.011 | 78.578 | .744 | 2.011 | 78.578 | 2.741 | 7.409 | 71.912 |
| 7 | .639 | 1.726 | 81.304 | .639 | 1.726 | 81.304 | 2.034 | 5.498 | 77.411 |
| 8 | .563 | 1.522 | 82.826 | .563 | 1.522 | 82.826 | 1.752 | 4.735 | 82.146 |
| 9 | .544 | 1.471 | 84.297 | .544 | 1.471 | 84.297 | .693 | 1.874 | 84.020 |
| 10 | .510 | 1.380 | 85.677 | .510 | 1.380 | 85.677 | .613 | 1.657 | 85.677 |
| …… | …… | …… | …… | | | | | | |

注：1. 提取方法——主成分分析；2. 由于没有实际意义，为了节省空间，此表省略了后面的27行。

第三步：因子旋转。

按照前面的介绍，通过最大方差法旋转的结果可以更清楚地看出每个变量在不同因子（轴）上的载荷值，以及每个变量和哪个因子关系更近。在SPSS进行旋转时，需要确定保留变量载荷的大小（一般以0.3为最低标准），载荷小于0.3的变量要取消。本书计算了以0.3和0.5为标准的旋转结果（见表8-5和表8-6），以及根据要保留的因子个数进行的旋转（即抽取选择为保留的因子个数时，旋转也是根据因子个数进行旋转的。本例为10个因子的旋转结果）。

旋转结果中变量载荷不低于0.5才是理想的结果，因此在进行旋转时载荷要求低就会出现问题（低于0.5）。表8-5是载荷不低于0.3的旋转结果。此结果有两个问题：一个是每个变量在多个因子上有载荷值（见**黑体**数字，37个变量中有24个变量如此）；二是变量在每个因子的载荷值都不高，很难确定一个变量到底应该属于哪个因子。因此，当初确定0.3的标准并不可取。

表8-6显示的是载荷值不低于0.5的旋转结果。此时克服了0.3时的弊端（只有4个变量同时在两个因子有载荷值，同时变量在因子的载荷都有了明显的增加），这样很明显可以观察到大部分变量所属的因子（除了斜体数字表示的4个变量）。但是根据载荷值的大小和文字含义，

表8-5 系数不小于0.3的旋转成分矩阵

| | 成分 | | | |
|---|---|---|---|---|
| | 1 | 2 | 3 | 4 |
| 公共区的卫生很好 | .452 | .309 | | .694 |
| 客房卫生很好 | .392 | | .306 | .695 |
| 餐厅卫生很好 | .381 | | | .704 |
| 酒店内感到很安全 | | .413 | | .748 |
| 客房内住宿感到很安全 | | .402 | | .716 |
| 个人物品很安全 | | .465 | | .716 |
| 服务员态度很热情 | .782 | | | |
| 服务员很周到 | .826 | | | |
| 服务员很真诚 | .789 | | | |
| 服务员很尊敬 | .787 | | | |
| 服务员很亲切 | .796 | .320 | | |
| 服务员效率很高 | .749 | | .307 | |
| 服务员解决问题的能力很强 | .776 | | | |
| 服务员的业务知识全面 | .776 | | | |
| 服务员的沟通能力很强 | .755 | .308 | | |
| 服务员能满足客人要求 | .753 | | .313 | |
| 服务员能保护客人隐私 | .748 | | | |
| 上网速度快 | .441 | .646 | | |
| 上网方便 | | .751 | | |
| 价格合理/免费 | | .743 | | |
| 环境优雅 | .476 | .469 | .506 | |
| 房间宽敞 | .466 | | .660 | |
| 酒店气味良好 | .400 | .354 | .560 | .318 |
| 酒店安静 | .317 | | .668 | .301 |
| 酒店的标志明确 | .329 | .380 | .548 | |
| 酒店装潢新颖 | .446 | .393 | .585 | |
| 设备现代化 | .430 | .501 | .570 | |
| 设备操作方便 | | .515 | .570 | |
| 酒店设备无故障 | | .539 | .514 | |
| 客房内设施感觉很舒适 | .307 | .516 | .539 | |
| 菜品美味 | .393 | .666 | | |
| 菜品种类繁多 | .324 | .717 | | |
| 菜品价位合理 | | .720 | | |
| 地理位置较好 | | .764 | | |
| 交通方便 | | .765 | | |
| 服务项目价格合理 | | .674 | | |
| 服务价格明确 | | .706 | .301 | |

注：提取方法——主成分。 旋转法——具有 Kaiser 标准化的正交旋转法。

可以认为此4个变量应该属于因子3。从表8-6可以看出，在确定抽取4个因子后，通过旋转，可以进一步确定每个变量所属的因子，即每个因子含有哪些变量。

很显然，探索性因子分析的结果是4个因子，这与原来人工分类得出的10个因子是有差异的。仔细查看表8-6的4个因子，我们发现因子1所含的11个变量有一个共性，即都是关于服务人员的。但是前5个变量是关于服务人员服务态度的变量，而后6个变量是关于服务操作的变量。因此研究人员也可以把这11个变量看作两个因子来处理。由于因子个数的限制，我们发现其他的3个因子中也存在类似现象，如因子2包含了网络、菜品质量、位置因素、价格四个方面的信息，而因子3把酒店环境因素和设施设备因素合在一起，因子4把卫生状况与安全因素合在一起了。

**表8-6　系数不小于0.5的旋转成分矩阵**

| | 成分 | | | |
|---|---|---|---|---|
| | 1 | 2 | 3 | 4 |
| 公共区的卫生很好 | | | | .694 |
| 客房卫生很好 | | | | .695 |
| 餐厅卫生很好 | | | | .704 |
| 酒店内感到很安全 | | | | .748 |
| 客房内住宿感到很安全 | | | | .716 |
| 个人物品很安全 | | | | .716 |
| 服务员态度很热情 | .782 | | | |
| 服务员很周到 | .826 | | | |
| 服务员很真诚 | .789 | | | |
| 服务员很尊敬 | .787 | | | |
| 服务员很亲切 | .796 | | | |
| 服务员效率很高 | .749 | | | |
| 服务员解决问题的能力很强 | .776 | | | |
| 服务员的业务知识全面 | .776 | | | |
| 服务员的沟通能力很强 | .755 | | | |
| 服务员能满足客人要求 | .753 | | | |
| 服务员能保护客人隐私 | .748 | | | |
| 上网速度快 | | .646 | | |
| 上网方便 | | .751 | | |
| 价格合理/免费 | | .743 | | |
| 环境优雅 | | | .506 | |
| 房间宽敞 | | | .660 | |
| 酒店气味良好 | | | .560 | |
| 酒店安静 | | | .668 | |
| 酒店的标志明确 | | | .548 | |
| 酒店装潢新颖 | | | .585 | |
| 设备现代化 | | *.501* | *.570* | |
| 设备操作方便 | | *.515* | *.570* | |
| 酒店设备无故障 | | *.539* | *.514* | |
| 客房内设施感觉很舒适 | | *.516* | *.539* | |

续表

| | 成分 | | | |
|---|---|---|---|---|
| | 1 | 2 | 3 | 4 |
| 菜品美味 | | .666 | | |
| 菜品种类繁多 | | .717 | | |
| 菜品价位合理 | | .720 | | |
| 地理位置较好 | | .764 | | |
| 交通方便 | | .765 | | |
| 服务项目价格合理 | | .674 | | |
| 服务价格明确 | | .706 | | |

注：提取方法——主成分。旋转法——具有 Kaiser 标准化的正交旋转法。

表8-7显示的是按照10个因子进行旋转的结果。从表中可以看到有2个变量在10个因子都没有载荷（为0），因此这2个变量就不再考虑。同时发现旋转后只有8个因子有变量（因子9和因子10为空），但是从文字含义分析，因子1和因子2都包含了2个不同的概念，即因子1包含了服务态度和服务操作两个概念，因子2包含了卫生和安全两个概念，因此研究人员可以把因子1和因子2分别分解为2个因子，分别放到因子9和因子10来处理。这样，按照10个因子旋转的结果，在经过调整后，与表8-1中的人工分类结果是非常一致的。如果把载荷值再提高（例如0.6），可能会有更好的结果，这里不再做更详细的分析。

**表8-7　10个因子的旋转成分矩阵**

| | 成分 | | | | | | | | | |
|---|---|---|---|---|---|---|---|---|---|---|
| | 1 | 2 | 3 | 4 | 5 | 6 | 7 | 8 | 9 | 10 |
| 公共区的卫生很好 | | .701 | | | | | | | | |
| 客房卫生很好 | | .710 | | | | | | | | |
| 餐厅卫生很好 | | .719 | | | | | | | | |
| 酒店内感到很安全 | | .756 | | | | | | | | |
| 客房内住宿感到很安全 | | .726 | | | | | | | | |
| 个人物品很安全 | | .726 | | | | | | | | |
| 服务员态度很热情 | .783 | | | | | | | | | |
| 服务员很周到 | .828 | | | | | | | | | |
| 服务员很真诚 | .789 | | | | | | | | | |
| 服务员很尊敬 | .789 | | | | | | | | | |
| 服务员很亲切 | .795 | | | | | | | | | |
| 服务员效率很高 | .736 | | | | | | | | | |
| 服务员解决问题的能力很强 | .759 | | | | | | | | | |
| 服务员的业务知识全面 | .772 | | | | | | | | | |
| 服务员的沟通能力很强 | .752 | | | | | | | | | |
| 服务员能满足客人要求 | .754 | | | | | | | | | |
| 服务员能保护客人隐私 | .747 | | | | | | | | | |
| 上网速度快 | | | | | | .668 | | | | |

续表

| | 成分 | | | | | | | | | |
|---|---|---|---|---|---|---|---|---|---|---|
| | 1 | 2 | 3 | 4 | 5 | 6 | 7 | 8 | 9 | 10 |
| 上网方便 | | | | | | .693 | | | | |
| 价格合理/免费 | | | | | | .728 | | | | |
| 环境优雅 | | | | | | | | | | |
| 房间宽敞 | | | | .592 | | | | | | |
| 酒店气味良好 | | | | .583 | | | | | | |
| 酒店安静 | | | | .690 | | | | | | |
| 酒店的标志明确 | | | | .669 | | | | | | |
| 酒店装潢新颖 | | | | | | | | | | |
| 设备现代化 | | | .618 | | | | | | | |
| 设备操作方便 | | | .626 | | | | | | | |
| 酒店设备无故障 | | | .691 | | | | | | | |
| 客房内设施感觉很舒适 | | | .632 | | | | | | | |
| 菜品美味 | | | | | .671 | | | | | |
| 菜品种类繁多 | | | | | .714 | | | | | |
| 菜品价位合理 | | | | | .722 | | | | | |
| 地理位置较好 | | | | | | | .736 | | | |
| 交通方便 | | | | | | | .750 | | | |
| 服务项目价格合理 | | | | | | | | .703 | | |
| 服务价格明确 | | | | | | | | .685 | | |

注：提取方法——主成分。旋转法——具有 Kaiser 标准化的正交旋转法。

第四步：因子确定。

前面的三步基本上完成了探索性因子分析的主要内容，即因子（个数及每个因子包含的变量）基本确定了，第四步就是给确定的因子命名。因子的命名要根据其所含变量的文字内容以及所研究的领域术语来定。

例如表8-6中四个因子可以命名为：因子1-服务人员因素；因子2-消费与便利性；因子3-酒店环境；因子4-卫生与安全。很显然，不同研究人员可以根据自己的理解给出不同的名字，但是要做到简洁明了、适合研究领域术语。当变量较多，而因子个数过少时，会造成因子概念的模糊。在此情况下，可以考虑设定因子个数的方法进行抽取和旋转，进而得出合理的因子个数和对应的具体概念。如本例按照10个因子抽取时，所得的结果就很合理，对应的名称可以利用表8-1给出的名称，这里不再针对表8-7呈现的结果重新命名。

第五步：效度检验。

因子架构的效度检验不是探索性因子分析的重点，但是得到因子后，可以进行因子的信度检验。效度检验一般需要复杂的统计分析技术和软件（如LISREL），但是可以采用简单的检验方法（劈半检验法或重复检验法）。表8-8是一个劈半检验的例子，目的是验证一个因子分析的效度（结果是把20个变量通过主成分抽取法抽取为2个因子，因子1和因子2）。研究人员把593个个案随机分为数量近似相等的两组（可以通过SPSS软件实现），分别为296和297样本（子样本1和子样本2）。然后分别对两个子样本进行探索性因子分析，采用最大方差法进行因子旋转，取系数小于0.4的变量，并把分析的结果汇总，如表8-8。比较两个样本的探索性因子分析结果后，发现结果非常一致（因子结构一致，而且载荷等指标的大小对应也一致），因此说这个2因子架构的结论具有一定的效度。重复检验方法是再收集同样大小的样本量，进行探索性因子分析后，两个样本的分析结果与劈半检验进行同样的对比，这里不再赘述。

表8-8 劈半检验结果举例

| 最大方差法旋转载荷 | | | | | | |
|---|---|---|---|---|---|---|
| 变量 | 因子1 | | 因子2 | | 公因子方差 | |
| | 样本1 | 样本2 | 样本1 | 样本2 | 样本1 | 样本2 |
| 问项1：（CR） | .624 | .689 | | | .459 | .525 |
| 问项3：（MBEP） | | | .638 | .655 | .458 | .476 |
| 问项5：（LF） | | | .703 | .659 | .516 | .460 |
| 问项7：（LF） | | | .629 | .689 | .445 | .500 |
| 问项8：（IS） | .632 | .627 | | | .452 | .447 |
| 问项9：（IM） | .654 | .617 | | | .468 | .450 |
| 问项11：（CR） | .525 | .544 | | | .277 | .299 |
| 问项12：（MBEP） | | | .735 | .707 | .550 | .504 |
| 问项15：（IC） | .638 | .604 | | | .427 | .411 |
| 问项17：（MBEP） | | | .645 | .648 | .439 | .428 |
| 问项19：（IC） | .561 | .431 | | | .326 | .192 |
| 问项20：（MBEP） | | | .579 | .413 | .347 | .197 |
| 问项26：（IM） | .518 | .578 | | | .302 | .342 |
| 问项28：（LF） | | | .647 | .645 | .445 | .427 |
| 问项30：（IS） | .806 | .822 | | | .668 | .699 |
| 问项31：（IC） | .768 | .815 | | | .640 | .692 |
| 问项32：（IS） | .732 | .792 | | | .574 | .636 |
| 问项33：（LF） | | | .544 | .593 | .321 | .377 |
| 问项35：（CR） | .677 | .686 | | | .483 | .492 |
| 问项36：（IM） | .745 | .709 | | | .586 | .534 |

## 8.4 本章小结

本章主要介绍了探索性因子分析的内容和步骤。探索性因子分析主要用于探索性研究阶段，它可以结合自由列举等定性研究方法，在数据收集的基础上，对数据架构进行探索，进而得出数据的内在规律。同时也帮助验证通过定性研究分析所得的因子的可靠性。在进行探索性因子分析时，应注意每个步骤的关键点对应的指标值及SPSS软件分析操作方法，这样才能正确、顺利地完成探索性因子分析。

## 8.5 练习题

### 一、单项选择题

1. 在进行探索性因子分析时，多数变量间的相关系数应该不低于　　（　　）

A. 0.3　　B. 0.4　　C. 0.5　　D. 0.6

2. 在进行因子分析时，变量在因子的载荷值一般应不小于　　（　　）

A. 0.3　　B. 0.4　　C. 0.5　　D. 0.6

3. 巴利特的球形检验值中的概率应不大于　　（　　）

A. 0.03　　B. 0.04　　C. 0.05　　D. 0.06

4. KMO检验值应不低于　　（　　）

A. 0.3　　B. 0.4　　C. 0.5　　D. 0.6

5. 凯瑟规则中的特征根值应大于或等于　　（　　）

A. 1　　B. 2　　C. 3　　D. 4

### 二、判断题

1. 巴利特的球形检验是检验样本量是否充足的。　　（　　）
2. KMO检验是检验样本量是否充足的。　　（　　）
3. 巴利特的球形检验是检验变量相关性指标的。　　（　　）
4. KMO检验是检验变量相关性指标的。　　（　　）
5. 确定因子个数时，因子解释总体方差变异的累积百分比数值应不低于60%。　　（　　）

### 三、操作题

把自己实际调研的问卷中的数据或由其他渠道获取的数据进行探索性因子分析。

# 第9章

# 信度分析

## 9.1 信度概念

信度的概念在第一章已经介绍过。信度又叫可靠性，是指测量的可信程度，它主要刻画测量结果的一贯性和一致性。两个常用的信度指标是重测信度（也叫一惯性）和内部一致性。重测信度的检验是对同一组人在不同境况下的某个特征分别进行检验，并计算两次数据的相关性，相关性越强，可靠性越高。内部一致性指的是构成一个因子的几个问项是否都测量同一个特征（或者说这些问项是否联系很紧密），其计算的是所有问项两两相关系数的平均值。最常用的内部一致性指标是克朗巴哈系数α。α值越大，可靠性越高。另一个信度指标叫折半信度（也叫半分信度），是另一种内部一致性指标，当构成因子的问项很多时，它把所有的问项分成相等或近似相等的两部分，评价被试对这两部分反应的一致性。理想的信度值应该是不低于0.7（具体评价水平见表9-1）。内部一致性信度与构成因子的项数有关，当项数很少时，可靠性会很低，因此建议构成一个因子的问项不低于3项。因此在计算内部一致性信度前，要计算所有问项间的两两相关系数，其值最好介于0.2与0.4之间，即问项之间要有一定的相关性，但相关性又不能太强。

要强调的是信度这一概念是针对某个因子而言的，而不是整个问卷的信度。另外在进行信度检验时，一般使用克朗巴哈系数α，即内部一致性信度。

表9-1 不同水平α值所表示的信度优劣评价

| α系数 | 信度优劣性 |
|---|---|
| 0.90及以上 | 非常好 |
| 0.80～0.89 | 好 |
| 0.70～0.79 | 较好 |
| 0.60～0.69 | 一般 |
| 0.59及以下 | 不好 |

## 9.2 应用举例

1. 研究问题

计算附件1—酒店服务质量调查问卷中服务态度这一因子的信度。构成服务态度的问项共有5个，在SPSS统计软件中分别命名为C1～C5。

2. 操作步骤

（1）打开附件1—酒店服务质量调查数据文件，并选择“分析”→“度量”→“可靠性分析”（见图9–1）。打开“可靠性分析”对话框，C1～C5等变量出现在左边的对话框中。

（2）用鼠标选择变量C1～C5，点击向右箭头按钮“➡”，把5个变量移到“变量”对话框中（见图9–2）。

（3）在“模型窗口”中选择默认的α。

（4）点击“统计量”，会出现“可靠性分析：统计量”对话框。在“描述性”对话框中选择“项”、“度量”及“如果项已删除则进行度量”。在“项之间”对话窗口，选择“相关性”选项。点击“继续”（见图9–3）。

（5）点击“确定”，运行程序，运行结果显示在“PASW Statistics查看器”窗口中。

（6）在“PASW Statistics查看器”窗口，可以选择所需的图表，按鼠标右键，选择复制后粘贴到word文档中的适当位置，同时还可以对表格进行适当编辑。在此建议分析人员建立一个保存统计分析结果文件夹，把所有的分析结果保存到此文件夹中，以便后期查找和使用。

注意：在进行信度检验之前，必须要把否定式问题转化为肯定式，并把对应的分值进行转化。

3. 结果展示及解释

在完成上述操作过程后，程序会给出如下一系列表格（图9–4至图9–9）。这些表格是对所分析因子的信度及相关信息的描述。下面逐一进行解释。

图9–4是对问卷中5个问项的有效份数的描述统计。注解中的“a. 在此程序中基于所有变量

图9–1

图9-2

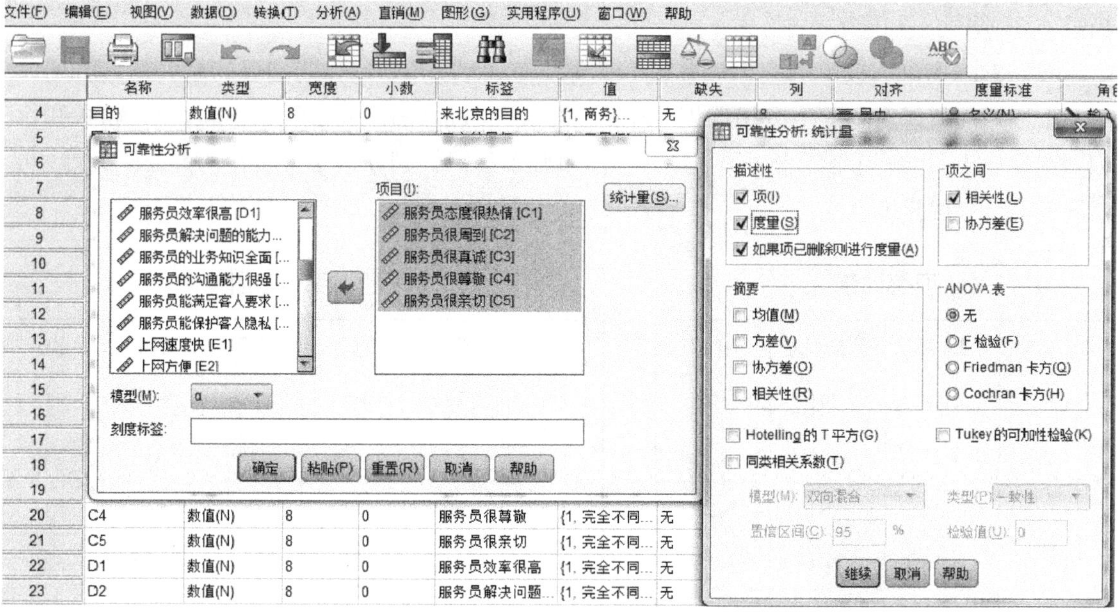


图9-3

的列表方式删除”表示在进行统计量的计算时，把含有缺失值的个案删除。此例中排除两个个案，说明两个被试回答这5个问题时有缺失值。

图9-5说明本例中因子的克朗巴哈系数值为0.96，根据表9-1的标准，因子服务态度的信度是非常好的。这个结果是此分析的核心结果，并且要写在分析报告中。

**案例处理汇总**

| | | N | % |
|---|---|---|---|
| 案例 | 有效 | 428 | 99.5 |
| | 已排除[a] | 2 | .5 |
| | 总计 | 430 | 100.0 |

a. 在此程序中基于所有变量的列表方式删除。

图9–4

**可靠性统计量**

| Cronbach's Alpha | 基于标准化项的 Cronbachs Alpha | 项数 |
|---|---|---|
| .960 | .960 | 5 |

图9–5

图9–6描述的是5个问项各自的均值和标准差，以及有效个案数量，反应了5个变量的中心趋势（4.30附近）和离散程度。

图9–7是5个问项彼此间的相关系数（对角线为每个变量自己做与自己的相关系数值是1，上、下三角的值是对称的）。根据相关理论，相关系数最好介于0.2和0.4之间。此例的问项间相关系数较大，5个问项可能彼此不独立。但也并不绝对，因此很多分析在信度值比较理想的情况下不会分析此表。

**项统计量**

| | 均值 | 标准偏差 | N |
|---|---|---|---|
| C1 | 4.36 | .791 | 428 |
| C2 | 4.22 | .786 | 428 |
| C3 | 4.32 | .781 | 428 |
| C4 | 4.30 | .801 | 428 |
| C5 | 4.32 | .799 | 428 |

图9–6

**项间相关性矩阵**

| | C1 | C2 | C3 | C4 | C5 |
|---|---|---|---|---|---|
| C1 | 1.000 | .837 | .803 | .811 | .852 |
| C2 | .837 | 1.000 | .809 | .810 | .836 |
| C3 | .803 | .809 | 1.000 | .845 | .843 |
| C4 | .811 | .810 | .845 | 1.000 | .826 |
| C5 | .852 | .836 | .843 | .826 | 1.000 |

图9–7

**项总计统计量**

| | 项已删除的刻度均值 | 项已删除的刻度方差 | 校正的项总计相关性 | 多相关性的平方 | 项已删除的Cronbach's Alpha值 |
|---|---|---|---|---|---|
| C1 | 17.15 | 8.733 | .885 | .792 | .951 |
| C2 | 17.29 | 8.775 | .881 | .780 | .951 |
| C3 | 17.20 | 8.793 | .884 | .791 | .951 |
| C4 | 17.22 | 8.695 | .881 | .783 | .951 |
| C5 | 17.20 | 8.625 | .902 | .817 | .948 |

图9-8

图9-8主要描述的是删除5个问项之一时，对应的因子均值、标准差、信度值变化，以及每个问项与总因子的相关系数。其中最重要的是最后一列，它表示删除某一问项后，剩余的4个问项构成的因子的信度值。意义是当5个问项构成的因子信度很低时，看是否可以通过删除个别问项来提高因子的信度。但是当因子信度达到0.70时，最好保留原有的问项。因为删除某些问项后可能会影响因子的效度。

**标度统计量**

| 均值 | 方差 | 标准差 | 项数 |
|---|---|---|---|
| 21.52 | 13.496 | 3.674 | 5 |

图9-9

图9-9描述的是因子服务态度的均值和标准差，它是对整个因子中心趋势和变异性的刻画。因子是5个问项的和，其取值应在5～25（每个问项最小值是1，最大值是5），因子总均值是5个问项均值的和21.52。此值接近最大值25，因此被试对服务态度的评价是很高的。

4. 结果报告

结果报告的核心是信度值，可以表达为：我们对由5个问项构成的因子服务态度的内部一致性进行了分析：结果显示该因子的克朗巴哈系数是0.96，说明这5个问项有很高的内部一致性，即非常好的信度；每个问项的均值取值范围是4.30～4.36，总因子的均值是21.52，标准差是3.67。由此可知，被试对服务态度的评价是很高的。表9-2 是附件1问卷中几个因子的信度值及其表达方式。

**表9-2 服务质量因子及其信度值**

| 因子 | 信度（α） | 因子 | 信度（α） |
|---|---|---|---|
| 卫生状况 | 0.94 | 网络服务 | 0.91 |
| 1. 公共区域很干净。<br>2. 客房很干净。<br>3. 餐厅很干净。 | | 1. 互联网速度很快。<br>2. 联网很方便。<br>3. 互联网价格合理或免费。 | |
| 服务操作 | 0.96 | 酒店环境 | 0.93 |
| 1. 服务操作效率高。<br>2. 员工解决问题能力强。<br>3. 员工有必要的服务知识。<br>4. 员工有很好的沟通技能。<br>5. 员工服务能满足顾客需要。<br>6. 员工能保证顾客隐私。 | | 1. 酒店的环境很优美。<br>2. 客房很宽敞。<br>3. 酒店内没有异味。<br>4. 酒店内很安静。<br>5. 酒店内标识很清楚。<br>6. 酒店装饰很吸引人。 | |
| 员工态度 | 0.96 | 设施设备 | 0.93 |
| 1. 员工很热情。<br>2. 员工服务很周到。<br>3. 员工值得信赖。<br>4. 员工尊重顾客。<br>5. 员工很友好。 | | 1. 酒店的设施设备很现代。<br>2. 设备很方便使用。<br>3. 设施设备维护得很好。<br>4. 设备感觉很舒服。 | |
| 安全 | 0.95 | 位置 | 0.94 |
| 1. 我感觉酒店很安全。<br>2. 客房私密性很好。<br>3. 我的物品很安全。 | | 1. 酒店位置很理想。<br>2. 周围交通很方便。 | |
| | | 价格 | 0.92 |
| | | 1. 酒店服务价格合理。<br>2. 服务价格明确。 | |
| 餐饮 | 0.90 | 忠诚度 | 0.94 |
| 1. 食物种类很多。<br>2. 食物味道很好。<br>3. 食物价格合理。 | | 1. 我认为自己是此酒店的忠诚顾客。<br>2. 我会想向我的朋友介绍这家酒店。<br>3. 我下次还会预订这家酒店。 | |

## 9.3 本章小结

本章介绍了信度的概念以及如何通过SPSS进行信度检验。如第一章介绍的，信度是反应一个因子可靠性的统计量，不是针对整个问卷的。但值得注意的是，很多初学者会在论文中分析所谓“问卷的信度”，实际上问卷是没有信度的，信度只是针对问卷中的不同因子而言的，因此在应用信度分析时，一定要搞清楚概念，再进行信度分析。在进行不同因子间的统计分析

（如相关、回归分析）时，信度值是非常重要的。分析结果中，在信度较低时，可以通过删减个别问项来提高因子的信度，这就要求在最初设计问题时，尽量多设计几个指标变量，以保证因子的信度。

## 9.4 练习题

### 一、单项选择题

1. 利用SPSS软件计算信度时，一般选择（　）
   A. 克朗巴哈系数α　B. 半分　C. 平行　D. 严格平行
2. 信度分析结果中的项间相关矩阵中，指标变量间的相关系数（　）
   A. 越大越好　B. 越小越好　C. 无明确要求　D. 0.2 至0.4
3. 在项总计统计量中，最后一列表示（　）
   A. 删除此项后其他几个问项构成的因子的信度
   B. 删除其他项后因子的信度
   C. 删除此项后因子的信度的变化
   D. 删除其他项后因子的信度的变化
4. 一般情况下，当因子信度达到何值时，可以不对问项进行删减（　）
   A. 0.9　B. 0.8　C. 0.7　D. 0.6
5. 信度分析结果中，标度统计量均值的含义是（　）
   A. 越大越好　B. 越小越好　C. 无明确要求　D. 几个问项均值的和

### 二、实践题

结合自己的调研数据，用SPSS计算问卷中因子的信度。

# 第10章

# 列联表分析

## 10.1 列联表

列联表是多个分类变量交叉计数的表格，其分析手段采用独立性检验方法，从总体中抽取一个样本，来判断调查对象的两个属性之间是否存在明显相关关系（独立或相关联）。

一般来说，若研究对象的两个属性$A$与$B$，其中$A$有$m$个类，$B$有$n$个类，其中的元素$c_{ij}$属于行$A_i$和列$B_j$交叉位置的值，$c_{ij}$称为交叉表计数，共$C$个。所有的$c_{ij}$构成一个$m$行$n$列的二维表（见表10-1），这就是我们常见的列联表。若所考虑研究对象的属性多于两个，也可按类似方式制作列联表，称为多维列联表，但呈现形式仍是平面二维的方式。如分析三个分类变量的关联性时，可以把三个变量命名为层、行、列。

表10-1　二维列联表模型

| | $B_1$ | $B_1$ | … | $B_n$ | 行和 |
|---|---|---|---|---|---|
| $A_1$ | $c_{11}$ | $c_{12}$ | … | $c_{1n}$ | $N_{A1}$ |
| $A_1$ | $c_{21}$ | $c_{22}$ | … | $c_{2n}$ | $N_{A2}$ |
| … | … | … | … | … | … |
| $A_m$ | $c_{m1}$ | $c_{m2}$ | … | $c_{mn}$ | $N_{Am}$ |
| 列和 | $N_{B1}$ | $N_{B2}$ | … | $N_{Bn}$ | $N$ |

### 10.1.1 列联表的两个值

表10-2是两个变量商场选择和收入水平的列联表。其中包含观察值和期望值。观察值就是调研获取的实际数据。期望值是一个虚拟的值，它的计算有一个前提，即行、列的两个变量是独立的。在此前提下，交叉位置的期望值等于观察值所在的行和乘列和，再除以所有交叉位置数值的总和。例如第一行与第一列交叉处的值30的期望值26.9 $\approx 100\times 90/335$。其他值计算方法相同。期望值是为列联表的相关性检验而计算的。

列联表中的两个变量有时是有因果关系的。例如我们可以认为收入水平会影响商场的选择。如果有因果关系，一般把自变量作为列变量。

表10-2 观察值与期望值表

| | | | 收入水平 | | | 行和 |
|---|---|---|---|---|---|---|
| | | | 低 | 中 | 高 | |
| 商场选择 | 商场1 | 观察值 | 30 | 55 | 15 | 100 |
| | | 期望值 | 26.9 | 47.8 | 25.3 | |
| | 商场2 | 观察值 | 45 | 75 | 30 | 150 |
| | | 期望值 | 40.3 | 71.6 | 38.1 | |
| | 商场3 | 观察值 | 15 | 30 | 40 | 85 |
| | | 期望值 | 22.8 | 40.6 | 21.6 | |
| 列和 | | | 90 | 160 | 85 | 335 |

## 10.1.2 列联表的三个百分比

行百分比：行变量的每个分类在列变量不同分类中所占的百分比。例如商场1在不同收入水平所占的百分比。每行的百分比总和是100%。

列百分比：列变量的每个分类在行变量不同分类中所占的百分比。例如低收入人员在不同商场所占的百分比。每列的百分比总和是100%。

总百分比：每个交叉位置的数值占总人数的百分比。所有交叉位置的百分比总和是100%。

在计算百分比时，一般计算列百分比。但是为了得到更多的信息，可以同时计算三种百分比（见表10-3）。

表10-3 百分比表

| | | 收入水平 | | | 行和 |
|---|---|---|---|---|---|
| | | 低 | 中 | 高 | |
| 商场选择 | 商场1 | 30 | 55 | 15 | 100 |
| | 行百分比 | 30% | 55% | 15% | 100% |
| | 列百分比 | 33% | 34% | 18% | |
| | 总百分比 | 8.96% | 16.4% | 4.48% | |
| | 商场2 | 45 | 75 | 30 | 150 |
| | 行百分比 | 30% | 50% | 20% | 100% |
| | 列百分比 | 50% | 47% | 35% | |
| | 总百分比 | 13.4% | 22.4% | 8.96% | |
| | 商场3 | 15 | 30 | 40 | 85 |
| | 行百分比 | 18% | 35% | 47% | 100% |

续表

| | | 收入水平 | | | 行和 |
|---|---|---|---|---|---|
| | | 低 | 中 | 高 | |
| 商场选择 | 列百分比 | 17% | 18% | 47% | |
| | 总百分比 | 4.48% | 8.96% | 10.9% | |
| 列和（总列百分比） | | 90（100%） | 160（100%） | 85（100%） | 335（100%） |

## 10.2 独立性检验

列联表的基本功能是给出样本中两个变量不同分类的分布状态，即两个变量是如何交叉关联的。列联表反映的更深层的问题是行列两变量是否相互关联（或者说独立还是不独立）。例如，人们对商场的选择与收入水平是否有关？回答这一问题的方法就是独立性检验。一般把列联表的独立性检验称为皮尔逊卡方检验。

### 10.2.1 检验的假设

零假设$H_0$：行列两变量是独立的；

备择假设$H_1$：行列两变量是相关联的。

### 10.2.2 卡方（$\chi^2$）检验的原理

卡方检验的核心是零假设（$H_0$）。理想的检验结果是通过否定零假设而肯定备择假设。因此统计软件默认的是对零假设（两变量彼此独立）的检验，即检验两个变量独立的可能性。而假设的一般形式是只说出备择假设，即两变量是彼此相关联的。

如果不能否定零假设卡方；那么结论是不支持备择假设的。卡方检验的统计量是：

$$\chi^2=\sum_{i=1}^{c}\frac{(O_i-E_i)^2}{E_i}$$

其中$O_i$代表观察值，$E_i$代表期望值。

卡方值计算的是列联表中的观察值与期望值的差异。上例中的卡方值的计算如下：

$\chi^2$=（30−26.9）$^2$/26.9 +（55−47.8）$^2$/47.8 +（15−25.3）$^2$/25.4 +（45−40.3）$^2$/40.3 +（75−71.6）$^2$/71.6 +（30−38.1）$^2$/38.1 +（15−22.8）$^2$/22.8 +（30−40.6）$^2$/40.6 +（40−21.6）$^2$/21.6 ≈ 29.2

说明：

1. 鉴于期望值建立在两个变量彼此独立的假设之上，因此差异越小，两个变量就越可能彼此独立或不相关联。

2. 对于给定的卡方值，SPSS计算的是两个变量独立的显著性概率$P$。 在已知卡方值的情况下，显著性概率可以通过查卡方分布表得到。统计软件可以自动计算卡方值和得到相应的显著性概率$P$。因此上面的卡方值利用统计软件时是无须人工计算的。上面的计算只是为加深对卡方检验的理解。

3. $P\leqslant 0.05$时，说明两变量无关的概率是小于5%的，为小概率事件，因此结论是拒绝零假设，接受备择假设。

4. $P>0.05$时，说明两变量独立的概率是大于5%的，此时不能拒绝零假设，因此也不能接受备择假设。

### 10.2.3 卡方检验的前提条件

1. 两个二分类或多分类的变量；
2. 每个交叉位置的期望频数不小于5；
3. 宽松一点的要求是至少80%以上的交叉位置的期望值不小于5；
4. $1\times 2$或者$2\times 2$的交叉表的期望频数不小于10；
5. 当$2\times 2$的交叉表的期望频数不满足要求时，要利用菲舍尔的精确概率检验。

## 10.3 应用举例

本部分将对如何处理问卷中的单选问题和多选问题的列联表分析进行讨论。

### 10.3.1 单选题的列联表分析

例1：把附件1—酒店服务质量调查数据中的酒店星级和游客此行共几人两个变量进行列联表分析。

变量：星级和V7（此行共几人）。

操作步骤：

（1）打开附件1—酒店服务质量调查数据文件，选择“分析”→“描述统计”→“交叉表”。打开“交叉表”对话框，“星级”和“V7”等变量出现在左边的对话框中。

（2）用鼠标选择变量星级，点击向右箭头按钮“➡”，把此变量移到行中（见图10-1），同时把变量V7放到列中。

（3）点击“统计量”会出现“交叉表·统计量”对话框。在“交叉表·统计量”对话框中选择“卡方”，点击“继续”（见图10-1）。

（4）点击“单元格”，会出现“交叉表·单元显示”对话框。在“交叉表·单元显示”对话框中可以选择“观察值”及“期望值”；在百分比中选择“行”、“列”和“总计”，点击“继续”（见图10-2）。

（5）在“交叉表对话框”中点击“确定”，运行程序结果显示在“PASW Statistics查看器”窗口中。

文件(F) 编辑(E) 视图(V) 数据(D) 转换(T) 分析(A) 直销(M) 图形(G) 实用程序(U) 窗口(W) 帮助
交叉表
行(s):
酒店的星级 [星级]
列(C):
此行共几人 [V7]
层1的1
上一张(V)
下一张(N)
精确(X)...
统计量(S)...
单元格(E)...
格式(F)...
Bootstrap(A)...
编号 [编号]
国际 [国际]
预定的渠道 [预定]
来北京的目的 [目的]
房价/天 [房价]
停留期限 [V8]
第几次住在本酒店...
酒店的品牌 [V10]
公共区的卫生很好...
客房卫生很好 [A2]
餐厅卫生很好 [A3]
酒店内感到很安全...
客房内住宿感到很...
显示复式条形图(B)
取消表格(T)
确定
粘贴(P)
重置(R)
取消
帮助
交叉表: 统计量
卡方(H)
相关性(R)
名义
相依系数(O)
Phi 和 Cramer 变量
Lambda(L)
不定性系数(U)
有序
Gamma(G)
Somers' d(S)
Kendall 的 tau-b(B)
Kendall's tau-c(C)
按区间标定
Eta(E)
Kappa(K)
风险(I)
McNemar(M)
Cochran's and Mantel-Haenszel 统计量(A)
检验一般几率比等于:
1
继续
取消
帮助

图10-1

酒店服务质量调查 - 副本.sav [数据集1] - PASW Statistics 数据编辑器
文件(F) 编辑(E) 视图(V) 数据(D) 转换(T) 分析(A) 直销(M) 图形(G) 实用程序(U) 窗口(W) 帮助
交叉表
行(s):
酒店的星级 [星级]
列(C):
此行共几人 [V7]
层1的1
精确(X)...
统计量(S)...
单元格(E)...
格式(F)...
Bootstrap(A)...
显示复式条形图(B)
取消表格(T)
确定
粘贴(P)
重置(R)
取消
帮助
交叉表: 单元显示
计数
观察值(O)
期望值(E)
百分比(C)
行(R)
列(C)
总计
残差
未标准化(U)
标准化(S)
调节的标准化(A)
非整数权重
四舍五入单元格计数(N)
四舍五入个案权重(W)
截短单元格计数(L)
截短个案权重(H)
无调节(M)
继续
取消
帮助
数据视图
变量视图
PASW Statistics Processor 就绪

图10-2

（6）在“PASW Statistics查看器”窗口，可以选择所需的图表，按鼠标右键，选择复制后粘贴到word文档中的适当位置。同时还可以对表格进行适当编辑。

结果解释：

列联表分析结果主要有两个表：一个是交叉制表（即列联表，见表10-4），另一个是卡方检验表（见表10-5）。

**表10-4 星级*随行人数交叉制表**

| | | | V7（此行共几人） | | | | 合计 |
|---|---|---|---|---|---|---|---|
| | | | 1 | 2 | 3 | 4 | |
| 星级 | 1 | 计数 | 40 | 23 | 9 | 13 | 85 |
| | | 期望的计数 | 30.2 | 23.6 | 7.9 | 23.2 | 85.0 |
| | | 星级 中的 % | 47.1% | 27.1% | 10.6% | 15.3% | 100.0% |
| | | V7 中的 % | 26.3% | 19.3% | 22.5% | 10.1% | 19.9% |
| | | 总数的 % | 9.3% | 5.4% | 2.1% | 3.0% | 19.9% |
| | 2 | 计数 | 55 | 42 | 23 | 54 | 174 |
| | | 期望的计数 | 61.8 | 48.4 | 16.3 | 47.6 | 174.0 |
| | | 星级 中的 % | 31.6% | 24.1% | 13.2% | 31.0% | 100.0% |
| | | V7 中的 % | 36.2% | 35.3% | 57.5% | 46.2% | 40.7% |
| | | 总数的 % | 12.9% | 9.8% | 5.4% | 12.6% | 40.7% |
| | 3 | 计数 | 57 | 54 | 8 | 50 | 169 |
| | | 期望的计数 | 60.0 | 47.0 | 15.8 | 46.2 | 169.0 |
| | | 星级 中的 % | 33.7% | 32.0% | 4.7% | 29.6% | 100.0% |
| | | V7 中的 % | 37.5% | 45.4% | 20.0% | 42.7% | 39.5% |
| | | 总数的 % | 13.3% | 12.6% | 1.9% | 10.7% | 39.5% |
| 合计 | | 计数 | 152 | 119 | 40 | 117 | 428 |
| | | 期望的计数 | 152.0 | 119.0 | 40.0 | 117.0 | 428.0 |
| | | 星级 中的 % | 35.5% | 27.8% | 9.3% | 27.3% | 100.0% |
| | | V7 中的 % | 100.0% | 100.0% | 100.0% | 100.0% | 100.0% |
| | | 总数的 % | 35.5% | 27.8% | 9.3% | 27.3% | 100.0% |

注：星级1代表三星级，星级2代表四星级，星级3代表五星级；V7中，1代表1人，2代表2人，3代表3人，4代表4人及以上。

**表10-5 卡方检验表**

| | 值 | df | 渐进 Sig.（双侧） |
|---|---|---|---|
| Pearson 卡方 | 18.465[a] | 6 | .005 |
| 似然比 | 19.539 | 6 | .003 |
| 线性和线性组合 | 2.955 | 1 | .086 |
| 有效案例中的 *N* | 428 | | |

a. 0 单元格（.0%）的期望计数少于 5。最小期望计数为 7.94。

本例的列联表把随行人数作为列，把入住酒店的星级作为行。根据分析操作中的选择，列联表展示了计数（观察值）、期望值、行百分比、列百分比和总百分比。

此表可以解释为：在428份有效问卷中，顾客入住酒店的星级和随行人数的交叉表见表10−4。交叉位置的计数值表示的是不同随行人数在不同星级酒店的人数分布。具体解释可以沿着行或列的方向说明。按行解释主要利用行计数和行百分比这两个统计量。例如按照行变量来解释：从表10−4可以看出，住三星级酒店的客人以单人出行的为主（40，47.1%），其次是二人（23，27.1%），多于三人的群体排第三位（13，15.3%）。三人一起出行的排最后（9，10.6%）。

其他行（星级）的解释类似。列的解释同行的解释类似，只不过此时用的是列计数和列百分比。

在此要注意的是，百分比是在一个变量分类之间进行比较的，因此行百分比只能和同行的百分比进行比较，列百分比只能和同列的百分比进行比较。要想进行行列比较，则需通过总百分比进行。

卡方检验表的结果是用来判断两个变量是否具有相关性的。具体解释为：通过对428份有效案例的卡方检验，0个单元格的期望值小于5（见表10−5底部的说明），满足卡方检验要求。皮尔逊卡方值是18.645，自由度是6，显著性概率值是0.005，小于0.05。因此，在0.05的显著性水平上，拒绝原假设（即两个变量是独立的），从而得到两个变量是相关联的，即入住酒店的星级和随行人数具有显著相关性。具体来说，根据计数与期望值的对比关系发现，随行人数越多，越趋于住高星级酒店（随行人数多的计数值大于期望值，而随行人数少的计数值小于期望值）。

## 10.3.2　多选问题的列联表分析

与单选问题的分析方法不一样，多选问题的频数分析和列联表分析分为两个步骤：第一步是定义多重响应集；第二步是进行频数统计或列联表分析。下面分别对第一步和第二步的操作进行介绍。

### 10.3.2.1　定义多重响应集

在编辑变量窗口时，本书已介绍了如何对多选问题（不限选项或限选*n*项）编码和录入。在此要对多选问题进行频数分析或列联表分析。当数据录入后，可以进一步定义这两类多选变量，以便进行后续分析。

对于简单多选问题，采用多重二分法定义多重响应集。

例2：在北京旅游信息服务问卷中，有一个多选问题“您需要的旅游信息是从哪里得到的？（可多选）”，请对此问题定义。

在问卷中这个问题共包括9个选项，为了简单化，本例只选择其中的5个。

SPSS操作：

（1）打开附件3—北京旅游信息服务调查数据文件，选择“分析”→“多重响应”→“定义变量集”，进入“定义多重响应集”对话框。当时录入的变量“互联网”、“导游”、“朋友”、“当地居民”和“其他”就会出现在左边的设置定义对话框中。

（2）用鼠标选择如上几个变量，点击向右箭头按钮“”，把几个变量移到集合中的变量窗口中（见图10-3）。

（3）选择“二分法”，“计数”输入数字1（本例定义1为选择此选项）。名称定义为信息来源。在标签中输入后复制“您是通过什么渠道了解酒店信息的？”，点击“添加”，变量信息来源就会出现在定义多重响应集窗口中（见图10-4）。

（4）此时多重响应变量信息来源即定义完毕，以便用于后续列联表分析。

需要说明的是，这个多重响应变量只是临时存在，一旦关闭SPSS程序，变量会自动消失。下次再分析时需重新定义。

关于限选*n*项的多选问题的多重响应集的定义实例比较少，这里可以根据已有简单多选的例子进行介绍。

例3：在北京旅游信息服务问卷中，有一个多选问题“您需要的旅游信息是从哪里得到

图10-3

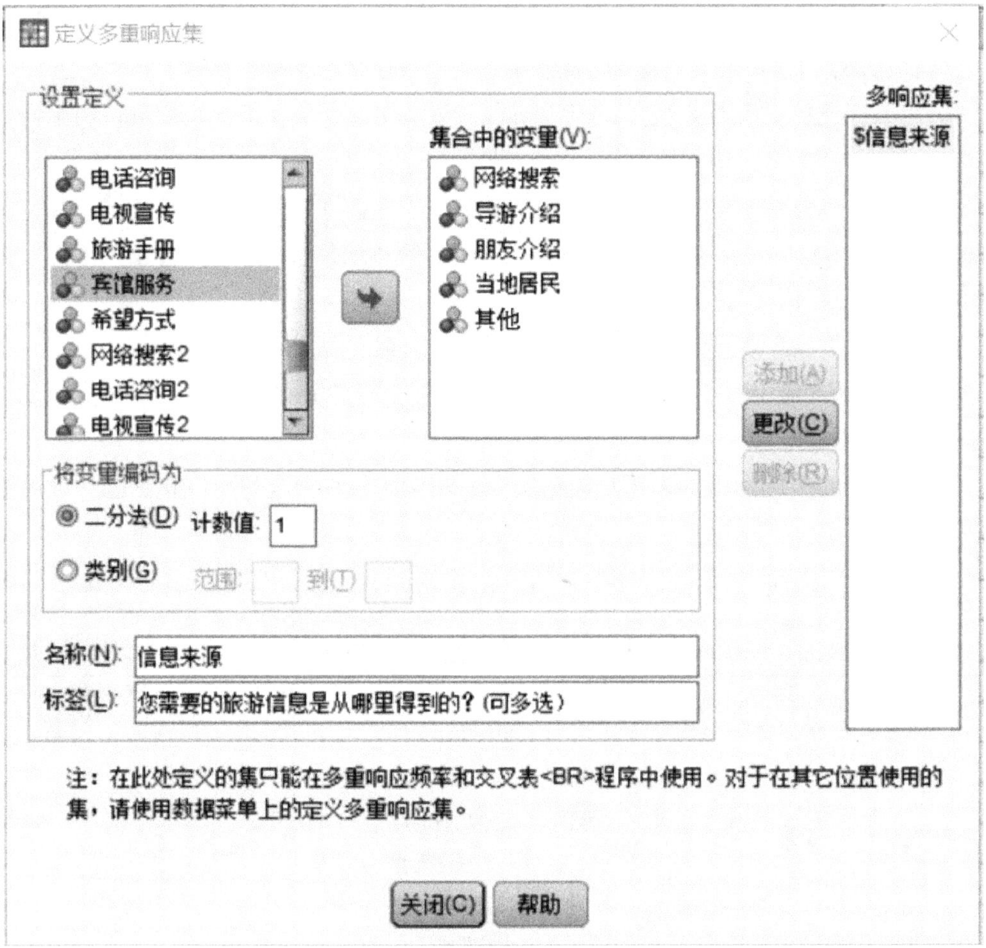


图10-4

的？（可多选）”。我们如果把“可多选”改为“限选3项”，如何在SPSS软件中定义这个问题的多重响应集？

SPSS操作：

在问卷中这个问题共包括9个选项，其编码分别为1～9。具体操作步骤如下：

（1）在附件3—北京旅游信息服务调查数据文件中选择“分析”→“多重响应”→“定义变量集”，进入“定义多重响应集”对话框。在“SPSS数据中变量视图”中定义的变量“渠道1”、“渠道2”和“渠道3”就会出现在左边的设置定义对话框中。

（2）用鼠标选择以上几个变量，点击向右箭头按钮“ ”，把几个变量移到集合中的变量窗口中（见图10-5）。

（3）选择“类别”“范围”，输入数字1和9（本例定义数字1至9分别为9个选项）。名称定义为渠道限选。在标签中输入后复制“您需要的旅游信息是从哪里得到的？（限选3项）”，点击“添加”，变量渠道限选就会出现在“定义多重响应集”窗口中（见图10-6）。

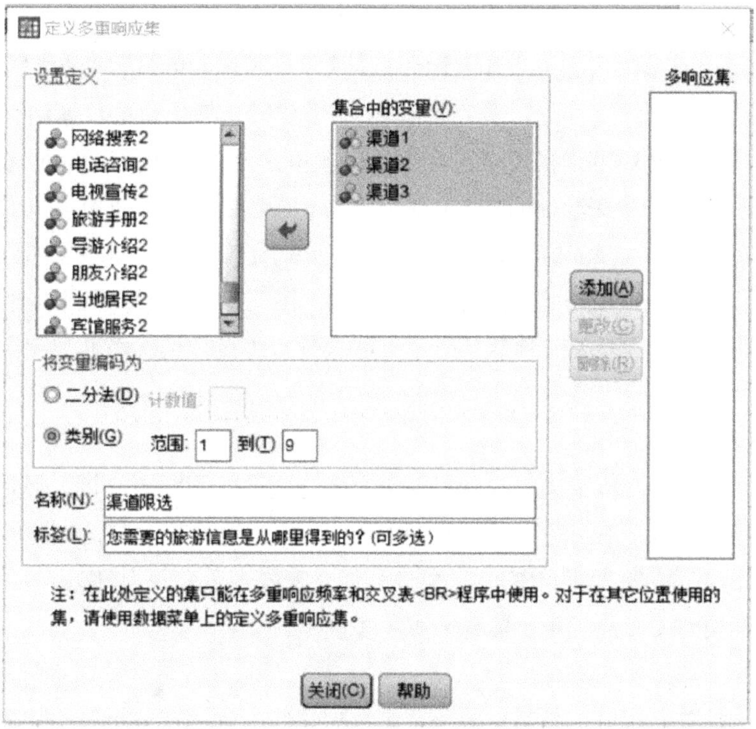
定义多重响应集
设置定义
集合中的变量(V):
多响应集:
网络搜索2
电话咨询2
电视宣传2
旅游手册2
导游介绍2
朋友介绍2
当地居民2
宾馆服务2
渠道1
渠道2
渠道3
添加(A)
更改(C)
删除(R)
将变量编码为
二分法(D) 计数值:
类别(G) 范围: 1 到(T) 9
名称(N): 渠道限选
标签(L): 您需要的旅游信息是从哪里得到的？(可多选)
注：在此处定义的集只能在多重响应频率和交叉表<BR>程序中使用。对于在其它位置使用的集，请使用数据菜单上的定义多重响应集。
关闭(C)
帮助

图10-5

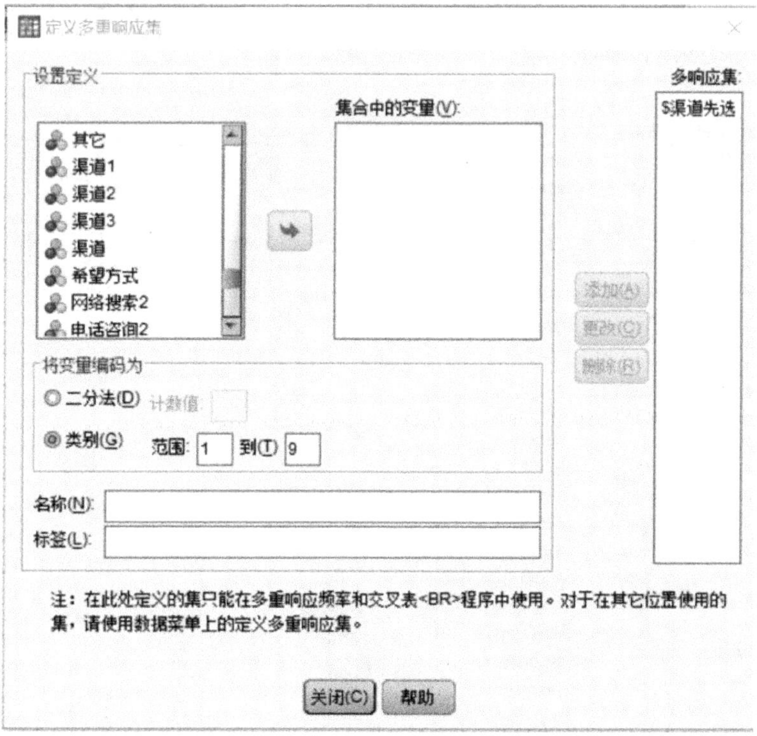
定义多重响应集
设置定义
集合中的变量(V):
多响应集:
$渠道先选
其它
渠道1
渠道2
渠道3
渠道
希望方式
网络搜索2
电话咨询2
添加(A)
更改(C)
删除(R)
将变量编码为
二分法(D) 计数值:
类别(G) 范围: 1 到(T) 9
名称(N):
标签(L):
注：在此处定义的集只能在多重响应频率和交叉表<BR>程序中使用。对于在其它位置使用的集，请使用数据菜单上的定义多重响应集。
关闭(C)
帮助

图10-6

（4）此时多重响应变量“渠道限选”即定义完毕，以便用于后续进行频率或列联表分析。

说明：在调研问卷中并没有本例这个问题，只是为了说明问题，在数据文件里增加了“信息渠道”，以及“渠道1”“渠道2”“渠道3”三个变量。其中“信息渠道”这个虚构变量指的是可以增加一个限选3项的问题，而信息获取渠道的选项和“您需要的旅游信息是从哪里得到的？（可多选）”这个多选问题的选项是一样的。在调研时一般进行多选调查，或者进行限选*n*项的调查（二选一），当选项很多时（比如多于5个选项），一般采取限选*n*项的做法。如果进行了限选*n*项的调研，每份就会有相关的选择结果，这样就可以得到渠道1、渠道2、渠道3的相应数据，即可以进行有关的频数分析或列联表分析（具体请参考北京旅游信息服务调查问卷和数据）。

#### 10.3.2.2 列联表分析

在给多选问题进行变量定义后，就可以进行多选问题的列联表分析。但是多选项的列联表分析只讨论变量的分布，不讨论变量间的相关性。本书只介绍简单多选问题的列联表分析。

例4：把旅游信息服务数据中的游客类型和信息来源进行列联表分析。

变量：游客类型（二分类）、信息来源（多选）。

操作步骤：

（1）打开附件3—北京旅游信息服务调查数据文件，选择“分析”→“多重响应”→“交叉表”，进入“多响应交叉表”对话框（见图10-7）。把变量“游客类型”移动到行窗口中，然后点击“定义范围”，在跳出的“最小值”对话框中输入数字1，“最大值”对话框中输入数字2（1代表随团，2代表散客），点击“继续”。

图10-7

（2）在“多响应集”窗口中选择“您是如何获得本地旅游信息的？（信息来源）”，点击按钮“”，把此变量移到列窗口中（见图10-8）。

（3）点击“选项”，在跳出的“多响应交叉表：选项”的单元格百分比中选择“行”、“列”及“总计”。在“百分比基于”窗口中点击“个案”或“响应”。在“缺失值”窗口选择在“二分集内按照列表顺序排除个案”，点击“继续”（见图10-9）。

（4）在“多响应交叉表”对话框中点击“确定”，便得到分析结果。

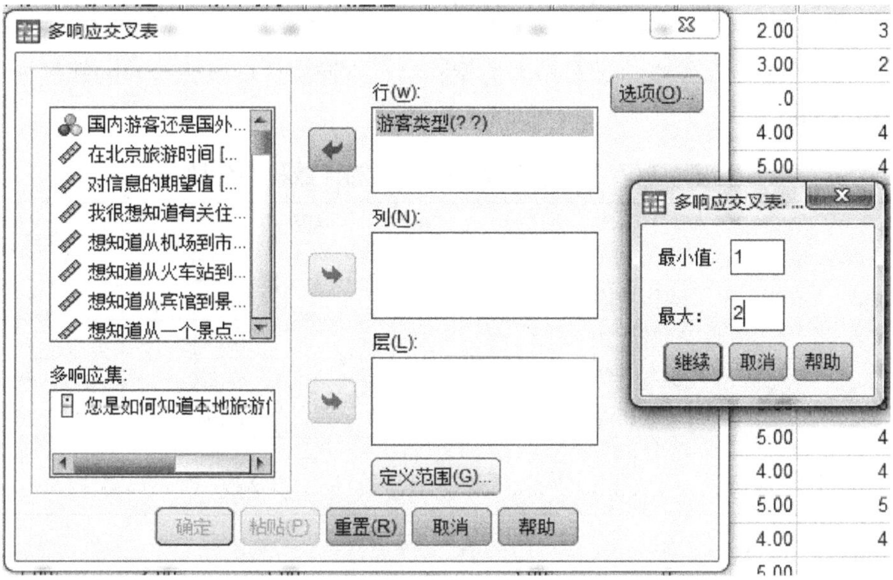


图10-8

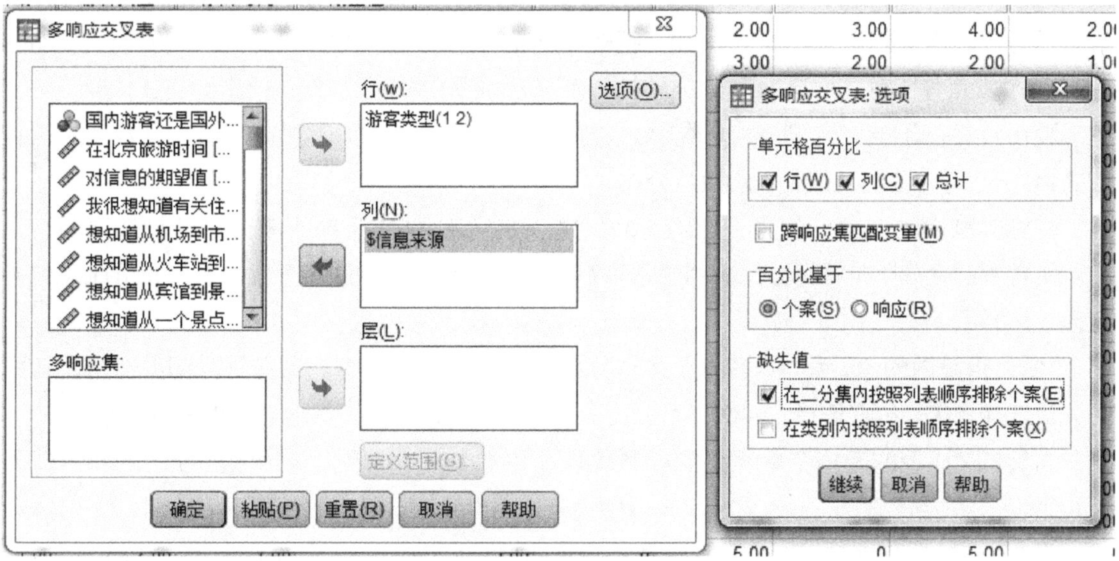


图10-9

说明：对于多选项和限选$n$项的多选题，如果想计算频率，可以在操作步骤（1）点击“频率”来计算多选题的频率。

结果及解释：

**表10-6　游客类型和信息来源的个案摘要**

| | 个案 | | | | | |
|---|---|---|---|---|---|---|
| | 有效的 | | 缺失 | | 总计 | |
| | $N$ | 百分比 | $N$ | 百分比 | $N$ | 百分比 |
| 游客类型*$信息来源 | 133 | 79.2% | 35 | 20.8% | 168 | 100.0% |

表10-6说明在数据文件中，针对游客类型和信息来源两个变量，有效的答复为133份，含缺失值的为35份问卷。

**表10-7　信息来源中各选项的计数和百分比**

| | | 响应 | | 个案百分比 |
|---|---|---|---|---|
| | | $N$ | 百分比 | |
| $信息来源a | 网络搜索 | 65 | 30.2% | 47.1% |
| | 导游介绍 | 31 | 14.5% | 22.5% |
| | 朋友介绍 | 80 | 37.2% | 58.0% |
| | 当地居民 | 28 | 13.0% | 20.3% |
| | 其他 | 11 | 5.1% | 8.0% |
| 总计 | | 215 | 100.0% | 155.9% |

a. 值为1时制表的二分组。

表10-7说明在数据文件中，针对信息来源这个多选变量中不同选项的选择计数（响应的第一列$N$）和答案总计数（215）、响应百分比（基于选择的数量，分母为215）和个案百分比（基于有效问卷数，分母为133）。如果把5种选项改为产品，则响应百分比可以解释为产品占有率，个案百分比可以解释为顾客占有率。

表10-8是基于响应者（个案总数133）的统计量。在其中的游客类型区域，计数表示在有效的133份问卷中各交叉位制表的数值分布。

游客类型内的 %表示的是在随团（33人）或散客（100人）两类中分别计算选项的百分比。所看到的百分比是行百分比。由于选项是多选，计数会多于回答个案数，行百分比总和可能大于100%。

$信息来源内的%表示的是在每个多选分类中分别计算百分比。如在互联网渠道里，随团的人员选择18次，散客选择了44次，百分比分别为29.0%和71.0%。其他选项的解释类似。

总计的%代表的是每个单元格的计数除以个案总数（133），总计的百分比之和可能大于100%。

表10-8最后一列的总计表示的是不同类型游客的人数及其占总个案的百分比，即24.8%≈33/133，75.2%≈100/133。

表10-8 基于个案的游客类型*$信息来源 交叉制表

| | | | $信息来源a | | | | | |
|---|---|---|---|---|---|---|---|---|
| | | | 互联网 | 导游 | 朋友 | 当地居民 | 其他 | 总计 |
| 游客类型 | 随团 | 计数 | 18 | 17 | 12 | 1 | 0 | 33 |
| | | 游客类型内的% | 54.5% | 51.5% | 36.4% | 3.0% | .0% | |
| | | $信息来源内的% | 29.0% | 56.7% | 15.6% | 4.0% | .0% | |
| | | 总计的% | 13.5% | 12.8% | 9.0% | .8% | .0% | 24.8% |
| | 散客 | 计数 | 44 | 13 | 65 | 24 | 10 | 100 |
| | | 游客类型内的% | 44.0% | 13.0% | 65.0% | 24.0% | 10.0% | |
| | | $信息来源内的% | 71.0% | 43.3% | 84.4% | 96.0% | 100.0% | |
| | | 总计的% | 33.1% | 9.8% | 48.9% | 18.0% | 7.5% | 75.2% |
| 总计 | | 计数 | 62 | 30 | 77 | 25 | 10 | 133 |
| | | 总计的% | 46.6% | 22.6% | 57.9% | 18.8% | 7.5% | 100.0% |

百分比和总计以响应者（有效问卷数）为基础。
a. 值为1时制表的二分组。

在表10-9最下面的总计行内，计数和总计的%都是对上面对应的计数和$信息来源内的%总和。

表10-9 基于答案的游客类型*$信息来源 交叉制表

| | | | $信息来源a | | | | | |
|---|---|---|---|---|---|---|---|---|
| | | | 互联网 | 导游 | 朋友 | 当地居民 | 其他 | 总计 |
| 游客类型 | 随团 | 计数 | 18 | 17 | 12 | 1 | 0 | 48 |
| | | 游客类型内的% | 37.5% | 35.4% | 25.0% | 2.1% | .0% | |
| | | $信息来源内的% | 29.0% | 56.7% | 15.6% | 4.0% | .0% | |
| | | 总计的% | 8.8% | 8.3% | 5.9% | .5% | .0% | 23.5% |
| | 散客 | 计数 | 44 | 13 | 65 | 24 | 10 | 156 |
| | | 游客类型内的% | 28.2% | 8.3% | 41.7% | 15.4% | 6.4% | |
| | | $信息来源内的% | 71.0% | 43.3% | 84.4% | 96.0% | 100.0% | |
| | | 总计的% | 21.6% | 6.4% | 31.9% | 10.8% | 4.9% | 76.5% |
| 总计 | | 计数 | 62 | 30 | 77 | 25 | 10 | 204 |
| | | 总计的% | 30.4% | 14.7% | 37.7% | 12.3% | 4.9% | 100.0% |

百分比和总计以响应者为基础。
a. 值为1时制表的二分组。

表10-9的解释和表10-8的解释类似，这里不再赘述。

## 10.4 本章小结

本章介绍了列联表的概念和分析方法。列联表的主要作用是展示两个或多个不同分类变量的交叉分布，并讨论两个分类变量的关联性或独立性。在列联表中，三个百分比的意义可以解释每个交叉位置的数值在不同的类中的百分比（行、列）、占总百分比。在二维列联表中，还可以通过皮尔逊卡方分析两个变量的关联性。如果两个变量是相关的，那么可以根据期望计数和计数的差异进行关联趋势分析。在多选问题（多选或限选几项）分析时，SPSS需要重新定义操作才可以进行频率和列联表分析。对于多选项分类变量，需要分析响应百分比和个案百分比的含义，从而获取更丰富的信息。同时还可以继续分析多选问题多分类变量与其他分类变量的列联表分布。

## 10.5 练习题

### 一、选择题（单选）

1. 构成列联表的变量是 （　）
   A. 分类变量　B. 连续变量　C. 任意变量　D. 都不对
2. 列联表中的期望计数是两个变量满足下面什么条件时计算的? （　）
   A. 两个变量独立　B. 两个变量不独立　C. 没要求　D. 都不对
3. 多分类的频率分析的结果中，响应百分比反应的是 （　）
   A. 产品占有率　B. 市场占有率　C. 总百分比　D. 列百分比
4. 多分类的频率分析的结果中，个案百分比反应的是 （　）
   A. 产品占有率　B. 市场占有率　C. 总百分比　D. 列百分比
5. 判断两个分类变量是否显著相关的统计量是 （　）
   A. 斯皮尔曼秩相关　B. 皮尔逊相关系数　C. 卡方　D. 都可以

### 二、判断题

1. 列联表只能由分类变量构成。 （　）
2. 列联表中的响应百分比反应的是市场占有率。 （　）
3. 列联表中的个案百分比反应的是产品占有率。 （　）
4. 皮尔逊卡方检验可以判断两个分类变量是否显著相关。 （　）

### 三、操作题

把自己实际调研的问卷中的数据或由其他渠道获取的数据进行列联表分析。

要求：1. 分析问题；2. 结果（图、表）；3. 结果解释。

# 第11章

# 相关分析

相关分析研究的是两个连续变量线性关系的强度和方向。根据变量的类型不同，刻画两个变量相关程度的统计量也不同。本章主要介绍连续变量相关性的皮尔逊相关系数。连续变量一般指定距或定比数据，在SPSS软件中称为度量数据。皮尔逊相关系数（一般用 $r$ 表示）描述的是两个变量的线性相关程度（包括强度和方向），这个程度的取值范围是-1～+1。负号表示的是负相关（一个变量增大，另一个变量减少），正号表示的是正相关（一个变量增大，另一个变量也增大）。科恩（Cohen，1988）给出了 $r$ 的估计值为±0.1、±0.3和±0.5，分别对应弱、中和强三种相关强度的临界值。表11-1是 $r$ 值的范围和意义。

对于连续变量，SPSS可以计算两类相关系数。一类是两个变量间的简单线性相关系数；另一类是在控制第三个变量对所研究的两个变量相关程度影响的情况下，计算两个变量的相关系数（也叫偏相关系数）。两个变量之间的关系可能具有因果关系（一个变量变化决定另一个变量的变化），也可能没有明显的因果关系。本章只研究两个变量的相关程度，不考虑其因果关系。

表11-1　皮尔逊相关系数值的含义

| 皮尔逊相关系数值 $r$ | 相关程度 | 散点图 |
|---|---|---|
| $r=0$ | 无关 | 无线性趋势 |
| $r=0.10$至0.29 或 $r=-0.10$ 至 $-0.29$ | 弱相关 | 弱线性趋势 |
| $r=0.30$至0.49 或 $r=-0.30$ 至 $-0.49$ | 中度相关 | 较强线性趋势 |
| $r=0.50$至1.0 或 $r=-0.50$ 至 $-1.0$ | 强相关 | 明显线性趋势 |
| $r=\pm1$ | 完全相关 | 直线 |

## 11.1　简单线性相关

根据前面的介绍，零阶相关研究两个变量的相关程度时，不控制其他因素的影响。

### 11.1.1　简单线性相关的前提条件

1. 观测是独立的

该假定意味着每个被试独立回答问卷问题或被分开独立进行测试（如果两个被试一起回答问卷问题，并商量给分的话就不是独立的）。

2. 二元正态分布

该假定意味着每个变量的总体都应该服从正态分布，另外对于一个变量的每个值，另一个变量总体也应该服从正态分布。当样本量较大时，绝大部分的非正态分布对相关系数的精确性影响不大。

### 11.1.2 变量要求

1. 两个连续变量

2. 两个变量呈线性关系

第一个条件要求两个变量取值都是定距或定比类型数据。第二个条件要求在做相关分析前通过建立散点图检验两个变量是否呈线性趋势，同时可以检查异常值（异常值对相关分析的结果影响很大）。如果是曲线的趋势，则不适合做相关分析。

### 11.1.3 相关分析的假设

原假设$H_0$：两个变量总体上线性无关（$r=0$）；

备择假设$H_1$：两个变量总体上线性相关（$r\neq0$）。

SPSS 针对原假设进行检验，通过拒绝原假设来接受备择假设。因此一般假设的表达只是写出备择假设，而原假设是软件默认的假设。皮尔逊相关系数 $r$ 对两个变量的相关性进行检验。如果检验产生的结果证明原假设正确的可能性很小（相伴概率小于或等于 0.05），那么就拒绝原假设；如果结果证明原假设正确的可能性很大（相伴概率大于 0.05），那么不能拒绝原假设。

### 11.1.4 简单相关分析的实例

例1：用SPSS分析附件2—酒店员工调研数据中变量员工年龄和变量员工月收入的相关性。

1. 分析步骤及结果

首先建立散点图检验两个变量是否具有线性特征。步骤如下：

（1）打开附件2—酒店员工调研数据文件，选择“图形”→“旧对话框”→“散点/点状”（见图11-1），出现“散点图／点图”对话框，点击“定义”（见图11-2），出现“简单散点图”对话框（见图11-3）。

（2）把变量“年龄”移到“X轴”，把变量“月收入”移到“Y轴”，点击“确定”，即出现散点图（见图11-4）。其中的直线是通过其他操作得到的，这里不赘述。

从图11—4中可以看出，两个变量具有一定的线性关系。虽然年龄较大区域有异常值，但是其对称性不会影响线性趋势。因此在此不对异常值进行处理（实际上异常值应该在数据整理阶段进行处理），而继续进行相关分析如下：

（1）从菜单栏中选择“分析”→“相关”→“双变量”（见图11-5），打开“双变量相关”对话框，变量“年龄”和“月收入”出现在对话框的左边。

图11-1

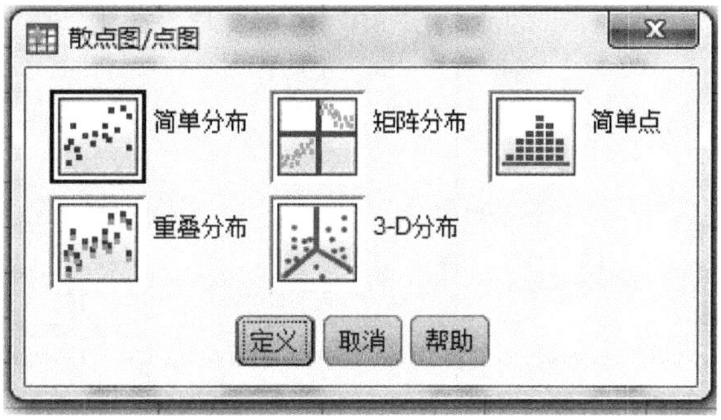


图11-2

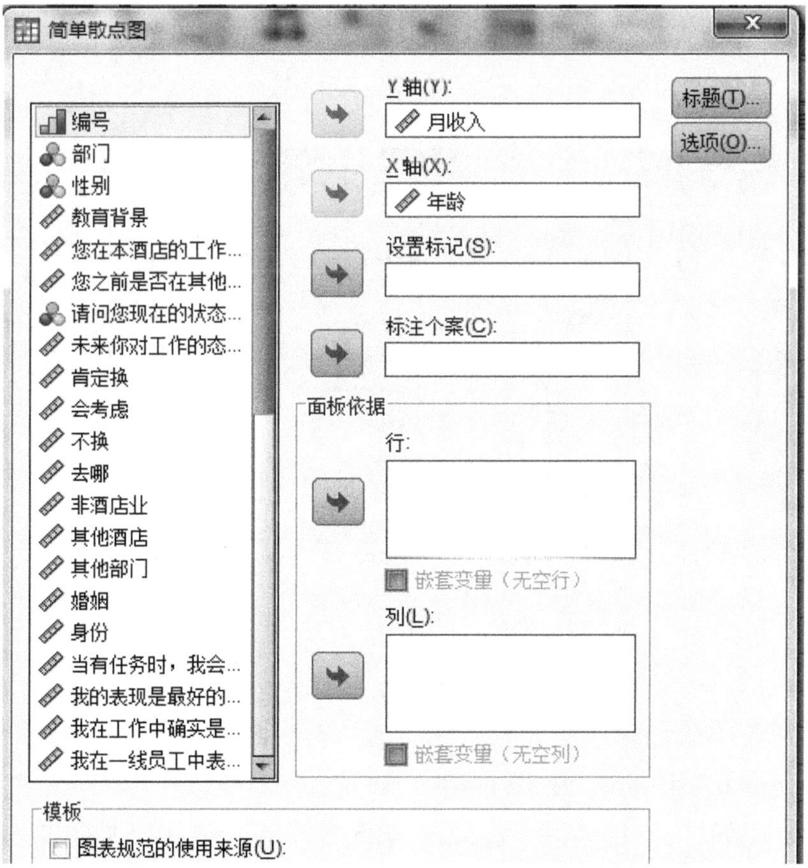


图11-3

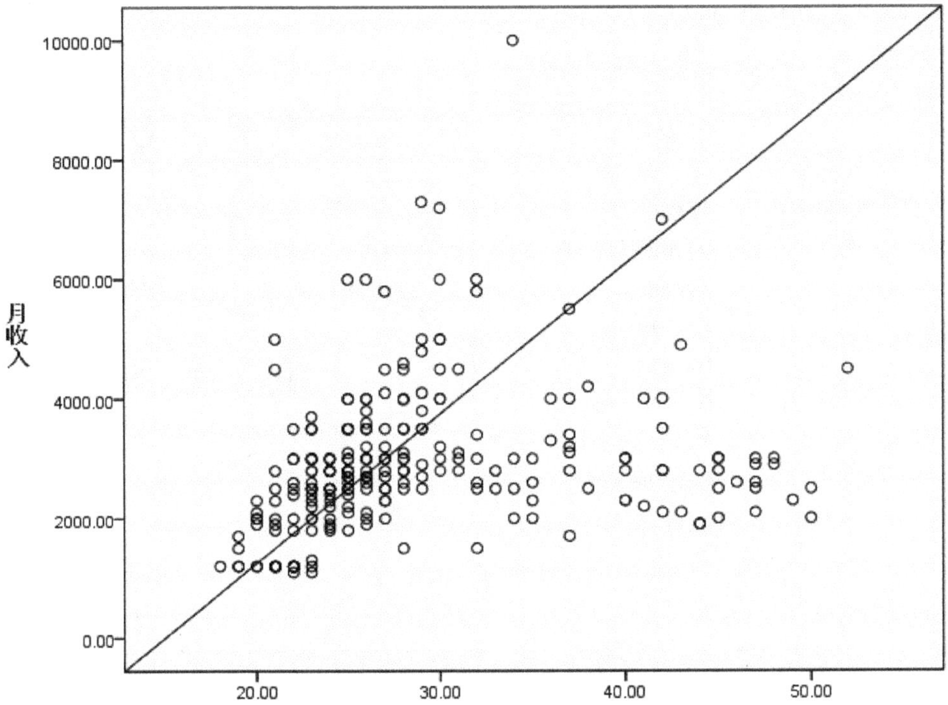


图11-4

图11-5

（2）选择变量“年龄”和“月收入”，点击向右箭头按钮“➡”，把两个变量移到“变量”框中。此时对话框中的相关系数选项默认的是“Person”，显著性检验默认的是“双侧检验”，及“标记显著性相关”（见图11-6）。

（3）点击“确定”，分析结果会出现在“SPSS的输出”窗口中。此时可以复制结果并粘贴到word文档里（见图11-7）。

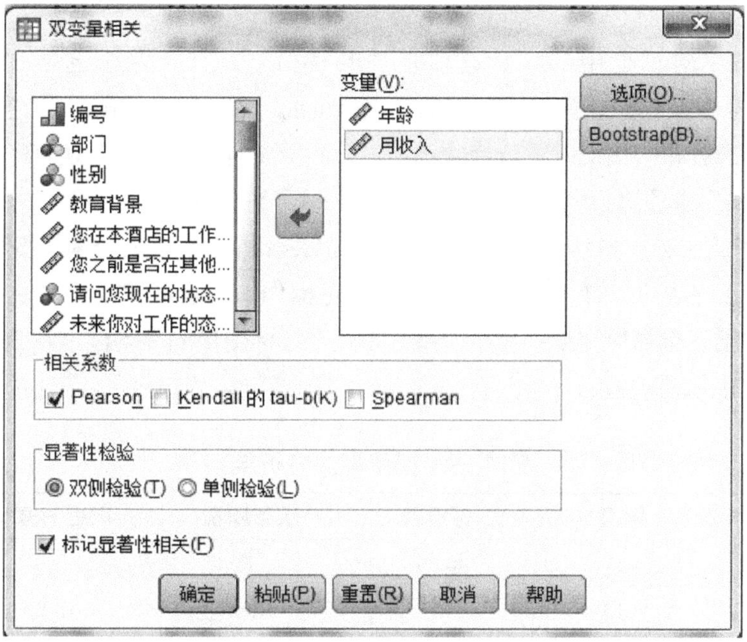


图11-6

**相关性**

| | | 年龄 | 月收入 |
|---|---|---|---|
| 年龄 | Pearson 相关性 | 1 | .226** |
| | 显著性（双侧） | | .000 |
| | N | 252 | 252 |
| 月收入 | Pearson 相关性 | .226** | 1 |
| | 显著性（双侧） | .000 | |
| | N | 252 | 252 |

"**." 表示在.01水平（双侧）上显著相关。

图11-7

2. 结果解释

检查相关结果的表格中的相伴概率 $p$ 值：如果 $p \leqslant 0.05$，拒绝原假设，同时写出表示两个变量间有显著关系的结果（方向和强度）；如果 $p > 0.05$，不拒绝原假设，同时写出表示两个变量间没有显著关系的结果。

SPSS 在相关结果的表格中显示了样本量（$N$），自由度公式是：$df=（N-2）$。在写分析结果时，要报告假设检验的结论（是否显著相关），$r$ 值、自由度（$df$）和 $p$ 值。上例中的结果可以记录如下：

相关性分析结果显示变量年龄和变量月收入之间存在显著的弱正线性关系，其中 $r（252）=0.226$，$df=250$，$p$ 值为 0.000，说明两个变量在 0.01 水平上显著相关（见图 11-7）。

3. 特殊说明

“相关系数”对话框中的默认选项是“Person”，其余两个选项“Spearman”和“Kendall’s”为非参数检验，是针对不同的变量状况的。其中“Spearman”选项主要是针对两个变量不满足正态分布的情况时，选择此选项；而两个变量至少有一个是有序分类变量时，可以选择“Kendall’s”选项进行分析。

表11-2是酒店服务质量调研中三个因子间的相关分析结果。三个因子变量分别是服务质量、顾客满意、顾客忠诚。其中服务质量包括服务操作、酒店环境及价格三个方面的14个变量，顾客忠诚包括三个指标变量。每个变量都是几个指标变量的平均值。几个变量相关的分析结果可以通过表11-2呈现。

**表11-2　因子相关分析结果**

| 变量 | 均值 | 标准差 | 服务质量 | 顾客满意 | 顾客忠诚 |
|---|---|---|---|---|---|
| 服务质量 | 4.17 | 0.63 | 1 | | |
| 顾客满意 | 4.13 | 0.75 | .81★★ | 1 | |
| 顾客忠诚 | 3.96 | 0.76 | .77★★ | .83★★ | 1 |

“★★”表示因子在0.01（双尾）显著性水平上显著相关。

## 11.2　偏相关

简单相关分析在研究两个变量之间相互影响关系的时候，没有充分考虑其他变量对两者的影响，因此两者彼此间真正的影响效果没有体现出来，这就有可能导致对现象的解释出现偏差。为了解释二者间的真正关系，需要考虑其他变量对二者关系的影响。SPSS通过偏相关分析的方法来达到这一目的。偏相关分析是在两个变量相关的基础上考虑了其他因素的作用，或者说在排除了其他因素的作用以后，计算这两个因素间的相关程度。这种方法的目的就在于消除其他变量的传递效应。

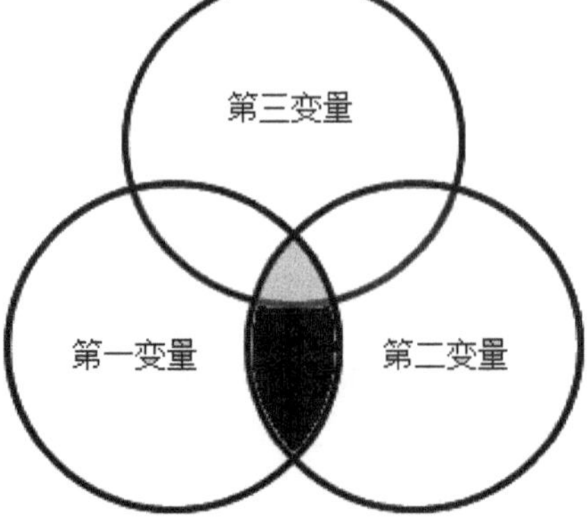


图11-8

### 11.2.1 偏相关系数计算公式

偏相关的含义可以通过韦恩图来表示（见图11-8）。图中的黑+灰色区域为第一、第二变量的简单相关系数，黑色区域是剔除第三变量对两个变量的共同影响（灰色区域）后的相关系数。偏相关系数在计算时可以首先分别计算三个因素两两之间的相关系数，然后通过这三个简单相关系数来计算偏相关系数，公式如下：

$$r_{12(3)}=\frac{r_{12}-r_{13}r_{23}}{\sqrt{1-r_{13}^2}\sqrt{1-r_{23}^2}}$$

### 11.2.2 特殊说明

1. 偏相关分析的前提条件与简单相关分析的条件一样。

2. 偏相关分析的变量主要是针对三个连续型变量的影响来研究的。

3. 偏相关系数考虑了第三变量对原来两个变量相关系数的影响，但是并没有剔除其他因素对两个变量相关系数的影响。我们一般假设其他变量对所研究的两个变量的影响较小，因此不考虑剔除其他变量的影响。

4. 从回归的角度来解释，偏相关系数就是首先以希望分析的两个变量为因变量，被控制的变量为自变量，分别拟合两个回归方程，然后将所得的两组回归方程的残差进行简单相关分析，结果和利用上述公式计算的结果一样。

### 11.2.3 偏相关分析的实例

例2：在酒店员工调研问卷中，分析在控制变量工作年限的情况下变量员工年龄和变量员工月收入的相关性。

1. 分析步骤及结果

（1）打开附件2—酒店员工调研数据文件，从菜单栏中选择“分析”→“相关”→“偏相关”（见图11-9）。打开“偏相关”对话框，变量“年龄”、“月收入”和“工作年限”出现在对话框的左边 。

（2）选择变量“年龄”和“月收入”，点击向右箭头按钮“➡”，把两个变量移到“变量”框中（见图11-10），同时把变量“工作年限”移到控制窗口中。

（3）点击“确定”，偏相关分析结果就会出现在“SPSS结果输出”窗口中。此时可以复制结果并粘贴到word文档里（见图11-11）。

2. 结果解释

偏相关性分析结果显示，在控制变量工作年限对两个变量的影响下，变量年龄和变量月收入之间不存在显著的线性关系，其中$r$（252）＝-0.122，$df=249$，$p>0.05$（0.053）（见图11-11）。这一结果说明如果去除变量工作年限的影响，变量年龄和变量月收入之间不存在显著的相关性。

3. 特殊说明

（1）SPSS偏相关分析的控制变量可以不止一个。实际生活中一个变量的变化一般都会受到多个因素（或变量）的影响，因此在讨论两个变量的偏相关时，控制变量可以考虑多个。

图11-9

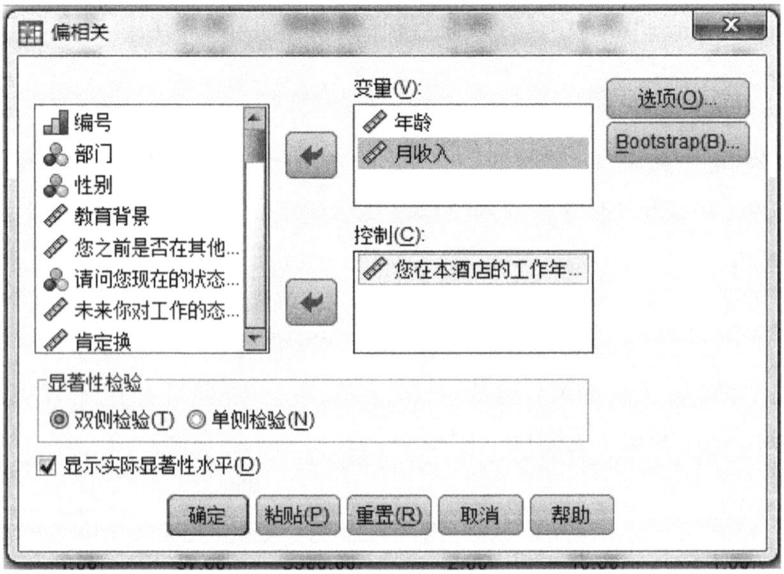


图11-10

（2）从偏相关分析的结果可以看出，简单相关系数有时反映的不是两个变量真实的相关性。二者的相关性是受到其他变量影响的结果，因此，不能根据简单相关系数来做出二者具有因果关系的结论。

相关性

| 控制变量 | | | 年龄 | 月收入 |
|---|---|---|---|---|
| 您在本酒店的工作年限 | 年龄 | 相关性 | 1.000 | -.122 |
| | | 显著性（双侧） | . | .053 |
| | | df | 0 | 249 |
| | 月收入 | 相关性 | -.122 | 1.000 |
| | | 显著性（双侧） | .053 | . |
| | | df | 249 | 0 |

图11－11

## 11.3 本章小结

本章介绍的是两个连续变量相关性分析，其中涉及连续变量间的相关性分析方法。从相关的特性上介绍了简单相关性和偏相关性的概念和分析方法。在进行相关性分析时，一定要注意对前提条件的验证以及与其对应的分析方法的选择。同时也应当注意简单相关和偏相关分析的实际意义和结果的含义。这样才能正确使用相关性分析这一统计分析技巧。

## 11.4 练习题

### 一、选择题（可多选）

1. 相关分析要求 （　　）
   A. 两个连续变量　B. 呈线性关系　C. 独立观测　D. 正态分布
2. 相关分析反应的是两个连续变量相关的 （　　）
   A. 强度大小　B. 强度方向　C. 强度范围　D. 分布
3. 当相关系数在 $r$ 等于0.30至0.49时，表示两个变量 （　　）
   A. 强相关　B. 弱相关　C. 中度相关　D. 一般相关
4. 异常值对相关分析的影响是 （　　）
   A. 很大　B. 无影响　C. 不大　D. 可以忽略
5. 偏相关与一般相关的区别是 （　　）
   A. 无区别　B. 前者剔除第三变量的影响
   C. 基本一致　D. 后者剔除第三变量的影响

### 二、实践题

结合自己的调研数据或其他数据，用SPSS软件分析问卷中连续变量间的相关性（简单相关、偏相关）。

# 第12章

# 均值比较分析

在调查问卷中，一般会有分类变量（名义数据）以及连续变量（定距、定比数据）。那么一个分类变量和一个连续变量的组合能为研究人员提供什么信息呢？两个连续变量又能提供什么信息？更复杂的情况是多个分类变量和一个连续变量组合、多个连续变量组合又能够提供什么信息？这些都是数据分析要考虑的问题。这些问题的答案会超出原有的单一问题所给出的信息量。

本章的主要内容是比较不同群体的某些特征差异性或同一个群体的某些特征在不同条件下的差异性，所比较的特征参数就是均值。均值比较是对研究对象的总体均值大小的一种推断。它是以一个样本的均值为依据，以 $t$ 分布知识为基础，通过假设检验的逻辑来进行分析的。

SPSS软件在相关理论的基础上对不同情况的均值进行比较分析，并给出相应的结果。这些均值比较的情况可以用不同的均值比较术语来描述，具体包括：$t$ 检验、单因素方差分析、双因素方差分析等。本章将结合具体实例介绍几种常用的均值比较方法。在介绍各种方法之前，先把均值比较通用的前提条件、效应量及APA格式等相关概念进行简单介绍。

1. 前提条件

均值比较通用的前提条件包括：

（1）变量特征（必须是连续变量，即定比或定距数据）；

（2）样本特征（随机样本）；

（3）个案独立（回答问卷或测量时被试彼此不互相影响）；

（4）正态分布（观察变量数值符合正态分布）；

（5）方差齐性（不同总体变量的方差无显著差异）。

以上这些条件都可以在SPSS软件中进行检验，在下面应用时会进行详细说明，因此这里不做过多叙述。

2. 效应量

尽管假设检验是对总体进行推断的一个强大工具，但是假设检验未能说明这些组间差异的程度（即假设检验表明这些组有差异，但是没有标明差异的小、中或大）。不过可以计算效应量来描述这些组间的差异程度。效应量的作用是表明研究的结果中差异的大小程度。

3. APA格式

APA指美国心理学会，此协会是美国具有权威性的心理学学者组织。APA格式，即《美国心理协会刊物准则》，起源于1929年，是一个被广泛接受的研究论文撰写格式，特别针对社会科学领域的研究，规范学术文献的引用和参考文献的撰写方法，以及表格、图表、脚注和附录的编排方式等。

## 12.1 单样本 $t$ 检验

当把一个样本均值和它所在的总体均值（已知或估计值）进行比较时，我们可以使用单样本 $t$ 检验。单样本 $t$ 检验研究的是：感兴趣的某个变量（连续变量）的样本均值是否显著不同于其所在的总体均值。

单样本 $t$ 检验的前提条件有两个：

1. 观测独立；

2. 总体服从正态分布。

研究问题：政府或行业部门会对行业员工平均工资进行结果统计，并发表收入排名。有一些研究人员也会对某行业员工的平均工资进行调研。为了检验所发表的行业员工收入结果是否属实，研究人员可以通过独立样本 $t$ 检验来进行核实。

例1：假设某行业联盟发布北京市高星级酒店员工的平均月收入是3000元，通过调研数据检验北京高星级酒店业的一线员工月均收入是否是3000元。

分析：这个问题是为了检验一个变量的均值与指定的数值是否显著不同。因此可以采用单样本 $t$ 检验进行。此检验的假设是：

$H_0$：北京高星级酒店员工的月平均收入是3000元；

$H_1$：北京高星级酒店员工的月平均收入不是3000元。

按照此问题要求，检验的是样本均值与总体均值的差异性，SPSS软件的默认假设是零假设。因此一般情况下假设只是写出备择假设，即简化后的假设是：

北京高星级酒店员工的月平均收入不是3000元。

分析步骤：

1. 打开附件2—酒店员工调研数据文件，从菜单栏中选择“分析”→“比较均值”→“单样本 $t$ 检验”（见图12-1）。

2. 打开“单样本 $t$ 检验”对话框，变量“月收入”出现在对话框的左边，选择因变量“月收入”，点击向右箭头按钮“”，把变量移到“检验变量”对话框中（见图12-2）。

3. 在“检验值”框中输入3000，这是原假设中的指定值（详见图12-2。注意：在检验值框中默认值为0，要确保在检验值框中输入原假设中的指定值，本例中为3000）。

4. 点击“确定”，即得出分析的结果（见图12-3，图12-4）

APA格式的结果解释：

在用APA格式表达分析结果时，除了报告样本均值和样本标准差，还要报告假设检验的结论、自由度、$t$ 值、$p$ 值和效应量。效应量的意义是与标准均值相差的标准差倍数。雅各

图12-1

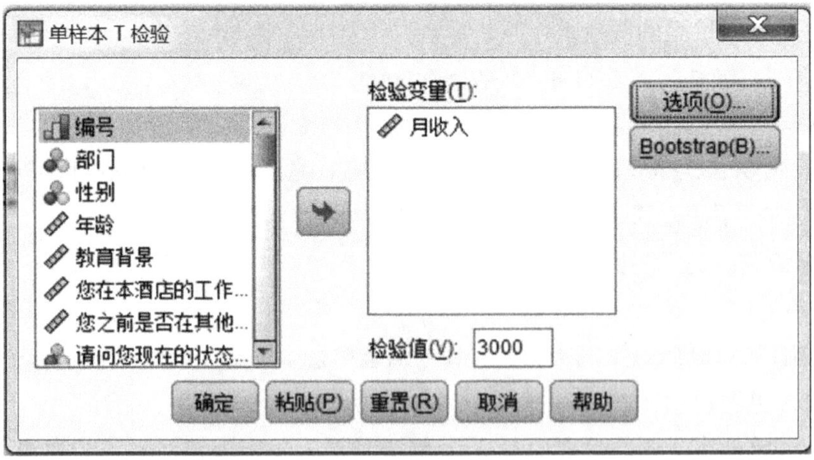


图12-2

SPSS 结果展示：

单个样本统计量

| | N | 均值 | 标准差 | 均值的标准误 |
|---|---|---|---|---|
| 月收入 | 252 | 2877.5198 | 1198.74166 | 75.51363 |

图12-3

单个样本检验

| | 检验值 = 3000 | | | | | |
|---|---|---|---|---|---|---|
| | | | | | 差分的 95% 置信区间 | |
| | t | df | Sig.(双侧) | 均值差值 | 下限 | 上限 |
| 月收入 | -1.622 | 251 | .106 | -122.48016 | -271.2012 | 26.2409 |

图12-4

布·科恩（Jacob Cohen）是分析效应量度量的一位先驱，他提供了在实践中规定构成小、中和大的效应量准则。科恩准则规定的单样本 $t$ 检验的小、中和大的效应量分别对应着0.20、0.50和0.80。这些值表明可以用标准差表示样本均值和总体均值的差异有多大。0.20表示组别之间差异有1/5的标准差，0.50表示群组间差异有一半的标准差，0.80表示群组间差异有8/10的标准差。单样本 $t$ 检验的常用效应量统计量是科恩的 $d$ 统计量（Cohen's d），其计算公式是：

$d$ =（样本均值–总体均值之差）/标准差，

本例的功效值=122/1198.7≈0.10。

具体解释如下：

单样本 $t$ 检验分析结果显示，北京高星级酒店员工的月平均收入（M=2878，SD=1199）与3000元的工资水平无显著差异，$t$（251）=–1.62，$p>0.05$（样本均值与3000元的差异是由抽样造成的误差）。利用科恩准则，本例的功效值（$d$ 值）0.10对应的效应量较小，表明样本的北京高星级酒店员工的月平均收入与所指定的北京高星级酒店员工的月平均收入的差异基本上是0.10倍标准差。由于差异不显著，这个差异可以看作是抽样误差，而非实际差异。

练习1：到某酒店中介网站查找某酒店（或餐饮企业）的顾客消费评价100份。网评一般以5分制评价，假设4分为合格的服务。把数据输入到SPSS统计软件，然后利用单样本 $t$ 检验判断此企业的服务是否与4分有显著差异。要求包括如下信息及格式：

研究问题、假设、分析、结果展示、APA格式的结果解释。

## 12.2 独立样本 $t$ 检验

在研究中，除了研究一个总体的某个特征参数（员工年龄的均值、标准差等），有时需要研究其中不同群体（例如不同性别）某个特征的差异问题（如平均年龄的差异）。当对不同总体的同一个特征（连续变量）均值进行比较时，可以进行独立样本 $t$ 检验。独立样本 $t$ 检验的前提条件是：（1）观察值独立；（2）每组连续变量成正态分布；（3）两组变量的方差相等。下面介绍一个独立样本 $t$ 检验的例子。

研究问题：在酒店员工调研问卷的基本信息中，含有员工个人信息部分（包括员工性别、年龄等）。其中研究人员感兴趣的一个问题是“酒店业男女员工的平均年龄是否有差异？”，这个问题涉及酒店业员工的两个独立群体，即男员工和女员工（分类变量），以及他们的年龄（连续变量）差异（两个变量如图12-5所示）。

| | 名称 | 类型 | 宽度 | 小数 | 标签 | 值 | 缺失 | 列 | 对齐 | 度量标准 | 角色 |
|---|---|---|---|---|---|---|---|---|---|---|---|
| 1 | 编号 | 数值(N) | 8 | 2 | | 无 | 无 | 8 | 右 | 序号(O) | 输入 |
| 2 | 部门 | 数值(N) | 8 | 2 | | {1.00, 前... | 无 | 8 | 右 | 名义(N) | 输入 |
| 3 | 性别 | 数值(N) | 8 | 2 | | {1.00, 男}... | 无 | 8 | 右 | 名义(N) | 输入 |
| 4 | 年龄 | 数值(N) | 8 | 2 | | 无 | 无 | 8 | 右 | 度量(S) | 输入 |
| 5 | 月收入 | 数值(N) | 8 | 2 | | 无 | 无 | 8 | 右 | 度量(S) | 输入 |
| 6 | 教育背景 | 数值(N) | 8 | 2 | | {1.00, 初... | 无 | 8 | 右 | 序号(O) | 输入 |
| 7 | 工作年限 | 数值(N) | 8 | 2 | 您在本酒店... | 无 | 无 | 8 | 右 | 度量(S) | 输入 |
| 8 | 是否离职 | 数值(N) | 8 | 2 | 您之前是否... | {.0, 否}... | 无 | 8 | 右 | 度量(S) | 输入 |
| 9 | 目前状态 | 数值(N) | 8 | 2 | 请问您现在... | {1.00, 已... | 无 | 8 | 右 | 名义(N) | 输入 |
| 10 | 将来意向 | 数值(N) | 8 | 2 | 未来你对工... | 无 | 无 | 8 | 右 | 度量(S) | 输入 |

图12-5

例2：酒店业男女员工的平均年龄在总体上是否有显著差异？

假设：

$H_0$：酒店业男女员工的平均年龄总体上无显著差异；

$H_1$：酒店业男女员工的平均年龄总体上存在显著差异。

说明：SPSS软件默认的原假设是$H_0$，因此在研究报告中可以只写备择假设$H_1$，简化后的假设是：

酒店业男女员工的平均年龄总体上存在显著差异。

分析步骤：

1. 打开附件2—酒店员工调研数据文件并从菜单栏中选择“分析”→“比较均值”→“独立样本 $t$ 检验”（见图12-6）。打开“独立样本 $t$ 检验”对话框，变量“年龄”和“性别”出现在对话框的左边（见图12-7）。

2. 选择变量“年龄”，点击向右箭头按钮（➡），把变量年龄移到“检验变量”框中。

3. 选择变量“性别”，点击向右箭头按钮（➡），把变量性别移到“分组变量”框中。在“分组变量”框中，性别后的括号内有两个问号（见图12-7），这些问号表示变量的两个赋值（本例分别是1，2），这些数字需要通过点击定义组来输入。

4. 点击“定义组”，对话框被打开，在组1（表示男性）的右边输入1，在组2（表示女性）的右边输入2（详见图12-7）。

5. 点击“继续”。

6. 点击“确定”，得出独立样本 $t$ 检验的结果（见图12-8、图12-9）。

图12-6

图12-7

结果展示：

**组统计量**

| | 性别 | N | 均值 | 标准差 | 均值的标准误 |
|---|---|---|---|---|---|
| 年龄 | 男 | 95 | 28.2000 | 6.80832 | .69852 |
| | 女 | 156 | 28.9103 | 8.14416 | .65205 |

图12-8

独立样本检验

| | | 方差方程的 Levene 检验 | | 均值方程的 t 检验 | | | | | | |
|---|---|---|---|---|---|---|---|---|---|---|
| | | | | | | | | | 差分的 95% 置信区间 | |
| | | F | Sig. | t | df | Sig.(双侧) | 均值差值 | 标准误差值 | 下限 | 上限 |
| 年龄 | 假设方差相等 | 5.232 | .023 | -.712 | 249 | .477 | -.71026 | .99782 | -2.67550 | 1.25499 |
| | 假设方差不相等 | | | -.743 | 225.402 | .458 | -.71026 | .95556 | -2.59324 | 1.17273 |

图12-9

APA格式的结果解释：

在SPSS分析结果中，图12-8主要是显示每组年龄变量的统计量（个案数、均值、标准差等），而图12-9中的数据主要是反映两组年龄平均值差异的统计量。下面是针对图12-9统计量的解释步骤：

1. 方差方程的Levene检验的结果解释

如果Levene检验中的$p$（Sig.）>0.05，说明两组具有相等的总体方差的假设成立。按第一行数据解释两组的均值是否有显著差异；

如果Levene检验中的$p$（Sig.）≤0.05，说明两组具有相等的总体方差的假设不成立。按第二行数据解释两组的均值是否有显著差异。

本例中的$p$（Sig.0.023）≤0.05，因此按照第二行数据继续分析。

2. 均值方程的$t$检验（分别根据步骤1确定的行进一步分析均值差异）

如果$p$（Sig.）双侧≤0.05，拒绝原假设，所得的结论为两组的均值有显著差异；

如果$p$（Sig.）双侧>0.05，不拒绝原假设，所得的结论为两组的均值无显著差异。

本例在第二行，$p$（Sig.0.458）>0.05，因此结论是男女员工的平均年龄在总体上无显著差异。

3. 效应量

对独立样本$t$检验的效应量的估计通常由$d$给出，其中

$$d = t\sqrt{\frac{N_1+N_2}{N_1 \times N_2}}$$

$N_1$和$N_2$是样本1和样本2的样本量，$t$是图12-9中$t$统计给出的值。从图12-8和图12-9代入适当的值（$t$，$N$）得到效应量。本例由于两组均值无显著差异，故不需计算效应量。

科恩准则给出了$d$的估计值0.2、0.5和0.8，在行为科学中分别对应小、中和大的效应量。根据科恩准则，本例由于两组不存在显著差异，因此没有必要提供效应量结果。

在陈述APA格式结果时，除了报告样本均值和样本标准差，还要报告假设检验的结论，自由度、$t$值、$p$值和效应量。

本例最后的结果解释为：根据独立样本$t$检验分析结果，男性员工的平均年龄（M=28.2，SD=6.81）与女性员工的平均年龄（M=28.91，SD=8.14）没有显著差异。$t$（225）=－0.743，$p$>0.05。

说明：

1. 因子类型变量

有些均值比较是针对因子（不是观察变量）进行的，例如对不同群体顾客忠诚度进行比较时，顾客忠诚度这个变量一般包括3个或多个指标变量。这时需要计算顾客忠诚度所有指标变量的平均值来得到顾客忠诚度的变量值，再进行均值比较。

2. 多分类情况的独立样本 $t$ 检验处理

独立样本 $t$ 检验要求针对两个组进行比较。但是有时分类变量是多分类的，这时要比较多分类中的两个组均值，可以在定义组值时给出要检验的两个组的赋值即可。另外，在后面的单因素方差分析中也可以得到多分类中任意两个组之间均值比较的结果。

3. 分析结果展示

分析结果要按照上面的标准表达解释。但是多个变量的均值比较结果数据的表达可以重新设计合适的表格进行汇总。表12-1是一个独立样本 $t$ 检验的数据结果，它展示的是国内、国外游客对酒店服务质量、顾客满意、顾客忠诚三个变量的均值比较分析的结果。表中重要信息包括因子（即比较的变量）、分组（国内、国外顾客）、顾客人数、均值、标准差、均值差/显著性概率。

**表12-1 国内外顾客在服务质量、顾客满意、顾客忠诚方面的差异分析**

| 因子 | 国籍 | 人数 | 均值 | 标准差 | 均值差/显著性 |
|---|---|---|---|---|---|
| 服务质量 | 国内/国外 | 306/111 | 4.15/4.24 | 0.56/0.78 | −0.83/0.31 |
| 顾客满意 | 国内/国外 | 317/111 | 4.08/4.29 | 0.68/0.92 | −0.21/0.03 |
| 顾客忠诚 | 国内/国外 | 317/111 | 3.89/4.15 | 0.65/0.98 | −0.26/0.01 |

练习2：到某酒店中介网站查找两个酒店（或餐饮企业）的顾客消费评价100个（假设顾客群体一致）。网评一般为5分制评价。把数据输入SPSS统计软件，然后利用独立样本 $t$ 检验判断此二企业的服务是否有显著差异。要求包括如下信息及格式：

研究问题、假设、分析、结果展示、APA格式的结果解释。

## 12.3 配对样本 $t$ 检验

在对相互关联的两个群体的某个特征的均值进行比较时，我们可以使用配对样本 $t$ 检验（也称为相依样本 $t$ 检验、重复测量、匹配样本 $t$ 检验等）。所谓的关联，指的是两个组的研究对象彼此有关联（如夫妻、双胞胎等）。具体来说，配对样本 $t$ 检验研究的是：同一组研究对象不同时刻或在不同环境下的某个特征变量（连续变量）的总体均值是否有显著差异，或者有关联的两个组的某个特征变量（连续变量）的总体均值是否有显著差异。

配对样本 $t$ 检验的前提条件包括：

1. 组内观测独立；

2. 特征变量总体服从正态分布。

研究问题：为了了解北京旅游的信息服务质量（含多个问题），研究人员针对景区游客进行了调研。调研的内容主要有游客对北京信息服务的期望值（5分制）和感知值（5分制）。把数据输入SPSS统计软件，就可以将游客对信息服务的期望值与感知值的均值进行比较，以此来判断信息服务质量，那么此数据的变量是一组研究对象不同时刻对信息服务的评价值（起初是期望值 $e$，后期是感知值 $p$，见图12-10）。

| | 名称 | 类型 | 宽度 | 小数 | 标签 | 值 | 缺失 | 列 | 对齐 | 度量标准 | 角色 |
|---|---|---|---|---|---|---|---|---|---|---|---|
| 46 | 其他 | 数值(N) | 8 | 2 | | {1.00, 是}... | 无 | 8 | 右 | 名义(N) | 输入 |
| 47 | 希望方式 | 数值(N) | 8 | 2 | 您希望从哪些途径获取北京... | 无 | 无 | 8 | 右 | 名义(N) | 输入 |
| 48 | 互联网2 | 数值(N) | 8 | 2 | | {1.00, 是}... | 无 | 8 | 右 | 名义(N) | 输入 |
| 49 | 电话2 | 数值(N) | 8 | 2 | | {1.00, 是}... | 无 | 8 | 右 | 名义(N) | 输入 |
| 50 | 电视2 | 数值(N) | 8 | 2 | | {1.00, 是}... | 无 | 8 | 右 | 名义(N) | 输入 |
| 51 | 手册2 | 数值(N) | 8 | 2 | | {1.00, 是}... | 无 | 8 | 右 | 名义(N) | 输入 |
| 52 | 导游2 | 数值(N) | 8 | 2 | | {1.00, 是}... | 无 | 8 | 右 | 名义(N) | 输入 |
| 53 | 朋友2 | 数值(N) | 8 | 2 | | {1.00, 是}... | 无 | 8 | 右 | 名义(N) | 输入 |
| 54 | 居民2 | 数值(N) | 8 | 2 | | {1.00, 是}... | 无 | 8 | 右 | 名义(N) | 输入 |
| 55 | 宾馆2 | 数值(N) | 8 | 2 | | {1.00, 是}... | 无 | 8 | 右 | 名义(N) | 输入 |
| 56 | 其他2 | 数值(N) | 8 | 2 | | {1.00, 是}... | 无 | 8 | 右 | 名义(N) | 输入 |
| 57 | 重要性 | 数值(N) | 8 | 2 | 信息重要性在旅游中的比重 | 无 | 无 | 8 | 右 | 度量(S) | 输入 |
| 58 | e | 数值(N) | 8 | 2 | 游客对信息服务的期望值 | 无 | 无 | 8 | 右 | 度量(S) | 输入 |
| 59 | p | 数值(N) | 8 | 2 | 游客对信息服务的期望值 | 无 | 无 | 8 | 右 | 度量(S) | 输入 |
| 60 | | | | | | | | | | | |

图12-10

例3：游客对信息服务的期望值与感知值是否有显著差异？

假设：

$H_0$：游客对信息服务的期望值与对信息服务的感知值没有显著差异（$e=p$）；

$H_1$：游客对信息服务的期望值与对信息服务的感知值有显著差异（$e \neq p$）。

简化后的假设是：

游客对信息服务的期望值与对信息服务的感知值有显著差异。

分析步骤：

1. 打开附件3—北京旅游信息服务调查问卷数据文件，从菜单栏中选择“分析”→“比较均值”→“配对样本 $t$ 检验”（见图12-11）。打开“配对样本 $t$ 检验”对话框，变量 $e$ 和 $p$ 出现在对话框的左边（见图12-12）。

2. 选择变量“$e$”和“$p$”，点击向右箭头按钮“➡”，把变量移到“成对变量”框中（见图12-12）。

3. 点击“确定”，即得出分析结果（见图12-13、图12-14、图12-15）。

上述结果中，图12-13展示了配对的两个变量的均值、标准差、个案数，以及均值的标准误。图12-14表示的是两个变量的关联程度，理论上二者应该有显著的相关性。本例的期望值与感知值并无显著相关性。在理论意义上此二变量配对有问题，但是从实际出发，把期望值与

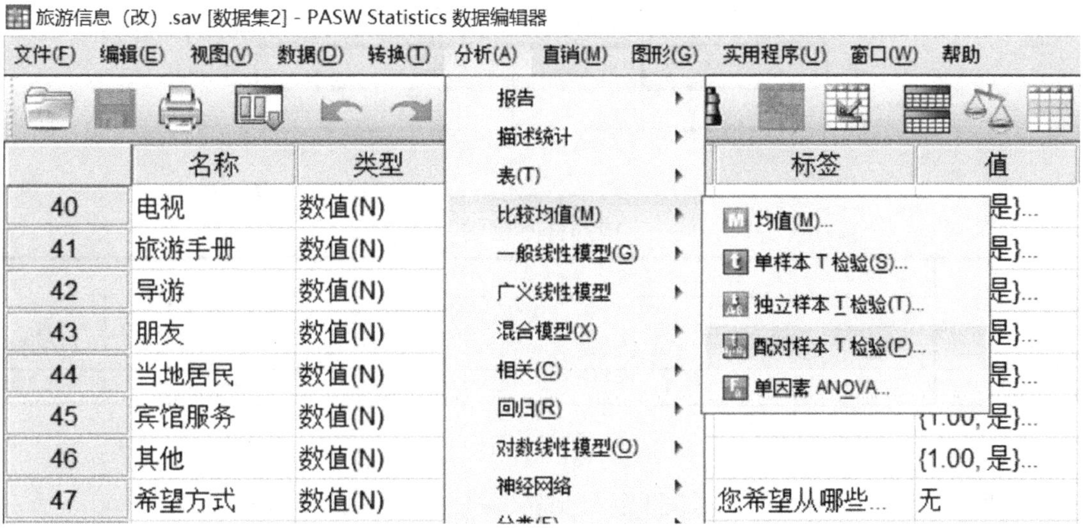


图12-11

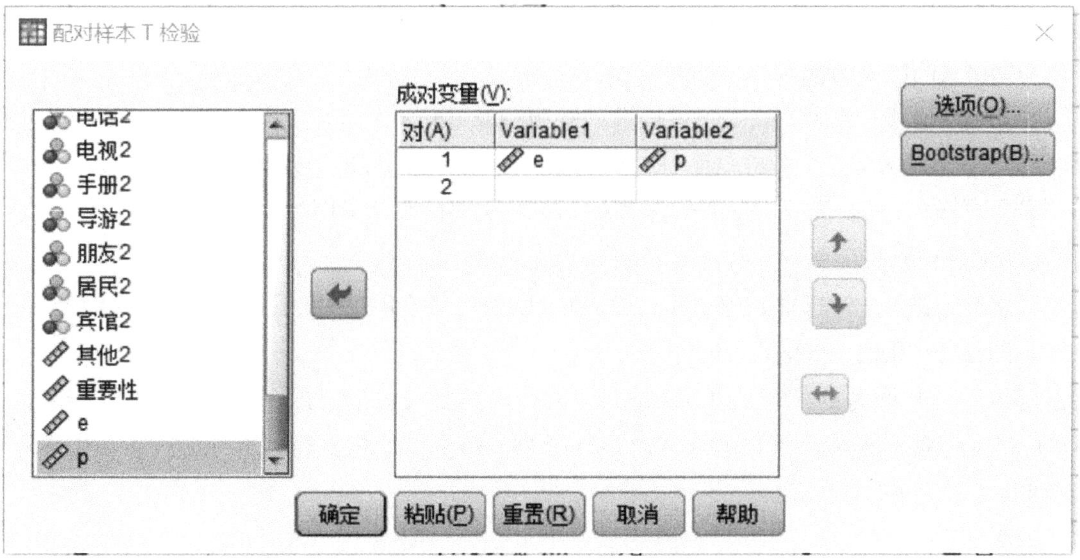


图12-12

结果展示：

**成对样本统计量**

| | | 均值 | N | 标准差 | 均值的标准误 |
|---|---|---|---|---|---|
| 对 1 | e | 3.5251 | 121 | .73860 | .06715 |
| | p | 2.8749 | 121 | .85456 | .07769 |

图12-13

**成对样本相关系数**

| | | N | 相关系数 | Sig. |
|---|---|---|---|---|
| 对 1 | e & p | 121 | .117 | .202 |

图12-14

**成对样本检验**

| | | 成对差分 | | | | | t | df | Sig.(双侧) |
|---|---|---|---|---|---|---|---|---|---|
| | | | | | 差分的 95% 置信区间 | | | | |
| | | 均值 | 标准差 | 均值的标准误 | 下限 | 上限 | | | |
| 对 1 | e - p | .65014 | 1.06219 | .09656 | .45895 | .84132 | 6.733 | 120 | .000 |

图12-15

感知值配对比较是可以理解的，因此两个变量的相关性只能作为理论上的参考。

图12-15中的统计量是解释配对样本 $t$ 检验的关键信息。成对差分栏中的均值指的是均值的差，后面的Sig.（双侧）表示的是差异的显著性概率值。“.000”意味着 $p<0.001$。表中的多数参数值在后面的结果说明中都要用到。

APA格式的结果解释：

在写APA格式结果时，除了报告样本均值和样本标准差，还要报告假设检验的结论，自由度、$t$ 值、$p$ 值和效应量。效应量的意义是与标准均值相差的标准差倍数。

对配对样本 $t$ 检验的效应量的估计通常由$d$ 给出，其中，$d$ =均值/均值的标准误差。

本例的$d = 0.65/0.97 \approx 0.67$。

科恩准则约定配对样本 $t$ 检验的小、中和大的效应量分别对应0.2、0.5和0.8。

本例分析结果的APA格式说明如下：

游客对信息服务的期望值（M=3.53，SD=0.74）与对信息服务的感知值（M=2.87，SD=0.85）有显著差异。$t$（120）=6.73，$p<0.05$，$d$=0.67。根据科恩准则，在实践中效应量0.67被认为对应中等效应量。

说明：

1. 配对样本 $t$ 检验的情况有两种：一种是同一群体某一特征在不同时刻、环境或状态下的测量值的均值比较；另一种是两个相关群体在同一时刻或环境下某一特征的测量值的均值比较。

2. 本例是第一种情况。第二种情况的SPSS分析操作与第一种一样，结果解释也相同。

练习3：到某酒店中介网站查找一个餐饮企业的顾客消费评价100个（两个时段各100个，时间间隔可以是一个月或一个季度），网评一般是5分制评价。把数据输入SPSS统计软件，然后利用配对样本 $t$ 检验分析此企业不同时段的服务是否有显著差异（假设企业会根据网评进行必要改进，同时假设顾客群体不变）。要求包括以下信息及格式：

研究问题、假设、分析、结果展示、APA格式的结果解释。

# 12.4 单因素方差分析

单因素方差分析研究的是不同的组（多于2个分类变量）或者同一组某个特征值（连续变量）在不同时刻或环境（至少3个时刻或环境）下的总体均值是否有显著差异。本书把以上两种情况分别称为组间和组内均值比较。下面对这两种情况分别进行介绍。

## 12.4.1 组间单因素方差分析

当对三个或更多独立组中的同一个特征的均值进行比较时，我们可以利用组间单因素方差分析。组间单因素方差分析就是独立样本 $t$ 检验的推广。前提条件包括：

1. 观测独立；
2. 每组的特征变量总体服从正态分布；
3. 每组的特征变量总体方差相等。

研究问题：针对高星级酒店员工的离职意向，研究人员进行了问卷调查。问卷涉及了四个部门（前厅部、餐饮部、客房部、康乐部），员工的离职意向（此问题包含三个指标变量，并通过计算三个变量的平均值来表示总离职意向的分值）。除了了解员工离职意向的总体情况，本研究还想了解酒店不同部门员工离职意向是否有显著差异，这就是此例要解决的问题。

例4：根据调研数据分析酒店不同部门员工的离职意向是否有显著差异。

假设：

$H_0$：酒店不同部门员工的离职意向无显著差异（四个部门的离职意向均值都相等）；

$H_1$：酒店不同部门员工的离职意向有显著差异（至少有一个部门的均值与其他部门的均值都不相等）。

SPSS软件的默认假设是$H_0$，因此本例的假设可以简化为其对立假设。

假设：酒店不同部门员工的离职意向有显著差异。

分析步骤：

1. 打开附件2—酒店员工调研数据文件，从菜单栏中选取“分析”→“比较均值”→“单因素ANOVA”（见图12-16）。打开“单因素ANOVA”对话框，变量“部门”和“离职意向”出现在对话框的左边。

2. 选择因变量“离职意向”，点击上面的向右箭头按钮“➡”，将其移动到“因变量列表”框中。

3. 选择自变量“部门”，点击下面的向右箭头按钮“➡”，将其移动到“因子”框中（见图12-17）。

4. 点击“选项”，打开“单因素ANOVA：选项”对话框，选择“描述性”和“方差同质性检验”，同时选择“Brown-Forsythe”及“Welch”方法（这两种方法称为健壮性检验，见图12-18）。

5. 点击“继续”。

6. 点击“两两比较”，打开“单因素ANOVA：两两比较”对话框，在“假定方差齐性”

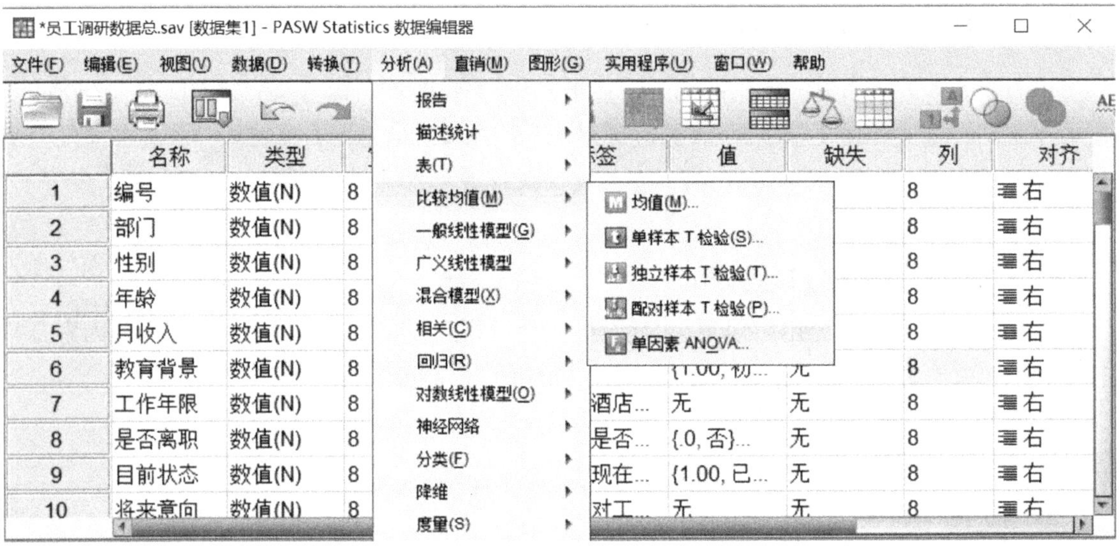


图12-16

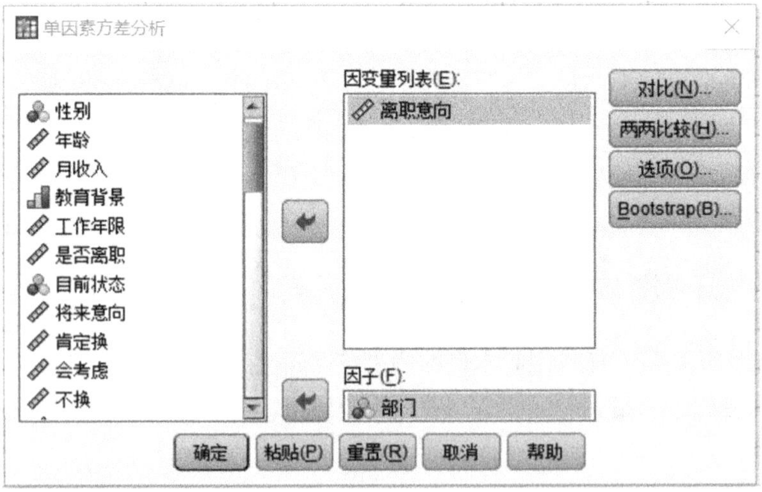


图12-17

窗口选择“Tukey”。在“未假定方差齐性”窗口选择“Dunnett's T3（3）”（见图12-19）。

7. 点击“继续”。

8. 点击“确定”，即得到所需结果（见图12-20到图12-24）。

说明：

1. 在解释分析结果时，主要从以下几个步骤进行（请参考图12-25）：

（1）看方差齐性的Levene检验结果。

a. 如果Levene检验中$p>0.05$，总体方差相等，选择ANOVA表进行后续解释；

b. 如果Levene检验中$p\leqslant 0.05$，总体方差不等，选择健壮性检验Brown-Forsythe或者Welch的结果来进行分析。

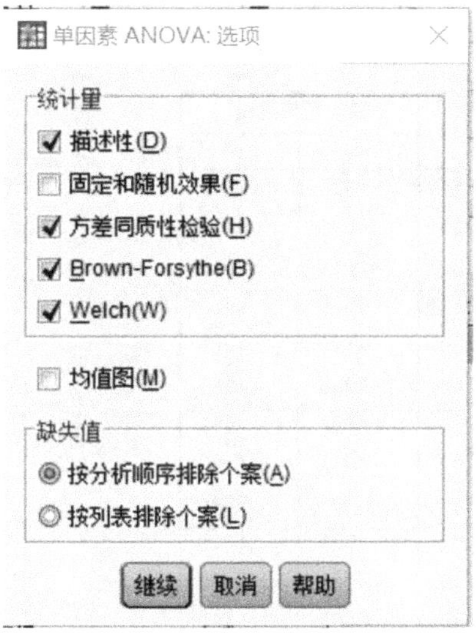


图12−18

图12−19

结果展示：

**描述**

离职意向

| | N | 均值 | 标准差 | 标准误 | 均值的 95% 置信区间 | | 极小值 | 极大值 |
|---|---|---|---|---|---|---|---|---|
| | | | | | 下限 | 上限 | | |
| 1.00 | 47 | 3.6170 | .64822 | .09455 | 3.4267 | 3.8073 | 1.67 | 5.00 |
| 2.00 | 57 | 3.5556 | .58531 | .07753 | 3.4003 | 3.7109 | 1.67 | 5.00 |
| 3.00 | 19 | 3.5614 | .62906 | .14432 | 3.2582 | 3.8646 | 2.67 | 5.00 |
| 4.00 | 28 | 3.4167 | .51819 | .09793 | 3.2157 | 3.6176 | 2.00 | 4.33 |
| 总数 | 151 | 3.5497 | .59777 | .04865 | 3.4535 | 3.6458 | 1.67 | 5.00 |

图12−20

**方差齐性检验**

离职意向

| Levene 统计量 | df1 | df2 | 显著性 |
|---|---|---|---|
| .346 | 3 | 147 | .792 |

图12−21

**ANOVA**

离职意向

| | 平方和 | df | 均方 | F | 显著性 |
|---|---|---|---|---|---|
| 组间 | .713 | 3 | .238 | .661 | .578 |
| 组内 | 52.887 | 147 | .360 | | |
| 总数 | 53.600 | 150 | | | |

图12−22

**多重比较**

因变量：离职意向

| | (I) 部门 | (J) 部门 | 均值差 (I-J) | 标准误 | 显著性 | 95% 置信区间 | |
|---|---|---|---|---|---|---|---|
| | | | | | | 下限 | 上限 |
| Tukey HSD | 1.00 | 2.00 | .06147 | .11818 | .954 | -.2456 | .3686 |
| | | 3.00 | .05562 | .16306 | .986 | -.3681 | .4794 |
| | | 4.00 | .20035 | .14319 | .502 | -.1718 | .5725 |
| | 2.00 | 1.00 | -.06147 | .11818 | .954 | -.3686 | .2456 |
| | | 3.00 | -.00585 | .15889 | 1.000 | -.4188 | .4071 |
| | | 4.00 | .13889 | .13842 | .748 | -.2208 | .4986 |
| | 3.00 | 1.00 | -.05562 | .16306 | .986 | -.4794 | .3681 |
| | | 2.00 | .00585 | .15889 | 1.000 | -.4071 | .4188 |
| | | 4.00 | .14474 | .17828 | .849 | -.3186 | .6080 |
| | 4.00 | 1.00 | -.20035 | .14319 | .502 | -.5725 | .1718 |
| | | 2.00 | -.13889 | .13842 | .748 | -.4986 | .2208 |
| | | 3.00 | -.14474 | .17828 | .849 | -.6080 | .3186 |
| Dunnett T3 | 1.00 | 2.00 | .06147 | .12227 | .997 | -.2668 | .3898 |
| | | 3.00 | .05562 | .17253 | 1.000 | -.4244 | .5356 |
| | | 4.00 | .20035 | .13613 | .602 | -.1682 | .5689 |
| | 2.00 | 1.00 | -.06147 | .12227 | .997 | -.3898 | .2668 |
| | | 3.00 | -.00585 | .16382 | 1.000 | -.4663 | .4546 |
| | | 4.00 | .13889 | .12490 | .841 | -.2003 | .4781 |
| | 3.00 | 1.00 | -.05562 | .17253 | 1.000 | -.5356 | .4244 |
| | | 2.00 | .00585 | .16382 | 1.000 | -.4546 | .4663 |
| | | 4.00 | .14474 | .17440 | .953 | -.3410 | .6305 |
| | 4.00 | 1.00 | -.20035 | .13613 | .602 | -.5689 | .1682 |
| | | 2.00 | -.13889 | .12490 | .841 | -.4781 | .2003 |
| | | 3.00 | -.14474 | .17440 | .953 | -.6305 | .3410 |

图12-23

**同类子集**

离职意向

| | 部门 | N | alpha = 0.05 的子集 |
|---|---|---|---|
| | | | 1 |
| Tukey HSD[a,b] | 4.00 | 28 | 3.4167 |
| | 2.00 | 57 | 3.5556 |
| | 3.00 | 19 | 3.5614 |
| | 1.00 | 47 | 3.6170 |
| | 显著性 | | .549 |

图12-24

（2）进行均值比较检验。

a. 在总体方差相等的情况下，如果ANOVA中的显著性概率$p>0.05$，则得出组间均值无显著差异的结论；如果ANOVA中的显著性概率$p\leqslant 0.05$，则得出组间均值有显著差异的结论，并解释Tukey在此之后检验的结果。

b. 在方差不等的情况下，如果健壮性检验Brown-Forsythe或者Welch方法的显著性概率$p>0.05$，得出组间均值无显著差异的结论；如果健壮性检验Brown-Forsythe或者Welch方法的显著性概率$p\leqslant 0.05$，得出组间均值有显著差异的结论，并通过点击两两比较，选择其中一个未假定方差齐性的检验［例如Dunnett's T3（3）］。

2. 在SPSS分析操作中，为了避免重复劳动，本书在第12章例1的操作中把各种可能的选项都选了，在选择分析的结果和进行解释时，要根据前面的步骤和具体的情况来分析、解读。为了更加清楚地展示分析步骤，本书设计了对应的流程图（图12-25），以便读者顺利地进行单因素方差分析。

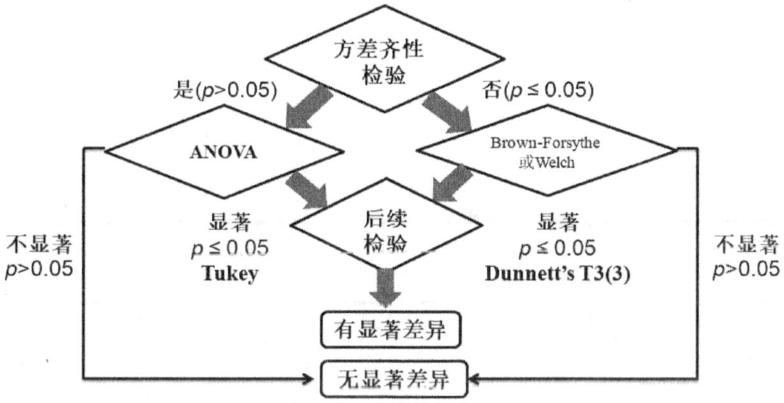


图12-25 单因素方差分析流程图

结果解释：

其中，图12-20展示的是不同部门的同一特征（离职意向）的描述统计量（包括均值、标准差等）。图12-21是方差齐性检验的数据，可以根据最后一栏的显著性值判断几个不同的组方差是否有显著差异。图12-22是在方差齐性得到验证后，进一步分析$F$检验的结果，其中最后一列的显著性可以判断所有组的总体均值是无显著差异或有显著差异。图12-23是把每一个组的均值与其他组的均值进行比较，看哪些组间的均值有显著差异。此结果主要是在得到不同组均值存在显著差异结论后才使用，否则没必要看此结果。从中可以看出，有些比较只是和其他比较顺序颠倒的比较，所以实际有用的比较只是其中的几个。具体是，如果有$n$个组，那么精简后的比较结果只有$C_n^2$种结果（即去除顺序因素）。图12-24表示的是不同组均值比较后，哪些组均值没差异，凡是没差异的组归为一个类，也叫同类子集。本例中四个部门员工的离职意向均无显著差异，结果就是一个子集（见图12-24）。

APA格式的结果解释：

在写APA格式结果时，除了报告各组样本均值和样本标准差，还需要报告单因素方差分析的假设检验的结论，自由度（$df$）、$F$值、$p$值和效应量。ANOVA中的效应量通常使用$\eta^2$度量，其中，$\eta^2$=组间平方和/总平方和，本例的$\eta^2=0.713/53.60\approx 0.013$。

两个平方和可以从图12–22中找到。科恩准则约定小、中和大的效应量的V真值分别对应着0.01、0.06和0.14。效应量可以用因变量的方差被自变量解释的百分比的方式来表示。

由分析结果可以看出，前厅部（M=3.6，SD=0.65）、客房部（M=3.6，SD=0.59）、餐饮部（M=3.56，SD=0.63）、康乐部（M=3.55，SD=0.52）的均值没有显著差异。$F$（3，147）=0.661，$p>0.05$，$\eta^2$=0.013。在实践中效应量$\eta^2$= 0.013被认为对应一个非常小的效应，表示解释了部门离职意向方差的1.3%。由于本例中不同部门间离职意向均值无显著差异，故无须解释效应量。

例4中，方差分析结果是不同组的特征变量的总体的方差是相等的。如果不同组的特征变量的方差不全相等（即$p\leqslant 0.05$），如何继续讨论三个总体均值是否有显著差异？

例5：利用单因素方差分析检验酒店不同部门员工年龄是否有显著差异。

本例同样采取例4的操作步骤进行分析，并根据单因素方差分析流程图进行结果的选择和解释，结果展示如图12–26至图12–30b。

**描述**

年龄

| | N | 均值 | 标准差 | 标准误 | 均值的 95% 置信区间 | | 极小值 | 极大值 |
|---|---|---|---|---|---|---|---|---|
| | | | | | 下限 | 上限 | | |
| 前厅部 | 67 | 25.0149 | 3.47499 | .42454 | 24.1673 | 25.8625 | 19.00 | 36.00 |
| 餐饮部 | 96 | 26.2604 | 5.20778 | .53152 | 25.2052 | 27.3156 | 18.00 | 45.00 |
| 客房部 | 44 | 36.9091 | 8.65842 | 1.30531 | 34.2767 | 39.5415 | 20.00 | 50.00 |
| 康乐部 | 45 | 30.8889 | 8.86059 | 1.32086 | 28.2269 | 33.5509 | 21.00 | 52.00 |
| 总数 | 252 | 28.6151 | 7.65586 | .48227 | 27.6653 | 29.5649 | 18.00 | 52.00 |

图12–26

**方差齐性检验**

年龄

| Levene 统计量 | df1 | df2 | 显著性 |
|---|---|---|---|
| 23.536 | 3 | 248 | .000 |

图12–27

**ANOVA**

年龄

| | 平方和 | df | 均方 | F | 显著性 |
|---|---|---|---|---|---|
| 组间 | 4660.107 | 3 | 1553.369 | 38.326 | .000 |
| 组内 | 10051.555 | 248 | 40.530 | | |
| 总数 | 14711.663 | 251 | | | |

图12–28

**均值相等性的健壮性检验**

年龄

| | 统计量[a] | df1 | df2 | 显著性 |
|---|---|---|---|---|
| Welch | 28.646 | 3 | 102.835 | .000 |
| Brown-Forsythe | 30.654 | 3 | 123.110 | .000 |

a. 渐近*F*分布。

图12-29

**多重比较**

因变量：年龄

| | (I) 部门 | (J) 部门 | 均值差 (I-J) | 标准误 | 显著性 | 95% 置信区间 | |
|---|---|---|---|---|---|---|---|
| | | | | | | 下限 | 上限 |
| Tukey HSD | 前厅部 | 餐饮部 | -1.24549 | 1.01347 | .609 | -3.8669 | 1.3759 |
| | | 客房部 | -11.89417* | 1.23535 | .000 | -15.0894 | -8.6989 |
| | | 康乐部 | -5.87396* | 1.22703 | .000 | -9.0477 | -2.7002 |
| | 餐饮部 | 前厅部 | 1.24549 | 1.01347 | .609 | -1.3759 | 3.8669 |
| | | 客房部 | -10.64867* | 1.15903 | .000 | -13.6465 | -7.6508 |
| | | 康乐部 | -4.62847* | 1.15016 | .000 | -7.6034 | -1.6535 |
| | 客房部 | 前厅部 | 11.89417* | 1.23535 | .000 | 8.6989 | 15.0894 |
| | | 餐饮部 | 10.64867* | 1.15903 | .000 | 7.6508 | 13.6465 |
| | | 康乐部 | 6.02020* | 1.34975 | .000 | 2.5290 | 9.5114 |
| | 康乐部 | 前厅部 | 5.87396* | 1.22703 | .000 | 2.7002 | 9.0477 |
| | | 餐饮部 | 4.62847* | 1.15016 | .000 | 1.6535 | 7.6034 |
| | | 客房部 | -6.02020* | 1.34975 | .000 | -9.5114 | -2.5290 |
| Dunnett T3 | 前厅部 | 餐饮部 | -1.24549 | .68025 | .346 | -3.0566 | .5656 |
| | | 客房部 | -11.89417* | 1.37261 | .000 | -15.6402 | -8.1482 |
| | | 康乐部 | -5.87396* | 1.38741 | .001 | -9.6578 | -2.0901 |
| | 餐饮部 | 前厅部 | 1.24549 | .68025 | .346 | -.5656 | 3.0566 |
| | | 客房部 | -10.64867* | 1.40937 | .000 | -14.4815 | -6.8159 |
| | | 康乐部 | -4.62847* | 1.42379 | .011 | -8.4984 | -.7586 |
| | 客房部 | 前厅部 | 11.89417* | 1.37261 | .000 | 8.1482 | 15.6402 |
| | | 餐饮部 | 10.64867* | 1.40937 | .000 | 6.8159 | 14.4815 |
| | | 康乐部 | 6.02020* | 1.85701 | .010 | 1.0261 | 11.0143 |
| | 康乐部 | 前厅部 | 5.87396* | 1.38741 | .001 | 2.0901 | 9.6578 |
| | | 餐饮部 | 4.62847* | 1.42379 | .011 | .7586 | 8.4984 |
| | | 客房部 | -6.02020* | 1.85701 | .010 | -11.0143 | -1.0261 |

*. 均值差的显著性水平为0.05。

图12-30a

同类子集

年龄

| | 部门 | N | alpha = 0.05 的子集 | | |
|---|---|---|---|---|---|
| | | | 1 | 2 | 3 |
| Tukey HSD[a,b] | 前厅部 | 67 | 25.0149 | | |
| | 餐饮部 | 96 | 26.2604 | | |
| | 康乐部 | 45 | | 30.8889 | |
| | 客房部 | 44 | | | 36.9091 |
| | 显著性 | | .724 | 1.000 | 1.000 |

将显示同类子集中的组均值。
a. 将使用调和均值样本大小等于56.906。
b. 组大小不相等。将使用组大小的调和均值。将不保证 I 类错误级别。

图12-30b

结果解释：

图12-27方差齐性检验结果显示，所有组的方差不一致（$p<0.05$），因此要继续看均值相等的健壮性检验结果（见图12-29）。结果显示$p<0.05$，因此四个部门员工的年龄均值存在显著差异，因此后续检验要看Dunnett's T3（3）中的结果来解释。图12-30a的两两比较的显著性结果和图12-30b的同类子集显示前厅部与餐饮部员工的年龄均值无显著差异（$p>0.05$），客房部员工年龄均值与其他部门均值有显著差异（$p<0.05$），康乐部员工与其他部门员工年龄均值也有差异（$p<0.05$）。归纳起来，前厅部与餐饮部员工年龄均值无差异，分为一个子集，客房部与康乐部各自为一个子集。从图12-26结果看，客房部员工平均年龄最大，康乐部员工平均年龄居中。本例结果的APA格式说明可以按照前面的例子书写。

练习4：在某网络中介网站找出三个或多个餐饮企业的顾客评价，并把企业按照分类变量（企业名称）和顾客评价的连续变量（可以是满意度）输入SPSS软件，并分析这几个餐饮企业顾客评价的均值是否有显著差异（假设评价的顾客是同一消费群体）。结果包括如下信息及格式：研究问题、假设、分析、结果展示。

## 12.4.2 组内单因素方差分析

组内单因素方差分析研究的是一组特定观察对象，在不同条件（时间、环境等，一般多于2种）下某一特征（连续变量）均值是否有显著差异的问题。它的实质是对一组观察对象的某个特征的重复测量，因此也叫单因素重复测量方差分析。它和单因素方差分析的差别是：前者是对多组研究对象某个特征变量的均值的一次性比较，后者是对一组研究对象不同条件下的多次测量均值的比较。

组内方差分析的假定：

1. 参与者的观测是独立的；
2. 在自变量每个水平上的因变量总体服从正态分布；
3. 球形假定。

简单说，球形假定要求组内多个条件下所有两两配对的测量值的差的总体方差都是相等的。例如比较研究对象在三个时刻的身高时，要求任意两个时刻身高差的方差都要相等。违反这个假定将影响方差分析的精确性，会导致原假设更容易被拒绝。

研究问题：酒店为了保证服务质量的稳定性，一般要定期进行服务质量评价（一般一个月一次），在已获得三次服务质量评价结果后，服务质量是否具有稳定性需要进行统计分析来检验。这一检验可以用组内单因素方差分析来进行。

例6：某服务企业定期进行顾客满意度调查。企业选定了189名老顾客，连续三个月追踪其对服务的满意度，并通过样本满意度预测总体满意度是否有显著变化。

研究问题：顾客总体对三个月的服务满意度是否有显著差异？

假设：

$H_0$：顾客总体对三个月的服务满意度无显著差异；

$H_1$：顾客总体对三个月的服务满意度有显著差异。

简化后的假设是：顾客总体对三个月的服务满意度有显著差异。

分析步骤：

1．打开附件4—酒店顾客满意度数据文件，从菜单栏中选择“分析”→“一般线性模型”→“重复度量”（见图12-31）。打开“重复度量定义因子”对话框（见图12-32）。这个对话框为每个组内因素提供一个名称，并且输入每个因素的水平数目。

2．在“被试内因子名称”框中双击“因子1”（因子1是SPSS中为组内因素建立的缺省值名称），输入名称时间。

3．在级别数右边的文本框中输入3。这主要是对应组内因素的三个水平（一月满意度、二月满意度和三月满意度）（见图12-33）。

4．点击“添加”，“时间（3）”变量出现在下面的对话框中（见图12-34）。

图12-31

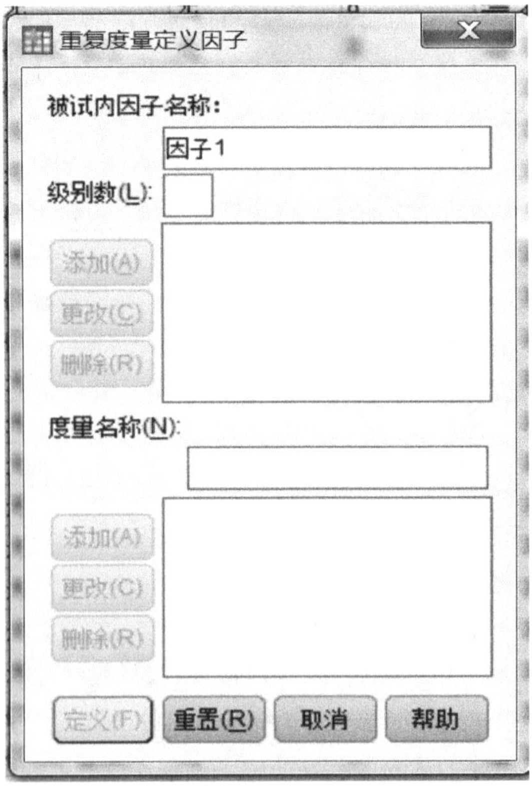


图12-32

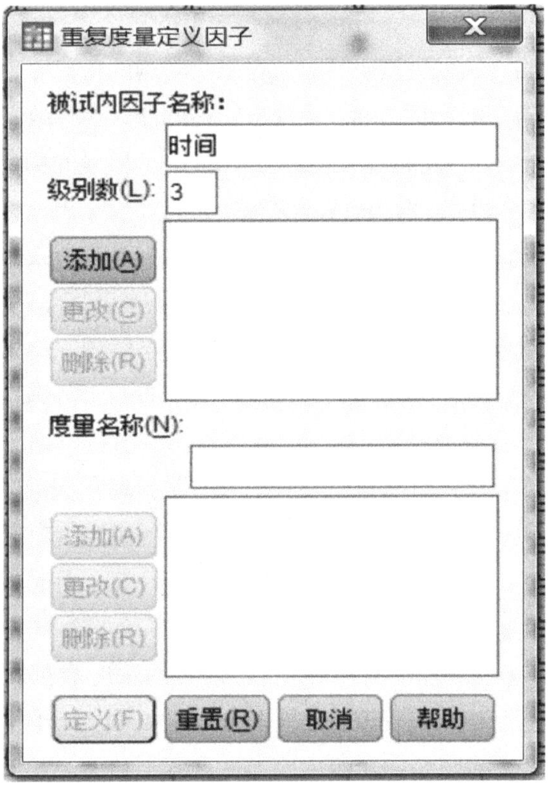


图12-33

5. 点击“定义”，打开“重复度量”对话框，三个变量（一月满意度、二月满意度和三月满意度）出现在对话框的左边（见图12-35）。

6. 选择变量“一月满意度”“二月满意度”“三月满意度”，点击向右箭头按钮，使它们移到“群体内部变量”框中（见图12-36）。

7. 点击“选项”，在“因子与因子交互”下选择“时间”，并点击向右箭头按钮，使它移到“显示均值”框中。在“输出”下，选择“描述统计”及“功效估计”（见图12-37）。

8. 点击“绘制”，把“时间”移到“水平轴”里，再点击“添加”（见图12-38）。

9. 点击“继续”。

10. 点击“确定”。

在结果展示中，图12-40，以及图12-45至图12-48对于结果的解释不重要。重要的是图12-41至图12-44。这些结果中既包含球形检验，也包括单变量和多变量的方差分析。球形假定是单变量方差分析更依赖的前提条件，而多变量方差分析不受此条件限制，因此本书只讨论多变量方差分析的结果。在本例中，可以看到图12-43中的Sig.不支持球形假定条件（$p$值0.000 <0.001）。但是可以根据Wilks的Lambda值（见图12-42）及其显著性概率来判断不同时刻的均值是否有显著差异。本例Wilks的Lambda值是0.926，显著性概率是0.001，因此可以判定三个月的顾客满意度有显著差异。

图12−34

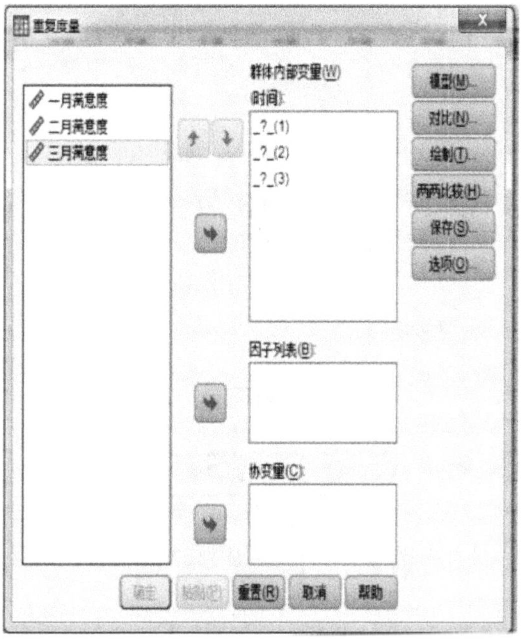


图12−35

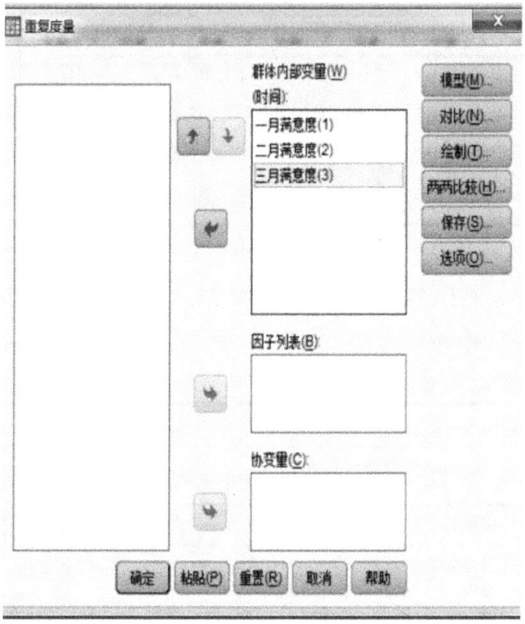


图12−36

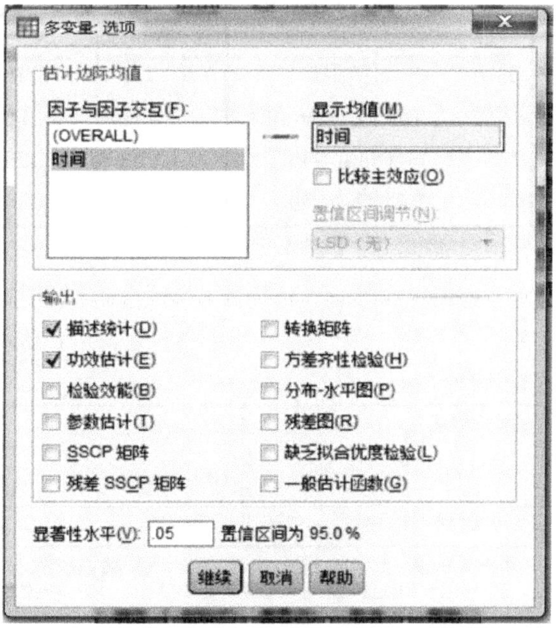


图12−37

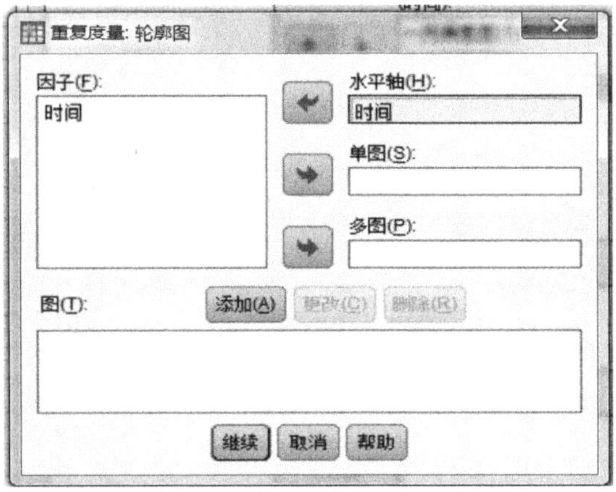


图12-38

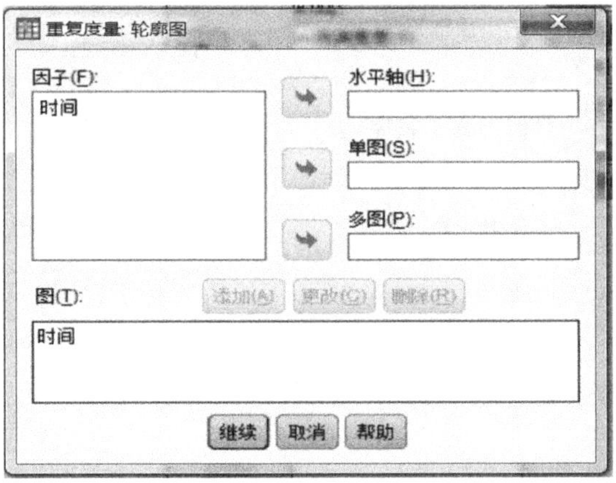


图12-39

结果展示：

**主体内因子**

度量：MEASURE_1

| 时间 | 因变量 |
|---|---|
| 1 | 一月满意度 |
| 2 | 二月满意度 |
| 3 | 三月满意度 |

图12-40

**描述性统计量**

| | 均值 | 标准 偏差 | N |
|---|---|---|---|
| 一月满意度 | 81.0989 | 12.33515 | 182 |
| 二月满意度 | 83.4390 | 10.34028 | 182 |
| 三月满意度 | 79.3956 | 12.57102 | 182 |

图12-41

**多变量检验[b]**

| 效应 | | 值 | F | 假设 df | 误差 df | Sig. | 偏 Eta 方 |
|---|---|---|---|---|---|---|---|
| 时间 | Pillai 的跟踪 | .074 | 7.206[a] | 2.000 | 180.000 | .001 | .074 |
| | Wilks 的 Lambda | .926 | 7.206[a] | 2.000 | 180.000 | .001 | .074 |
| | Hotelling 的跟踪 | .080 | 7.206[a] | 2.000 | 180.000 | .001 | .074 |
| | Roy 的最大根 | .080 | 7.206[a] | 2.000 | 180.000 | .001 | .074 |

a. 精确统计量。b. 设计：截距。
主体内设计：时间。

图12-42

**Mauchly的球形度检验[b]**

度量：MEASURE_1

| 主体内效应 | Mauchly 的 W | 近似卡方 | df | Sig. | Epsilon[a] | | |
|---|---|---|---|---|---|---|---|
| | | | | | Greenhouse-Geisser | Huynh-Feldt | 下限 |
| 时间 | .876 | 23.781 | 2 | .000 | .890 | .898 | .500 |

检验零假设，即标准正交转换因变量的误差协方差矩阵与一个单位矩阵成比例。
a. 可用于调整显著性平均检验的自由度。在“主体内效应检验”表格中显示修正后的检验。
b. 设计：截距。
主体内设计：时间。

图12-43

### 主体内效应的检验

度量：MEASURE_1

| 源 | | III 型平方和 | df | 均方 | F | Sig. | 偏 Eta 方 |
|---|---|---|---|---|---|---|---|
| 时间 | 采用的球形度 | 1500.030 | 2 | 750.015 | 4.715 | .010 | .025 |
| | Greenhouse-Geisser | 1500.030 | 1.780 | 842.837 | 4.715 | .012 | .025 |
| | Huynh-Feldt | 1500.030 | 1.796 | 835.121 | 4.715 | .012 | .025 |
| | 下限 | 1500.030 | 1.000 | 1500.030 | 4.715 | .031 | .025 |
| 误差 (时间) | 采用的球形度 | 57580.074 | 362 | 159.061 | | | |
| | Greenhouse-Geisser | 57580.074 | 322.133 | 178.746 | | | |
| | Huynh-Feldt | 57580.074 | 325.109 | 177.110 | | | |
| | 下限 | 57580.074 | 181.000 | 318.122 | | | |

图12-44

### 主体内对比的检验

度量：MEASURE_1

| 源 | 时间 | III 型平方和 | df | 均方 | F | Sig. | 偏 Eta 方 |
|---|---|---|---|---|---|---|---|
| 时间 | 线性 | 264.011 | 1 | 264.011 | 1.306 | .255 | .007 |
| | 二次 | 1236.019 | 1 | 1236.019 | 10.658 | .001 | .056 |
| 误差 (时间) | 线性 | 36589.989 | 181 | 202.155 | | | |
| | 二次 | 20990.085 | 181 | 115.967 | | | |

图12-45

### 主体间效应的检验

度量：MEASURE_1
转换的变量：平均值

| 源 | III 型平方和 | df | 均方 | F | Sig. | 偏 Eta 方 |
|---|---|---|---|---|---|---|
| 截距 | 3609881.042 | 1 | 3609881.042 | 36468.675 | .000 | .995 |
| 误差 | 17916.430 | 181 | 98.986 | | | |

图12-46

### 估算边际值

度量：MEASURE_1

| 时间 | 均值 | 标准 误差 | 95% 置信区间 | |
|---|---|---|---|---|
| | | | 下限 | 上限 |
| 1 | 81.099 | .914 | 79.295 | 82.903 |
| 2 | 83.439 | .766 | 81.927 | 84.951 |
| 3 | 79.396 | .932 | 77.557 | 81.234 |

图12-47

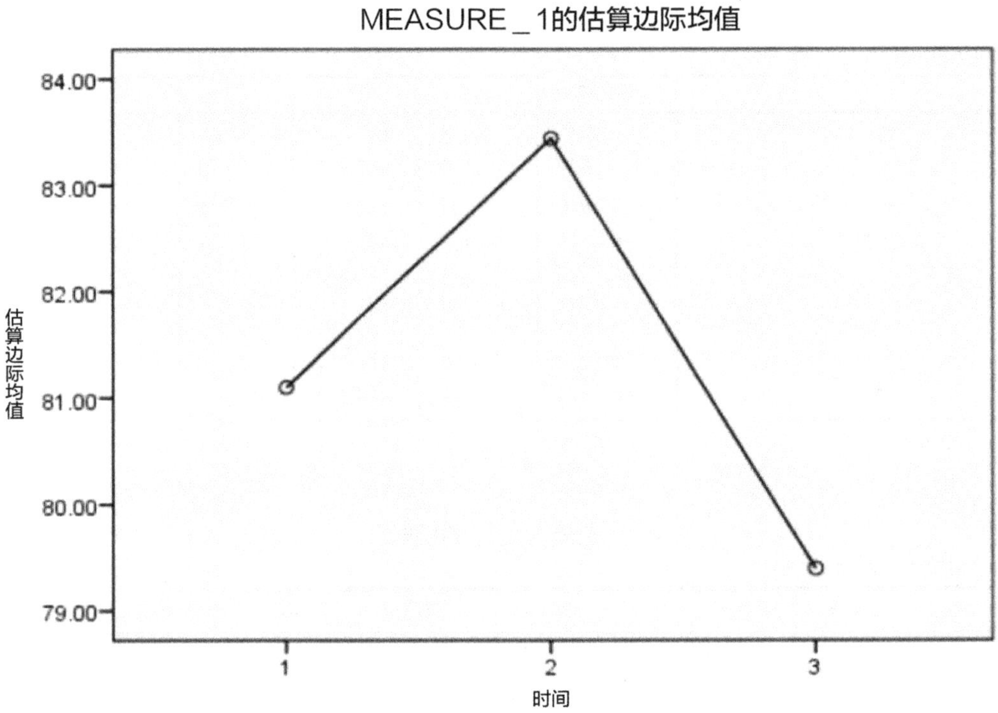


图12-48

但是一般情况下，可以根据下面的步骤进行详细分析。

通过对图12-43Mauchly的球形度检验表中的Sig.值和图12-44主体内效应的检验表中采用的球形度（翻译成的中文不是很确切，实际应该是球形假定成立）中的Greenhouse-Geisser 中的Sig.值来解释整个方差分析结果。

1. 如果Sig.值是显著的（$p \leq 0.05$），说明不同时刻的均值有显著差异，再进一步进行配对样本 $t$ 检验（可参考本章的相关分析）。在记录结果时要写出具体的差异结果。

2. 如果Sig.值不是显著的（$p > 0.05$），则得出这些组之间没有显著差异的结果。

本例根据图12-42及图12-43都可以判定三个月的顾客满意度存在显著差异。因此应进一步进行配对样本 $t$ 检验。具体操作可参考本章配对样本 $t$ 检验部分，本例只把结果给出，并做具体解释。分析结果共有三个表，重要的是成对样本检验结果（见图12-49）。

**成对样本检验**

| | | 成对差分 | | | | | t | df | Sig.(双侧) |
|---|---|---|---|---|---|---|---|---|---|
| | | | | | 差分的 95% 置信区间 | | | | |
| | | 均值 | 标准差 | 均值的标准误 | 下限 | 上限 | | | |
| 对 1 | 一月满意度 - 二月满意度 | -2.22103 | 18.23094 | 1.34037 | -4.86549 | .42343 | -1.657 | 184 | .099 |
| 对 2 | 一月满意度 - 三月满意度 | 1.59677 | 19.97306 | 1.46450 | -1.29249 | 4.48603 | 1.090 | 185 | .277 |
| 对 3 | 二月满意度 - 三月满意度 | 4.04335 | 14.60146 | 1.08233 | 1.90774 | 6.17896 | 3.736 | 181 | .000 |

图12-49

在进行进一步检验时，一种习惯做法是调整每个检验的 $\alpha$ 水平，使得进一步检验的 $\alpha$ 值不超过 0.05（每次检验使用的 $\alpha$ 值被当作每次比较的 $\alpha$ 水平）。为了求出每次检验的 $\alpha$ 水平，要设置整个检验的总体 $\alpha$ 水平（0.05），然后再除以进一步检验执行的次数。本例有三次检验、总体 $\alpha$ 水平为 0.05，每次比较的 $\alpha$ 水平应是 $0.05/3 \approx 0.017$。这就意味着每次以 0.017 为 $\alpha$ 水平。如果 $p$ 值小于或等于 0.017，则拒绝原假设；如果 $p$ 值大于 0.017，则不能拒绝原假设。

APA格式结果解释：

在写一维组内方差分析的结果时，除了报告每个时刻顾客满意度得分的均值和标准差（如果需要，均值和标准差可以单独用一张表），还要报告假设检验的结论：自由度（$df$）、$F$ 值、$p$ 值、效应量和配对比较的结果（如果总体方差分析是显著的）。

效应量：

一维组内方差分析的效应量通常运用偏 $\eta^2$ 度量。为了计算偏 $\eta^2$，运用表格主体内效应的检验中的Ⅲ型平方和［时间行和误差（时间）行］。偏 $\eta^2$ 的计算公式如下：

$$偏\ \eta^2 = SS_{\text{Effect}} / (SS_{\text{Effect}} + SS_{\text{Error}})$$

对于时间，$SS_{\text{Effect}}$ 和 $SS_{\text{Error}}$ 的值在图 12-44 中为 $SS_{\text{时间}}$和 $SS_{\text{Effect}}+SS_{\text{Error（时间）}}$。

本例的偏 $\eta^2 = 1500.030/(1500.030+57580.074) \approx 0.025$。

这个结果与主体内效应的检验中图 12-44 最后一列的偏 Eta 方值是一致的，无须自己计算。常规的偏 $\eta^2$ 的小、中和大效应量的值分别为 0.01、0.06 和 0.14。偏 $\eta^2$ 值越大，因变量的方差被自变量解释得越多。

APA 格式的结果解释：

根据图 12-44，顾客满意度得分在三个时刻是显著不同的，Greenhouse-Geisser 调整 $F=4.72$，$p < 0.05$，偏 $\eta^2 = 0.025$，说明三个月的满意度均值有显著差异。进一步配对样本 $t$ 检验结果表明，三个配对比较的结果在成对样本检验表（见图 12-49）中显示。这些结果表明第一个配对检验一月满意度（M=81.01，SD=12.34）与二月满意度（M=83.44，SD=10.34）之间，一月满意度与三月满意度（M=79.40，SD=12.57）（以上数值见图 12-41）之间差异不显著，这是由于其 $p$ 值分别为 0.099 和 0.277，都大于 0.017。二月满意度与三月满意度之间差异是显著的，$p$ 值为 0.000（$p < 0.001$）。

说明：（1）本例是在球形假定不成立的情况下分析的结果。如果球形假设成立，用图 12-44 第一行的值 $F= 4.72$ 替换 Greenhouse-Geisser 的调整 $F=4.715$；

（2）检验功效值可以直接在结果中得到，不必自己计算；

（3）注意球形检验假定是否成立，并根据实际结果查找相应的数据进行分析。

（4）在得出均值有显著差异后，应进一步进行配对样本 $t$ 检验来探讨具体的差异。

练习5：在某网络中介网站找出一家餐饮企业三个不同时间的顾客消费额，把不同时刻顾客消费额按照连续变量（可以是消费额）输入SPSS软件，并分析此餐馆顾客消费的均值是否有显著差异（假设评价的顾客是同一消费群体）。结果包括如下信息及格式：

研究问题、假设、分析、结果展示。

## 12.5 本章小结

上述的均值比较方法可以归纳为表12-2，在应用时要注意检验类型、变量个数（或类型），以及假设的说法和前提条件。

表12-2 均值比较检验汇总

| 检验类型 | 变量 | 假设 | 前提条件 |
|---|---|---|---|
| 单样本 | 1个连续变量 | 样本均值与检验值有显著差异 | 1.观测独立；<br>2.变量正态分布 |
| 独立样本 | 1个2分类变量，<br>1个连续变量 | 两个总体的均值有显著差异 | 1.观测独立；<br>2.变量正态分布；<br>3.方差相等 |
| 配对样本 | 2个连续变量 | 两个总体的均值有显著差异 | 1.观测独立；<br>2.变量正态分布；<br>3.方差相等 |
| 组间单因素方差分析 | 1个多分类变量，<br>1个连续变量 | $n$个总体的均值有显著差异 | 1.观测独立；<br>2.变量正态分布；<br>3.方差相等 |
| 组内单因素方差分析 | 1个连续变量，<br>至少观察3次结果 | $n$个总体的均值有显著差异 | 1.观测独立；<br>2.变量正态分布；<br>3.球形假定 |

## 12.6 练习题

### 一、单项选择题

1. 如果要检验某航空公司的航班延误率是否符合行业水平，应该抽样这家航空公司的若干航班，并计算其延误率。按照民航统计，平均航班延误率是20%，那么要分析此航空公司的航班延误率是否与平均值有显著差异，应该进行（　）

   A. 单样本 $t$ 检验　B. 独立样本 $t$ 检验　C. 配对样本 $t$ 检验　D. 单因素方差分析

2. 如果要比较两家酒店顾客满意度是否有差异，应该进行（　）

   A. 单样本 $t$ 检验　B. 独立样本 $t$ 检验　C. 配对样本 $t$ 检验　D. 单因素方差分析

3. 如果比较三家快递服务公司的顾客满意度是否有差异，应该进行（　）

   A. 单样本 $t$ 检验　B. 独立样本 $t$ 检验　C. 配对样本 $t$ 检验　D. 单因素方差分析

4. 如果要研究一个部门的服务质量是否稳定，测量不同时间（至少三个时间段）的顾客满意度进行比较，此时应该进行 （ ）
A. 单样本 $t$ 检验 B. 独立样本 $t$ 检验 C. 配对样本 $t$ 检验 D. 单因素方差分析
5. 如果要分析两个相关联的群体（实习生和正式员工）的服务质量是否有差异，可以进行 （ ）
A. 单样本 $t$ 检验 B. 独立样本 $t$ 检验 C. 配对样本 $t$ 检验 D. 单因素方差分析
6. 如果要研究一组员工培训前后服务质量是否有显著差异，可以进行 （ ）
A. 单样本 $t$ 检验 B. 独立样本 $t$ 检验 C. 配对样本 $t$ 检验 D. 单因素方差分析

## 二、判断题

1. 单样本 $t$ 检验的变量要求是 1个连续变量。 （ ）
2. 独立样本 $t$ 检验的变量要求是 2个连续变量。 （ ）
3. 配对样本 $t$ 检验的变量要求是1个2分类变量和1个连续变量。 （ ）
4. 组间单因素方差分析的变量要求是 1个多分类变量和1个连续变量。 （ ）
5. 组内单因素方差分析的变量要求是 1个2分类变量和1个连续变量。 （ ）

## 三、操作题

结合小组作业，或在互联网上搜索顾客在服务企业的消费行为及消费后评价数据，进行不同类型的均值比较分析。具体包括如下内容：

研究问题、假设、分析、结果展示。

# 第13章

# 回归分析

## 13.1 简单线性回归分析

简单线性回归分析用于随一个变量取值的变化，预测另一个变量的变化，且二者呈线性关系。在回归分析中，被预测的变量通常称作因变量，用于预测的变量通常称为自变量或预测变量。所谓线性，从函数理论上讲就是自变量与因变量的一次函数关系；从几何角度看，函数图像呈线性趋势（见图13-1a、13-1b），其中的$x$与$y$具有直观的线性关系，而图13-1c是曲线，图13-1d呈常值函数趋势。

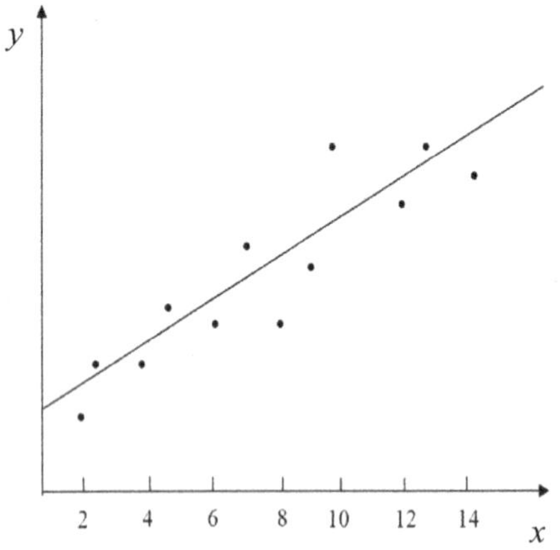


图13-1a

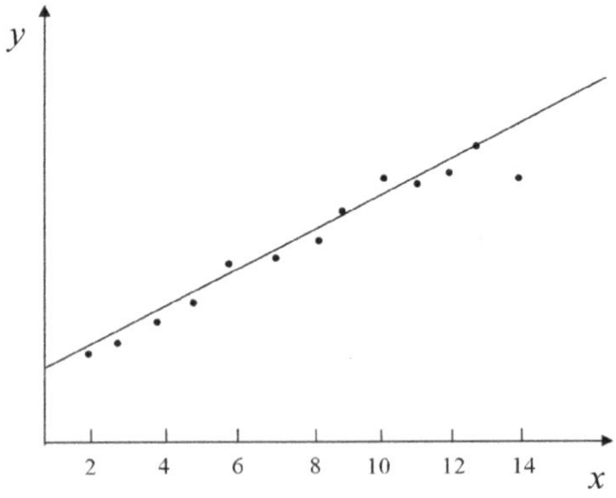


图13-1b

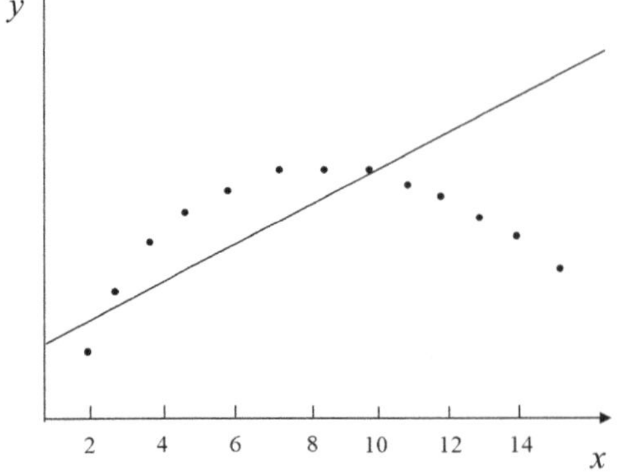


图13-1c

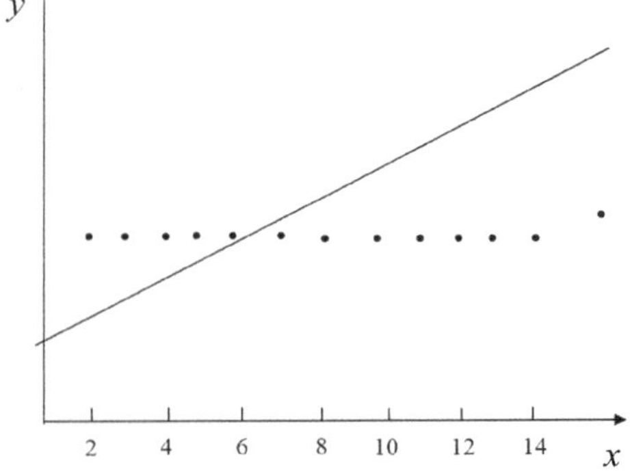


图13-1d

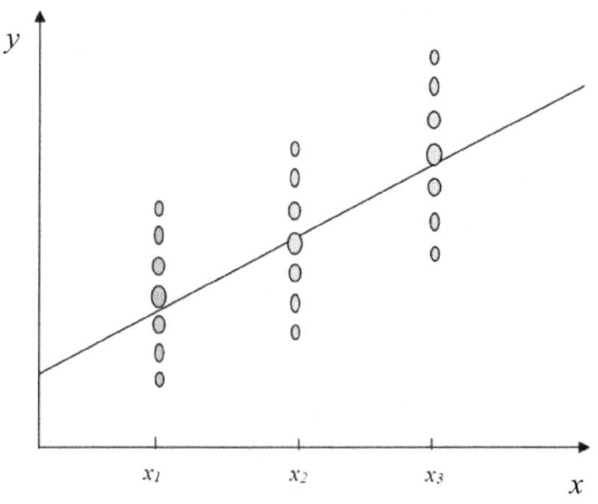


图13−2a

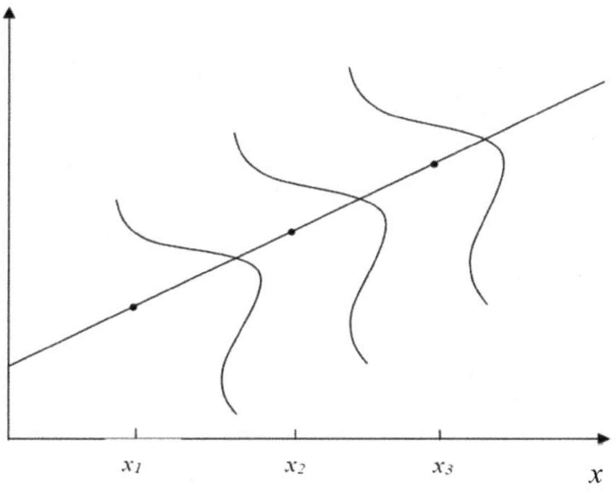


图13−2b

简单线性回归分析的变量包含两个连续变量，其前提条件有3个：

1. 观测独立

该假定意味着每个被试回答问题应该是独立的（即彼此互不影响）。违反这一假定会严重影响回归分析结果的准确性。所以若不符合观测独立的假定，则不能使用回归分析。

2. 总体服从正态分布

该假定意味着每个变量的总体都应该服从正态分布，对于每个自变量的特定值，因变量的取值应该服从正态分布。图13−2a是对于自变量 $x$ 的不同取值，对应的因变量的取值散点图。大点表示分布密集（因变量取值多），小点则相反。图13−2b是对应的因变量取值的正态分布图，要求对于不同的自变量$x$、$y$值的概率分布是正态的。对于中等到较大的样本量，绝大部分的非正态数据类型对回归方法的精确性没有太大影响。因此，此假设在样本量较大时不需要特意检验。

3. 方差齐性

方差齐性是指对于自变量的不同取值，对应的因变量分布的方差总体上是相等的。图13−2b中正态概率分布的方差要相等，直观地说即正态分布图的“开口大小”要一样。在简单线性回归分析中，轻度或中度违反该假定是可以容忍的。这一假定是否满足会在SPSS回归分析结果中得到检验。

研究问题：在管理实践中，通常要对事物发展有前瞻性。有些事情不能等到发生了再应对，如员工离职、服务失误等。因此，要预判或预测这些事情的发生，尽量早发现，留住好的员工或避免服务失误。下面是一些关于管理的例子：

例1：员工年龄是否能预测员工月收入？

假设：根据线性关系，假设年龄与月收入的关系式是$\hat{y}=b_0+b_1x$，其中$b_0$是常量，$b_1$是自变量系数，$x$表示年龄，$\hat{y}$表示月收入的估计值。假设如下：

$H_0$：$b_1=0$（即二者不存在线性关系）；

$H_1$：$b_1 \neq 0$（即二者存在线性关系）。

用结合实际管理的语言，备择假设可以表述为：

员工月收入与年龄有显著的线性关系。

**SPSS分析步骤：**

1. 打开附件2—酒店员工调研数据文件，从菜单栏中选择“分析”→“回归”→“线性”（见图13-3）。打开线性回归对话框，变量年龄和月收入出现在对话框的左侧（见图13-4）。

2. 选择变量年龄，点击向右箭头按钮“➡”，把变量移到“自变量”框中。

3. 选择变量月收入，点击第二个向右箭头按钮“➡”，把变量移到“因变量”框中（见图13-4）。

4. 点击“统计量”，选择“估计”和“模型拟合度”（见图13-5），点击“继续”回到图13-4。

5. 点击“绘制”，在“标准化残差图”中选择“正态概率图”（见图13-6），默认变量是因变量（月收入），点击“继续”回到图13-4。

6. 在图13-4中点击“确定”完成操作。

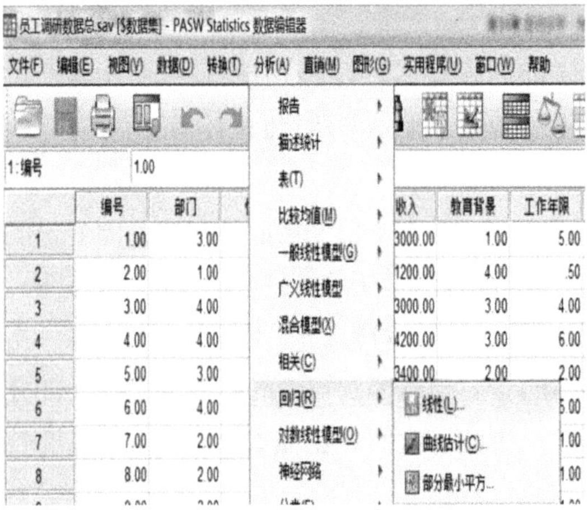


图13-3

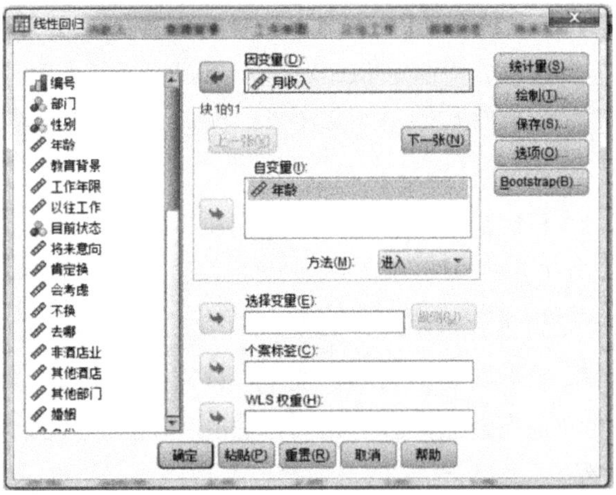


图13-4

图13-5

图13-6

结果展示：

简单线性回归的分析结果主要是3个表：模型汇总、Anova、系数。如果想判断变量的正态性，还可以加上正态概率图（见图13-10）。下面分别对表和图进行解释。

模型汇总表格（见图13-7）给出了$R$、$R^2$、调整$R^2$和标准估计的误差。前3个值度量月收入由年龄预测的程度有多大，最后一个值表示的是不能由年龄预测的月收入百分比的平均值。$R$是相关系数，它等于年龄和月收入的皮尔逊相关系数的绝对值，$R$取值范围为（0，1]，当$R$=1时，回归曲线是一条直线，即自变量变化100%解释因变量变化。$R^2$是$R$的平方，当$R^2$乘100%时，其值可以解释为因变量的总变化中被自变量解释的百分比。本例的$R^2$可以解释为年龄解释了月收入的总变化的5.1%（0.051×100%）。由于其值很小，结果说明年龄不是月收入的主要预测变量。结果中的调整$R^2$是对$R^2$的修正值。由于样本较大时计算的$R^2$值容易高估总体值，因此大样本时调整$R^2$对总体值的估计会更好。

最后，标准估计的误差表明自变量不能预测因变量值的程度。本例的值1169.95说明用年龄预测月收入时，回归方程在预测时的平均偏离大约为1169.95。

**模型汇总[b]**

| 模型 | R | R 方 | 调整 R 方 | 标准 估计的误差 |
|---|---|---|---|---|
| 1 | .226[a] | .051 | .047 | 1169.95267 |

a. 预测变量：（常量）、年龄。
b. 因变量：月收入。

图13-7

**Anova[b]**

| 模型 | | 平方和 | df | 均方 | F | Sig. |
|---|---|---|---|---|---|---|
| 1 | 回归 | 1.849E7 | 1 | 1.849E7 | 13.505 | .000[a] |
| | 残差 | 3.422E8 | 250 | 1368789.249 | | |
| | 总计 | 3.607E8 | 251 | | | |

a. 预测变量：（常量）、年龄。
b. 因变量：月收入。

图13-8

**系数[a]**

| 模型 | | 非标准化系数 | | 标准系数 | t | Sig. |
|---|---|---|---|---|---|---|
| | | B | 标准 误差 | 试用版 | | |
| 1 | (常量) | 1863.201 | 285.685 | | 6.522 | .000 |
| | 年龄 | 35.447 | 9.646 | .226 | 3.675 | .000 |

a. 因变量：月收入。

图13-9

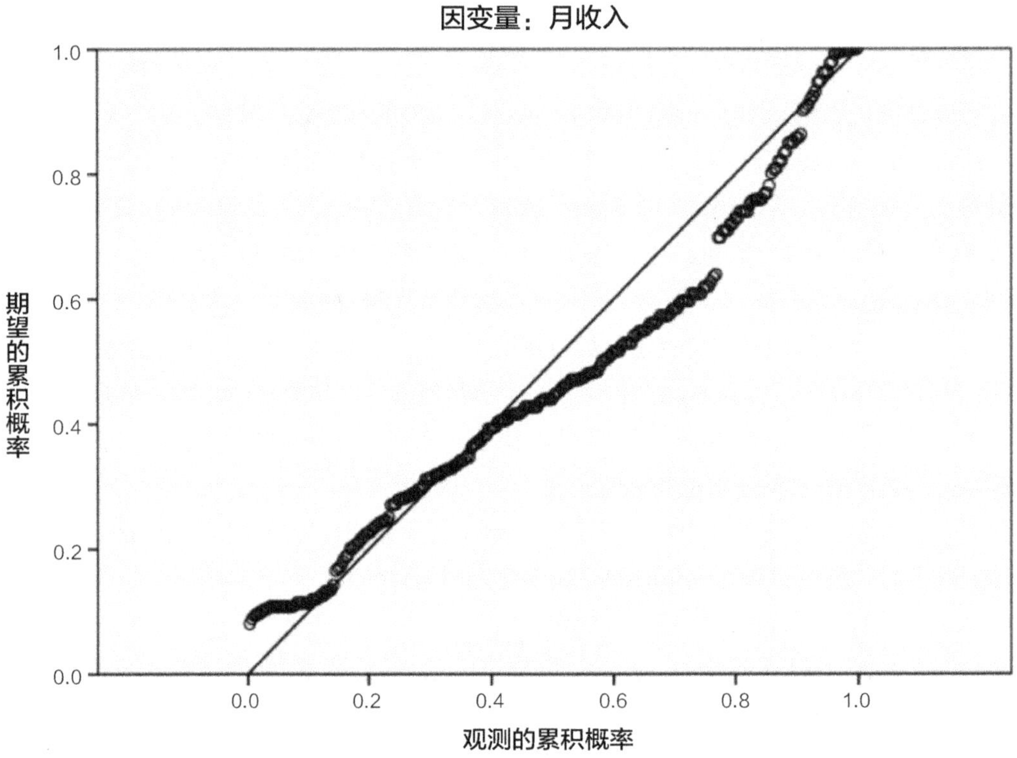


图13-10　回归标准化残差的标准P-P图

方差分析表格Anova（图13-8）检验的是自变量是不是因变量的显著预测变量（即自变量的系数$b_i$是否等于零）。在简单回归分析中，Anova表中Sig.值（$p$值）小于或等于0.05时，说明自变量系数不等于零，表示自变量是因变量的显著预测变量，$p$值大于0.05时则相反。本例的Sig.值是0.000（小于0.05），因此可以判定年龄是月收入的显著预测变量。

图13-9是回归系数表。它提供了回归方程中的常量和系数的值（非标准化系数B值和标准系数）及其是否显著为零（最后一列的Sig.值）。本例的Sig.值都小于0.05，因此可以断定回归方程中的常量和自变量系数都不为零。因此回归方程可以写为：

$$月收入 = 1863.20+35.45 \times 年龄$$

通过这一回归方程，可以预测不同年龄员工对应的月收入（估计值，没有考虑误差值）。但要注意的是，本例的年龄不是月收入很好的预测变量（$R^2$很小，标准估计的误差很大），因此即使方程系数显著，实际上这个方程也不能作为月收入的好的预测变量。

最后一个正态概率图（图13-10）描述的是因变量是否为正态分布，当散点在直线的附近变动时，可以认为因变量是正态分布的。如果偏离那条直线较远，那么显示不呈正态分布。在完成SPSS回归分析并得出结果后，需要对结果进行分析和解释。

回归分析结果的分析步骤：

1. 看Anova表中的Sig.值，如果Sig.≤0.05，拒绝原假设，得出自变量是因变量的显著预测变量的结果。如果Sig.＞0.05，不拒绝原假设，得出自变量不是因变量的显著预测变量的结果。顺便观察图13-10，检验是否满足正态分布假设。

2. 如果线性关系显著，注意模型汇总表中$R^2$的值，明确自变量对因变量变异的解释程度。

3. 如果线性关系显著，通过系数表进一步检验常量是否为零，同时根据对应的非标准化系数值写出回归方程。

APA格式的结果解释：

在写结果时，要报告标准回归系数和预测变量检验的结果以及$R^2$值。在简单回归中效应量是用$R^2$给出的。科恩准则约定简单回归中$R^2$的值0.01、0.09和0.24分别表示为小、中和大的效应量。下面是结果解释：

通过以年龄作为自变量、月收入作为因变量进行回归分析，结果表明年龄是月收入的显著预测变量。$F(1, 252)=13.51$，$p<0.05$（见图13-8）。年龄解释了月收入的变异性的5.1%（$R^2=0.051$）（见图13-9）。根据科恩准则，效应量较小。回归方程为：

$$月收入 = 1863.20+35.45\times 年龄$$

练习：针对某两个连续变量进行简单线性回归分析，格式如下：

研究问题、假设、分析结果展示与说明、APA格式的结果解释。

## 13.2 多元线性回归分析

多元线性回归分析是用两个或两个以上的不同自变量变化来预测一个因变量的变化。在多元线性回归分析中，与简单线性回归分析一样，被预测的变量称为因变量，用来预测的变量称为自变量或预测变量。

多元线性回归分析要求1个连续型因变量和多个（至少2个）连续型自变量。多元线性回归分析的前提条件与简单线性回归分析的前提条件一致（详见13.1节）：

1. 观测独立；
2. 总体服从正态分布；
3. 方差齐性。

例2：根据调研数据分析酒店员工年龄、工作年限是否可以预测员工的月收入。

分析：此问题的回归方程可以假设为：

$$\hat{y}=b_0+b_1x_1+b_2x_2$$

其中$x_1$表示年龄，$x_2$表示工作年限，$\hat{y}$表示月收入的预测值（见图13-11）。$b_0$是常量，$b_1$、$b_2$是自变量的系数。

与此例相关的需进一步探索的问题包括：

1. 员工年龄、工作年限能否预测月收入？解释力度如何？
2. 哪个自变量是最佳预测变量？
3. 如果控制年龄对月收入的影响，工作年限对月收入的影响效果怎样？
4. 年龄、工作年限相对来说，哪个更重要？

假设：

$H_0$：所有自变量的系数都为零（或$b_1 = b_2 = 0$）；

$H_1$：所有自变量的系数不都为零（或$b_1$和$b_2$至少有一个不为零）。

简单化的备择假设表述为：

酒店员工年龄、工作年限与月收入有显著线性关系（自变量的系数不都为零）。

SPSS分析步骤：

1．打开附件2—酒店员工调研数据文件，并从菜单栏中选择“分析”→“回归”→点击“线性”。打开“线性回归”对话框，变量年龄、工作年限和月收入出现在对话框的左侧（见图13-12、图13-13）。

2．选择自变量年龄、工作年限，把变量移到“自变量”框中，把变量月收入移到“因变量”框中（见图13-14），点击“确定”。

3．单击“统计量”，打开“线性回归：统计量”对话框，在“回归系数”框中选择“估

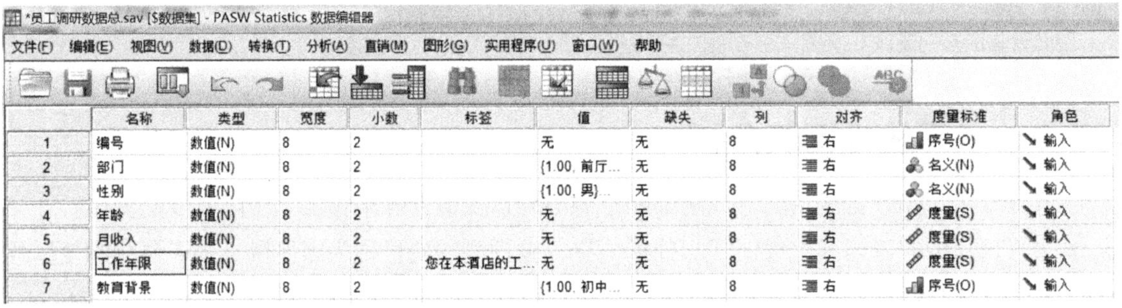


图13-11

图13-12

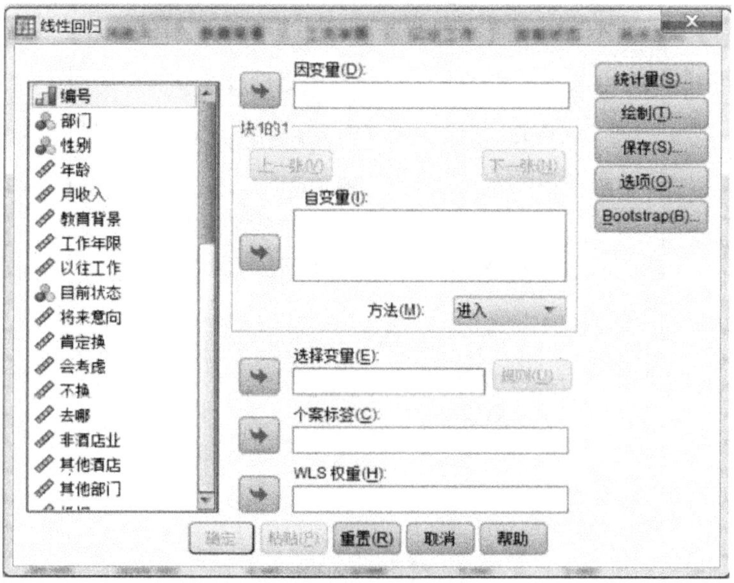


图13-13

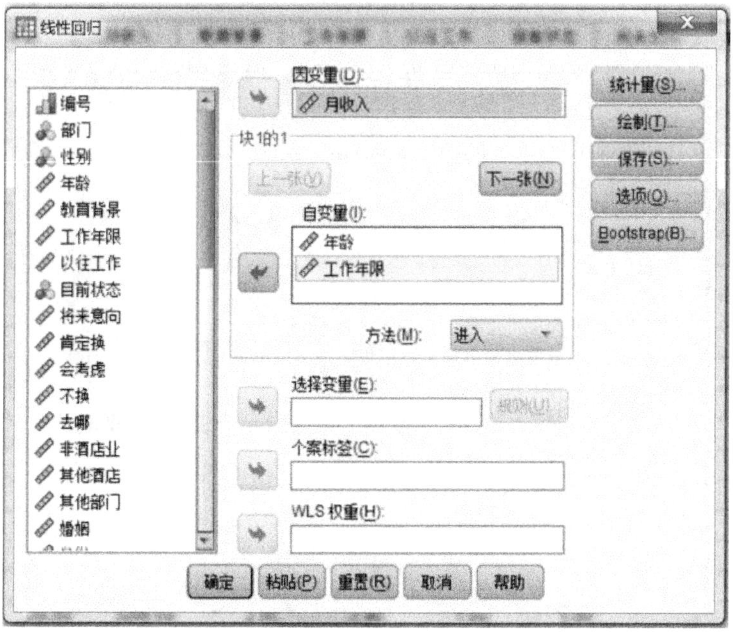


图13-14

计”“模型拟合度”“描述性”。在“残差框”中选择“Durbin-Watson”（见图13-15），点击“继续”。

4. 点击“绘制”，出现“线性回归：图”对话框，选择“正态概率图”（见图13-16），点击“继续”。

5. 点击“确定”。

图13-15

图13-16

结果展示：

一般情况下，多元线性回归分析的结果有6个表（见图13-17至图13-22），但是最重要的表有3个（图13-20到图13-22）。图13-23是可选结果，其作用是判断正态分布前提是否满足（判断方法请参考第13.1节的内容）。下面先对图13-17至图13-22的意义进行简单解释，然后重点解释图13-20至图13-22。

描述性统计量

| | 均值 | 标准 偏差 | N |
|---|---|---|---|
| 月收入 | 2877.5198 | 1198.74166 | 252 |
| 年龄 | 28.6151 | 7.65586 | 252 |
| 您在本酒店的工作年限 | 2.9147 | 2.49734 | 252 |

图13-17

相关性

| | | 月收入 | 年龄 | 您在本酒店的工作年限 |
|---|---|---|---|---|
| Pearson 相关性 | 月收入 | 1.000 | .226 | .515 |
| | 年龄 | .226 | 1.000 | .602 |
| | 您在本酒店的工作年限 | .515 | .602 | 1.000 |
| Sig.（单侧） | 月收入 | . | .000 | .000 |
| | 年龄 | .000 | . | .000 |
| | 您在本酒店的工作年限 | .000 | .000 | . |
| N | 月收入 | 252 | 252 | 252 |
| | 年龄 | 252 | 252 | 252 |
| | 您在本酒店的工作年限 | 252 | 252 | 252 |

图13-18

输入／移去的变量[b]

| 模型 | 输入的变量 | 移去的变量 | 方法 |
|---|---|---|---|
| 1 | 您在本酒店的工作年限，年龄[a] | . | 输入 |

a. 已输入所有请求的变量。
b. 因变量：月收入。

图13-19

图13-17是3个变量的描述统计量，其作用是给出变量均值、标准差和有效样本量的描述，从而了解研究对象的基本特征是否具有代表性。图13-18主要是描述变量间的相关系数及显著性。回归分析的自变量与因变量相关性越强越好，而自变量间的相关系数不宜过大（如大于0.9），否则会有多重共线性的可能。多重共线性指的是自变量之间存在线性关系，如果自变量间存在线性关系，会影响分析的结果。本例中自变量间有显著的相关性（0.602小于0.9），基本排除多重共线性的可能。图13-19描述回归分析的自变量和因变量，回归分析的方法（默认的方法为输入）。以上3个表在分析完成后可以进行保存，以便后续使用。

模型汇总[b]

| 模型 | R | R 方 | 调整 R 方 | 标准 估计的误差 | Durbin-Watson |
|---|---|---|---|---|---|
| 1 | .526[a] | .277 | .271 | 1023.67293 | 2.023 |

a. 预测变量：（常量）、您在本酒店的工作年限、年龄。
b. 因变量：月收入。

图13-20

Anova[b]

| 模型 | | 平方和 | df | 均方 | F | Sig. |
|---|---|---|---|---|---|---|
| 1 | 回归 | 9.975E7 | 2 | 4.988E7 | 47.597 | .000[a] |
| | 残差 | 2.609E8 | 249 | 1047906.266 | | |
| | 总计 | 3.607E8 | 251 | | | |

a. 预测变量：（常量）、您在本酒店的工作年限、年龄。
b. 因变量：月收入。

图13-21

系数[a]

| 模型 | | 非标准化系数 | | 标准系数 | t | Sig. | 共线性统计量 | |
|---|---|---|---|---|---|---|---|---|
| | | B | 标准 误差 | 试用版 | | | 容差 | VIF |
| 1 | (常量) | 2634.055 | 264.849 | | 9.946 | .000 | | |
| | 年龄 | -20.550 | 10.567 | -.131 | -1.945 | .053 | .638 | 1.568 |
| | 您在本酒店的工作年限 | 285.278 | 32.394 | .594 | 8.806 | .000 | .638 | 1.568 |

a. 因变量：月收入。

图13-22

结果解释：

图 13-20 至图 13-22 与简单回归分析的结果中 3 个表的意义相同，只是自变量的数量增加了。这里再简要归纳一下：模型汇总中的 $R^2$ 说明了因变量的变异（方差）由两个自变量解释的百分比（见图 13-20）。Durbin-Watson 值在 2 附近表示不存在自相关，这是检验观察是否独立的指标。

在 Anova 表格（见图 13-21）中，$F$ 检验的结果可以判定自变量的系数是否都等于零。若 $p \leqslant 0.05$，则原假设被拒绝，即自变量系数不都为零，结果是因变量与自变量间存在显著的线性关系。反之则得出系数都等于零的结论，不能拒绝原假设，因变量与自变量间不存在显著的线性关系。

若结论是有显著线性关系，即自变量系数不都为 0，则需继续检查哪些系数不是 0，那么要继续看系数表（见图 13-22），检查针对每个变量系数 $t$ 检验的显著性（包括常量）。若 $t$ 检验是显著的（$p \leqslant 0.05$），则对应的系数不为零，否则系数等于零（$t$ 检验的原假设是系数等于 0）。本例年龄系数的 $t$ 检验不显著（$p = 0.053 > 0.05$），因此其系数 $b_1 = 0$，而 $b_0$ 与 $b_2$ 均不为 0。由此可知，自变量是因变量的显著预测变量。

图 13-22 最后一列的共线性统计量是判断多重共线性的指标——容差和 VIF。容差值 =1-$R^2$。其中的容差值大于 0.1（$R^2$ 小于 0.9）或 VIF 值小于 10，表示不存在多重共线性。因此本

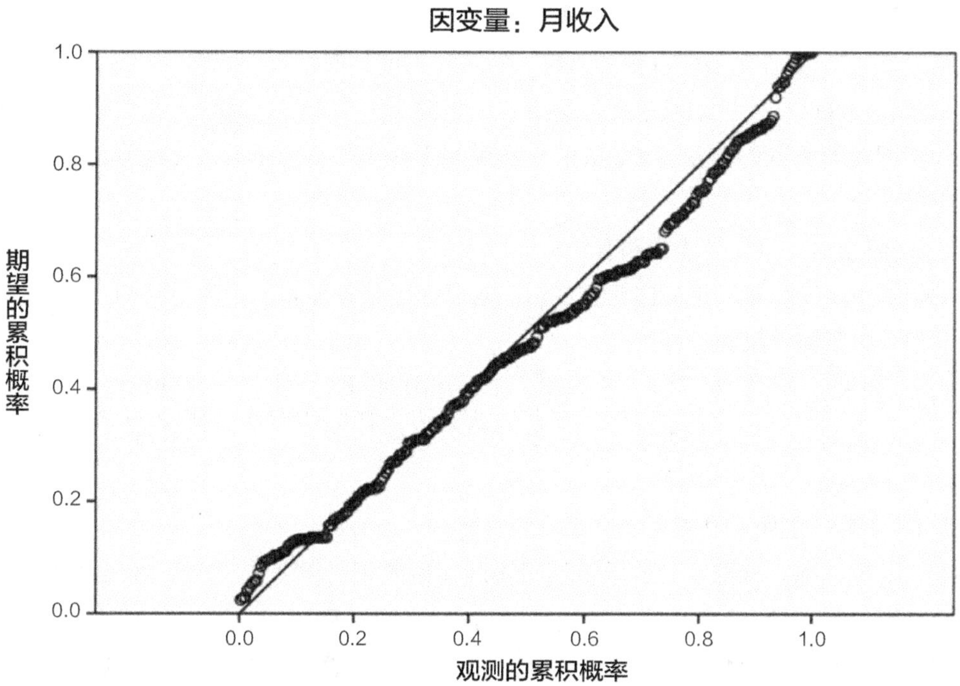


图13-23　回归标准化残差的标准P-P图

例的自变量不存在多重共线性。

APA 格式的结果解释：

在写多元回归分析的结果时，要报告对包含所有预测变量的回归模型的检验结果（包括 $R^2$ 和 Anova 检验结果）和对单个预测变量的检验结果（包括 $B$、$t$ 值和 $p$ 值）。

效应量的意义：在回归分析中效应的度量是用 $R^2$ 给出的。科恩定义回归中 $R^2$ 的值 0.02、0.13 和 0.26 分别表示为小、中和大的效应量。本例的 APA 格式的结果解释如下：

本例用年龄和工作年限两个变量来预测月收入，建立多元线性回归模型，通过多元线性回归分析，结果显示这个多元线性回归模型是显著的，$F = 47.60$，$p < 0.05$，$R^2 = 0.28$。在自变量中，年龄（$B = -1.13$，$t = -1.945$，$p>0.05$）不显著。工作年限（$B = 0.59$，$t = 8.81$，$p < 0.05$）是显著的预测变量。根据科恩准则，$R^2 = 0.28$ 有非常大的效应量。

本例的回归方程为：月收入 = 2634 + 285 × 工作年限。

说明：（1）回归系数（非标准化系数 $B$）的意义是 1 个单位自变量的变化对应的因变量的变化量。具体解释是：在其他变量保持不变的情况下，每增加 1 个单位的 $x_1$，就会增加 $b_1$ 个单位的 $y$ 值。每增加 1 个单位的 $x_2$，就会增加 $b_2$ 个单位的 $y$ 值。标准系数（见图 13-22 中的中文结果显示的文字试用版）表示的是不同自变量对因变量变化的相对重要性。

（2）标准估计的误差（见图 13-20），表明自变量不能预测因变量值的程度。本例的标准估计的误差值是 1023.67，说明用年龄、工作年限预测月收入时，回归方程预测的月收入平均偏离大约 1023.67 元。

下面回答针对本例进一步探索的问题：

问题1．年龄、工作年限能否预测月收入？解释力度如何？

答案：从线性回归分析结果来看，两个变量年龄、工作年限是月收入的预测变量。具体地说，工作年限是月收入的预测变量。$R^2=0.28$说明工作年限解释了月收入变异的28%，有非常大的效应量。

问题2．哪个自变量是最佳预测变量？

答案：本例中工作年限是最佳预测变量。若两个变量都显著，则要看回归系数的绝对值大小。绝对值大，预测效果好。

问题3．如果控制年龄对月收入的影响，工作年限对月收入的影响效果怎样？

答案：根据回归方程非标准化系数，在控制年龄的情况下，工作年限每增加1年，其月收入会增加约285元。

问题4．年龄、工作年限相对来讲哪个更重要？

答案：此问题需看标准系数，它表明了不同变量的相对重要性。由图13-22可以看出，本例年龄变量不显著，因此不需要进一步比较，结论是工作年限对月收入的预测更重要。

练习：针对多个连续变量进行多元线性回归分析（数据可以在网络上查找顾客对酒店或餐饮评价的几种不同侧面作为变量）。具体内容包括：

研究问题、假设、分析结果展示与说明、APA格式的结果解释。

## 13.3 含虚拟变量的回归分析

多元线性回归分析的变量都是连续变量。但是有时需要研究性别或其他因素对因变量的影响，而这些变量又是分类变量，这就需要引入虚拟变量的概念。在回归分析中，自变量除了连续变量，还可以有虚拟变量（分类变量）。本节主要介绍虚拟变量在回归分析中的处理方法和结果解释。下面首先对虚拟变量的概念和处理方法进行介绍。

### 13.3.1 什么是虚拟变量

虚拟变量实际上是由定性变量构成的二值变量。定性变量中的名义变量和顺序变量直接作为回归分析的自变量时，分析结果不是很好。但如果把它们变形为虚拟变量后作为回归分析的自变量，结果会改进很多。回归方程中可以含1个虚拟变量（相当于独立样本 $t$ 检验），或多个虚拟变量（即含交互作用的虚拟变量）。

### 13.3.2 建立虚拟变量

分类变量的编码要求分类要不重不漏。虚拟变量的建立规则也要求用最多的虚拟变量充分表示原始分类变量中的信息。虚拟变量是取值为 0 或 1 的二值变量。在分类选项问题中，被试选择某一分类时，赋值为 1，不选择时，赋值为 0。若原始分类变量定义中的赋值不是 0 和 1（如

男 =1，女 =2），则需重新编码为 0 和 1 的格式。

作为一个含 $M$ 个选项的分类变量，需要设计（$M$−1）个虚拟变量。另外，变量名可以改为赋值为 1 的那个组的名称。为什么只需要（$M$−1）个虚拟变量？因为回归分析中要求自变量间不能存在纯粹的多重共线性，即一个变量不能表示为其他变量的线性组合。以二分类变量为例，性别有二分类：男、女。若我们还建立两个虚拟变量，分别赋值为男 =1，女 =0，则会出现变量冗余和线性关系：男 =1− 女。即如果知道了一类的数量，我们就可以得到另一类的数量，因此没必要把另一类单独定义为变量，所以此时二分类变量只需一个虚拟变量即可表达所有信息。这个道理可以推广到 $M$ 个分类变量的虚拟变量的定义过程中。

针对二分类变量的虚拟变量定义过程如下（以性别为例）：

重编码：两个选项的分类问题可以重新定义为一个虚拟变量。

原始名称：性别（二分类变量），新的虚拟变量名称：性别 1（此为单值变量）。

原始值：1= 男，2= 女。

重新定义为：

性别 1：0= 男，1= 女。

参照变量：0= 男，0= 女。

新变量和重新编码在 SPSS 中的操作步骤：

1. 打开附件2—酒店员工调研文件，从菜单栏中选择“转换”→点击“重新编码为不同变量”（见图13−24）。打开“重新编码为其他变量”对话框，变量性别等出现在对话框的左侧

图13−24

（见图13-25）。

3. 选择变量性别，点击“➡”把变量移到“数字变量→输出变量”对话框中（见图13-26）。在“输出变量”对话框的“名称”框内输入性别1，在“标签”框内输入虚拟性别变量，点击“更改”得到图13-27。

4. 点击“旧值和新值”得到图13-28。在“旧值”框中输入数字1，“新值”框中输入数字0，点击“添加”。继续在“旧值”框中输入数字2，“新值”框中输入数字1，点击“添加”得到图13-29。点击“继续”得到图13-30。

5. 点击“确定”得到图13-31。

图13-25

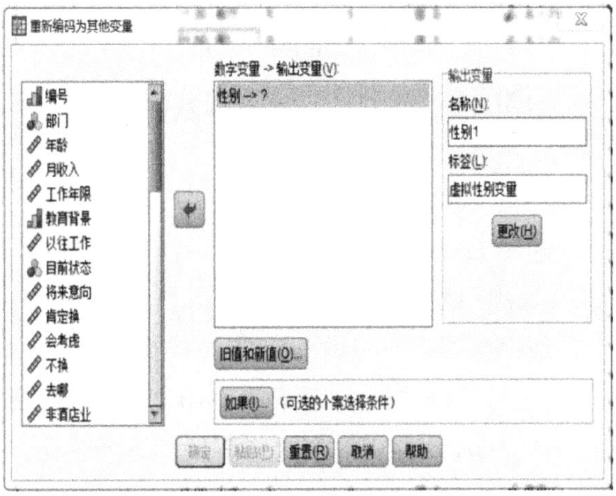


图13-26

图13-27

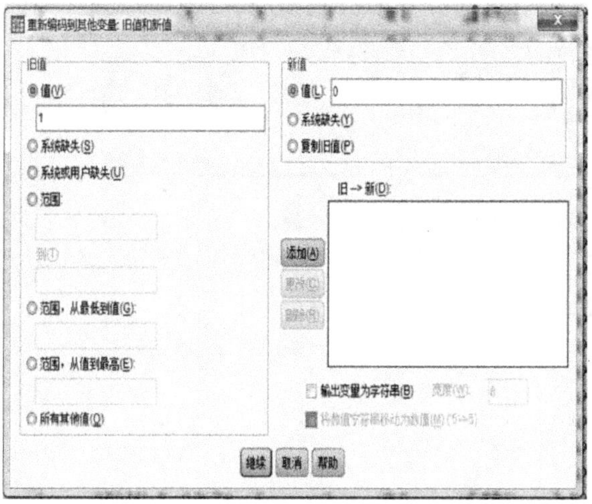


图13-28

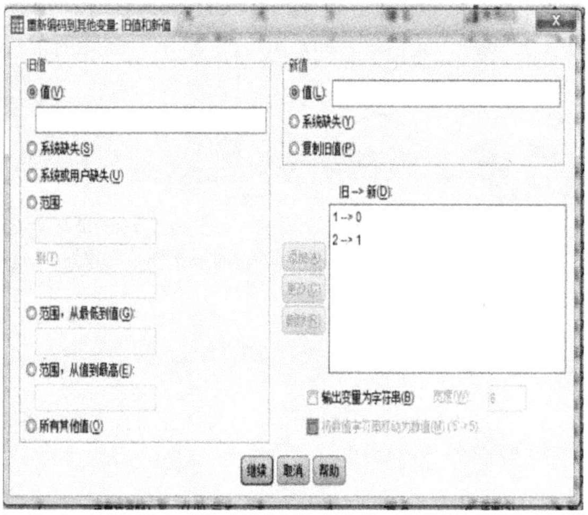


图13-29

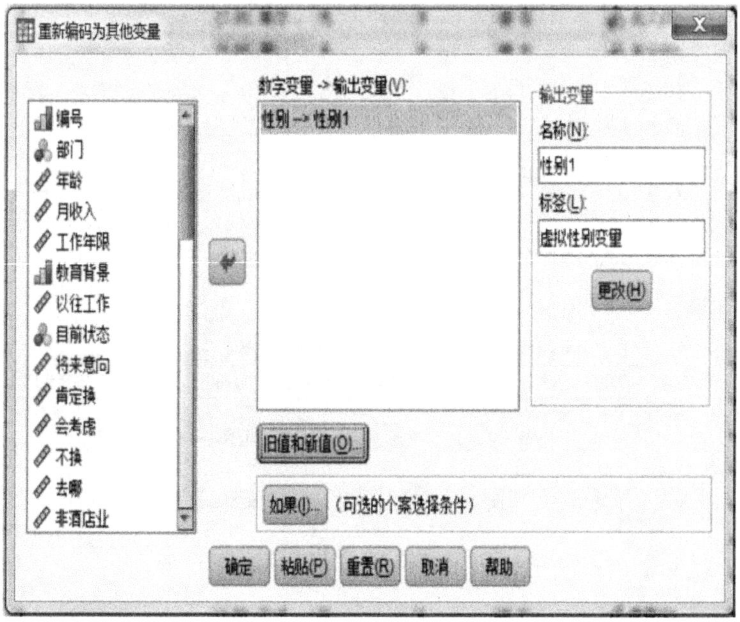


图13-30

通过以上操作，SPSS的输出查看器对话框会出现重新编码的信息（见图13-31）。在SPSS“变量视图”窗口中，会出现性别1这个虚拟变量（见图13-32），同时在“数据视图”中会出现性别1这个变量的数值（见图13-33）。至此虚拟变量的定义就完成了，可以进行含虚拟变量的回归分析了。

针对二、四分类变量的虚拟变量定义过程如下（以工作部门为例）：

重新编码：四个选项的分类问题可以重新定义为三个虚拟变量。

原始名称：部门（四分类变量）。

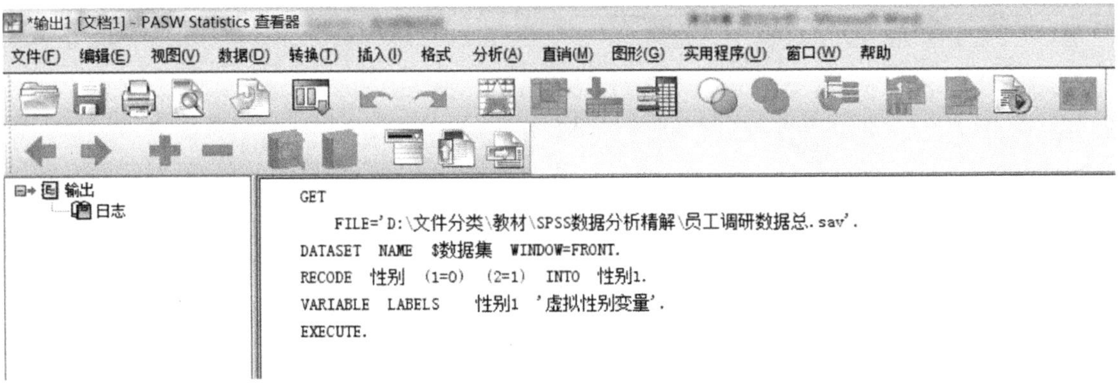


图13-31

| | 名称 | 类型 | 宽度 | 小数 | 标签 | 值 | 缺失 | 列 |
|---|---|---|---|---|---|---|---|---|
| 42 | SATISFAC | 数值(N) | 8 | 2 | | 无 | 无 | 8 |
| 43 | 努力程度 | 数值(N) | 8 | 2 | | 无 | 无 | 8 |
| 44 | 离职2 | 数值(N) | 8 | 2 | leave 2调整为... | 无 | 无 | 8 |
| 45 | 离职意向 | 数值(N) | 8 | 2 | 离职意向问题2... | 无 | 无 | 8 |
| 46 | intention | 数值(N) | 8 | 2 | 百分比形式的... | 无 | 无 | 8 |
| 47 | 性别1 | 数值(N) | 8 | 2 | 虚拟性别变量 | 无 | 无 | 10 |

图13-32

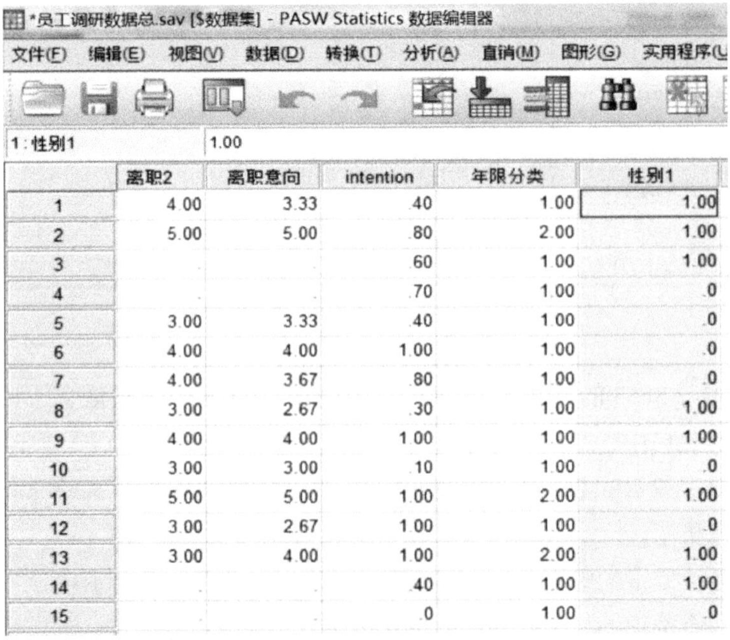


| | 离职2 | 离职意向 | intention | 年限分类 | 性别1 |
|---|---|---|---|---|---|
| 1 | 4.00 | 3.33 | .40 | 1.00 | 1.00 |
| 2 | 5.00 | 5.00 | .80 | 2.00 | 1.00 |
| 3 | . | . | .60 | 1.00 | 1.00 |
| 4 | . | . | .70 | 1.00 | .0 |
| 5 | 3.00 | 3.33 | .40 | 1.00 | .0 |
| 6 | 4.00 | 4.00 | 1.00 | 1.00 | .0 |
| 7 | 4.00 | 3.67 | .80 | 1.00 | .0 |
| 8 | 3.00 | 2.67 | .30 | 1.00 | 1.00 |
| 9 | 4.00 | 4.00 | 1.00 | 1.00 | 1.00 |
| 10 | 3.00 | 3.00 | .10 | 1.00 | .0 |
| 11 | 5.00 | 5.00 | 1.00 | 2.00 | 1.00 |
| 12 | 3.00 | 2.67 | 1.00 | 1.00 | .0 |
| 13 | 3.00 | 4.00 | 1.00 | 2.00 | 1.00 |
| 14 | . | . | .40 | 1.00 | 1.00 |
| 15 | . | . | .0 | 1.00 | .0 |

图13-33

新的三虚拟变量名称（以前厅部为参照组）：餐饮部、客房部、康乐部。

原始值：1=前厅部，2=餐饮部，3=客房部，4=康乐部。

重新编码值：

餐饮部：0=前厅部，1=餐饮部，0=客房部，0=康乐部。

客房部：0=前厅部，0=餐饮部，1=客房部，0=康乐部。

康乐部：0=前厅部，0=餐饮部，0=客房部，1=康乐部。

前厅部：0=前厅部，0=餐饮部，0=客房部，0=康乐部（软件默认第一个选项为参照变量，不作为虚拟变量）。

新变量的重新编码在SPSS中的操作步骤与性别的虚拟变量定义操作一致。在此只对虚拟变量餐饮部的定义操作进行说明，其余两个变量（客房部、康乐部）的定义类似。

1. 打开附件2—酒店员工调研数据文件，从菜单栏中选择“转换”→点击“重新编码为其他变量”。打开“重新编码为其他变量”对话框，变量部门等出现在对话框的左侧。

3. 选择变量部门，点击“ ”把变量移到“数字变量→输出变量”对话框中。在“输出变量”对话框的“名称”框内输入餐饮部，在“标签”框内输入虚拟变量餐饮部，点击“更改”得到图13-34。

4. 点击“旧值和新值”。在“旧值”框中输入数字1，“新值”框中输入数字0，点击“添加”；继续在“旧值”框中输入数字2，“新值”框中输入数字1，点击“添加”；在“旧值”框中输入数字3，“新值”框中输入数字0，点击“添加”；在“旧值”框中输入数字4，“新值”框中输入数字0，点击“添加”得到图13-35。点击“继续”回到图13-34。

5. 点击“确定”得到图13-36。

说明：

（1）四个分类的变量重新定义虚拟变量时只需要三个，一般软件把第一个选项设为参照

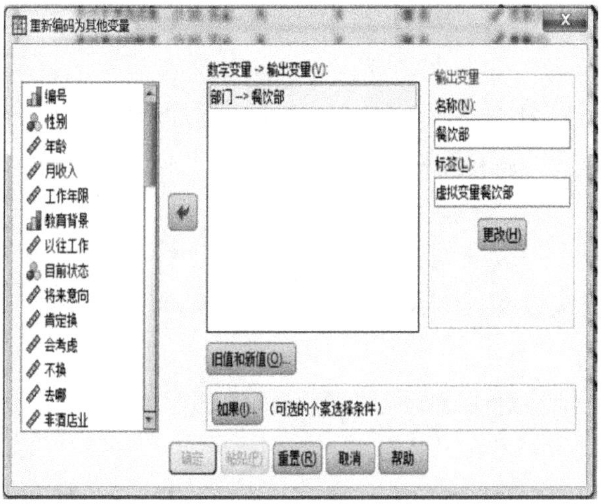


图13-34

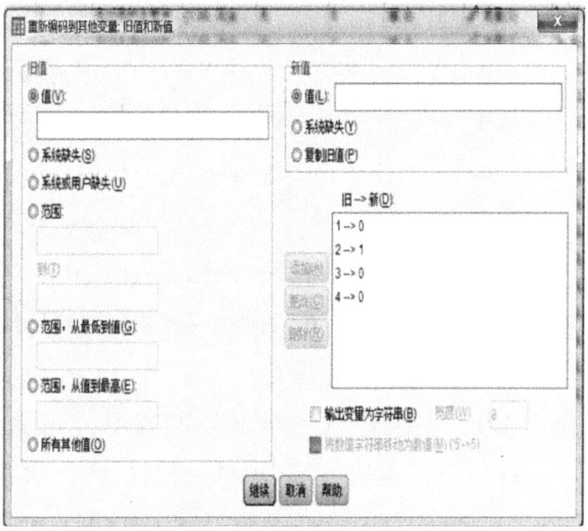


图13-35

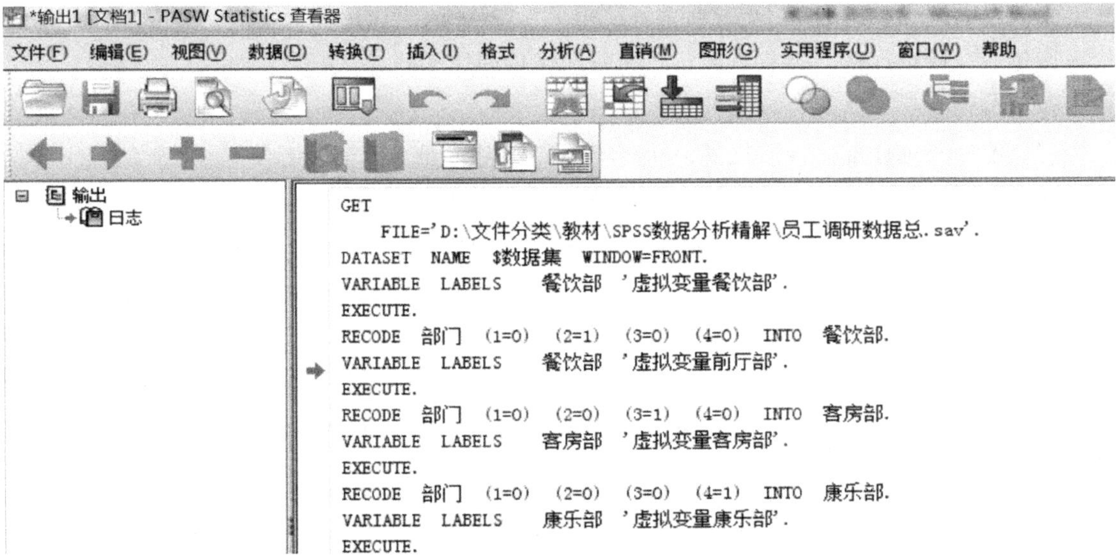


图13-36

变量，其余的三个选项分别定义为新的虚拟变量。

（2）在进行旧值和新值定义时，一定要根据前面的定义给初始值重新赋值（0或1）［参考重新编码值和结果（见图13-36）］。

（3）每个虚拟变量定义时，需要在“数字变量→输出变量”框中选择“重置”。

研究问题：在13.2节中的例子，如果除了年龄、工作年限，还要考虑性别、工作部门对月收入的影响，应如何利用回归分析法进行分析？

例3：员工的年龄、工作年限、性别、工作部门是否能很好地预测月收入？

根据前面的分析，此例包含了分类变量性别（二分类）和工作部门（四分类）。2个分类变量通过重新编码变为4个虚拟变量（分别为1个和3个）。因此在回归方程中，一共含有6个自变量，回归方程如下：

$$\hat{y} = b_0 + b_1x_1 + b_2x_2 + b_3x_3 + b_4x_4 + b_5x_5 + b_6x_6$$

其中$x_1$表示年龄，$x_2$表示工作年限，$x_3$表示性别1，$x_4$表示餐饮部，$x_5$表示前厅部，$x_6$表示康乐部，$\hat{y}$表示月收入的预测值。$b_0$是常量，$b_1$至$b_6$是自变量系数。

假设：

$H_0$：所有自变量的系数都为零（或$b_1 = b_2 = b_3 = b_4 = b_5 = b_6 = 0$）；

$H_1$：所有自变量的系数不都为零（或$b_1$至$b_6$至少有一个不为零）。

简化的假设表述是：

年龄、工作年限、性别及工作部门与月收入有显著线性关系（自变量的系数不都为零）。

SPSS分析步骤：因步骤与前面一致，这里不再提供操作图。

1. 打开附件2—酒店员工调研数据文件，从菜单栏中选择“分析”→“回归”→点击“线性”。打开“线性回归”对话框，变量年龄、工作年限、性别1、餐饮部、客房部、康乐部和月收入出现在对话框的左侧。

2. 选择自变量年龄、工作年限、性别1、餐饮部、客房部和康乐部，点击“➡”把变量移到“自变量”框中，把变量月收入移到“因变量框”中，点击“确定”。

3. 单击“统计量”，打开“线性回归：统计量”对话框，在“回归系数”框中选择“估计”“模拟拟合度”“描述性”“共线性诊断”，在“残差”框中选择“Durbin-Watson”，点击“继续”。

4. 点击“确定”。

结果展示：

**模型汇总[b]**

| 模型 | R | R方 | 调整R方 | 标准估计的误差 | Dubin-Watson |
|---|---|---|---|---|---|
| 1 | .591a | .349 | .333 | 978.75557 | 2.061 |

a. 预测变量：（常量）、虚拟变量康乐部，您在本酒店工作的年限，虚拟性别变量，虚拟变量客房部，虚拟变量餐饮部，年龄。
b. 因变量：月收入。

图13-37

**Anova[b]**

| 模型 | | 平方和 | df | 均方 | F | Sig. |
|---|---|---|---|---|---|---|
| 1 | 回归 | 1.260E8 | 6 | 2.100E7 | 21.918 | .000[a] |
| | 残差 | 2.347E8 | 245 | 957962.457 | | |
| | 总计 | 3.607E8 | 251 | | | |

a. 预测变量：（常量）、虚拟变量康乐部，您在本酒店工作的年限，虚拟性别变量，虚拟变量客房部，虚拟变量餐饮部，年龄。
b. 因变量：月收入。

图13-38

**系数[a]**

| 模型 | | 非标准化系数 | | 标准系数 | t | Sig. | 共线性统计量 | |
|---|---|---|---|---|---|---|---|---|
| | | B | 标准 误差 | 试用版 | | | 容差 | VIF |
| 1 | (常量) | 2832.043 | 307.075 | | 9.223 | .000 | | |
| | 年龄 | 1.256 | 12.640 | .008 | .099 | .921 | .408 | 2.454 |
| | 您在本酒店的工作年限 | 257.299 | 33.144 | .536 | 7.763 | .000 | .557 | 1.795 |
| | 虚拟性别变量 | -451.306 | 132.854 | -.183 | -3.397 | .001 | .917 | 1.090 |
| | 虚拟变餐饮厅部 | -534.806 | 157.780 | -.217 | -3.390 | .001 | .648 | 1.544 |
| | 虚拟变量客房部 | -742.556 | 227.182 | -.236 | -3.269 | .001 | .511 | 1.957 |
| | 虚拟变量康乐部 | -704.750 | 200.132 | -.226 | -3.521 | .001 | .647 | 1.545 |

a.因变量：月收入。

图13-39

模型汇总（见图13-37）中的 $R^2$ 说明了因变量的变异（方差）由几个自变量解释的百分比是35%。Durbin-Watson值在2附近表示不存在自相关（自变量的残差之间存在相关性），即自变量间是独立的。

在 Anova 表格中（见图 13-38），$F$ 检验的结果 $p \leqslant 0.05$（Sig.），因此拒绝原假设，即自变量系数不都为零，结果是因变量与自变量间存在显著的线性关系。

系数表（见图 13-39）中检查针对每个变量系数 $t$ 检验的显著性（包括常量）。结果显示除了年龄变量，其他所有自变量的 $t$ 检验都是显著的（$p \leqslant 0.05$），即对应的系数不显著为零。本例年龄系数的 $t$ 检验不显著（$p=0.921 > 0.05$），因此其系数 $b_1 = 0$，而其他系数都不为零，即其他自变量是因变量的显著预测变量。非标准化系数列的数值依次为常量 $b_0=2832$，$b_1=1.26$（不显著，记为 0），$b_2=257$，$b_3=-451$，$b_4=-535$，$b_5=-743$，$b_6=-705$。

图 13-39 最后一列的共线性统计量是判断多重共线性的指标——容差和 VIF。其中的容差值都大于 0.1，VIF 值都小于 10，表示不存在多重共线性。因此本例的自变量间不存在多重共线性。

APA 格式的结果解释：

本例是用年龄、工作年限、性别和部门作为自变量来预测月收入所建立的多元回归模型。通过进行回归分析，结果显示这个回归模型是显著的，$F=21.92$，$p < 0.05$。自变量中年龄（$B = 1.26$，$t= 0.099$，$p=0.92 > 0.05$）不显著。常量及其他变量均显著。根据科恩准则，$R^2 = 0.35$ 有非常大的效应量。

本例的回归方程为：

月收入预测值 = 2832 + 257 × 工作年限 − 451 × 性别 1−535 × 餐饮部 −743 × 客房部 −705 × 康乐部。

说明：在预测结果中，虚拟变量对预测的影响根据虚拟变量的个数，按照乘法法则有 $m_1 \times m_2 \times \cdots \times m_p$ 个结果，其中 $p$ 是虚拟变量的个数，$m_p$ 为每个虚拟变量分类的个数。本例的性别为 2 分类，部门为 4 分类，因此两个虚拟变量对预测结果的影响共有 8 种情况（在工作年限取不同值时）。性别的取值是 0 或 1，分别代表男性员工和女性员工；餐饮部、客房部和康乐部的取值每次只能有一个变量取值为 1，其他变量取值为 0，来分别代表员工所属的部门；全都取值为 0，代表员工属于前厅部。具体 8 种情况如表 13-1：

**表13-1　两个分类变量作为虚拟变量的影响结果**

| 部门 | 性别 | |
|---|---|---|
| | 男（0） | 女（1） |
| 前厅部 | $b_0$ | $b_0 + b_3$ |
| 餐饮部 | $b_0 + b_4$ | $b_0 + b_3 + b_4$ |
| 客房部 | $b_0 + b_5$ | $b_0 + b_3 + b_5$ |
| 康乐部 | $b_0 + b_6$ | $b_0 + b_3 + b_6$ |

注：（1）交叉位置的值表示不同性别及不同部门的员工对月收入的预测结果影响值；
（2）具体结果可以根据回归方程系数进行计算；
（3）多于两个分类变量时影响结果以此类推。

例如，要预测一位餐饮部女员工的月收入，预测方程为：

月收入预测值 =2832 + 257× 工作年限 − 451×1−535×1−743×0−705×0

=2832 − 451−535 + 257× 工作年限

结果的前三项就是 $b_0 + b_3 + b_4$，若选择该员工的工作年限，则其月收入可由上面方程得出。但是值得注意的是，预测的结果是一个均值，即所有某一工作年限的餐饮部女员工的月收入的平均值（期望值），因此预测结果是一个近似值，此值在预测区间内有一定的浮动（预测区间的内容请参考有关统计学书籍）。$R$ 的值越大，预测越准确，$R$=1 时（回归函数是一条直线）预测值与实际值是一样的。

练习：在前面的多元线性回归练习题中加入 1 ～ 2 个分类变量（如性别等）进行含虚拟变量的回归分析。要求包括如下内容：

研究问题、假设、分析结果展示与说明、APA 格式的结果解释。

## 13.4 双因素组间方差分析

双因素组间方差分析，其中双因素的意思是含有两个自变量（二分类或多分类），组间的意思是每个变量分别属于不同的组。双因素组间方差分析可以帮助研究两个分类自变量分别对一个连续因变量影响的主效果，以及它们的交互影响效果。双因素组间方差分析与前面介绍的单因素组间方差分析的区别是：单因素组间方差分析只研究某个连续变量在多个组间的差异，而双因素组间方差分析研究的是多个分类型自变量（因素）对因变量的影响，尤其是自变量间的交互作用对因变量的影响。其结果可以有如下几种情形：

1. 如果两个分类变量（$A$、$B$）都对因变量（$C$）有显著影响，而且交互作用显著，则称自变量对因变量既有主效应，也有交互效应；

2. 如果两个分类变量（$A$、$B$）都对因变量（$C$）有显著影响，而且交互作用不显著，则称自变量对因变量只有主效应，没有交互效应；

3. 如果两个分类变量（$A$、$B$）只有一个（假设$A$）对因变量（$C$）有显著影响，而且交互作用显著，则称自变量（$B$）对因变量有调和作用；

4. 如果两个分类变量（$A$、$B$）对因变量（$C$）都没有显著影响，则称自变量对因变量无影响。

在以上四种情形中，研究者最关注的是第三种——调和作用。

双因素组间方差分析的前提假设与单因素组间方差分析的前提一致。

研究问题：在酒店的一项中外顾客满意度对其口碑宣传有何影响调查中，针对中外顾客进行了430份问卷调查。国外顾客主要是欧美旅游者，与国内顾客相比，有着不同的文化。本例要求分析文化差异、顾客满意度对顾客口碑宣传行为的影响效果。数据中的文化因素用国籍这个二分类变量来描述，顾客满意度分为三组（不满意、一般、满意），口碑宣传是一个5分制连续变量（变量定义见图13−40）。

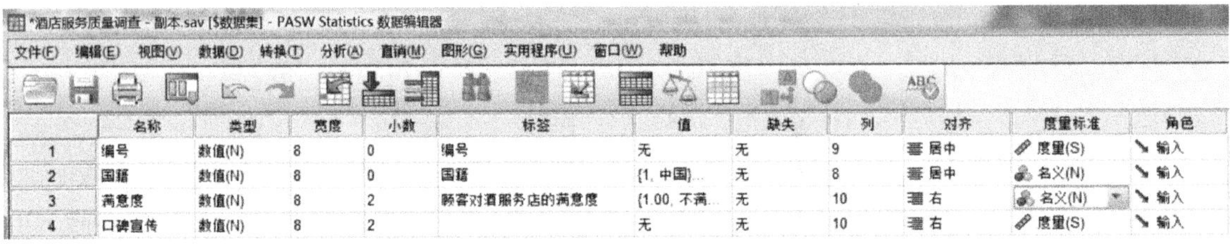


图13−40

例4：酒店顾客的国籍、顾客满意度对其口碑宣传行为有何影响？

研究问题具体化为下面三个子问题：

1. 国籍对口碑宣传行为有何影响？

2. 满意度对其口碑宣传行为有何影响？

3. 国籍与满意度对其口碑宣传行为有何交互影响？

假设：此类问题研究的因素多于1个，因此假设比较复杂。本书给出针对上面三个子问题的简化假设表述（每个假设只把对立假设写出，软件默认的是原假设）。

$H_1$：国籍对顾客口碑宣传行为有显著影响（即不同国籍的顾客口碑宣传行为有差异）；

$H_2$：满意度对顾客口碑宣传行为有显著影响；

$H_3$：国籍与满意度对顾客口碑宣传行为有显著交互影响。

SPSS分析步骤：

1. 打开附件1—酒店服务质量调研数据文件，从菜单栏中选择“分析”→“一般线性模型”→“单变量”（见图13−41）。打开“单变量”对话框，变量国籍、满意度出现在左侧对话框中（见图13−42）。

2. 选择因变量口碑宣传，点击向右箭头“➡”按钮将其移到“因变量”框中；选择自变量国籍、满意度，然后点击向右箭头“➡”按钮，把两个变量移到“固定因子”框中（见图13−43）。

3. 点击“选项”，打开“单变量：选项”对话框，把左侧“因子与因子交互”框中的三

图13−41

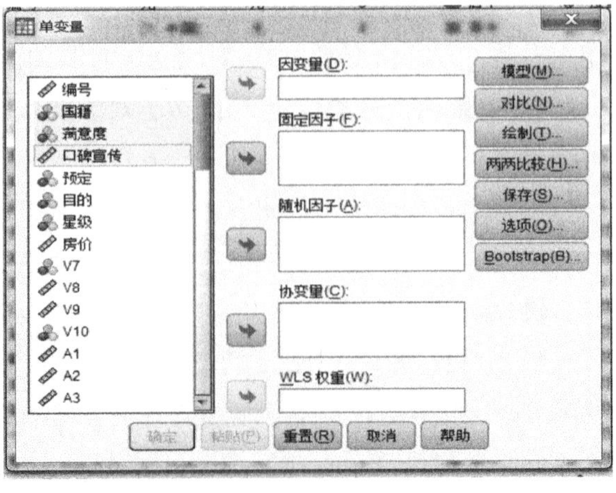


图13−42

个变量同时移到“显示均值”框中。在输出部分，选择“描述性”、“功效估计”和“方差齐性检验”（见图13-44）。点击“继续”。

4. 点击“两两比较”，打开“单变量：观测均值的两两比较”窗口，把“满意度”移到“两两比较检验”框中，在“假定方差齐性”框中选择“Tukey”（见图13-45）。点击“继续”。

5. 点击“绘制”，打开“单变量：轮廓图”对话框。选择“满意度”，点击向右箭头“➡”按钮，使它移到“水平轴”框中。把“国籍”移动到“单图”框中（见图13-46）。点击“添加”，得到图13-47。点击“继续”回到图13-43。

6. 在图13-43中点击“确定”，完成操作。

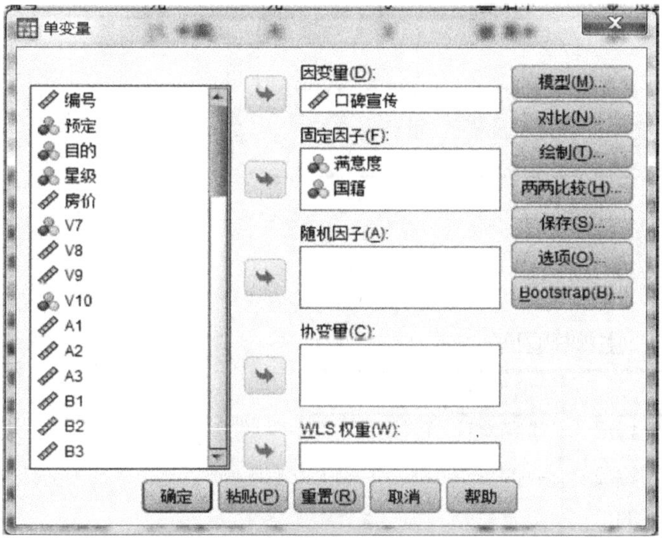


图13-43

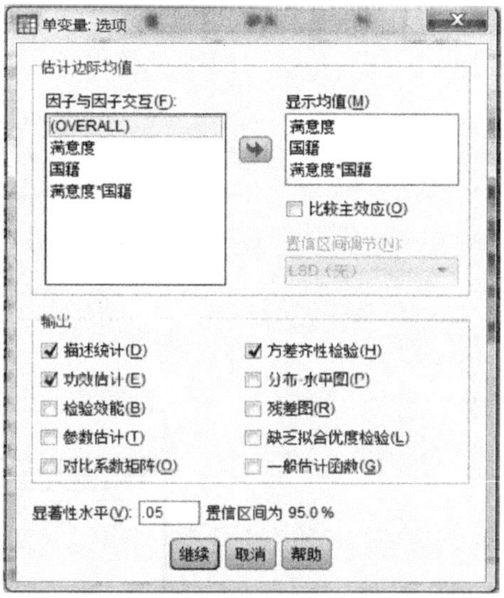


图13-44

图13-45

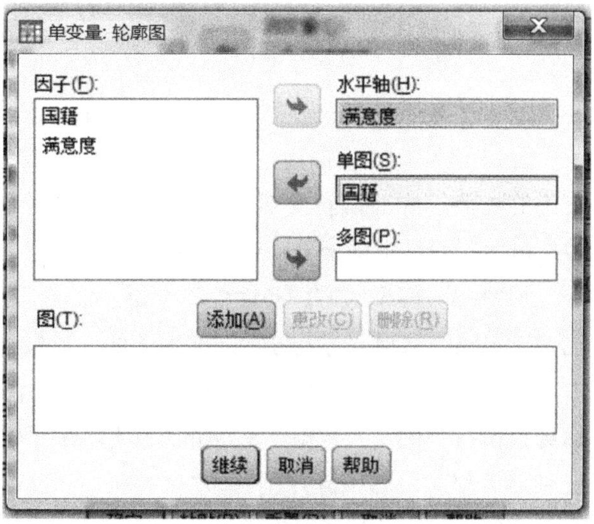


图13-46

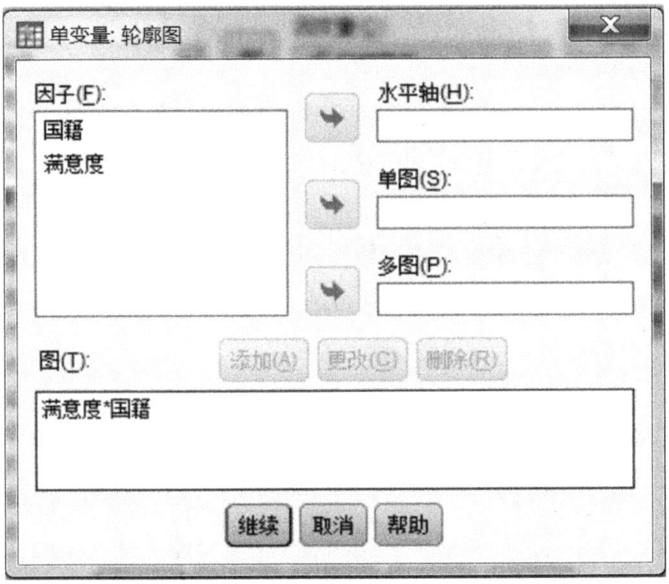


图13-47

结果展示及解释：

**主体间因子**

| | | 值标签 | N |
|---|---|---|---|
| 顾客满意度 | 1.00 | 不满意 | 7 |
| | 2.00 | 一般 | 63 |
| | 3.00 | 满意 | 358 |
| 国籍 | 1 | 中国 | 317 |
| | 2 | 外国 | 111 |

图13-48

图 13-48 描述的是两个自变量的赋值及其代表的含义，以及不同的组个案数。

图13-49中前3行描述的是因变量口碑宣传在不同组（满意度分类与国籍分类的组合共6个）的均值、标准偏差及不同的组个案数，以及在不同满意度水平的均值、标准偏差及个案数。最后一行是根据国籍统计的口碑宣传的均值、标准偏差和个案数。

图13-50是6个组方差齐性检验结果。Sig.=0.351＞0.05，因此可以判断6个组的方差是相等的，满足双因素组间方差分析的前提条件。如果小于0.05，则不能进行双因素组间方差分析。

图13-51是主体间效应的检验结果。它检验的是三个假设，即满意度、国籍，以及二者对口碑宣传行为的交互影响。右侧的Sig.值均小于0.05，因此可以判断三个假设都是成立的，即三种因素都对口碑宣传有显著影响。最后一列的偏Eta方是功效估计，其值越大，说明因变量方差被自变量因子解释得越多。显然此例中满意度对口碑宣传的解释最多（0.432）。

### 描述性统计量

因变量：口碑宣传

| 顾客满意度 | 国籍 | 均值 | 标准 偏差 | N |
|---|---|---|---|---|
| 1.00 | 中国 | 2.5000 | 1.41421 | 2 |
| | 外国 | 1.4000 | .54772 | 5 |
| | 总计 | 1.7143 | .90633 | 7 |
| 2.00 | 中国 | 3.0192 | .40779 | 52 |
| | 外国 | 2.6818 | .46221 | 11 |
| | 总计 | 2.9603 | .43349 | 63 |
| 3.00 | 中国 | 4.0608 | .55094 | 263 |
| | 外国 | 4.4895 | .53584 | 95 |
| | 总计 | 4.1746 | .57817 | 358 |
| 总计 | 中国 | 3.8801 | .66785 | 317 |
| | 外国 | 4.1712 | .96647 | 111 |
| | 总计 | 3.9556 | .76617 | 428 |

图13-49

### 误差方差等同性的Levene检验[a]

因变量：口碑宣传

| F | df1 | df2 | Sig. |
|---|---|---|---|
| 5.813 | 5 | 422 | .351 |

检验零假设，即在所有组中因变量的误差、方差都相等。
a.设计：截距+国籍+满意度+国籍*满意度。

图13-50

### 主体间效应的检验

因变量：口碑宣传

感兴趣的三个假设

| 源 | III 型平方和 | df | 均方 | F | Sig. | 偏 Eta 方 |
|---|---|---|---|---|---|---|
| 校正模型 | 130.323[a] | 5 | 26.065 | 91.407 | .000 | .520 |
| 截距 | 399.617 | 1 | 399.617 | 1401.429 | .000 | .769 |
| 满意度 | 91.438 | 2 | 45.719 | 160.333 | .000 | .432 |
| 国籍 | 1.234 | 1 | 1.234 | 4.329 | .038 | .010 |
| 满意度 * 国籍 | 7.626 | 2 | 3.813 | 13.372 | .000 | .060 |
| 误差 | 120.333 | 422 | .285 | | | |
| 总计 | 6947.500 | 428 | | | | |
| 校正的总计 | 250.657 | 427 | | | | |

三个假设检验的显著性

a. R方=.520（调整R方=.514）。

图13-51

图13-52描述的是3个满意度的组的方差、标准误差及95%置信区间上、下限，即均值落在对应的上、下限范围内的概率是95%。此结果是对假设2（$H_2$）的具体解释。

### 1. 顾客满意度

因变量：口碑宣传

| 顾客满意度 | 均值 | 标准 误差 | 95% 置信区间 | |
|---|---|---|---|---|
| | | | 下限 | 上限 |
| 1.00 | 1.950 | .223 | 1.511 | 2.389 |
| 2.00 | 2.851 | .089 | 2.676 | 3.025 |
| 3.00 | 4.275 | .032 | 4.212 | 4.338 |

图13-52

图13-53、图13-54是针对满意度的两两比较结果。由于满意度是3个分类，3种情况口碑宣传的结果有显著差异，因此需要继续分析具体哪两类有差异。图13-54结果显示3个组两两间都存在显著差异。

图13-55是针对国籍的具体统计结果。不同国籍的顾客口碑宣传的结果有显著差异，结果可以得出具体的均值差异。此结果是对假设1（$H_1$）的具体解释。

图13-56描述的是6种情况下口碑宣传的均值、标准误差，以及95%置信区间的上、下限，解释与图13-52的解释一致。此结果是对假设3（$H_3$）的具体解释。

在此之后检验顾客满意度。

### 多个比较

口碑宣传
Tukey HSD

| (I) 顾客满意度 | (J) 顾客满意度 | 均值差值 (I-J) | 标准 误差 | Sig. | 95% 置信区间 | |
|---|---|---|---|---|---|---|
| | | | | | 下限 | 上限 |
| 1.00 | 2.00 | -1.2460* | .21275 | .000 | -1.7464 | -.7456 |
| | 3.00 | -2.4603* | .20379 | .000 | -2.9396 | -1.9810 |
| 2.00 | 1.00 | 1.2460* | .21275 | .000 | .7456 | 1.7464 |
| | 3.00 | -1.2143* | .07296 | .000 | -1.3859 | -1.0427 |
| 3.00 | 1.00 | 2.4603* | .20379 | .000 | 1.9810 | 2.9396 |
| | 2.00 | 1.2143* | .07296 | .000 | 1.0427 | 1.3859 |

基于观测到的均值。
误差项为均值方（误差）=.285。
*.均值差值在.05级别上较显著。

图13-53

同类子集口碑宣传

Turkey HSD[a, b, c],

| 顾客满意度 | N | 子集 | | |
|---|---|---|---|---|
| | | 1 | 2 | 3 |
| 1.00 | 7 | 1.7143 | | |
| 2.00 | 63 | | 2.9603 | |
| 3.00 | 358 | | | 4.1746 |
| Sig. | | 1.000 | 1.000 | 1.000 |

已显示同类子集中的组均值。
基于观测到的均值。
误差项为均值方（错误）=.285。
a.使用调和均值样本大小=18.573。
b.组大小不相等。将使用组大小的调和均值。不保证I型误差级别。
c. Alpha=.05

图13−54

2. 国籍

因变量：口碑宣传

| 国籍 | 均值 | 标准 误差 | 95% 置信区间 | |
|---|---|---|---|---|
| | | | 下限 | 上限 |
| 中国 | 3.193 | .129 | 2.940 | 3.446 |
| 外国 | 2.857 | .098 | 2.665 | 3.049 |

图13−55

3. 顾客满意度 国籍

因变量：口碑宣传

| 顾客满意度 | 国籍 | 均值 | 标准 误差 | 95% 置信区间 | |
|---|---|---|---|---|---|
| | | | | 下限 | 上限 |
| 1.00 | 中国 | 2.500 | .378 | 1.758 | 3.242 |
| | 外国 | 1.400 | .239 | .931 | 1.869 |
| 2.00 | 中国 | 3.019 | .074 | 2.874 | 3.165 |
| | 外国 | 2.682 | .161 | 2.365 | 2.998 |
| 3.00 | 中国 | 4.061 | .033 | 3.996 | 4.126 |
| | 外国 | 4.489 | .055 | 4.382 | 4.597 |

图13−56

图13-57是双因素组间方差分析中两个因子交互对口碑宣传影响的结果图。由于因子交互的影响是显著的，图13-57的解释是：顾客满意度为1时（不满意）的口碑宣传中外顾客的均值差是1.1（此值可以由图13-56第一行结果计算得出）；其他两个箭头间距离解释类似，这里不再赘述。

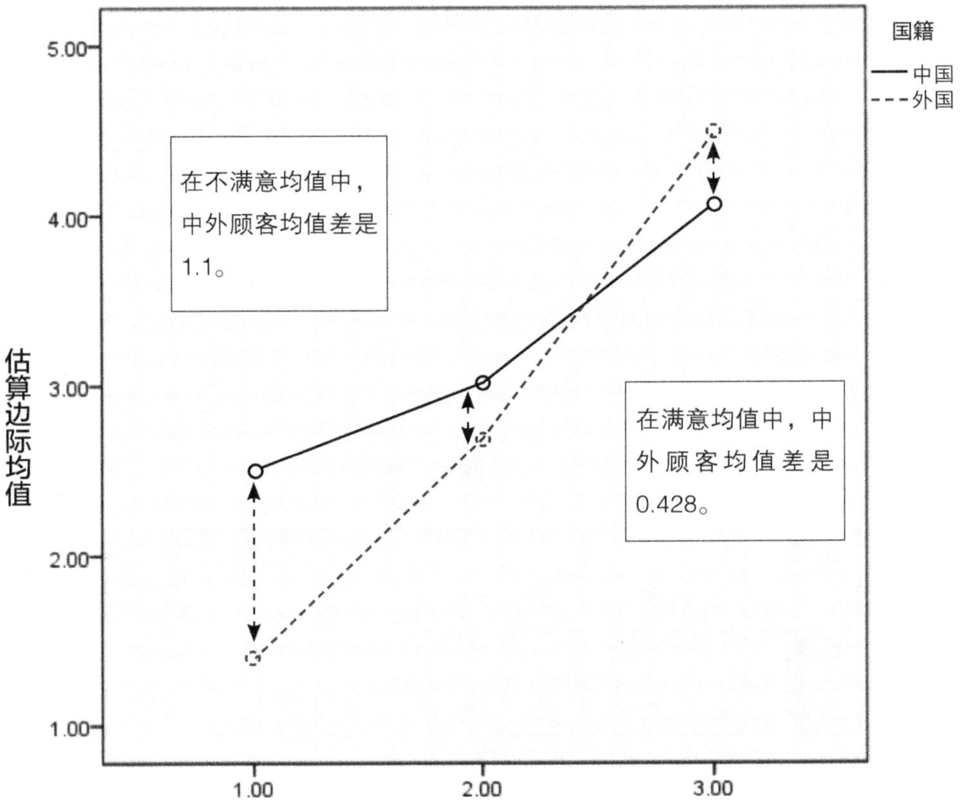


图13-57

说明：在解释结果时，可以按照下面的顺序进行。

（1）第一步，看方差齐性检验结果，如果方差齐性检验的$p>0.05$，则假设方差相等，进入第二步；如果$p\leqslant 0.05$，方差相等假设被拒绝，可以通过前面介绍的一般均值比较分析获得所需结果。

（2）第二步，查看主体间效能的检验表，解释每个独立因素的主效应，以及交互因素交互效应的差异本质。

（3）对于分类变量有3个及以上分类时的显著主效应情况，如果交互效应显著，则需要进行单因素方差分析得出具体差异结果（具体分析方法见前面章节）。

（4）如果只有一个自变量的主效应显著，而两个变量的交互效应也显著，则称另一个自变量对因变量的变化具有调和作用。

APA格式的结果解释：

在描述双因素组间方差的结果时，除了报告均值和标准误差（如果需要，二者可以单独成一张表），还要写出假设检验的结论、$F$值、$p$值和效应量。如果交互效应显著，通常还需要提供一个条形图或者轮廓图。

SPSS软件执行了3×2组间方差分析，口碑宣传为因变量，满意度（不满意、一般、满意）和国籍（中国、外国）为自变量。

结果显示（见图13-51），满意度对口碑宣传有主效应，$F$=160.333，$p$≤0.05，偏Eta方=0.432。不满意（$M$=1.950，SD=0.223）的顾客的口碑宣传意向明显低于一般的顾客（$M$=2.851，SD=0.089），满意的顾客的口碑宣传意向（$M$=4.275，SD=0.032）明显高于一般的顾客（见图13-52）。国籍对口碑宣传也有主效应，$F$=4.329，$p$<0.05，偏Eta方=0.01（见图13-51）。中国顾客的口碑宣传意向（$M$=3.193，SD=0.129）比国外顾客（$M$=2.857，SD=0.098）显著高（见图13-55）。

满意度和国籍对口碑宣传有交互效应，$F$=13.372，$p$<0.05，偏Eta方=0.06（见图13-51）。对于不满意和一般的顾客，中国顾客的口碑宣传意向显著高于外国顾客，而对于满意的顾客，二者的口碑宣传意向结果相反。

练习：根据网评顾客对某服务的满意度，以及顾客性别、职业（不宜过多）进行双因素组间方差分析。要求包含如下内容：

研究问题、假设、分析结果展示与说明、APA格式的结果解释。

## 13.5 等级回归分析

等级回归分析涉及第三变量对两个变量的调和作用和中介作用，下面逐个进行介绍。

### 13.5.1 检验变量的调和作用

等级回归分析是把自变量分步加入回归分析中，从而判断不同的变量对因变量的影响。在等级回归分析中，因变量是连续变量，自变量可以有分类变量和连续变量。但是分类变量往往是控制变量，而要研究的主要变量是两个连续变量。和双因素组间方差分析类似，等级回归分析既分析两个自变量的主效应，也分析它们的交互效应。其结果的情形和双因素组间方差分析一致。通过结果的不同情形，可以得出不同的结论。

等级回归分析的主要作用也是研究变量的调和作用（见图13-58）。等级回归分析的前提条件和一般回归分析的条件相同。

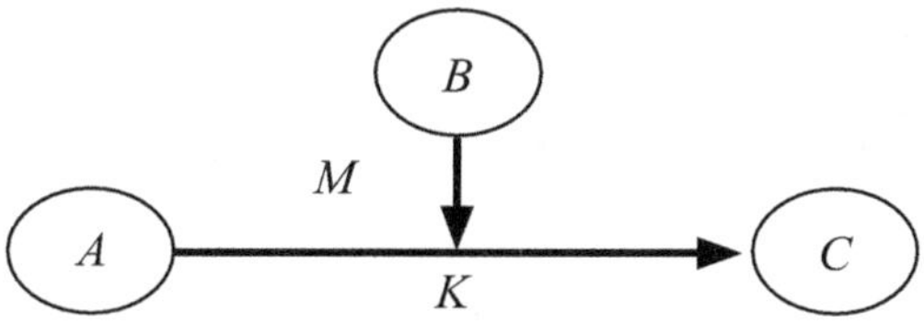


图13-58

研究问题：在研究三个连续变量绩效表现、个人的满意度与员工努力程度的关系时，建立了一个假定，即个人的满意度可能在努力程度对绩效表现的因果关系中起到调和作用。请利用等级回归分析对以上假设进行检验。

例5： 员工个人的满意度是否在努力程度对员工绩效表现的因果关系中起到调和作用。

假设：

$H_0$：满意度在努力程度对员工绩效表现的因果关系中没有调和作用；

$H_1$：满意度在努力程度对员工绩效表现的因果关系中有调和作用。

简化假设是：

满意度在努力程度对员工绩效表现的因果关系中有调和作用。

**SPSS分析步骤：**

1. 打开附件2—酒店员工调研数据文件，从菜单栏中选择“分析”→“回归”→“线性”（见图13-59）。打开“线性回归”对话框，变量绩效表现、满意度、努力程度以及性别、年龄、月收入、酒店工作年限及教育背景出现在左侧对话框中。

2. 第一步：选择因变量绩效表现，点击向右箭头“”按钮将其移到“因变量”框中；选择自变量性别、年龄、月收入、酒店工作年限及教育背景，然后点击向右箭头“”按钮，把以上变量移到“自变量”框中（见图13-60）。

3. 第二步：点击“下一张”，把左侧变量满意度、努力程度同时移动到“自变量”框中（见图13-61）。

4. 第三步：继续点击“下一张”，把左侧变量满意度×努力程度移动到“自变量”框中（见图13-62）。

5. 点击“统计量”，打开“线性回归：统计量”对话框。选择“估计”“模型拟合度”“R方变化”“描述性”（见图13-63），点击“继续”回到图13-62。

6. 在图13-62中点击“确定”，完成操作。

图13-59

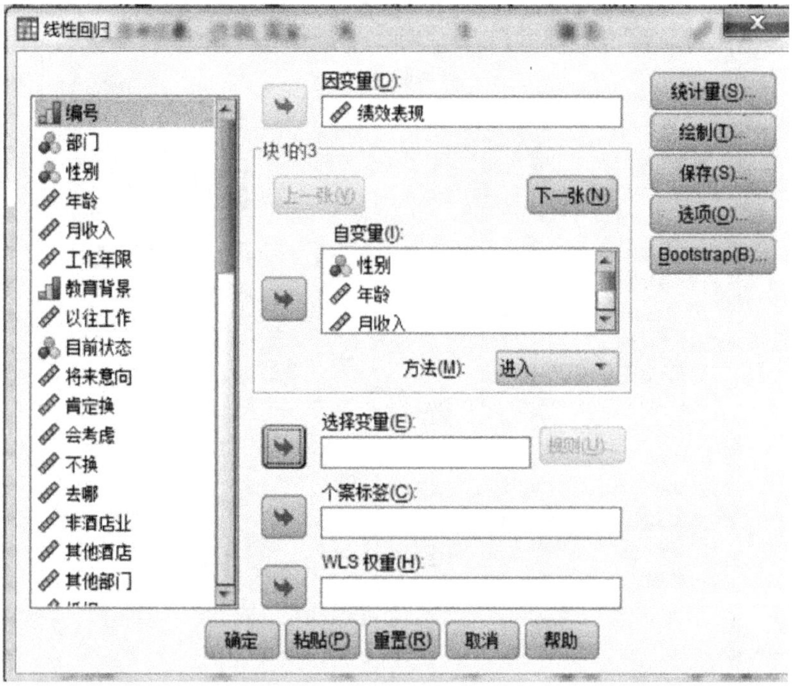
线性回归
因变量(D):
绩效表现
块1的3
上一张(V)
下一张(N)
自变量(I):
性别
年龄
月收入
方法(M):
进入
选择变量(E):
规则(U)...
个案标签(C):
WLS 权重(H):
统计量(S)...
绘制(T)...
保存(S)...
选项(O)...
Bootstrap(B)...
编号
部门
性别
年龄
月收入
工作年限
教育背景
以往工作
目前状态
将来意向
肯定换
会考虑
不换
去哪
非酒店业
其他酒店
其他部门
确定
粘贴(P)
重置(R)
取消
帮助

图13-60

线性回归
因变量(D):
绩效表现
块2的3
上一张(V)
下一张(N)
自变量(I):
满意度
努力程度
方法(M):
进入
选择变量(E):
规则(U)...
个案标签(C):
WLS 权重(H):
统计量(S)...
绘制(T)...
保存(S)...
选项(O)...
Bootstrap(B)...
编号
部门
性别
年龄
月收入
工作年限
教育背景
以往工作
目前状态
将来意向
肯定换
会考虑
不换
去哪
非酒店业
其他酒店
其他部门
确定
粘贴(P)
重置(R)
取消
帮助

图13-61

线性回归
因变量(D):
绩效表现
块3的3
上一张(V)
下一张(N)
自变量(I):
满意度X努力成度
方法(M):
进入
选择变量(E):
规则(U)...
个案标签(C):
WLS 权重(H):
统计量(S)...
绘制(T)...
保存(S)...
选项(O)...
Bootstrap(B)...
编号
部门
性别
年龄
月收入
工作年限
教育背景
以往工作
目前状态
将来意向
肯定换
会考虑
不换
去哪
非酒店业
其他酒店
其他部门
确定
粘贴(P)
重置(R)
取消
帮助

图13-62

线性回归: 统计量
回归系数
估计(E)
置信区间
水平(%): 95
协方差矩阵(V)
模型拟合度(M)
R 方变化(S)
描述性
部分相关和偏相关性(P)
共线性诊断(L)
残差
Durbin-Watson(U)
个案诊断(C)
离群值(O): 3 标准差
所有个案
继续
取消
帮助

图13-63

说明：在进行回归分析前，应该先进行交互变量满意度×努力程度的转化，在SPSS的转换窗口进行操作。这一操作前面已介绍过，这里不再赘述。

结果展示及解释：

SPSS分析的结果主要由下列图表构成，具体图表的意义下面分别进行解释。

图13-64描述的是所有参与分析的变量的均值、标准偏差和样本数（分类变量性别、教育背景的均值、标准偏差不存在统计意义），从而对变量的整体状态进行简单了解。图13-65说明的是三步回归分析每次增加的自变量，以及回归的因变量。

**描述性统计量**

| | 均值 | 标准 偏差 | N |
|---|---|---|---|
| 绩效表现 | 3.9490 | .58182 | 251 |
| 性别 | 1.6255 | .48496 | 251 |
| 年龄 | 28.6414 | 7.65969 | 251 |
| 月收入 | 2881.0159 | 1199.84877 | 251 |
| 您在本酒店的工作年限 | 2.9243 | 2.49765 | 251 |
| 教育背景 | 2.5378 | .95580 | 251 |
| 满意度 | 3.4960 | .70710 | 251 |
| 努力程度 | 4.0709 | .61259 | 251 |
| 满意度X努力成度 | 14.3629 | 4.09565 | 251 |

图13-64

**输入／移去的变量[b]**

| 模型 | 输入的变量 | 移去的变量 | 方法 |
|---|---|---|---|
| 1 | 教育背景，性别，月收入，年龄，您在本酒店的工作年限[a] | . | 输入 |
| 2 | 努力程度，满意度[a] | . | 输入 |
| 3 | 满意度X努力成度[a] | . | 输入 |

a. 已输入所有请求的变量。
b. 因变量：绩效表现。

图13-65

图13-66显示的是三次回归分析分别对应的拟合度$R$、$R^2$、调整$R^2$，以及相邻回归$R^2$的改变量、$F$改变量及其显著性。$R^2$表示所有自变量对因变量方差的解释百分比，更改$R^2$解释的是增加新变量后解释百分比的改变量。$F$改变量及其显著性说明增加变量后，模型的改进是否显著提升。很明显，加入第三个变量后，模型没有显著提升。

**模型汇总表**

| 模型 | R | R 方 | 调整 R 方 | 标准 估计的误差 | 更改统计量 | | | | |
|---|---|---|---|---|---|---|---|---|---|
| | | | | | R 方更改 | F 更改 | df1 | df2 | Sig. F 更改 |
| 1 | .304[a] | .092 | .074 | .55989 | .092 | 4.992 | 5 | 245 | .000 |
| 2 | .728[b] | .530 | .516 | .40459 | .438 | 113.094 | 2 | 243 | .000 |
| 3 | .729[c] | .531 | .515 | .40501 | .001 | .496 | 1 | 242 | .482 |

a. 预测变量：（常量），教育背景，性别，月收入，年龄，您在本酒店的工作年限。
b. 预测变量：（常量），教育背景，性别，月收入，年龄，您在本酒店的工作年限，努力程度，满意度。
c. 预测变量：（常量），教育背景，性别，月收入，年龄，您在本酒店的工作年限，努力程度，满意度×努力程度。

图13-66

图13-67是方差分析的结果。结果显示三个含不同自变量的回归方程都有显著的线性关系，即自变量可以对因变量的变异进行解释。

图13-68是所含变量间的相关性结果［含Pearson相关系数及显著性Sig.（单侧）］。这

**Anova**[d]

| 模型 | | 平方和 | df | 均方 | F | Sig. |
|---|---|---|---|---|---|---|
| 1 | 回归 | 7.825 | 5 | 1.565 | 4.992 | .000[a] |
| | 残差 | 76.802 | 245 | .313 | | |
| | 总计 | 84.627 | 250 | | | |
| 2 | 回归 | 44.850 | 7 | 6.407 | 39.142 | .000[b] |
| | 残差 | 39.777 | 243 | .164 | | |
| | 总计 | 84.627 | 250 | | | |
| 3 | 回归 | 44.932 | 8 | 5.616 | 34.240 | .000[c] |
| | 残差 | 39.696 | 242 | .164 | | |
| | 总计 | 84.627 | 250 | | | |

a. 预测变量：（常量）、教育背景、性别、月收入、年龄、您在本酒店的工作年限。
b. 预测变量：（常量）、教育背景、性别、月收入、年龄、您在本酒店的工作年限、努力程度、满意度。
c. 预测变量：（常量）、教育背景、性别、月收入、年龄、您在本酒店的工作年限、努力程度、满意度、满意度×努力程度。
d. 因变量：绩效表现。

图13-67

**相关性**

| | | 绩效表现 | 性别 | 年龄 | 月收入 | 您在本酒店的工作年限 | 教育背景 | 努力程度 | 满意度 |
|---|---|---|---|---|---|---|---|---|---|
| Pearson 相关性 | 绩效表现 | 1.000 | .062 | .049 | .212 | .147 | .170 | .715 | .302 |
| | 性别 | .062 | 1.000 | .038 | -.249 | -.151 | -.021 | .090 | -.051 |
| | 年龄 | .049 | .038 | 1.000 | .224 | .600 | -.473 | .059 | .078 |
| | 月收入 | .212 | -.249 | .224 | 1.000 | .514 | .095 | .204 | .256 |
| | 您在本酒店的工作年限 | .147 | -.151 | .600 | .514 | 1.000 | -.215 | .139 | .208 |
| | 教育背景 | .170 | -.021 | -.473 | .095 | -.215 | 1.000 | .145 | -.084 |
| | 努力程度 | .715 | .090 | .059 | .204 | .139 | .145 | 1.000 | .304 |
| | 满意度 | .302 | -.051 | .078 | .256 | .208 | -.084 | .304 | 1.000 |
| Sig.（单侧） | 绩效表现 | . | .162 | .220 | .000 | .010 | .003 | .000 | .000 |
| | 性别 | .162 | . | .274 | .000 | .008 | .370 | .078 | .210 |
| | 年龄 | .220 | .274 | . | .000 | .000 | .000 | .174 | .108 |
| | 月收入 | .000 | .000 | .000 | . | .000 | .068 | .001 | .000 |
| | 您在本酒店的工作年限 | .010 | .008 | .000 | .000 | . | .000 | .014 | .000 |
| | 教育背景 | .003 | .370 | .000 | .068 | .000 | . | .011 | .092 |
| | 努力程度 | .000 | .078 | .174 | .001 | .014 | .011 | . | .000 |
| | 满意度 | .000 | .210 | .108 | .000 | .000 | .092 | .000 | . |

图13-68

里主要看的是三个变量绩效表现、满意度和努力程度间的相关性，其他变量为控制变量。图13-68中上面两个方框内的数值为相关系数，下面两个方框内的数值为对应的显著性概率值。结果显示三个变量间存在显著的正相关关系。其中努力程度与绩效表现的相关性更强。

图13-69显示的是三次回归的系数*B*及其 *t* 检验显著性。模型1表格中是控制变量的影响

（回归分析的非标准化系数*B*及其显著性Sig.），模型2表格中是增加了满意度和努力程度后的回归分析非标准化系数*B*及其显著性Sig.，模型3表格中是增加了满意度×努力程度后的回归分析非标准化系数*B*及其显著性Sig.。

**系数[a]**

| 模型 | | 非标准化系数 | | 标准系数 | t | Sig. | 共线性统计量 | |
|---|---|---|---|---|---|---|---|---|
| | | B | 标准误差 | 试用版 | | | 容差 | VIF |
| 1 | (常量) | 3.019 | .266 | | 11.341 | .000 | | |
| | 性别 | .144 | .076 | .120 | 1.893 | .060 | .915 | 1.093 |
| | 年龄 | .003 | .007 | .043 | .501 | .617 | .503 | 1.989 |
| | 月收入 | 7.883E-5 | .000 | .163 | 2.178 | .030 | .665 | 1.503 |
| | 您在本酒店的工作年限 | .023 | .020 | .099 | 1.126 | .261 | .483 | 2.072 |
| | 教育背景 | .121 | .043 | .199 | 2.796 | .006 | .730 | 1.369 |
| 2 | (常量) | .823 | .254 | | 3.238 | .001 | | |
| | 性别 | .025 | .056 | .021 | .452 | .652 | .895 | 1.117 |
| | 年龄 | .002 | .005 | .023 | .368 | .713 | .497 | 2.013 |
| | 月收入 | 1.319E-5 | .000 | .027 | .493 | .623 | .635 | 1.576 |
| | 您在本酒店的工作年限 | .007 | .015 | .032 | .499 | .619 | .477 | 2.095 |
| | 教育背景 | .060 | .032 | .098 | 1.866 | .063 | .694 | 1.441 |
| | 满意度 | .079 | .040 | .096 | 2.001 | .047 | .837 | 1.194 |
| | 努力程度 | .626 | .046 | .659 | 13.712 | .000 | .838 | 1.193 |
| 3 | (常量) | .305 | .778 | | .391 | .696 | | |
| | 性别 | .024 | .056 | .020 | .425 | .671 | .894 | 1.118 |
| | 年龄 | .002 | .005 | .024 | .380 | .704 | .497 | 2.013 |
| | 月收入 | 1.370E-5 | .000 | .028 | .511 | .610 | .634 | 1.577 |
| | 您在本酒店的工作年限 | .008 | .015 | .033 | .525 | .600 | .477 | 2.098 |
| | 教育背景 | .062 | .032 | .103 | 1.928 | .055 | .686 | 1.458 |
| | 满意度 | .236 | .227 | .287 | 1.042 | .298 | .026 | 39.202 |
| | 努力程度 | .748 | .180 | .788 | 4.165 | .000 | .054 | 18.443 |
| | 满意度X努力成度 | -.037 | .053 | -.264 | -.704 | .482 | .014 | 72.252 |

图13-69

以上结果中的关键信息可以汇总如下：

表13-2综合了上面多个表格中的重要信息，把三次回归分析的自变量、系数及其显著性都归纳起来。另外，模型拟合指标以及模型总体显著性也在下面的行中列出，通过分析此表，即可得出在控制其他变量作用的条件下，两个自变量及其交互作用的具体结果。本例的结果是：在控制其他变量（性别、年龄、月收入、工作年限以及教育背景）作用的条件下，两个自变量都对绩效表现有显著作用，但是交互作用不显著。起主要影响作用的是努力程度，满意度的影响作用很小（系数很小），而且满意度不存在调和作用。

表13-2　等级回归的结果

| 变量 | 绩效表现 | | |
|---|---|---|---|
| | 第一步 | 第二步 | 第三步 |
| 性别 | 0.144 | 0.025 | 0.024 |
| 年龄 | 0.003 | 0.002 | 0.002 |
| 月收入 | 7.88E-5* | 1.32E-5 | 1.37E-5 |
| 工作年限 | 0.023 | 0.007 | 0.008 |
| 教育背景 | 0.121** | 0.060 | 0.062 |
| 满意度 | | 0.079* | 0.236 |
| 努力程度 | | 0.626*** | 0.748*** |
| 满意度×努力程度 | | | -0.037 |
| $\Delta R^2$ | 0.092 | 0.438 | 0.001 |
| $\Delta F$ | 4.992*** | 113.094*** | 0.496 |
| *Adj.* $R^2$ | 0.074 | 0.516 | 0.515 |
| *Overall F* | 4.992*** | 39.142*** | 34.240*** |

图13-69模型1中的B列值

模型2中的B列值

模型3中的B列值

图13-66

图13-67

注：*在0.05显著性水平显著；**在0.01显著性水平显著；***在0.001显著性水平显著（双尾）。

APA格式的结果解释：

为了检验满意度对员工努力程度与绩效表现关系中的调和作用，对数据进行了等级回归分析。第一步是把控制变量性别、年龄、月收入、酒店工作年限及教育背景加入自变量中，第二步把满意度和努力程度加入自变量中，第三步把满意度×努力程度加入自变量中（结果见表13-2）。三个回归方程都是显著的（Overall F都是显著的）。表13-2中的第二步回归分析结果显示努力程度和满意度都对绩效表现有显著作用（$\Delta R^2$很大，$\Delta F$显著），但是第三步的满意度×努力程度对绩效表现没有显著作用（$\Delta R^2=0.001$很小，$\Delta F$不显著），因此结论是满意度对绩效表现只是有微弱的作用，但是没有调和作用。

## 13.5.2　检验变量的中介作用

等级回归分析研究的是两个连续自变量对一个连续因变量的主效应和交互效应的问题，进而判断其中某个变量是否为中介变量。此法与双因素组间方差分析的区别有：（1）两个自变量都是由分类变量变成的连续变量；（2）等级回归分析研究的是一个连续变量的中介作用，而双因素组间方差分析研究的是某个变量的调和作用。

图13-70中$A$、$B$、$C$为变量，$K$、$M$、$E$分别为$A$、$B$、$C$对应的相关系数。

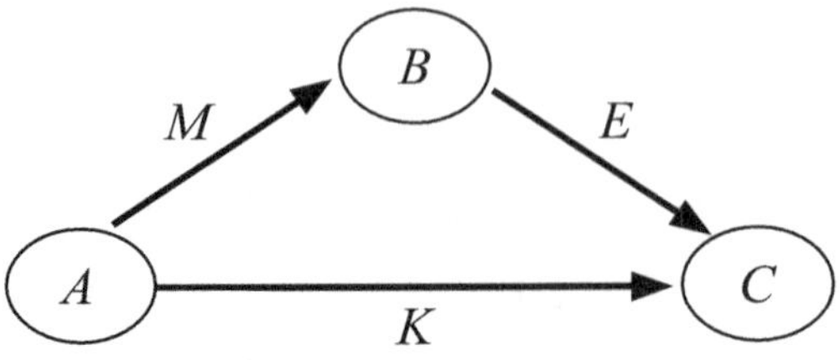


图13-70

等级回归分析的前提条件与一般线性回归分析一致，这里不再赘述。

判断一个变量中介作用的条件包括：

（1）自变量$A$与因变量$C$的相关系数$K$要显著；

（2）自变量$A$与中介变量$B$的相关系数$M$要显著；

（3）中介变量$B$与因变量$C$的相关系数$E$要显著。

分析步骤及情况：第一步分析自变量$A$与因变量$C$的相关性$K$，验证$A$对$C$的直接作用；第二步验证$B$对$C$的直接作用$E$，然后根据结果得出如下结论：

（1）如果$K$是显著的，$E$不显著，则说明变量$B$不存在中介作用；

（2）如果$K$是显著的，$E$也显著，则说明变量$B$存在部分中介作用；

（3）如果$K$不显著，$E$是显著的，则说明变量$B$存在完全中介作用。

例6：同上例，要研究员工满意度是否对努力程度和绩效表现的因果关系有中介作用，可以用等级回归分析来检验。

假设：

$H_0$：满意度在努力程度对绩效表现作用中没有起到中介作用；

$H_1$：满意度在努力程度对绩效表现作用中起到中介作用。

简化后假设是：

满意度在努力程度对绩效表现作用中起到中介作用。

SPSS分析步骤：

1. 打开附件2—酒店员工调研数据文件，从菜单栏中选择“分析”→“回归”→“线性”（见图13-59）。打开“线性回归”对话框，变量绩效表现、满意度、努力程度、性别、年龄、月收入、酒店工作年限及教育背景出现在左侧对话框中。

2. 第一步：选择因变量“绩效表现”，点击向右箭头“➡”按钮将其移到“因变量”框中；选择自变量性别、年龄、月收入、工作年限及教育背景，然后点击向右箭头“➡”按钮，把以上变量移到“自变量”框中（参考图13-60）。

3. 第二步：点击“下一张”，把左侧变量努力程度同时移动到“自变量”框中（参考图13-61）。

4. 第三步：继续点击“下一张”，把左侧变量满意度移动到“自变量”框中（参考图13-62）。

5. 点击“统计量”，打开“线性回归：统计量”对话框。选择“估计”、“模型拟合度”、“方差变化”及“描述性”，点击“继续”。

6. 在图13-62中点击“确定”，完成操作。

此处的操作步骤与检验变量的调和作用的步骤一致，只是没有交互作用。

结果展示：

本例的结果（见图13-71至图13-76）与上面例子的结果基本一致，表格的含义也相似，因此结果的含义不再详解。

**描述性统计量**

| | 均值 | 标准 偏差 | N |
|---|---|---|---|
| 绩效表现 | 3.9490 | .58182 | 251 |
| 性别 | 1.6255 | .48496 | 251 |
| 年龄 | 28.6414 | 7.65969 | 251 |
| 月收入 | 2881.0159 | 1199.84877 | 251 |
| 您在本酒店的工作年限 | 2.9243 | 2.49765 | 251 |
| 教育背景 | 2.5378 | .95580 | 251 |
| 努力程度 | 4.0709 | .61259 | 251 |
| 满意度 | 3.4960 | .70710 | 251 |

图13-71

**输入／移去的变量**[b]

| 模型 | 输入的变量 | 移去的变量 | 方法 |
|---|---|---|---|
| 1 | 教育背景，性别，月收入，年龄，您在本酒店的工作年限[a] | . | 输入 |
| 2 | 努力程度[a] | . | 输入 |
| 3 | 满意度[a] | . | 输入 |

a.已输入所有请求的变量。
b.因变量：绩效表现。

图13-72

**相关性**

| | | 绩效表现 | 性别 | 年龄 | 月收入 | 您在本酒店的工作年限 | 教育背景 | 努力程度 | 满意度 |
|---|---|---|---|---|---|---|---|---|---|
| Pearson 相关性 | 绩效表现 | 1.000 | .062 | .049 | .212 | .147 | .170 | .715 | .302 |
| | 性别 | .062 | 1.000 | .038 | -.249 | -.151 | -.021 | .090 | -.051 |
| | 年龄 | .049 | .038 | 1.000 | .224 | .600 | -.473 | .059 | .078 |
| | 月收入 | .212 | -.249 | .224 | 1.000 | .514 | .095 | .204 | .256 |
| | 您在本酒店的工作年限 | .147 | -.151 | .600 | .514 | 1.000 | -.215 | .139 | .208 |
| | 教育背景 | .170 | -.021 | -.473 | .095 | -.215 | 1.000 | .145 | -.084 |
| | 努力程度 | .715 | .090 | .059 | .204 | .139 | .145 | 1.000 | .304 |
| | 满意度 | .302 | -.051 | .078 | .256 | .208 | -.084 | .304 | 1.000 |
| Sig.（单侧） | 绩效表现 | . | .162 | .220 | .000 | .010 | .003 | .000 | .000 |
| | 性别 | .162 | . | .274 | .000 | .008 | .370 | .078 | .210 |
| | 年龄 | .220 | .274 | . | .000 | .000 | .000 | .174 | .108 |
| | 月收入 | .000 | .000 | .000 | . | .000 | .068 | .001 | .000 |
| | 您在本酒店的工作年限 | .010 | .008 | .000 | .000 | . | .000 | .014 | .000 |
| | 教育背景 | .003 | .370 | .000 | .068 | .000 | . | .011 | .092 |
| | 努力程度 | .000 | .078 | .174 | .001 | .014 | .011 | . | .000 |
| | 满意度 | .000 | .210 | .108 | .000 | .000 | .092 | .000 | . |

图13-73

**模型汇总**

| 模型 | R | R 方 | 调整 R 方 | 标准 估计的误差 | 更改统计量 | | | | |
|---|---|---|---|---|---|---|---|---|---|
| | | | | | R 方更改 | F 更改 | df1 | df2 | Sig. F 更改 |
| 1 | .304[a] | .092 | .074 | .55989 | .092 | 4.992 | 5 | 245 | .000 |
| 2 | .723[b] | .522 | .510 | .40707 | .430 | 219.485 | 1 | 244 | .000 |
| 3 | .728[c] | .530 | .516 | .40459 | .008 | 4.002 | 1 | 243 | .047 |

a. 预测变量：（常量）、教育背景、性别、月收入、年龄、您在本酒店的工作年限。
b. 预测变量：（常量）、教育背景、性别、月收入、年龄、您在本酒店的工作年限、努力程度。
c. 预测变量：（常量）、教育背景、性别、月收入、年龄、您在本酒店的工作年限、努力程度、满意度。

图13-74

### Anova[d]

| 模型 | | 平方和 | df | 均方 | F | Sig. |
|---|---|---|---|---|---|---|
| 1 | 回归 | 7.825 | 5 | 1.565 | 4.992 | .000[a] |
| | 残差 | 76.802 | 245 | .313 | | |
| | 总计 | 84.627 | 250 | | | |
| 2 | 回归 | 44.195 | 6 | 7.366 | 44.451 | .000[b] |
| | 残差 | 40.432 | 244 | .166 | | |
| | 总计 | 84.627 | 250 | | | |
| 3 | 回归 | 44.850 | 7 | 6.407 | 39.142 | .000[c] |
| | 残差 | 39.777 | 243 | .164 | | |
| | 总计 | 84.627 | 250 | | | |

a. 预测变量：（常量）、教育背景、性别、月收入、年龄、您在本酒店的工作年限。
b. 预测变量：（常量）、教育背景、性别、月收入、年龄、您在本酒店的工作年限、努力程度。
c. 预测变量：（常量）、教育背景、性别、月收入、年龄、您在本酒店的工作年限、努力程度、满意度。
d. 因变量：绩效表现。

图13–75

### 系数[a]

| 模型 | | 非标准化系数 | | 标准系数 | | | 共线性统计量 | |
|---|---|---|---|---|---|---|---|---|
| | | B | 标准 误差 | 试用版 | t | Sig. | 容差 | VIF |
| 1 | (常量) | 3.019 | .266 | | 11.341 | .000 | | |
| | 性别 | .144 | .076 | .120 | 1.893 | .060 | .915 | 1.093 |
| | 年龄 | .003 | .007 | .043 | .501 | .617 | .503 | 1.989 |
| | 月收入 | 7.883E-5 | .000 | .163 | 2.178 | .030 | .665 | 1.503 |
| | 您在本酒店的工作年限 | .023 | .020 | .099 | 1.126 | .261 | .483 | 2.072 |
| | 教育背景 | .121 | .043 | .199 | 2.796 | .006 | .730 | 1.369 |
| 2 | (常量) | 1.018 | .236 | | 4.316 | .000 | | |
| | 性别 | .024 | .056 | .020 | .424 | .672 | .896 | 1.117 |
| | 年龄 | .001 | .005 | .010 | .162 | .871 | .502 | 1.991 |
| | 月收入 | 2.174E-5 | .000 | .045 | .818 | .414 | .651 | 1.536 |
| | 您在本酒店的工作年限 | .010 | .015 | .043 | .668 | .505 | .481 | 2.079 |
| | 教育背景 | .049 | .032 | .081 | 1.546 | .123 | .714 | 1.402 |
| | 努力程度 | .652 | .044 | .686 | 14.815 | .000 | .913 | 1.096 |
| 3 | (常量) | .823 | .254 | | 3.238 | .001 | | |
| | 性别 | .025 | .056 | .021 | .452 | .652 | .895 | 1.117 |
| | 年龄 | .002 | .005 | .023 | .368 | .713 | .497 | 2.013 |
| | 月收入 | 1.319E-5 | .000 | .027 | .493 | .623 | .635 | 1.576 |
| | 您在本酒店的工作年限 | .007 | .015 | .032 | .499 | .619 | .477 | 2.095 |
| | 教育背景 | .060 | .032 | .098 | 1.866 | .063 | .694 | 1.441 |
| | 努力程度 | .626 | .046 | .659 | 13.712 | .000 | .838 | 1.193 |
| | 满意度 | .079 | .040 | .096 | 2.001 | .047 | .837 | 1.194 |

a. 因变量：绩效表现。

图13–76

以上结果中的关键信息可以汇总如下（见表13-3）：

表13-3 等级回归的结果

| 变量 | 绩效表现 | | |
|---|---|---|---|
| | 第一步 | 第二步 | 第三步 |
| 性别 | 0.144 | 0.024 | 0.025 |
| 年龄 | 0.003 | 0.001 | 0.002 |
| 月收入 | 7.88E-5* | 2.17E-5 | 1.32E-5 |
| 工作年限 | 0.023 | 0.010 | 0.007 |
| 教育背景 | 0.121** | 0.049 | 0.060 |
| 满意度 | | 0.652*** | 0.626*** |
| 努力程度 | | | 0.079* |
| $\Delta R^2$ | 0.092 | 0.430 | 0.008 |
| $\Delta F$ | 4.992*** | 219.485*** | 4.002* |
| *Adj.* $R^2$ | 0.074 | 0.510 | 0.516 |
| *Overall F* | 4.992*** | 44.515*** | 39.142*** |

注：*在0.05显著性水平显著；**在0.01显著性水平显著；***在0.001显著性水平显著（双尾）。

（图中标注：模型1中的*B*列值；模型2中的*B*列值；模型3中的*B*列值；$\Delta R^2$、$\Delta F$、*Adj.* $R^2$ 见图13-74；*Overall F* 见图13-75）

APA格式的结果解释：

为了检验满意度在对员工努力程度与绩效表现的关系中的中介作用，对数据进行了等级回归分析。第一步是把控制变量性别、年龄、月收入、工作年限及教育背景加入自变量中，第二步把努力程度加入自变量中，第三步把满意度加入自变量中（结果见表13-3）。三个回归方程都是显著的（*Overall F* 都是显著的）。表13-3中的第二步回归分析结果显示努力程度对绩效表现有显著作用（$\Delta R^2$很大，$\Delta F$显著）。第三步在控制努力程度的条件下，满意度对绩效表现有显著作用（$\Delta R^2$=0.008很小，$\Delta F$显著），因此结论是满意度对绩效表现只是有部分中介作用，但不是完全中介作用。

练习：根据调研数据，选择三个连续变量，假设其中一个变量是另外两个变量的中间变量，利用等级回归分析进行检验。包括如下内容：

研究问题、假设、分析结果展示与说明、APA格式的结果解释。

## 13.6 逻辑回归分析

线性回归分析要求直接预测因变量的数值，要求因变量呈现正态分布，并且各组中具有相同方差——协方差矩阵。本节要介绍的逻辑回归分析是对定性变量的回归分析。逻辑回归分析是一种对因变量数据假设要求不高，并且可以用来预测二分类的因变量概率的统计方法。下面对逻辑回归分析进行详细介绍。

### 13.6.1 逻辑回归分析的前提条件

逻辑回归用来解决因变量为二分类变量（所有二分类变量编码规则：0和1分别代表两种对立选择），至少两个分类或连续变量作为自变量。逻辑回归因变量与自变量往往不具有线性

（非线性）关系，也不要求自变量的正态分布，但逻辑回归对变量间的高度相关（隐含多重共线性）和奇异值较敏感。

### 13.6.2 逻辑回归分析的作用

逻辑回归可以分析一组自变量对二分类因变量的解释和预测程度。它通过拟合优度指标显示模型是否充分（预测变量是否足够），同时还可以给出预测变量的相对重要性及变量间的相互作用效果。

逻辑回归分析的主要作用不是因变量的取值的具体结果，而是其分类的结果如何由预测变量预测出来。这一预测结果是由概率来表示的。

### 13.6.3 逻辑回归分析的基本原理

对于二分类变量$Y$，其两种结果的取值定义为$Y=0$，$Y=1$。其概率关系为$P(Y=1)=1-P(Y=0)$。在观察结果中，$P(Y=1或0)$的值介于0与1之间，但通过回归方程预测得到的结果会出现概率值超出此范围的情况，为了避免这一情况出现，引入优势比（Odds）的概念，即$\text{Odds}(Y=1)=P(Y=1)/[1-P(Y=1)]$。此时，$\text{Odds}(Y=1)$的最小值为0，无最大值。由于其取值范围为（0，$+\infty$），通过变形可以把优势比得到取值范围为（$-\infty$，$+\infty$）的变量。做法是对优势比取自然对数，$\ln P(Y=1)/[1-P(Y=1)]$，记为logit（$Y$），读作$Y$的逻辑。Logit（$Y$）是一个取值范围为（$-\infty$，$+\infty$）的变量。

当把$Y$的优势比的自然对数值作为因变量，与自变量进行回归分析时，就得到如下的线性回归方程：

$$\text{Logit}(Y)=\alpha+\beta_1X_1+\beta_2X_2+\ldots+\beta_kX_k \qquad \text{公式 13-1}$$

对这个方程进行变形，逐步求得$P(Y=1)$。步骤如下：

$$\text{Odds}(Y=1)=e^{\text{Logit}(Y)}=e^{\alpha+\beta_1X_1+\beta_2X_2+\ldots+\beta_kX_k} \qquad \text{公式 13-2}$$

由$\text{Odds}(Y=1)=P(Y=1)/[1-P(Y=1)]$，可得：

$$P(Y=1)=\text{Odds}(Y=1)/[1+\text{Odds}(Y=1)]。$$

所以，$$P(Y=1)=e^{\alpha+\beta_1X_1+\beta_2X_2+\ldots+\beta_kX_k}/(1+e^{\alpha+\beta_1X_1+\beta_2X_2+\ldots+\beta_kX_k}), \qquad \text{公式 13-3}$$

$$P(Y=0)=1-P(Y=1)。$$

从上面的计算可以看出，概率、优势比、逻辑回归实际上是同一问题的不同表达方式。SPSS 统计软件根据上面的推理，分析公式 13-1 中的线性表达结果中的系数，即$\alpha$、$\beta_1$、$\beta_2$、…、$\beta_k$。通过以上的系数，进而利用公式 13-2 和公式 13-3 计算$P(Y=1)$和$P(Y=0)$。

例 7：在对酒店员工离职意向进行判断时，收集了如下信息：员工性别（0= 女性，1= 男性）、年龄（年）、月收入（元）、工作年限（年）和教育背景（1= 初中及以下，2= 职高或高中，3= 大专，4= 本科，5= 研究生及以上）、离职意向（0= 否，1= 是）。请建立员工离职意向的逻辑回归模型，并对模型进行评估并分析结论。

SPSS操作步骤：

1. 打开附件2—酒店员工调研数据文件，从SPSS菜单选项选择“分析”→“回归”，然后点击“二元Logistic”（见图13-77）。

2. 在“Logistic回归”窗口选择分类因变量是否离职并移到“因变量”框中，同时选择所有的自变量并移到“协变量”框中（见图13-78）。

图13-77

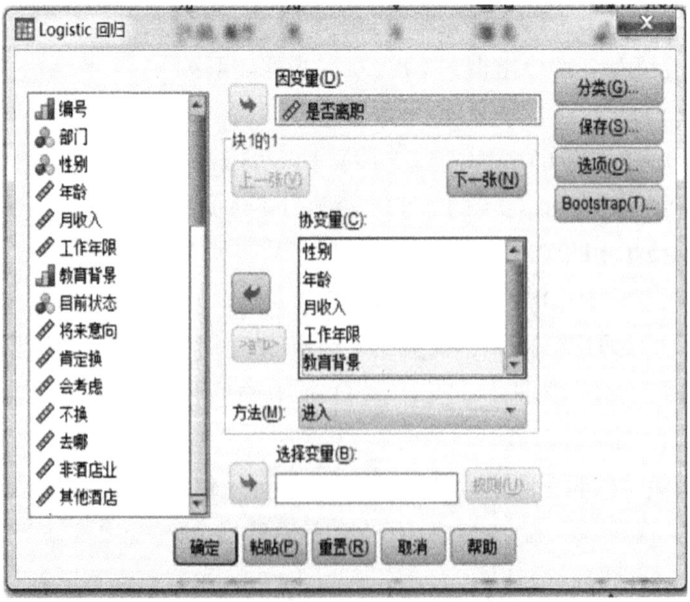

图13-78

3. 方法选择进入（这是逻辑回归的默认选项，即把所有的自变量同时引入模型）。

4. 如果自变量含有分类变量，点击“Logistic回归”对话框下面的“分类”钮，然后选中每个分类变量性别和教育背景，并把它们移到“分类协变量”框中（见图13-79）。

5. 在“更改对比”框中依次选中每一个分类变量并在参考类别中选择第一个选项，然后点击“更改”，把这一变量设定为所列出的这组变量的参考变量。点击“继续”。

6. 点击“保存”，并在“预测值”框中选择“概率”和“组成员”（见图13-80），点击“继续”。

7. 点击“选项”钮，选择“分类图”、“Hosmer-Lemeshow 拟合度”、“个案的残差列表”、“估计值的相关性”、“迭代历史记录”及“Exp（B）的CI（X）”（见图13-81）。点击“继续”和“确定”。

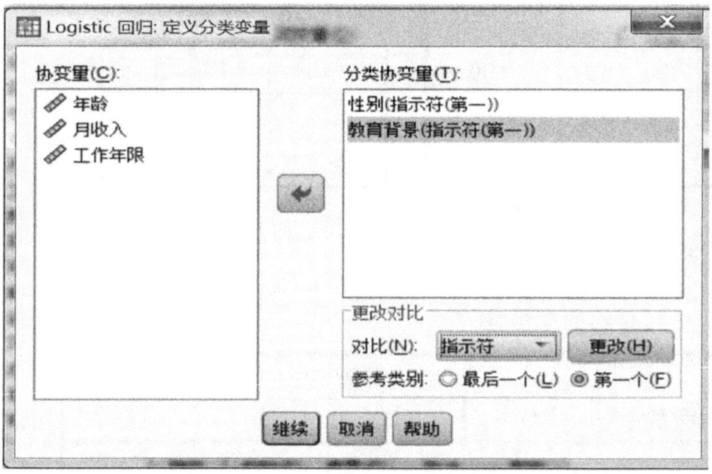


图13-79

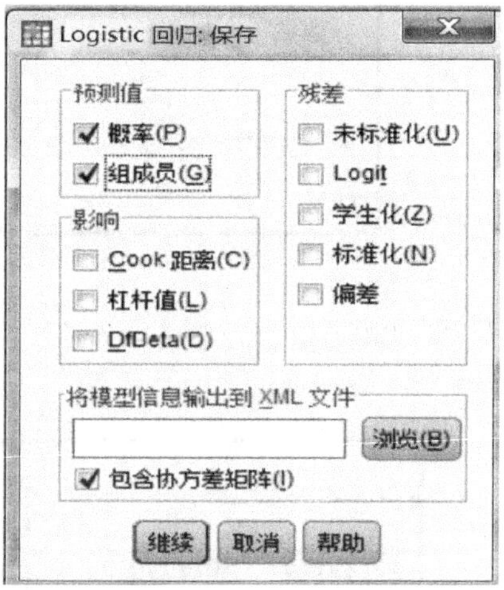


图13-80

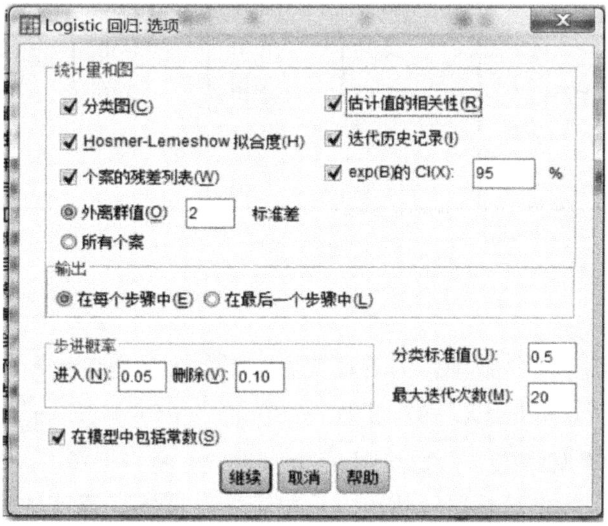


图13-81

结果展示及解释：

SPSS分析的结果展示共分为三个部分："Logistic回归""块0：起始块""块1：方法=输入"。原始结果中的图表很多，这里只列出有重要信息的结果进行解释。

1. Logistic回归

图13-82给出了个案处理的简单信息，表中显示样本大小是252，没有缺失值。

图13-83给出了因变量的编码，代码0表示不打算离职，代码1表示打算离职。图13-84表示的是自变量中的两个分类变量的编码。编码是遵循前面介绍的虚拟变量的编码规则编写的。

案例处理汇总

| 未加权的案例[a] | | N | 百分比 |
|---|---|---|---|
| 选定案例 | 包括在分析中 | 252 | 100.0 |
| | 缺失案例 | 0 | .0 |
| | 总计 | 252 | 100.0 |
| 未选定的案例 | | 0 | .0 |
| 总计 | | 252 | 100.0 |

a. 如果权重有效，请参见分类表已获得案例总数。

图13-82

因变量编码

| 初始值 | 内部值 |
|---|---|
| 否 | 0 |
| 是 | 1 |

图13-83

分类变量编码

| | | 频率 | 参数编码 | | | |
|---|---|---|---|---|---|---|
| | | | (1) | (2) | (3) | (4) |
| 教育背景 | 初中及以下 | 32 | .000 | .000 | .000 | .000 |
| | 高职或高中 | 103 | 1.000 | .000 | .000 | .000 |
| | 大专 | 68 | .000 | 1.000 | .000 | .000 |
| | 大学 | 48 | .000 | .000 | 1.000 | .000 |
| | 研究生及以上 | 1 | .000 | .000 | .000 | 1.000 |
| 性别 | 女 | 95 | .000 | | | |
| | 男 | 157 | 1.000 | | | |

图13-84

2. 块0：起始块

第一个模型只使用一个常数项作为解释变量，不包含其他自变量，如性别、年龄、月收入、工作年限、教育背景（见图13-87，图13-88），Exp（B）表示前面介绍的优势比，其值小于1说明$P(Y=1)<P(Y=0)$，大于1则说明$P(Y=1)>P(Y=0)$。图13-85给出了第一个模型的迭代过程信息，模型总共迭代两次，系数最终为0.079，这个系数实际是一个常数解释变量，数值显示其对因变量的解释效果很差。图13-86给出了模型对样本进行分类的结果，行

**迭代历史记录**[a,b,c]

| 迭代 | | -2 对数似然值 | 系数 Constant |
|---|---|---|---|
| 步骤 0 | 1 | 348.949 | .079 |
| | 2 | 348.949 | .079 |

a. 模型汇总包含常量。
b. 初始-2对数似然值：348.949。
c. 因为参数估计的更改范围小于.001，所以估计在迭代次数2处终止。

图13-85

**分类表**[a,b]

| 已观测 | | | 已预测 您之前是否在其他酒店工作过？ 是 | 否 | 百分比校正 |
|---|---|---|---|---|---|
| 步骤 0 | 您之前是否在其他酒店工作过？ | 是 | 0 | 121 | .0 |
| | | 否 | 0 | 131 | 100.0 |
| | 总计百分比 | | | | 52.0 |

a. 模型中包括常量。
b. 切割值为.500。

图13-86

**方程中的变量**

| | | B | S.E. | Wals | df | Sig. | Exp (B) |
|---|---|---|---|---|---|---|---|
| 步骤 0 | 常量 | .079 | .126 | .397 | 1 | .529 | 1.083 |

图13-87

**不在方程中的变量**[a]

| | | | 得分 | df | Sig. |
|---|---|---|---|---|---|
| 步骤 0 | 变量 | 性别(1) | 5.962 | 1 | .015 |
| | | 年龄 | 6.339 | 1 | .012 |
| | | 月收入 | 7.960 | 1 | .005 |
| | | 工作年限 | 4.584 | 1 | .032 |
| | | 教育背景 | 1.681 | 4 | .794 |
| | | 教育背景(1) | .826 | 1 | .363 |
| | | 教育背景(2) | .220 | 1 | .639 |
| | | 教育背景(3) | .113 | 1 | .737 |
| | | 教育背景(4) | .927 | 1 | .336 |

a. 因冗余而未计算残差卡方。

图13-88

代表的是样本实际的类别（观测值），列代表的是模型将其识别的类别（预测值）。表中结果显示131个没有离职意向的个案全部被预测正确，正确率100%；而121个有离职意向的个案都被预测为没有，预测正确率是0，因此总的分类正确率约是52%（131/252）。总的来说，只有一个常数的模型预测效果不好，这主要是由于解释变量仅取了一个常数。

3. 块1：方法=输入

第二个模型包含了所确定的所有自变量，图13-89给出了模型估计系数检验结果，最后一列的显著性水平的Sig.值都远小于0.05，可以判断上面估计的模型的参数都是显著的，因此模型具有统计意义。图13-90说明了数据分析迭代信息，整个系数过程共迭代20次，最终的系数估计结果如图13-93。

图13-91给出了模型拟合优度的指标Hosmer-Lemeshow检验，这个指标的显著性概率值大于0.05时表示拟合较好。本例的Sig.=0.858，因此模型拟合结果较好。

图13-92是分类表。表中结果显示，在没有离职意向的131个案中有91个被准确预测，样本分类预测的正确率约是69.5%，比第一个模型的100%有所下降；而对于有离职意向的121个案中有63个被预测正确，正确率约是52.1%，比第一个模型的准确率高。但整体的分类正确率约是

**模型系数的综合检验**

| | | 卡方 | df | Sig. |
|---|---|---|---|---|
| 步骤 1 | 步骤 | 19.593 | 8 | .012 |
| | 块 | 19.593 | 8 | .012 |
| | 模型 | 19.593 | 8 | .012 |

图13-89

**模型汇总**

| 步骤 | -2 对数似然值 | Cox & Snell R 方 | Nagelkerke R 方 |
|---|---|---|---|
| 1 | 329.357[a] | .075 | .100 |

a. 因为已达到最大迭代次数，所以估计在迭代次数20处终止。无法找到最终解。

图13-90

**Hosmer 和 Lemeshow 检验**

| 步骤 | 卡方 | df | Sig. |
|---|---|---|---|
| 1 | 3.991 | 8 | .858 |

图13-91

**分类表[a]**

| 已观测 | | | 已预测 | | |
|---|---|---|---|---|---|
| | | | 您之前是否在其他酒店工作过？ | | 百分比校正 |
| | | | 否 | 是 | |
| 步骤 1 | 您之前是否在其他酒店工作过？ | 否 | 91 | 40 | 69.5 |
| | | 是 | 58 | 63 | 52.1 |
| | 总计百分比 | | | | 61.1 |

a. 切割值为.500。

图13-92

61.1%，明显高于第一个模型的52%。由此可以看出，第二个模型的稳定性明显好于第一个模型，因此在实际工作中使用第二个模型更加合理。

图13−93给出了方程中自变量的系数Wals检验信息。表中的*B*列显示的是自变量各个系数及常量的估计值。Sig.列的值小于0.05表示此变量对因变量有显著的解释效果。本例中只有常量和年龄对离职意向有显著预测效果（Sig.值分别为0.016和0.029）。当系数是负数时，自变量增加意味着因变量的减少。

**方程中的变量**

| | | B | S.E, | Wals | df | Sig. | Exp (B) | EXP(B) 的 95% C.I. | |
|---|---|---|---|---|---|---|---|---|---|
| | | | | | | | | 下限 | 上限 |
| 步骤 1a | 性别(1) | -.526 | .285 | 3.413 | 1 | .065 | .591 | .338 | 1.033 |
| | 年龄 | .060 | .028 | 4.751 | 1 | .029 | 1.062 | 1.006 | 1.121 |
| | 月收入 | .000 | .000 | 2.632 | 1 | .105 | 1.000 | 1.000 | 1.001 |
| | 工作年限 | -.045 | .079 | .321 | 1 | .571 | .956 | .820 | 1.116 |
| | 教育背景 | | | 1.587 | 4 | .811 | | | |
| | 教育背景(1) | .641 | .520 | 1.521 | 1 | .218 | 1.898 | .685 | 5.255 |
| | 教育背景(2) | .487 | .564 | .746 | 1 | .388 | 1.628 | .539 | 4.920 |
| | 教育背景(3) | .606 | .616 | .968 | 1 | .325 | 1.833 | .548 | 6.131 |
| | 教育背景(4) | -20.610 | 40192.970 | .000 | 1 | 1.000 | .000 | .000 | . |
| | 常量 | -2.506 | 1.043 | 5.770 | 1 | .016 | .082 | | |

a. 在步骤1中输入的变量：性别，年龄，月收入，工作年限，教育背景。

图13−93

图13−94给出了模型估计系数的相关系数矩阵，从中可以看出，各个估计系数之间的线性相关关系。在不考虑教育背景等几个变量间的相关性的条件下，除了个别估计值的相关性较大（−0.839，−0.732），其他各个系数之间的线性相关性都是比较小的，因此各个参数之间的解释力不会受到太大的影响。此结果证明在实际做预测时可以利用这个模型。

图13−95给出的信息是哪些个案与模型不匹配。Zresid值大于2.5或小于−2.5被认为是离群值。本例的第30个案，经复查，其月收入为10000元，远远高于其他个案的月收入。因此该个案应去除。

综上所有信息，此例的逻辑回归公式应为：

$$有离职意向的概率=P（Y=1）= e^{-2.51+0.06\times 年龄}/（1+ e^{-0.251+0.06\times 年龄}）$$

没有离职意向的概率=1− $P$（$Y$=1）。

这一结果可以帮助管理人员利用合适的参数，并根据上面的公式预测一个员工离职意向的大小。

APA格式的结果解释：

在期刊论文中解释逻辑回归的结果都比较简单，但是在学位论文中要解释得比较详细。一般情况下，要首先介绍所使用的分析方法、模型的拟合度，以及卡方值、自由度、样本*N*、

**相关系数矩阵**

| | | Constant | 性别(1) | 年龄 | 月收入 | 工作年限 | 教育背景(1) | 教育背景(2) | 教育背景(3) | 教育背景(4) |
|---|---|---|---|---|---|---|---|---|---|---|
| 步骤 1 | Constant | 1.000 | -.157 | -.839 | -.176 | .342 | -.732 | -.696 | -.702 | .000 |
| | 性别(1) | -.157 | 1.000 | -.142 | .162 | .119 | .057 | -.061 | .018 | .000 |
| | 年龄 | -.839 | -.142 | 1.000 | -.080 | -.521 | .530 | .576 | .540 | .000 |
| | 月收入 | -.176 | .162 | -.080 | 1.000 | -.374 | -.182 | -.244 | -.233 | .000 |
| | 工作年限 | .342 | .119 | -.521 | -.374 | 1.000 | -.084 | -.144 | -.011 | .000 |
| | 教育背景(1) | -.732 | .057 | .530 | -.182 | -.084 | 1.000 | .812 | .789 | .000 |
| | 教育背景(2) | -.696 | -.061 | .576 | -.244 | -.144 | .812 | 1.000 | .763 | .000 |
| | 教育背景(3) | -.702 | .018 | .540 | -.233 | -.011 | .789 | .763 | 1.000 | .000 |
| | 教育背景(4) | .000 | .000 | .000 | .000 | .000 | .000 | .000 | .000 | 1.000 |

图13－94

**案例列表**[b]

| 案例 | | 已观测 | | | 临时变量 | |
|---|---|---|---|---|---|---|
| | 选定状态[a] | 您之前是否在其他酒店工作过? | 已预测 | 预测组 | 残差 | ZResid |
| 30 | S | 2** | .124 | 1 | .876 | 2.660 |

a. S=已选定，U=未选定的案例及**=未分类的案例。
b. 列出学生化残差大于2.000的案例。

图13－95

显著概率*P*。有时还要解释－2对数似然值、解释因变量由自变量解释百分比的Cox & Snell R Square/Nagelkerke值、分类表、方程中的变量信息，以及结果的具体形式和意义。下面是本例的APA格式的结果解释。

为了预测员工的离职意向，本研究采用了逻辑回归分析。因变量是员工是否有离职意向的二分类变量，自变量选择了员工性别、年龄、月收入、工作年限和教育背景。在含有所选的自变量的逻辑回归分析结果中，模型具有显著的统计学意义（卡方=19.593，$p<0.05$）（见图13－89），模型的拟合度较好（Hosmer－Lemeshow检验的sig.＞0.05）（见图13－91）。自变量解释了因变量的7.5%（Cox & Snell R方=0.075）（见图13－90）。分类表显示在没有离职意向的131个案中有91个被准确预测，样本分类预测的正确率约是69.5%，比第一个模型的100%有所下降；而对于有离职意向的121个案中有63个被预测正确，正确率约是52.1%，与第一个模型的准确率相当。但是整体的分类正确率61.1%明显高于第一个模型的52%。回归系数显示常量和年龄对离职意向有显著预测效果（Sig.值分别为0.016和0.029）。相关性结果显示本例在不考虑教育背景等几个变量间的相关性的条件下，除了个别估计值的相关性较大（－0.839，－0.732），其他各个系数之间的线性相关性都是比较小的，因此不存在显著多重共线性（见图13－94），因此各个参数之间的解释力不会受太大的影响。本例数据的离群值只存在一个（个案30，见图13－95），因此逻辑回归分析条件满足。逻辑回归分析的结果所得的对员工离职意向的预测公式是：

$$有离职意向的概率=P(Y=1)=e^{-2.51+0.06\times 年龄}/(1+e^{-0.251+0.06\times 年龄})$$

针对不同的年龄可以预测其离职可能性。可以看出，年龄越大，离职可能性越小，而本例所选的其他（因素）自变量并不能预测员工离职意向。

练习：针对自己的研究问题中的某个二分类对立事件，选择合理的自变量，通过逻辑回归分析对因变量的两种可能性进行预测。内容要求如下：

研究问题、假设、分析结果展示与说明、APA格式的结果解释。

## 13.7 本章小结

本章主要介绍了不同类型的回归分析及其应用。具体包括不同类型回归分析的前提条件、变量要求、假设表达、SPSS分析操作方法及结果展示和解释、APA格式的结果解释。具体的回归分析内容汇总如下（见表13-4）：

表13-4 回归分析汇总

| 自变量（元） | 变量 | 对立假设 | 前提条件 |
|---|---|---|---|
| 一元线性 | 1个连续因变量；<br>1个连续自变量 | 自变量系数不为零 | 1.观测独立；<br>2.变量止态分布；<br>3.方差相等 |
| 多元线性 | 1个连续因变量；<br>多于1个连续自变量 | 自变量系数不全为零 | 1.观测独立；<br>2.变量正态分布；<br>3.方差相等 |
| 虚拟变量 | 1个连续因变量；<br>自变量中含有分类变量 | 自变量系数不全为零 | 1.观测独立；<br>2.变量正态分布；<br>3.方差相等 |
| 双因素组间方差分析 | 1个连续因变量；<br>自变量是个分类变量 | 自变量间存在交互影响 | 1. 观测独立；<br>2. 变量正态分布；<br>3. 球形假定 |
| 等级回归分析 | 1个连续因变量；<br>2个连续自变量 | 1. 自变量间存在交互影响，<br>2. 某个变量有中介作用 | 1. 观测独立；<br>2. 变量正态分布；<br>3. 方差相等 |
| 逻辑回归 | 1个二分类因变量；<br>2个或多个连续或分类自变量 | 无 | 1. 无多重共线性；<br>2. 避免离群值 |

## 13.8 练习题

### 一、单项选择题

1. 多元线性回归分析的自变量一般应该是 （ ）
   A. 连续变量　B. 分类变量
   C. 二者皆可　D. 无限制
2. 含虚拟变量的回归分析中，虚拟变量是 （ ）
   A. 二分类　B. 三分类
   C. 分类小于四　D. 都可以
3. 双因素组间方差分析的自变量应该是 （ ）
   A. 一个连续变量，一个分类变量　B. 两个连续变量
   C. 两个分类变量　D. 自变量没有限制
4. 双因素组间方差分析研究的是 （ ）
   A. 两个自变量的主效应　B. 一个自变量的主效应
   C. 两个自变量的主效应及交互效应　D. 一个自变量的主效应及交互效应
5. 双因素组间方差分析可以研究某一自变量的 （ ）
   A. 中介作用　B. 调和作用
   C. 主副作用　D. 方差作用
6. 等级回归分析的自变量要求是 （ ）
   A. 一个连续变量，一个分类变量　B. 两个连续变量
   C. 两个分类变量　D. 自变量没有限制

### 二、判断题

1. 多元回归分析的前提条件中包括观察变量的正态分布。 （ ）
2. 多元回归分析的前提条件中包括观察变量的方差齐性。 （ ）
3. 多元回归分析的前提条件中包括观察变量的独立性。 （ ）
4. 单因素组间方差分析可以判断自变量的调和作用。 （ ）
5. 单因素组间方差分析可以判断自变量的中介作用。 （ ）
6. 等级回归分析可以判断自变量的中介作用。 （ ）
7. 等级回归分析可以判断自变量的调和作用。 （ ）
8. 逻辑回归分析的因变量是连续变量。 （ ）

9. 逻辑回归分析的结果是因变量概率值。 ( )

10. 多重共线性和离群值对逻辑回归分析的结果有很大影响。 ( )

## 三、操作题

结合小组研究问题，选择合适的数据进行上述有关类型的回归分析。具体包括如下内容：研究问题、假设、分析结果展示与说明、APA格式的结果解释。

# 第14章

# 聚类分析

## 14.1 聚类分析介绍

物以类聚，人以群分。市场调研人员经常面临一些把研究对象分组或市场细分的问题。细分的内容可以是人、企业、产品，甚至行为模式。而实现这一目标的最好的研究工具就是聚类分析。

聚类分析也叫群分析，它是把样本中的个案进行分类的一种统计分析方法。聚类分析的目的就是把个体或研究对象按照一组指定的特征（变量），根据个案间的相似性把研究的所有个案分为不同的类。聚类分析得到的结果叫“簇”。所有个案在一个簇里叫一个簇群的解决方案，将个案分为两个簇群叫两个簇群的解决方案，依此类推。同一类中的个体相似度要高于其他类中个体的相似度。聚类分析的最普遍应用就是进行探索性分析，因为聚类分析可以得到客观的分类结果。同时聚类分析也可以作为验证性分析，如果研究人员对研究对象已有了一个分类的框架假设，此时可以根据聚类分析的结果与假设进行对比，从而进行验证。聚类分析的结果只是揭示了所指定的特征数据（变量）的内在结构。

在选择变量时，研究人员必须考虑到这些变量在理论（概念）或实际应用中的意义，即变量的选择必须要有理论、经验或假设方面的依据，变量的选择要满足以下两点：（1）变量要刻画研究对象的特征；（2）变量要与聚类分析的目的相关。选择过多或无关变量进行聚类分析会产生结果偏差，有时1～2个无关变量或差异不显著的变量都会对结果带来很大的偏差，因此在做聚类分析时要进行多次尝试，以便筛选合适的聚类分析变量。

### 14.1.1 聚类分析的假设

聚类分析和因子分析都是基于数学特性而非统计学基础，因此它们都不属于统计推断技术。因此正态性、线性、方差齐性在这里不是必要前提条件，而样本的代表性和多重共线性是两个重要的前提条件，同时异常值对分析结果的影响也非常显著。样本的代表性可以决定结果的可推广性（外部效度），而多重共线性和离群值会影响分析的结果（内部效度）。因此在做聚类分析时，要满足上述几个条件。

### 14.1.2 聚类分析的方法

聚类分析方法包括分层聚类分析法和非分层聚类分析法。前者也称作系统聚类分析法，后者也叫作K-均值聚类分析法。下面将对这两种方法进行详细介绍。

分层聚类分析法是聚类分析中应用最广泛的一种方法。根据聚类过程不同，聚类分析又分为凝聚法和分解法。凝聚法是聚类开始时把参与聚类的每个对象（或个案）视为一类，根据类与类之间的距离或相似程度将最近的类加以合并，再计算新类与其他类之间的距离或相似程度，并选择最相似的加以合并，这样每合并一次就减少一类，不断继续这一过程，直到所有对象（或个体）合并为一类为止（图14-1从左向右，横轴是个体，纵轴是聚类次数）。分解法与聚合法的思路恰好相反，它开始时把所有对象（或个案）都视为一大类，然后根据距离和差异性逐层分解，直到参与聚类的每个个体自成一类为止（图14-1从右向左）。无论哪种方法，其聚类原则都是相近的聚为一类，即距离最近或最相似的聚为一类。

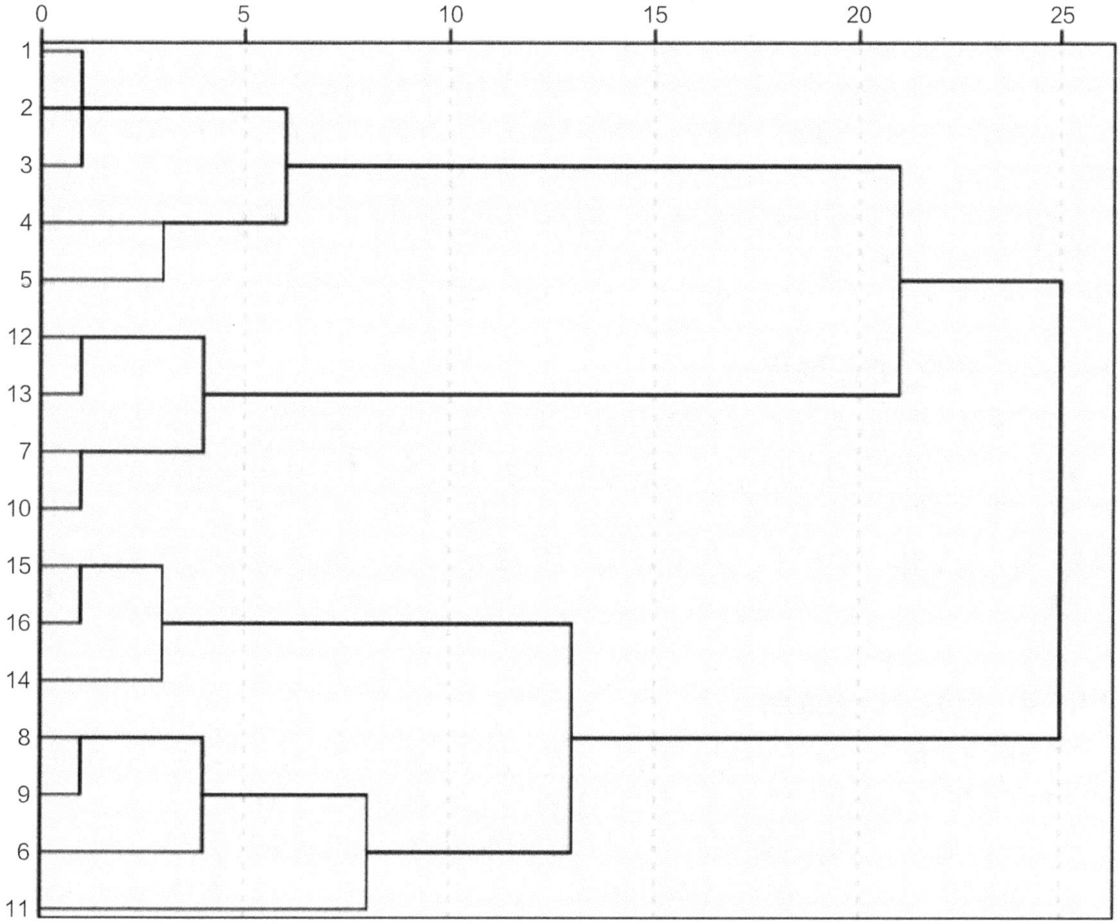


图14-1　聚类分析树形图

K-均值聚类法的思想是：开始按照一定方法选取 $k$ 个种子个体作为聚类中心，根据指定的几个变量指标，让样本中满足变量要求的个体向最近的中心凝聚，形成初始分类；然后在此基础上，按最近距离原则不断修改不合理分类，直至合理为止。例如，如果选择了 $n$ 个变量参与聚类分析，最后要求聚类数为 $k$，那么可以由系统首先选择 $k$ 个个体（也可以由研究人员指定）作为聚类的种子，$k$ 个变量组成 $k$ 维空间。每个观测量在 $k$ 维空间中是一个点。$k$ 个事先选定的观测量就是 $k$ 个聚类中心点，也称为初始类中心。然后按照距这 $k$ 个类聚中心点的距离最小原则把观测量分派到各聚类中心点所在的类中去，构成第一次迭代形成的 $k$ 类。第二步是根据组成每一类中的所有个体，计算 $n$ 个变量均值。每一类中的 $n$ 个变量均值在 $n$ 维空间中又分别形成一个点，同时作为第二次迭代的类中心，按照这种方法依次迭代下去，直至达到指定的迭代次数或达到分类设定的要求时，聚类过程结束。

在 K- 均值聚类分析法中，种子的选择会影响最后的分类结果，因此这也是此方法的弊端。通常采用的种子选择方法有：序列门槛法、平行门槛法和优选程序法。具体含义请参考有关资料，由于本书主要介绍分析方法和结果，这里对种子选择方法不多介绍。

以上两类聚类分析法各有利弊。起初，由于计算速度快，分层聚类法很流行，但由于异常值的影响，会给此方法带来不便。另一个问题是此法不适合大样本的数据分析，因为其所需的计算量很大。K- 均值聚类法（非随机选择种子情况下）由于对异常值、不恰当变量或冗余变量的不敏感性、计算量小，并且处理速度快，比较适合处理大样本的聚类分析，也越来越受到研究人员的青睐。但是随机选取种子的 K- 均值聚类法与分层聚类法无特别大差异，因此建议研究人员同时使用两种方法进行分类，再对结果进行比较并确定最佳方案。

### 14.1.3 聚类个数的确定

由于聚类分析的方法不同，聚类个数也不尽相同。如果用分层聚类法进行探索性聚类分析，一般建议首先获得软件自动生成类数。但是在确定阶段，最好进行几次指定类数的分析，然后在所有结果中根据预先指定标准、经验、常识或理论基础来确定最终类数。如果采用 K- 均值聚类分析，直接指定类数即可，但是仍建议尝试不同类数的 K- 均值聚类分析，以得到最佳分类结果。

### 14.1.4 聚类分析的要点

作为探索性研究和市场细分的重要技术，聚类分析已在很多领域得到广泛应用。下面就针对聚类分析的具体方法和 SPSS 操作步骤给出具体实例。要求做到如下几点：

1．能够恰当地利用分层聚类法和 K- 均值聚类法对样本数据进行聚类分析操作；

2．能够掌握其中各个选项和参数的设置；

3．能够根据实际数据的情况设定和选择合适的聚类类别个数；

4．能够对聚类结果给出合理的解释；

5．能够恰当地应用 K- 均值聚类法对大样本数据的分类问题给出合理的解决途径；

6．对于聚类结果中的类别和聚类中心要能给出合理的统计学解释和实际含义的解释；

7．可以对比这两种方法的异同和优缺点。

# 14.2 分层聚类分析

研究问题举例：

根据酒店服务质量调查数据，本例选择几个变量对客人进行分类：变量为“满意度”（连续变量）、“再次入住意向”（连续变量）、入住酒店的“星级”（分类变量）和个案“编号”。本调研共对430位酒店客人进行了问卷调查，根据以上变量，用分层聚类的方法将酒店客人进行归类。

SPSS分析步骤：

1. 打开附件1—酒店服务质量调查数据文件，选择“分析”→“分类”→“系统聚类”命令（见图14-2），弹出“系统聚类分析”对话框（见图14-3）。在左侧变量栏中分别选择“星级”“满意度”“再次入住意向”变量，单击“▶”按钮，将三个变量移到右面的“变量”框中；选择“编号”变量，单击下面的“▶”按钮，把此变量移入“标注个案”栏中（这里的变量“编号”必须是分类变量）。在“分群”栏中可以选择聚类类型“个案”，计算个案之间的距

图14-2

离，进行个案聚类；“变量”计算变量之间的距离，进行变量聚类。本例要对客人进行分类，故选择“个案”。在输出栏中可以选择显示内容，其中两个选项皆为系统默认选项：“统计量”显示统计量值；“图”显示图形。这里我们按照系统默认的选项进行设置（见图14-3）。

2. 单击“统计量”按钮，弹出“系统聚类分析：统计量”对话框（见图14-4）。

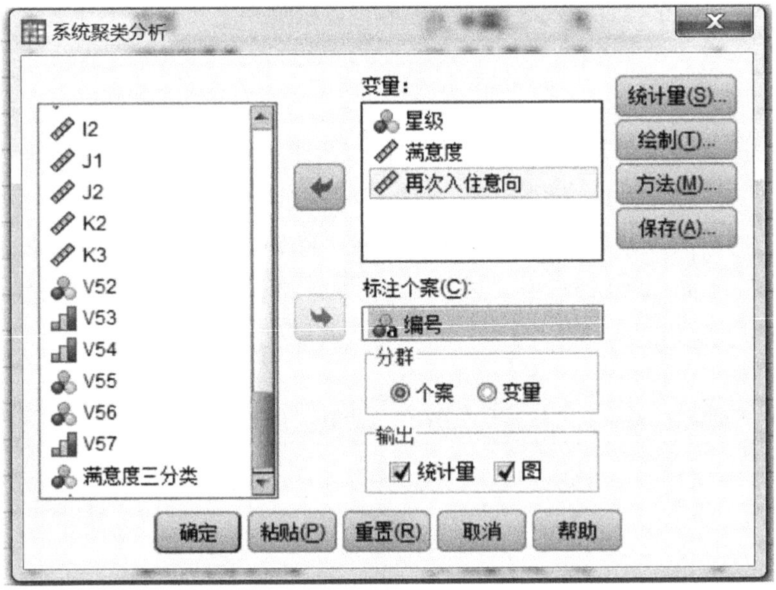


图14-3

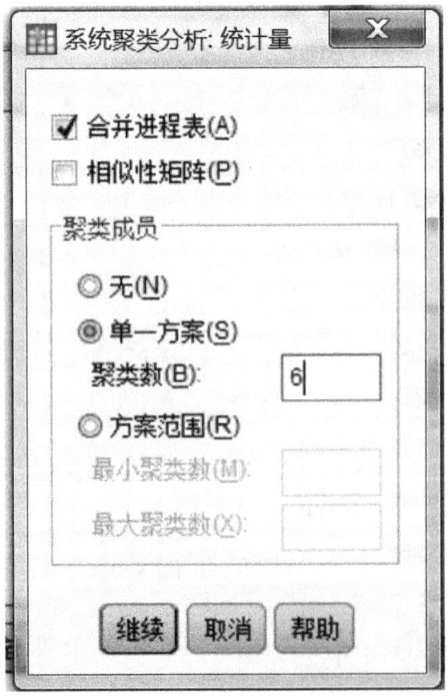


图14-4

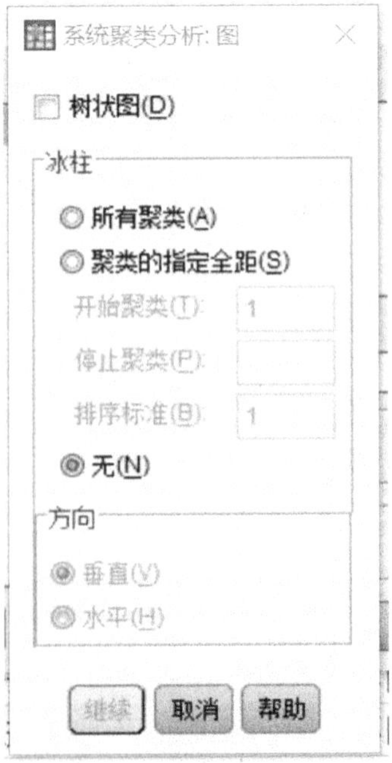


图14-5

选择合并进程表输出一张概述聚类进度的表格，反映聚类过程中每一步样品或类的合并情况。相似性矩阵显示各项间的距离。在“聚类成员”栏中包括3个选项。本例选择“单一方案”，并在下方的“聚类数”文本框中输入6（也可以根据个案数多少选择其他的数）， 如果输入的数过大或者过小，都会导致不理想的分类结果（见图14-4）。

3. 单击“继续”按钮，回到“系统聚类分析”对话框（见图14-3），单击“绘制”按钮，弹出“系统聚类分析：图”对话框。“树状图”项输出反映聚类结果的龙骨图（适用于小样本情况），冰柱图适合较大样本。本例样本较大，故选择“冰柱图”（见图14-5）。

4. 单击“继续”按钮，回到“系统聚类分析”对话框，单击“方法”按钮，弹出“系统聚类分析：方法”对话框。单击“聚类方法”框边箭头按钮展开下拉列表，其中列出聚类方法，我们选择最近邻元素法。“度量标准”子栏用于选择距离测度方法，有以下3种方法：区间、计数和二分类。此处选择“区间”“Euclidean距离”。在“转换值”栏选择“无”。“转换度量”本例不选任何选项（见图14-6）。

5. 单击“继续”按钮，回到“系统聚类分析”对话框，单击“保存”按钮，弹出“系统聚类分析：保存”对话框。本对话框中“聚类成员”栏的各选项与“系统聚类分析：统计量”对话框（见图14-4）的相应栏中各选项意义相同，只不过在这里做出选择，各样品或变量的归属类结果将被保存于当前各种文件中。本例继续选择“单一方案”，并输入数6（见图14-7）。

6. 单击“继续”按钮，返回“系统聚类分析”对话框，单击“确定”按钮，运行程序。计算机运行完毕后得到结果如下（见图14-8至图14-10）。

图14-6

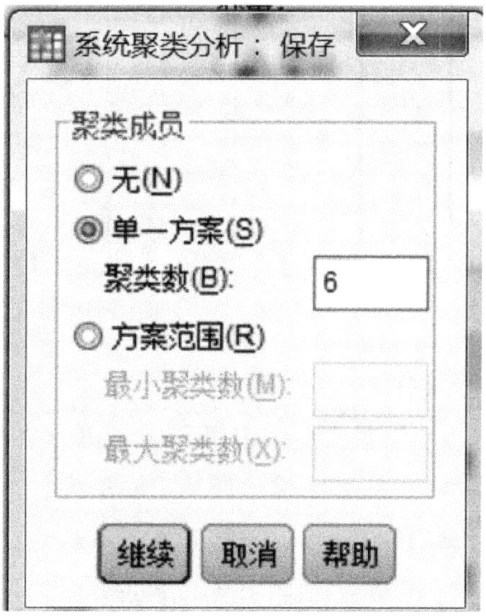


图14-7

结果展示及解释：

**案例处理汇总**[a,b]

| 案例 | | | | | |
|---|---|---|---|---|---|
| 有效 | | 缺失 | | 总计 | |
| N | 百分比 | N | 百分比 | N | 百分比 |
| 427 | 99.3 | 3 | .7 | 430 | 100.0 |

a. Euclidean距离已使用。
b. 单个联结。

图14-8

单个联结

**聚类表**

| 阶 | 群集组合 | | 系数 | 首次出现阶群集 | | 下一阶 |
|---|---|---|---|---|---|---|
| | 群集 1 | 群集 2 | | 群集 1 | 群集 2 | |
| 1 | 425 | 430 | .000 | 0 | 0 | 6 |
| 2 | 418 | 429 | .000 | 0 | 0 | 13 |
| 3 | 422 | 428 | .000 | 0 | 0 | 9 |
| 4 | 207 | 427 | .000 | 0 | 0 | 212 |
| 5 | 397 | 426 | .000 | 0 | 0 | 32 |
| 6 | 421 | 425 | .000 | 0 | 1 | 10 |
| 7 | 420 | 424 | .000 | 0 | 0 | 11 |
| 8 | 365 | 423 | .000 | 0 | 0 | 61 |
| 9 | 360 | 422 | .000 | 0 | 3 | 66 |
| 10 | 367 | 421 | .000 | 0 | 6 | 59 |
| 11 | 419 | 420 | .000 | 0 | 7 | 12 |
| 12 | 415 | 419 | .000 | 0 | 11 | 16 |
| 13 | 410 | 418 | .000 | 0 | 2 | 20 |
| 14 | 412 | 417 | .000 | 0 | 0 | 18 |
| 15 | 386 | 416 | .000 | 0 | 0 | 43 |
| 16 | [illegible] | 415 | .000 | 0 | [illegible] | [illegible] |

图14-9

**群集成员**

| 案例 | 6 群集 |
|---|---|
| 1:　1 | 1 |
| 2:　2 | 2 |
| 3:　3 | 3 |
| 4:　4 | 4 |
| 5:　5 | 2 |
| 6:　6 | 4 |
| 7:　7 | 4 |
| 8:　8 | 2 |
| 9:　9 | 3 |
| 10:　10 | 4 |
| 11:　11 | 5 |
| 12:　12 | 6 |
| 13:　13 | 3 |
| 14:　14 | 4 |
| 15:　15 | 3 |
| 16:　16 | 2 |
| 17:　17 | 4 |
| 18:　18 | 2 |
| 19:　19 | 3 |

图14-10

说明：

1. 聚类成员栏中包括3个选项（见图14-7）：

- 无：是不输出样品隶属类表，为系统默认选项。
- 单一方案：选择此选项并在右边的“聚类数”文本框中指定表示分类数的一个大于1的整数，则输出各样品或变量的隶属表。
- 方案范围：选择此选项并在下边的“最小聚类数”和“最大聚类数”的两个小框中分别

输入两个数值 $m$ 和 $n$，表示分别输出样品或变量的分类数从 $m \sim n$ 的各种分类的隶属表。

2. 在冰柱栏中有 3 个选项（见图 14-5）：

- 所有聚类显示全部聚类结果的冰柱图。
- 聚类的指定全距限制聚类解范围，在下面的开始聚类、停止聚类、排序标准 3 个小框中分别输入 3 个正整数值，$m$、$n$、$k$ 表示从最小聚类解 $m$ 开始，以增量 $k$ 为步长，到最大聚类解 $n$ 为止。
- 无，表示不输出冰柱图。

在下面的方向栏中可以选择输出冰柱图方向，有垂直（垂直冰柱图）和水平（水平冰柱图）两种。

3. 转换值子栏用于选择数据标准化方法，其中有“标准化”栏，单击框边头展开下拉列表，可从中选择对变量或对观测量的数据标准化方法。本例选择“无”（见图 14-6）。

转换度量栏用于选择测度转换方法，在距离测度选择完后，可以选择本栏选项对距离测度的结果进行测度转换，栏中提供了 3 个并列的转换方法，分别是：绝对值（绝对值转换法）、更改符号（变更符号转换法）、重新标度到 0 ~ 1 全距（重新调节测度值到范围 0 ~ 1 转换法）（见图 14-6）。在实际操作中可以根据实际需要和上面对各个选项的介绍修改和添加选项设置。

图 14-8 案例处理汇总给出了样本处理的基本信息，包括样本总数、有效值和缺失值的样本数，以及百分比、使用的距离。

图 14-9 是聚类表，其中列出聚类中观测量或类合并的顺序。表中各列含义如下：

- 阶（第一列），表示聚类阶段，即聚类过程中的步数。
- 群集组合，即将群集 1 与群集 2 合并。
- 系数，是距离测度系数。
- 首次出现阶群集，群集 1 和群集 2 二者皆为 0，表示两个样品的合并；其中一个为 0，另一个不为 0，表示个案与类的合并；二者皆不为 0，表示类与类的合并。
- 下一阶，表示下一步复聚类将出现的阶段。由于聚类过程不是主要内容，因此具体细节不再赘述（感兴趣的读者可以参考 SPSS 分析中相应的帮助功能）。图 14-10 是个案顺序及其每个个案最终所属的分类。

根据选定的三个变量，本例的分析结果显示大部分客人属于 2 ~ 4 类（见图 14-10），很少个案属于第 1、5、6 类。因此当初聚类分析时分为 3 类比较合适。

最终结果解释：

根据最终的分类结果，不同的个案分别属于不同的类。从选定的三个变量看，分类的结果主要是依据客房星级、满意度和再次入住意向综合分类的。由于三个变量在客人间的取值差异不很明显，因此在不同类中仍需继续考虑其他变量作为分析的参考。

## 14.3 K-均值聚类分析

研究问题举例：

此方法的例子和上一节的数据一样，只是利用的聚类方法不一样，通过此例可以看出二者的区别和联系。

SPSS分析步骤：

1. 打开附件1—酒店服务质量调查数据文件，选择“分析”→“分类”→“K-均值聚类”命令，弹出“K-均值聚类分析”对话框（见图14-11）。

图14-11

2. 在左侧变量栏中分别选择星级、满意度、再次入住意向三个变量，单击“”按钮，将三个变量移入右面的“变量”框中，选择编号作为标识变量，单击下面的“”按钮，将其移入“个案标记依据”栏中。“聚类数”框中可以确定分类数，由于客人一般住在三个不同星级的酒店，本例输入3（见图14-12）。在“方法”中选择“迭代与分类”。在“聚类中心”栏中不做选择。

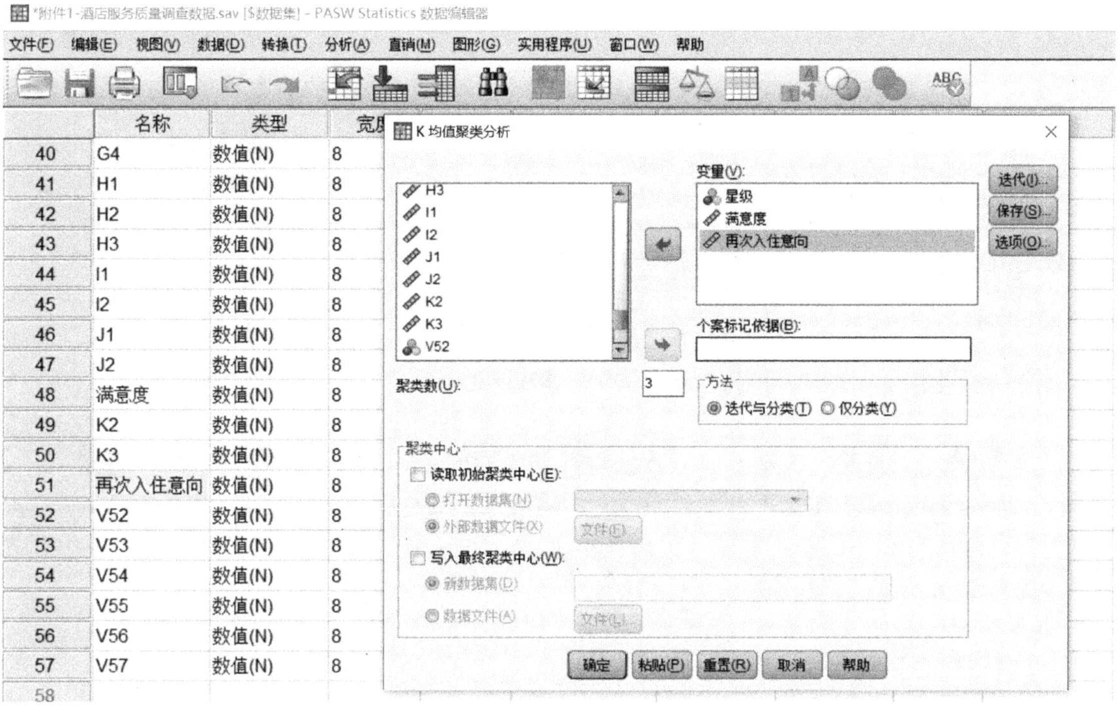


图14-12

3. 单击“迭代”按钮，弹出“K-均值聚类分析：写入文件”对话框（见图14-13）。在“最大迭代次数”中可以输入一个整数限定迭代步数，系统默认值为10。“收敛性标准”中可以输入一个不超过1的正数作为判定迭代收敛的标准，默认的收敛标准值为0，收敛标准值为0.02，表示当两次迭代计算的聚心之间距离的最大改变量小于初始聚心间最小距离的2%时终止迭代。如果对迭代结果要求十分准确，可以选择默认设置，即要求两次迭代计算的聚心之间的距离最大改变量为0。使用运行均值选项表示在迭代过程中，当每个个案被分配到一类后，随即计算新的聚心，并且数据文件中个案的次序可能会影响聚心。不选择此项则在所有个案分配完后再计算各类的聚心，可以节省迭代时间。本例选择此项。

4. 单击“继续”按钮，回到“K-均值聚类分析”对话框，单击“保存”按钮，弹出“K-Means群集：保存新变量”对话框，选择“聚类成员”及“与聚类中心的距离”选项（见图14-14）。

5. 单击“继续”按钮，回到“K-均值聚类分析”对话框，单击“选项”按钮，弹出“K-均值聚类分析：选项”对话框（见图14-15）。在“统计量”对话框选择“初始聚类中心”和“每个个案的聚类信息”。

6. 单击“继续”按钮，回到“K-均值聚类分析”对话框，点击“确定”按钮，进入计算分析。计算机计算完毕后得到结果（见图14-16至图14-23）。

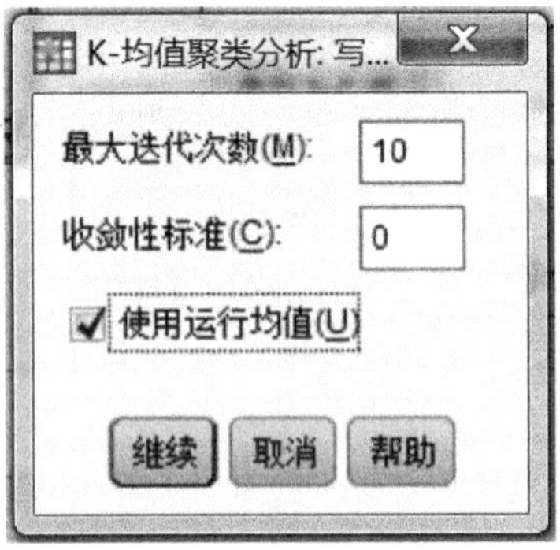


图14-13

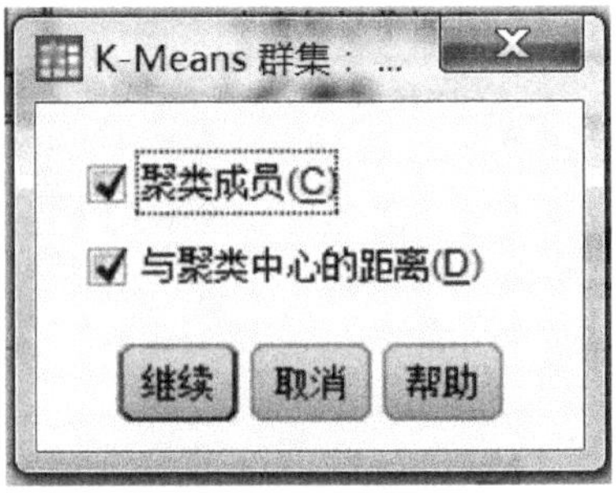


图14-14

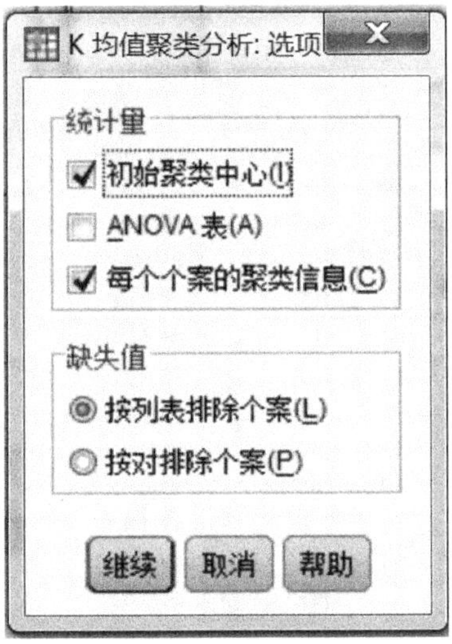


图14-15

说明：

1. 方法栏的两项中可以选择一种聚类方法：

- 迭代与分类：此选项为系统默认，聚类的迭代过程中使用K-均值算法不断计算类中心，并根据结果更换类中心，把观测量分派到与之最近的以类中心为标志的类中去。
- 仅分类：根据初始类中心进行聚类，在聚类过程中不改变类中心。

2. 聚类中心栏中包括两个复选框：

- 读取初始聚类中心：选择此项并单击下方“外部数据文件”的“文件”按钮，打开“选择文件”对话框，在其中选择事先保存着初始聚类中心数据的文件，该文件中的观测量将作为当前聚类分析的初始聚类中心。
- 写入最终聚类中心：选择此项并单击下方“数据文件”的“文件”按钮，打开“保存文件”对话框，在其中指定路径和文件名，将当前聚类分析的最终聚类中心数据保存到该文件中。在别的样品进行聚类分析时，该数据可以作为初始聚类中心数据使用。

3. 聚类成员的值为各个案的类别，与聚类中心的距离的值为各个案与所属类中心之间的欧氏（Eudidean）距离。

4. 统计量栏用于指定输出统计量值，其中：

- 初始聚类中心是系统默认选项，输出初始聚类中心表；
- ANOVA表则输出方差分析表；
- 每个个案的聚类信息显示每个个案的聚类信息，包括各个案最终被聚入的类别，各个案与最终聚心之间的欧氏距离，以及最终各类聚心之间的欧氏距离；
- 缺失值栏用于指定缺失值处理方式。

5. 缺失值栏用于确定缺失值的处理方式。其中：

- 按列表排除个案是系统默认的选项，剔除聚类分析变量中有缺失值的个案；
- 按对排除个案，选择此项凡聚类分析变量中有缺失值的个案全部予以剔除，分配个案聚类是根据所有分析变量中皆无缺失值的个案计算距离来决定的。

本例采用系统默认设置。

图14-16是初始分类的3个中心（聚类中心的测量是由系统确定的）。按照选定的3个变量星级、满意度、再次入住意向，第一个中心是3，4，5；第二个中心是2，5，2；第三个中心是3，1，1。本例没有指定迭代次数或收敛性标准，因此使用系统默认值：最大迭代次数为10，收敛性标准为0。本例的聚类过程执行10次，在第4次迭代后，聚类中心的基本变化为0（见图14-17）。

图14-18给出了最终的聚类结果（3类）。聚类中心的第一个中心是3，4，4；第二个中心是1，3，3；第三个中心是2，2，1。图14-19给出了3个聚类中心间的距离。图14-20给出了每个聚类中的案例数（总共427，缺失个案数是3）。图14-21给出了每个个案所属的类（部分图）。图14-22是输出结果个案分类的430中的第100个个案分类结果，表下面有4个向下的箭头，双击表格就会出现图14-23的枢轴表。在枢轴表界面，点击上面的向上、向下箭头，就可以得到所有430个个案的分类结果（点击关闭枢轴表，结果就会呈现在SPSS的输出结果中）。

结果展示及解释：

**初始聚类中心**

| | 聚类 | | |
|---|---|---|---|
| | 1 | 2 | 3 |
| 酒店的星级 | 3 | 2 | 3 |
| 本人对酒店服务总体很满意 | 4 | 5 | 1 |
| 本人会再次入住此酒店 | 5 | 2 | 1 |

图14-16

**迭代历史记录[a]**

| 迭代 | 聚类中心内的更改 | | |
|---|---|---|---|
| | 1 | 2 | 3 |
| 1 | .994 | 1.832 | .816 |
| 2 | .166 | .328 | .000 |
| 3 | .046 | .119 | .309 |
| 4 | .000 | .000 | .000 |

a.由于聚类中心内没有改动或改动较小而达到收敛。任何中心的最大绝对坐标更改为.000。当前迭代为4。初始中心间的最小距离为3.317。

图14-17

**最终聚类中心**

| | 聚类 | | |
|---|---|---|---|
| | 1 | 2 | 3 |
| 酒店的星级 | 3 | 1 | 2 |
| 本人对酒店服务总体很满意 | 4 | 3 | 2 |
| 本人会再次入住酒店 | 4 | 3 | 1 |

图14-18

**最终聚类中心间的距离**

| 聚类 | 1 | 2 | 3 |
|---|---|---|---|
| 1 | | 1.890 | 4.210 |
| 2 | 1.890 | | 2.812 |
| 3 | 4.210 | 2.812 | |

图14-19

**每个聚类中的案例数**

| | | |
|---|---|---|
| 聚类 | 1 | 111.000 |
| | 2 | 192.000 |
| | 3 | 124.000 |
| 有效 | | 427.000 |
| 缺失 | | 3.000 |

图14-20

**聚类成员**

| 案例号 | 编号 | 聚类 | 距离 |
|---|---|---|---|
| 1 | 1 | 1 | .930 |
| 2 | 2 | 1 | 1.012 |
| 3 | 3 | 1 | .770 |
| 4 | 4 | 1 | .834 |
| 5 | 5 | 1 | 1.012 |
| 6 | 6 | 1 | .834 |
| 7 | 7 | 1 | .834 |
| 8 | 8 | 1 | 1.012 |
| 9 | 9 | 1 | .770 |
| 10 | 10 | 1 | .834 |
| 11 | 11 | 1 | .984 |
| 12 | 12 | 2 | .835 |
| 13 | 13 | 1 | .770 |
| 14 | 14 | 1 | .834 |
| 15 | 15 | 1 | .960 |
| 16 | 16 | 1 | 1.012 |
| 17 | 17 | 1 | .834 |
| 18 | 18 | 1 | 1.012 |
| 19 | 19 | 1 | .770 |

图14-21

| | | | |
|---|---|---|---|
| 82 | 82 | 2 | .835 |
| 83 | 83 | 1 | .984 |
| 84 | 84 | 2 | .661 |
| 85 | 85 | 1 | .770 |
| 86 | 86 | 2 | 1.025 |
| 87 | 87 | 1 | .770 |
| 88 | 88 | 1 | .770 |
| 89 | 89 | 1 | 1.538 |
| 90 | 90 | 1 | .834 |
| 91 | 91 | 1 | .984 |
| 92 | 92 | 2 | .642 |
| 93 | 93 | 1 | .770 |
| 94 | 94 | 2 | 1.025 |
| 95 | 95 | 1 | 1.726 |
| 96 | 96 | 2 | 1.341 |
| 97 | 97 | 2 | 1.025 |
| 98 | 98 | 1 | .770 |
| 99 | 99 | 2 | .642 |
| 100 | 100 | 2 | .642 |

行 1 - 100 / 430

图14-22

文件(F 编辑(E 视图(V 插入(I 透视(P 格式(O 帮助(H

聚类成员

行 401 - 430 / 430

| 案例号 | 编号 | 聚类 | 距离 |
|---|---|---|---|
| 412 | 412 | 1 | .984 |
| 413 | 413 | 3 | 1.852 |
| 414 | 414 | 2 | 1.341 |
| 415 | 415 | 1 | .770 |
| 416 | 416 | 2 | 1.435 |
| 417 | 417 | 1 | .984 |
| 418 | 418 | 1 | .732 |
| 419 | 419 | 1 | .770 |
| 420 | 420 | 1 | .770 |
| 421 | 421 | 2 | 1.025 |
| 422 | 422 | 1 | .800 |
| 423 | 423 | 2 | .835 |
| 424 | 424 | 1 | .770 |
| 425 | 425 | 2 | 1.025 |
| 426 | 426 | 2 | .820 |
| 427 | 427 | 1 | 1.755 |
| 428 | 428 | 1 | .800 |
| 429 | 429 | 1 | .732 |
| 430 | 430 | 2 | 1.025 |

图14-23

最终结果解释：

针对430个个案，在选定3个变量星级、满意度、再次入住意向的前提下，确定把个案分为3类。通过对数据的K-均值聚类分析，结果显示最终聚类中心分别是：中心1（3，4，4），中心2（1，3，3）和中心3（2，2，1）。3个中心间的距离分别是：1.89（中心1与中心2），4.21（中心1与中心3），2.81（中心2与中心3）。430个个案中，427个个案在3个中心的个案数分别为：中心1含111个个案，中心2含192个个案，中心3含124个个案。缺失个案数是3。具体的分类详见聚类成员表（见图14-21至图14-23）。

## 14.4 本章小结

聚类分析的主要目的是把研究对象按照某些特征（变量）进行细分，从而对研究对象进行进一步研究。聚类分析在市场调研中的作用非常重要。本章介绍了常用的聚类分析方法：分层聚类分析和K-均值聚类分析，在实际应用中可以综合运用这两种方法，便于得到客观的结果。

聚类分析与因子分析都是进行分类分析，但二者是有差异的：（1）前者是对个案进行分类（即对数据窗口中的行进行分类），后者是对窗口中的变量（列）进行分类；前者的分类需要指定几个相关变量，后者的分类依据所有个案的变量观察值；（2）前者是对市场的细分，后者是对市场特征（架构）的整合。对研究人员来说，搞清二者的区别非常重要。

## 14.5 练习题

### 一、单项选择题

1. 聚类分析的变量应该是 （　）

   A. 连续变量　　B. 分类变量

   C. 二者皆可　　D. 无限制

2. 由每个个案聚集成类的聚类过程是 （　）

   A. 凝聚法　　B. 分解法

   C. 聚类法　　D. 均值聚类法

3. 由一个大类根据距离和差异性逐层分解为每个个案的聚类过程是 （　）

   A. 凝聚法　　B. 分解法

   C. 聚类法　　D. 均值聚类法

4. 分层聚类分析与K-均值聚类分析的关系是 （　）

   A. 过程相反　　B. 过程相同

C. 思路相同　　D. 一个是自然分类，一个是先确定几个种子

5. 聚类分析的前提是　　(　　)

A. 正态分布　　B. 方差齐性

C. 无多重共线性　　D. 无自相关

## 二、判断题

1. 聚类分析是统计推断性分析。　　(　　)
2. 样本的代表性对聚类分析很重要。　　(　　)
3. 样本的离群值对聚类分析结果影响很明显。　　(　　)
4. 小样本聚类分析的结果可以使用树状图。　　(　　)
5. 小样本聚类分析的结果可以使用冰柱图。　　(　　)
6. 分层聚类分析需要选定几个种子。　　(　　)
7. K-均值聚类分析需要选定几个种子。　　(　　)
8. 聚类分析是对变量进行分类。　　(　　)
9. 聚类分析与因子分析是一样的。　　(　　)
10. 聚类分析的结果可以用于总体。　　(　　)

## 三、操作题

结合小组研究问题，选择合适的变量对研究对象进行聚类分析。内容包括：研究问题、分析结果展示与说明、最终结果解释。

# 第15章

# 时间序列分析

时间序列是指在一定时间内按时间顺序测量的某个变量的取值序列。在一个时间序列中，离散样本序列可以按相等时间间隔或不相等时间间隔获取，较常见的是前者。时间序列的特点是数据资料的先后顺序不能随意地改变，分析时必须考虑观测资料的时间顺序。

时间序列分析就是应用数理统计方法对时间序列的数据加以处理，以预测未来的发展趋势。时间序列分析是定量预测方法之一，它的基本原理包括：一是承认事物发展的延续性，应用过去数据来推测事物未来的发展趋势；二是考虑到事物发展的随机性，时间序列预测一般由4种要素组成：趋势、季节变动、循环波动和不规则波动（具体内容在本章第3节详细介绍）。

时间序列分析是根据系统观测得到的时间序列数据，通过曲线拟合和参数估计来建立数学模型的理论和方法。它一般采用曲线拟合和参数估计方法（如非线性最小二乘法）进行预测。

时间序列分析是统计学的重要组成部分，在社会科学领域应用非常普遍。本章主要介绍运用SPSS软件对时间序列进行分析。分析研究中最常用的有指数平滑、自回归集成移动平均（ARIMA）和季节分解等时间序列分析方法。本书侧重的是分析操作和结果解释，分析方法涉及的专业知识需参考有关书籍。

## 15.1 指数平滑模型

指数平滑预测方法最早只应用于无趋势、非线性、非季节性作为基本形式的时间序列分析。经过不断研究和发展，指数平滑法也涉及了季节性的内容，相应的数据处理方法也更多了。SPSS统计软件中的指数平滑法可以针对有季节性和非季节性的时间序列进行分析。在非季节性方法中有简单法、Holt线性趋势、Brown线性趋势和阻尼趋势四种方法；在季节性方法中有简单季节性、Winters可加性、Winters相乘性三种方法。

指数平滑法的估计目标是使预测值和实测值间的均方差为最小。简单法是在移动平均法的基础上发展而来的一次指数平滑法，它假定所研究的时间序列数据集无趋势和季节变化；Holt双参数线性指数平滑法适用于有线性趋势、无季节变化的时间序列的预测； Winters线性趋势和季节性指数平滑法适用于对含有季节性因素的时间序列的预测。在不同的模型中，有不同的参数，参数的取值范围为0～1。当参数取值为1时，预测值等于最近的观测值，调节参数值的大小可得到不同的预测结果。判断预测结果的好坏标准可看输出结果中方差的大小，方差越小，预测值与观察值拟合度越高。在进行预测分析时，可以根据这些模型在其趋势和季节构成方面的不同，根据对趋势和季节的不同假设，从中任选一个相应的模型对时间序列进行平滑处理。本节介绍简单法和Holt线性趋势两种方法在SPSS中的操作，Winters线性趋势等其他方法可以通过自学去掌握。

例1：请根据某酒店189个时刻客人满意度统计（表15-1），用指数平滑法对第190时刻的满意度进行预测。

表15-1　某酒店189个时刻客人满意度统计

| | | | |
|---|---|---|---|
| 1 | 99.00 | 95.00 | 86.00 |
| 2 | 96.00 | 78.00 | 73.00 |
| 3 | 97.00 | 85.00 | 81.00 |
| 4 | 100.00 | 91.00 | . |
| 5 | 94.00 | 93.00 | 83.00 |
| 6 | 98.00 | 79.00 | 93.00 |
| 7 | 93.00 | 91.00 | 89.00 |
| 8 | 96.00 | 77.00 | 64.00 |
| 9 | 92.00 | 76.00 | 47.00 |
| 10 | 96.00 | 86.00 | 90.00 |
| 11 | 98.00 | 76.00 | 60.00 |
| 12 | 92.00 | 83.00 | 80.00 |
| 13 | 83.00 | 74.00 | 84.00 |
| 14 | 93.00 | 73.00 | 75.00 |
| 15 | 92.00 | 93.00 | 78.00 |
| 16 | 93.00 | 87.00 | 76.00 |
| …… | | | |
| 174 | 75.00 | 97.00 | 90.00 |
| 175 | 80.00 | 88.00 | 94.00 |
| 176 | 69.00 | 90.00 | 92.00 |
| 177 | 72.00 | 95.00 | 84.00 |
| 178 | 71.00 | 94.00 | 93.00 |
| 179 | 62.00 | 94.00 | 98.00 |
| 180 | 64.00 | 95.00 | 82.00 |
| 181 | 70.00 | 85.00 | 85.00 |
| 182 | 70.00 | 86.00 | 83.00 |
| 183 | 67.00 | 88.00 | 83.00 |
| 184 | 67.00 | 94.00 | 92.00 |
| 185 | 55.00 | 88.00 | 88.00 |
| 186 | 51.00 | 92.00 | 88.00 |
| 187 | 42.00 | 90.00 | 90.00 |
| 188 | 39.00 | 92.00 | 87.00 |
| 189 | 32.00 | 95.00 | 95.00 |

## 15.1.1　简单法

SPSS操作步骤：

1. 打开附件4—酒店顾客满意度调研数据文件，选择“分析”→“预测”→“创建模型”命令，弹出“时间序列建模器”对话框，如图15-1所示，在左侧变量框中选择“一月满意度”，单击“”按钮，把其移入右侧的“因变量”框中。在下方的“方法”栏中选择要使用的模型，这里我们选择“指数平滑法”选项（见图15-2）。

2. 点击“条件”按钮，弹出“时间序列建模器：指数平滑条件”对话框，在“模型类型”中选择“非季节性”下的“简单”，如图15-3所示。点击“继续”按钮，返回“时间序列建模器”对话框。

3. 打开“选项”，在“预测阶段”栏中选择默认选项（见图15-4）。

4. 打开“保存”，在“保存变量”栏中，勾选“预测值”（把预测值更改为一月满意度）、“置信区间的下限”、“置信区间的上限”及“噪声残值”4个复选框，如图15-5；同时打开“统计量”，勾选“按模型显示拟合度量、Ljung-Box统计量和离群值的数量”，并勾选“比较模型的统计量”“显示预测值”（见图15-6）。单击“确定”按钮进入计算分析。

文件(F) 编辑(E) 视图(V) 数据(D) 转换(T) 分析(A) 直销(M) 图形(G) 实用程序(U) 窗口(W) 帮助
时间
一月满意度
报告
描述统计
表(T)
比较均值(M)
一般线性模型(G)
广义线性模型
混合模型(X)
相关(C)
回归(R)
对数线性模型(O)
神经网络
分类(F)
降维
度量(S)
非参数检验(N)
预测(T)
生存函数(S)
创建模型(C)...
应用模型(A)...
变量
变量
1 1 99.00
2 2 96.00
3 3 97.00
4 4 100.00
5 5 94.00
6 6 98.00
7 7 93.00
8 8 96.00
9 9 92.00
10 10 96.00
11 11 98.00
12 12 92.00
13 13 83.00
14 14 93.00
15 15 92.00

图15-1

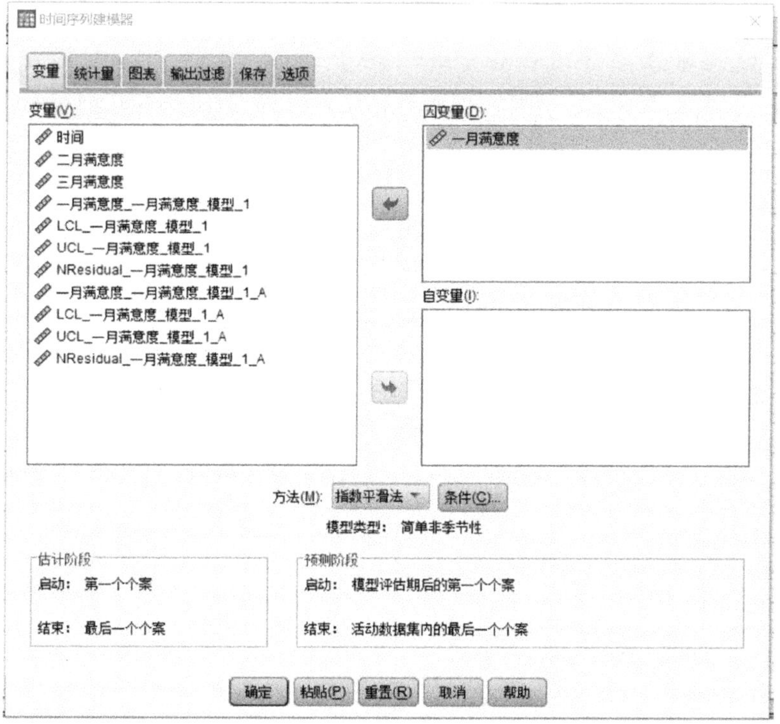
时间序列建模器
变量 统计量 图表 输出过滤 保存 选项
变量(V):
时间
二月满意度
三月满意度
一月满意度_一月满意度_模型_1
LCL_一月满意度_模型_1
UCL_一月满意度_模型_1
NResidual_一月满意度_模型_1
一月满意度_一月满意度_模型_1_A
LCL_一月满意度_模型_1_A
UCL_一月满意度_模型_1_A
NResidual_一月满意度_模型_1_A
因变量(D):
一月满意度
自变量(I):
方法(M): 指数平滑法 条件(C)...
模型类型: 简单非季节性
估计阶段
启动: 第一个个案
结束: 最后一个个案
预测阶段
启动: 模型评估期后的第一个个案
结束: 活动数据集内的最后一个个案
确定 粘贴(P) 重置(R) 取消 帮助

图15-2

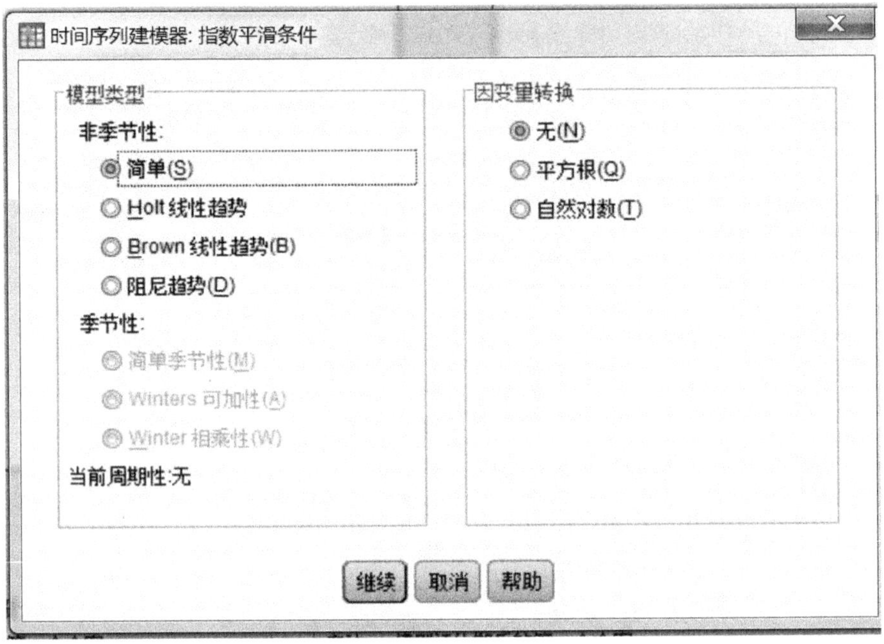
时间序列建模器: 指数平滑条件
模型类型
非季节性:
简单(S)
Holt 线性趋势
Brown 线性趋势(B)
阻尼趋势(D)
季节性:
简单季节性(M)
Winters 可加性(A)
Winter 相乘性(W)
当前周期性:无
因变量转换
无(N)
平方根(Q)
自然对数(T)
继续
取消
帮助

图15-3

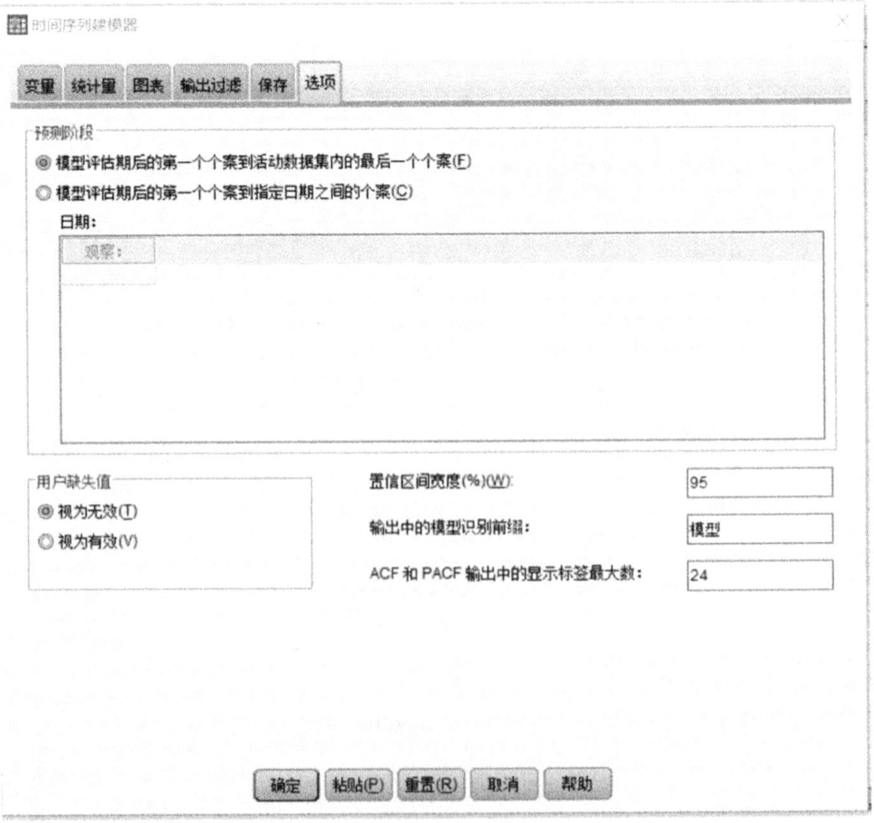
时间序列建模器
变量
统计量
图表
输出过滤
保存
选项
预测阶段
模型评估期后的第一个个案到活动数据集内的最后一个个案(F)
模型评估期后的第一个个案到指定日期之间的个案(C)
日期:
观察:
用户缺失值
视为无效(T)
视为有效(V)
置信区间宽度(%)(W):
95
输出中的模型识别前缀:
模型
ACF 和 PACF 输出中的显示标签最大数:
24
确定
粘贴(P)
重置(R)
取消
帮助

图15-4

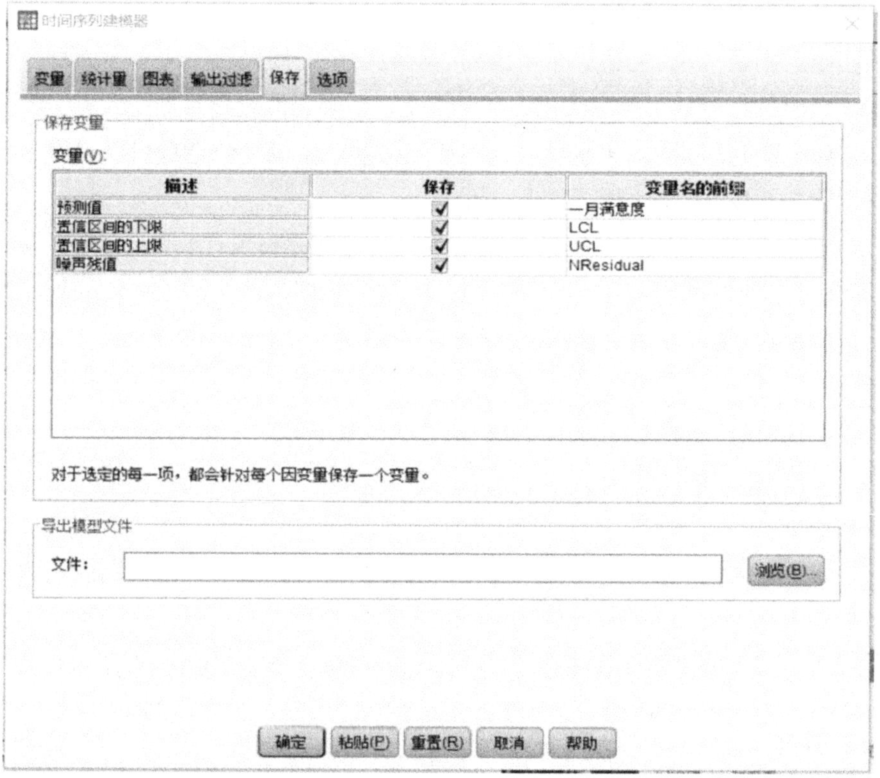
时间序列建模器
变量
统计量
图表
输出过滤
保存
选项
保存变量
变量(V):
描述
保存
变量名的前缀
预测值
一月满意度
置信区间的下限
LCL
置信区间的上限
UCL
噪声残值
NResidual
对于选定的每一项，都会针对每个因变量保存一个变量。
导出模型文件
文件:
浏览(B)...
确定
粘贴(P)
重置(R)
取消
帮助

图15-5

时间序列建模器
变量
统计量
图表
输出过滤
保存
选项
按模型显示拟合度量、Ljung-Box 统计量和离群值的数量(D)
拟合度量
平稳的 R 方(Y)
平均绝对误差(E)
R 方(R)
最大绝对误差百分比(B)
均方根误差(Q)
最大绝对误差(X)
平均绝对误差百分比(P)
标准化的 BIC(L)
比较模型的统计量
拟合优度(G)
残差自相关函数(ACF)(A)
残差部分自相关函数(PACF)(U)
个别模型的统计量
参数估计(M)
残差自相关函数(ACF)(F)
残差部分自相关函数(PACF)(C)
显示预测值(S)
确定
粘贴(P)
重置(R)
取消
帮助

图15-6

说明：预测阶段指的是预测结果的时间长度。

（1）选项模型评估期后的第一个个案到活动数据集内的最后一个个案为默认项，它对原时间序列的所有时间标号从头至尾给出预测结果（包括观测值之外时刻的预测值）。

（2）选项模型评估期后的第一个个案到指定日期的个案，此选项可以自己定义给出预测结果终止的时限（可以超越时间序列的时刻值）。

（3）本例选择选项2，并输入预测阶段数值为8，其意思是对现有观测值和第8时期进行预测。

（4）简单法的预测基于前期的观测，因此只适合短期预测（即下一期的观测值）。对于有7个观测值的序列，可以预测第8期的观测值。

结果展示：

SPSS分析结果包括模型拟合（见图15-7）、模型统计量（见图15-8）、折线图（见图15-9），以及预测结果（见图15-10）。

结果解释：

图15-7至图15-9是预测的基本模型拟合、统计量信息、观测值与预测值的图，这里不做详细说明。

图15-7表示了不同的模型拟合指数（分别是平稳的$R^2$、$R^2$、均方根误差、平均绝对误差百分比、平均绝对误差、最大绝对误差百分比、最大绝对误差、正态化的BIC）。其中最上面的平稳的$R^2$及$R^2$是模型拟合好坏的主要指标。图15-8中模型统计量给出了模型信息、预测变量数、模型拟合统计量、Ljung-Box统计量和离群值数。模型拟合统计量在有季节和趋势时平稳的$R^2$是最适宜的，其值越大，拟合效果越好。本例的平稳的$R^2$是0.23，拟合效果一般。Ljung-

**模型拟合**

| 拟合统计量 | 均值 | SE | 最小值 | 最大值 | 百分位 5 | 10 | 25 | 50 | 75 | 90 | 95 |
|---|---|---|---|---|---|---|---|---|---|---|---|
| 平稳的R方 | .232 | . | .232 | .232 | .232 | .232 | .232 | .232 | .232 | .232 | .232 |
| R方 | .651 | . | .651 | .651 | .651 | .651 | .651 | .651 | .651 | .651 | .651 |
| RMSE | 7.307 | . | 7.307 | 7.307 | 7.307 | 7.307 | 7.307 | 7.307 | 7.307 | 7.307 | 7.307 |
| MAPE | 7.670 | . | 7.670 | 7.670 | 7.670 | 7.670 | 7.670 | 7.670 | 7.670 | 7.670 | 7.670 |
| MaxAPE | 46.323 | . | 46.323 | 46.323 | 46.323 | 46.323 | 46.323 | 46.323 | 46.323 | 46.323 | 46.323 |
| MAE | 5.689 | . | 5.689 | 5.689 | 5.689 | 5.689 | 5.689 | 5.689 | 5.689 | 5.689 | 5.689 |
| MaxAE | 21.219 | . | 21.219 | 21.219 | 21.219 | 21.219 | 21.219 | 21.219 | 21.219 | 21.219 | 21.219 |
| 正态化的BIC | 4.006 | . | 4.006 | 4.006 | 4.006 | 4.006 | 4.006 | 4.006 | 4.006 | 4.006 | 4.006 |

图15-7

**模型统计量**

| 模型 | 预测变量数 | 模型拟合统计量 | | | | | | | | Ljung-BoxQ(18) | | | 离群值数 |
|---|---|---|---|---|---|---|---|---|---|---|---|---|---|
| | | 平稳的R方 | R方 | RMSE | MAPE | MAE | MaxAPE | MaxAE | 正态化的BIC | 统计量 | DF | Sig. | |
| 一月满意度－模型1 | 0 | .2332 | .651 | 7.307 | 7.670 | 5.689 | 46.323 | 21.219 | 4.006 | 23.342 | 17 | .138 | 0 |

图15-8

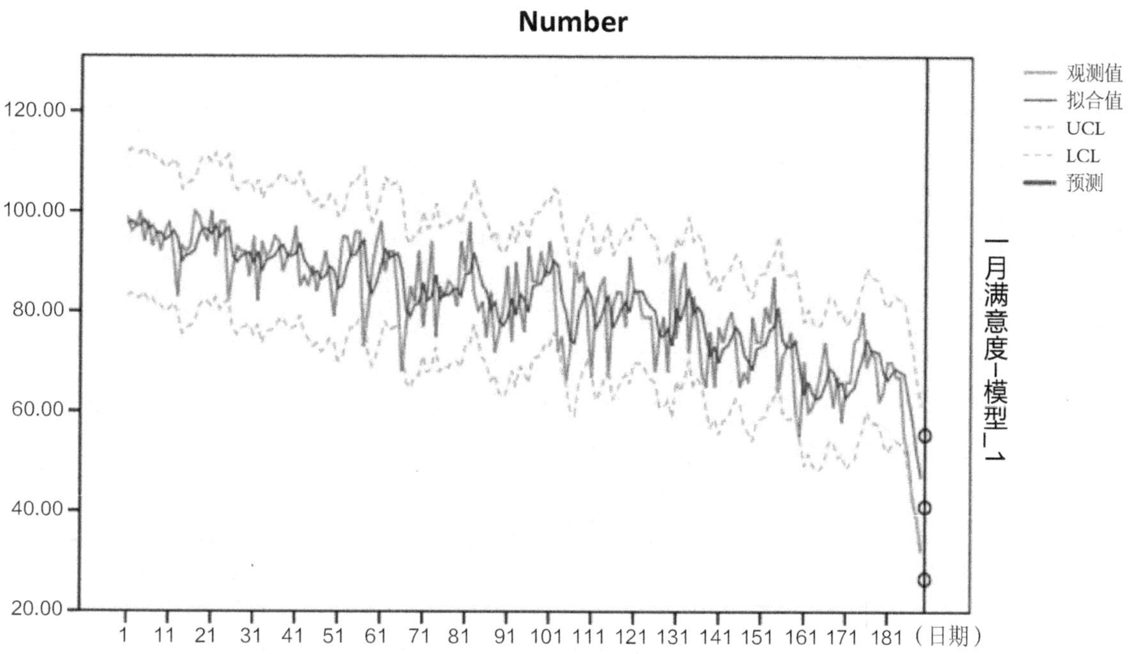


图15-9

**预测结果**

| 模型 | | 190 |
|---|---|---|
| 一月满意度-模型-1 | 预测 | 41.04 |
| | UCL | 55.45 |
| | LCL | 26.62 |

对于每个模型，预测都在其请求的预测时间段范围内的最后一个非缺失值之后开始，在所有预测值的非缺失值都可用最后请求的一个时间段或请求预测时间段的结束日期（以较早者为准）结束。

图15-10

Box统计量表示模型制定是否正确。显著性概率值（Sig.）大于0.05说明差异不大，小于0.05表示模型不正确。本例的显著性概率值是0.138，大于0.05，因此模型正确。

图15-9表现了时间序列的观测值、拟合值、预测值（竖线）及其95%置信上、下限。图15-10给出了简单法对第190时刻的满意度预测值，预测的置信上限（LCL）和置信下限（UCL），以及预测误差。根据简单指数平滑法，预测出第190时刻客人满意度为41.04，落在置信区间（26.62，55.45）内的概率为95%。

## 15.1.2 Holt 线性趋势

SPSS操作步骤：

由于本例中的数据呈线性趋势，无季节特征，因此可以利用Holt线性趋势法进行预测。

结果展示：

**模型拟合**

| 拟合统计量 | 均值 | SE | 最小值 | 最大值 | 百分位 | | | | | | |
|---|---|---|---|---|---|---|---|---|---|---|---|
| | | | | | 5 | 10 | 25 | 50 | 75 | 90 | 95 |
| 平稳的R方 | .731 | . | .731 | .731 | .731 | .731 | .731 | .731 | .731 | .731 | .731 |
| R方 | .654 | . | .654 | .654 | .654 | .654 | .654 | .654 | .654 | .654 | .654 |
| RMSE | 7.290 | . | 7.290 | 7.290 | 7.290 | 7.290 | 7.290 | 7.290 | 7.290 | 7.290 | 7.290 |
| MAPE | 7.668 | . | 7.668 | 7.668 | 7.668 | 7.668 | 7.668 | 7.668 | 7.668 | 7.668 | 7.668 |
| MaxAPE | 46.978 | . | 46.978 | 46.978 | 46.978 | 46.978 | 46.978 | 46.978 | 46.978 | 46.978 | 46.978 |
| MAE | 5.716 | . | 5.716 | 5.716 | 5.716 | 5.716 | 5.716 | 5.716 | 5.716 | 5.716 | 5.716 |
| MaxAE | 20.518 | . | 20.518 | 20.518 | 20.518 | 20.518 | 20.518 | 20.518 | 20.518 | 20.518 | 20.518 |
| 正态化的BIC | 4.029 | . | 4.029 | 4.029 | 4.029 | 4.029 | 4.029 | 4.029 | 4.029 | 4.029 | 4.029 |

图15-11

**模型统计量**

| 模型 | 预测变量数 | 模型拟合统计量 | Ljung-Box Q(18) | | | 离群值数 |
|---|---|---|---|---|---|---|
| | | 平稳的R方 | 统计量 | DF | Sig. | |
| 一月满意度 - 模型_1 | 0 | .731 | 24.165 | 16 | .086 | 0 |

图15-12

**预测**

| 模型 | | 190 |
|---|---|---|
| 一月满意度-模型-1 | 预测 | 41.32 |
| | UCL | 55.70 |
| | LCL | 26.94 |

对于每个模型，预测都在其请求的预测时间段范围内的最后一个非缺失值之后开始，在所有预测值的非缺失值都可用最后一个时间段或请求预测时间段的结束日期（以较早者为准）结束。

图15-13

SPSS操作步骤与简单法完全一致，只是在选择模型类型时，选择“非季节性：Holt线性趋势”即可，这里不再赘述。结果展示如图15-11至15-14所示。

结果解释：

Holt线性趋势预测结果的解释与简单法的结果解释是一致的，这里不再赘述。但从平稳的$R^2$及$R^2$看，Holt线性趋势的拟合效果更好。

## 15.2 自回归集成移动平均模型

自回归集成移动平均模型，也称为Box-Jenkins模型，是广泛应用于时间序列分析的常见

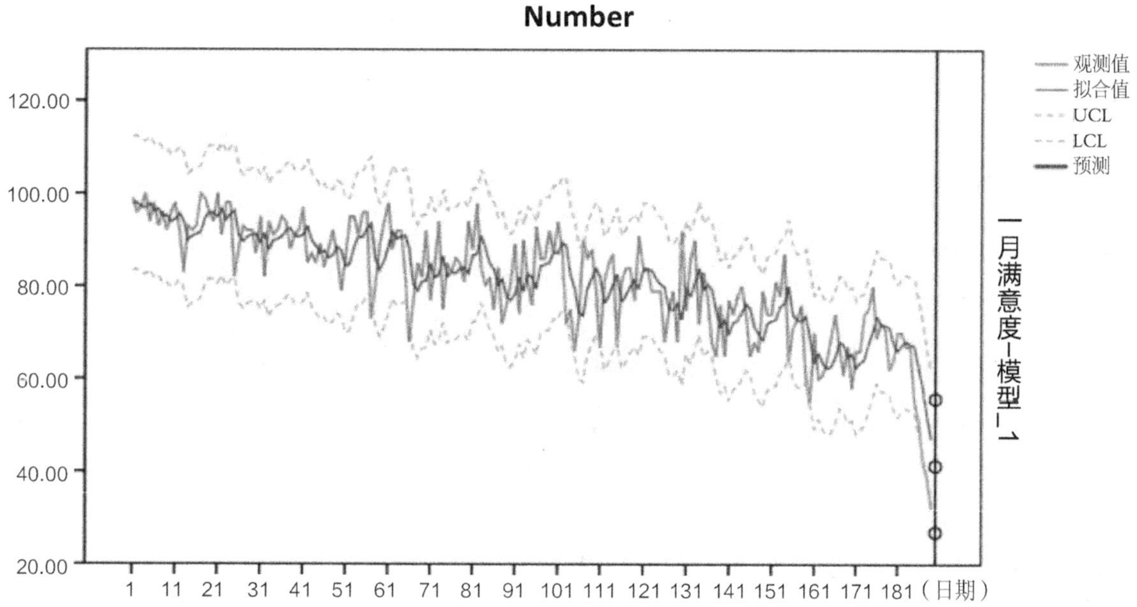


图15-14

模型，它可以用来处理包含季节趋势的时间序列。根据时间序列的特征，可以指定三个参数来分析时间序列，包括自回归及阶数AR（$p$）、差分次数I（$d$）和移动平均及阶数MA（$q$），通常模型被写作ARIMA（$p$，$d$，$q$）。ARIMA模型能够刻画时间序列的长期记忆性特征，该方法的操作步骤是：

第一步是对数据求差分直到序列是平稳的，这可以通过检查各种差分序列的相关图（包括偏相关图等），直到找出一个“急速”下降为零的时刻，并且从此任何季节效应都大大消除的序列。对于非季节数据，通常只求一阶差分即可。

第二步是选定一个特定的模型拟合来分析时间序列数据。模型识别是Box-Jenkins方法中很重要的一环，判断标准是：对一般ARMA模型中的一些特征，分析其理论特征，把这种特定模型的理论特征作为鉴别实际模型的标准，并观测实际资料与理论特征的接近程度。最后根据这种分类比较分析结果，来判定实际模型的类型。

第三步是用时间序列的数据，估计模型的参数，并进行检验模型的拟合效果，若拟合不理想，则返回第二步重新选定模型。

例2：利用表15-1给出的部分数据，通过自回归集成移动平均模型对第190时刻的客人满意度进行预测。变量时间表示的是不同的时刻，变量一月满意度表示的是酒店客人满意度。

SPSS操作步骤：

1．打开附件4—酒店顾客满意度数据文件，选择“分析”→“预测”→“创建模型”命令，弹出“时间序列建模器”对话框（见图15-15），在左侧变量框中选择“一月满意度”，单击“➡”按钮，把其移入右侧的“因变量”框中，并把“时间”移到“自变量”框中，然后在下方的“方法”栏中选择“ARIMA”选项（见图15-16）。

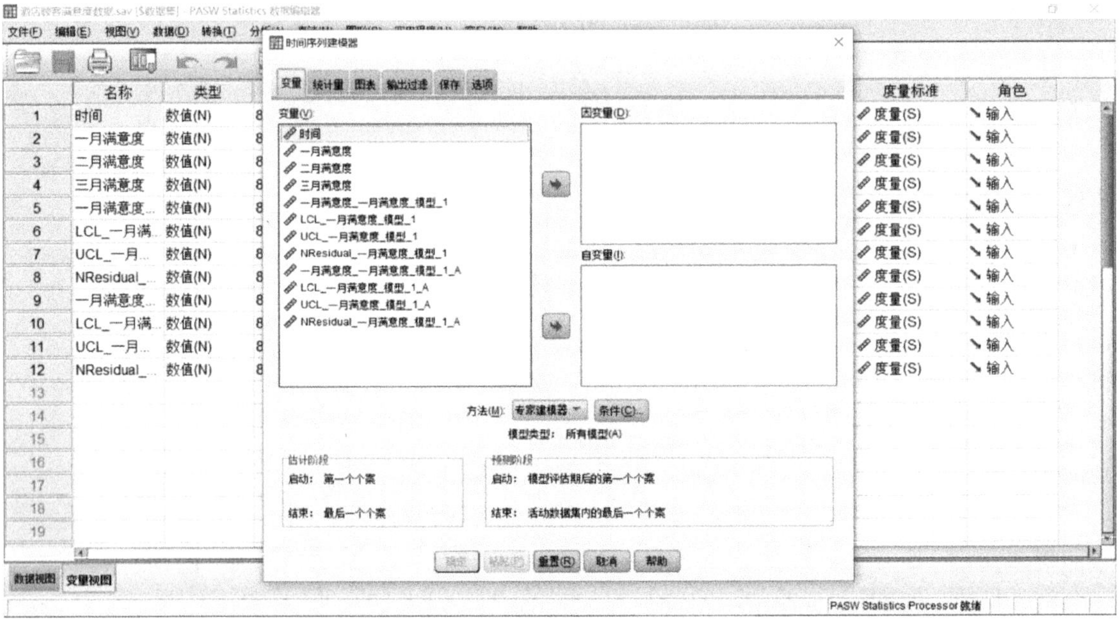

图15-15

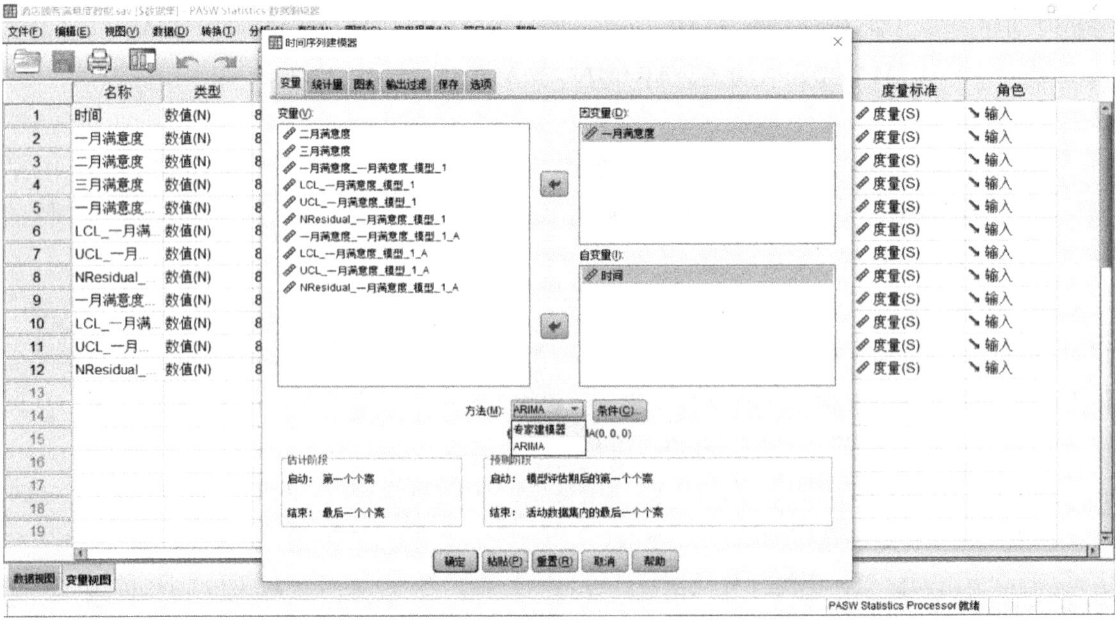

图15-16

2. 单击“条件”按钮，弹出“时间序列建模器：ARIMA条件”对话框，在“ARIMA阶数栏”中选定自回归集成移动平均模型的三个参数：自回归、差分和移动平均数。它们分别是$p$、$d$、$q$的值，如果已有一个季节模型，并在数据菜单的定义日期命令中定义了数据的季节，还可以定义相应的季节参数，以此来选定一个预测方法。默认状态下，这三个参数都为0。在执行程序时，这三个参数不能同时都为0，否则，运行将被终止，并出现警告信息。由于本例不具有季节性，而且图像是线性的，本例选择$p$=1，$d$ =1，$q$=1（见图15-17）。“转换”栏选择“无”，也就是不做任何转换。

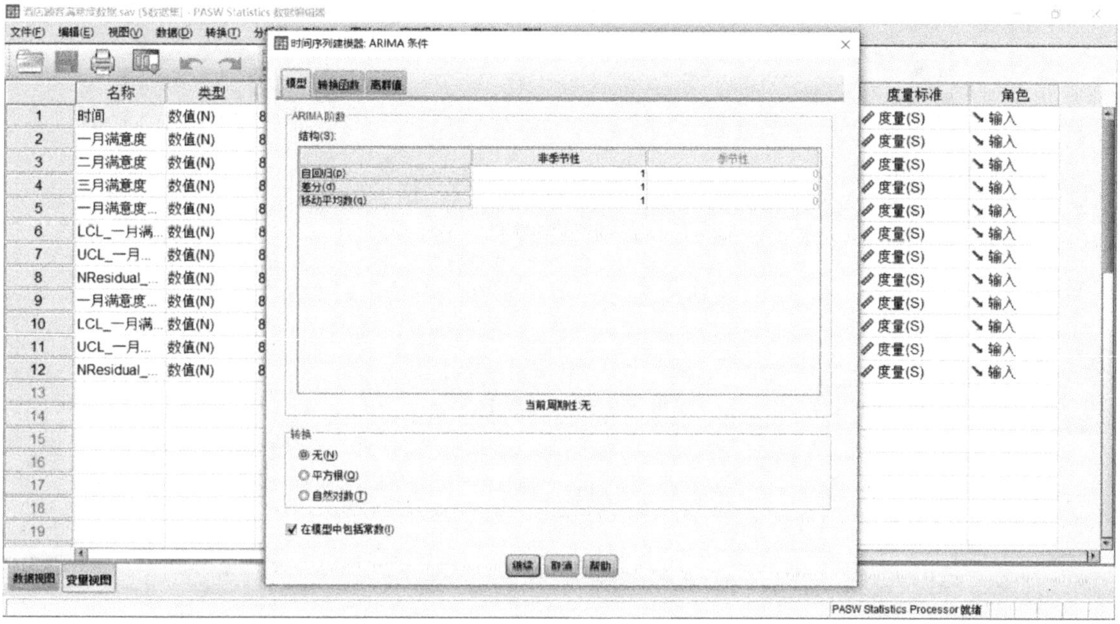

图15-17

4. 单击“继续”按钮，返回“时间序列建模器”对话框，单击“选项”按钮，选择第二个选项，并设定观察值为190（见图15-18）。

5. 点击“保存”按钮，选择所有的四个选项，并把变量名的前缀改为“一月满意度”（见图15-19）。同时打开“统计量”选项，选择“模型显示拟合度量、Ljung-Box统计量和离群值的数量”，在“拟合度量”中选择“平稳的$R^2$”和“$R^2$”，在“比较模型的统计量”中选择“拟合优度”，并选择“显示预测值”（见图15-20）。

6. 点击“确定”，进入计算分析。

结果解释：

图15-21、图15-22的解释与前面的解释相同。图15-22是模型统计量表，我们看到，平稳的$R^2$是0.389，$R^2$是0.719，表示模型拟合较好。图15-23中Ljung-Box Q（18）显著性是0.239，大于0.05，表示模型正确。图15-24刻画了时间序列的观测值、拟合值、预测值（竖线）及其95%置信上下限。图15-25给出了简单法对第190时刻的满意度预测值，预测的置信上限（LCL）和置信下限（UCL）。根据简单指数平滑法，预测出第190时刻客人满意度为40.75，落在置信区间［27.77，53.72］内的概率为95%。可以看出，ARIMA法的拟合效果比Holt法和简单指数平滑法要平缓得多，但是预测值差异不大。

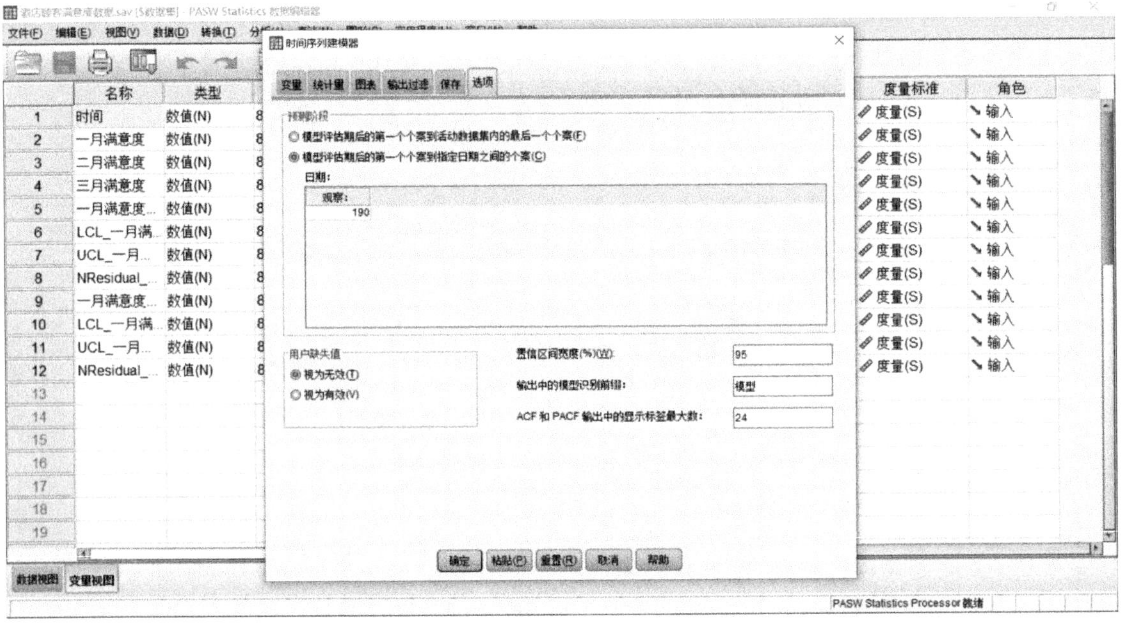

图15-18

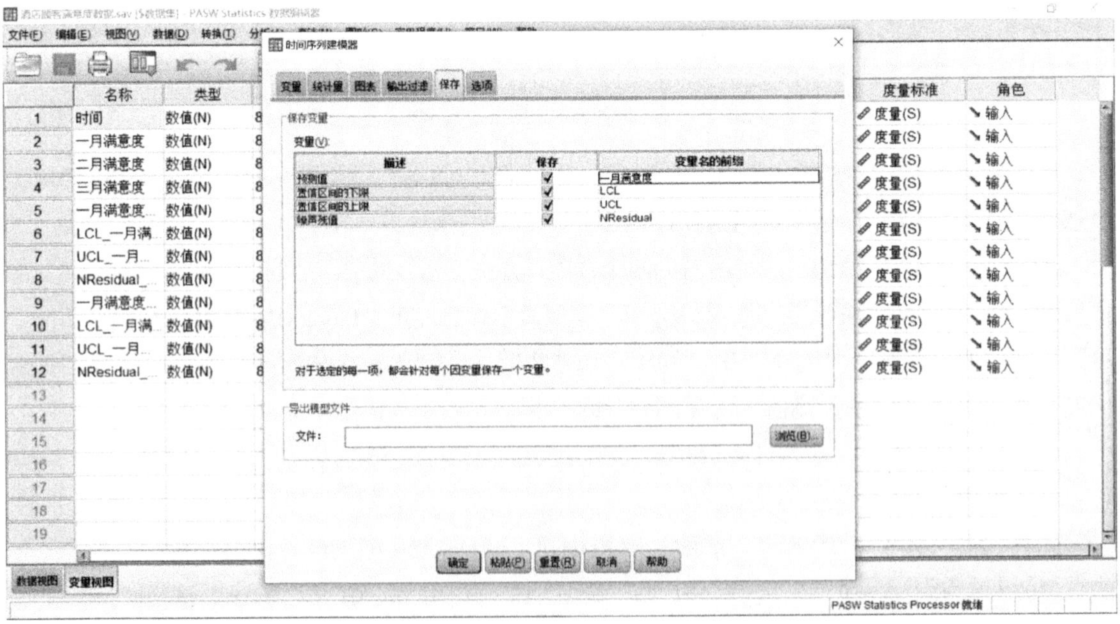

图15-19

图15-20

结果展示：

**模型描述**

| | | | 模型类型 |
|---|---|---|---|
| 模型 ID | 一月满意度 | 模型_1 | ARIMA(1,1,1) |

图15-21

**模型拟合**

| 拟合统计量 | 均值 | SE | 最小值 | 最大值 | 百分位 | | | | | | |
|---|---|---|---|---|---|---|---|---|---|---|---|
| | | | | | 5 | 10 | 25 | 50 | 75 | 90 | 95 |
| 平稳的 R 方 | .389 | . | .389 | .389 | .389 | .389 | .389 | .389 | .389 | .389 | .389 |
| R 方 | .719 | . | .719 | .719 | .719 | .719 | .719 | .719 | .719 | .719 | .719 |
| RMSE | 6.606 | . | 6.606 | 6.606 | 6.606 | 6.606 | 6.606 | 6.606 | 6.606 | 6.606 | 6.606 |
| MAPE | 6.716 | . | 6.716 | 6.716 | 6.716 | 6.716 | 6.716 | 6.716 | 6.716 | 6.716 | 6.716 |
| MaxAPE | 32.866 | . | 32.866 | 32.866 | 32.866 | 32.866 | 32.866 | 32.866 | 32.866 | 32.866 | 32.866 |
| MAE | 5.127 | . | 5.127 | 5.127 | 5.127 | 5.127 | 5.127 | 5.127 | 5.127 | 5.127 | 5.127 |
| MaxAE | 18.211 | . | 18.211 | 18.211 | 18.211 | 18.211 | 18.211 | 18.211 | 18.211 | 18.211 | 18.211 |
| 正态化的 BIC | 3.915 | . | 3.915 | 3.915 | 3.915 | 3.915 | 3.915 | 3.915 | 3.915 | 3.915 | 3.915 |

图15-22

**模型统计量**

| 模型 | 预测变量数 | 模型拟合统计量 | | Ljung-Box Q(18) | | | 离群值数 |
|---|---|---|---|---|---|---|---|
| | | 平稳的 R 方 | R 方 | 统计量 | DF | Sig. | |
| 一月满意度-模型_1 | 1 | .389 | .719 | 19.602 | 16 | .239 | 1 |

图15-23

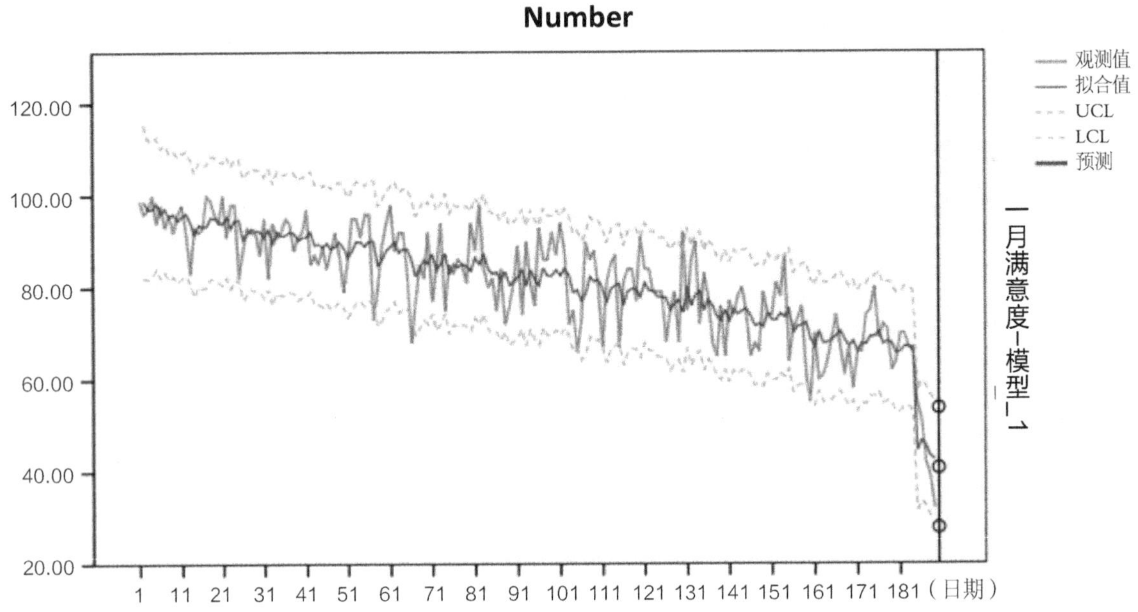


图15-24

**预测**

| 模型 | | 190 |
|---|---|---|
| 一月满意度-模型-1 | 预测 | 40.75 |
| | UCL | 53.72 |
| | LCL | 27.77 |

对于每个模型，预测都在其请求的预测时间段范围内的最后一个非缺失值之后开始，在所有预测值的非缺失值都可用最后一个时间段或请求预测时间段的结束日期（以较早者为准）结束。

图15-25

## 15.3 季节分解方法

基础知识：

时间序列的变化受多种因素的影响，一般可将这些因素分为以下4种：

1. 长期趋势因素（$T$）：反映了某种现象在一段时间内的发展方向，可以在一个相当长的时间内表现出一种近似直线的持续向上、持续向下或平稳的趋势，长期趋势一旦形成，便会延续很长时间，因此对其进行预测研究具有特别重要的现实意义。

2. 季节变动因素（$S$）：某种现象受季节变动影响所形成的一种长度和幅度固定的周期波动，许多时间序列如销售量及温度等都显示出年周期的变化。

3. 周期变动因素（$C$）：是由于某些其他物理原因或经济原因的影响而显示出有固定周期的变化。

4. 不规则变动因素（$I$）：是受各种偶然因素的影响所形成的不规则波动。

当将时间序列分解成长期趋势、季节变动、周期变动和不规则变动4个因素后，可以将时间序列$Y$看成是这4个因素的函数，即$Y_t = F(T_t, S_t, C_t, I_t)$。常用的时间序列季节分解的模型有加法模型和乘法模型。加法模型为$Y_t = T_t + S_t + C_t + I_t$，乘法模型为$Y_t = T_t \times S_t \times C_t \times I_t$。在实际应用中，乘法模型比加法模型更常用。在乘法模型中，时间序列值和长期趋势用绝对值表示，季节变动、周期变动和不规则变动用相对值（百分比）表示。一般情况下，把周期和不规则变动值取为1。

例3：表15-2　2009年1月至2011年12月某景区接待游客数量，表中包含变量年份、季度和接待人数。季度只取1、2、3、4四个值，分别表示第一、二、三、四季度，变量“人数”表示不同季度某景区接待游客的总人数。从图15-26中可以看出，此数据呈周期变化趋势，并以4个季度为一个周期不断循环的过程。本分析的内容是用季节分解的方法将时间序列中的季节因素进行剔除，并对剔除季节因素后的序列进行平滑处理，最终得到只包含趋势和周期因素的时间序列，进而对未来进行预测。

表15-2　2009年1月至2011年12月某景区接待游客数量

| 年份 | 季度 | 人数 | 年份 | 季度 | 人数 | 年份 | 季度 | 人数 | 年份 | 季度 | 人数 |
|---|---|---|---|---|---|---|---|---|---|---|---|
| 2009 | 1 | 1050498 | 2010 | 1 | 775479 | 2011 | 1 | 819921 | 2012 | 1 | 921342 |
| 2009 | 2 | 1891869 | 2010 | 2 | 2006184 | 2011 | 2 | 2229347 | 2012 | 2 | 2473569 |
| 2009 | 3 | 2445978 | 2010 | 3 | 2569961 | 2011 | 3 | 3217982 | 2012 | 3 | 3423746 |
| 2009 | 4 | 1402166 | 2010 | 4 | 1504515 | 2011 | 4 | 1679601 | 2012 | 4 | 1734730 |

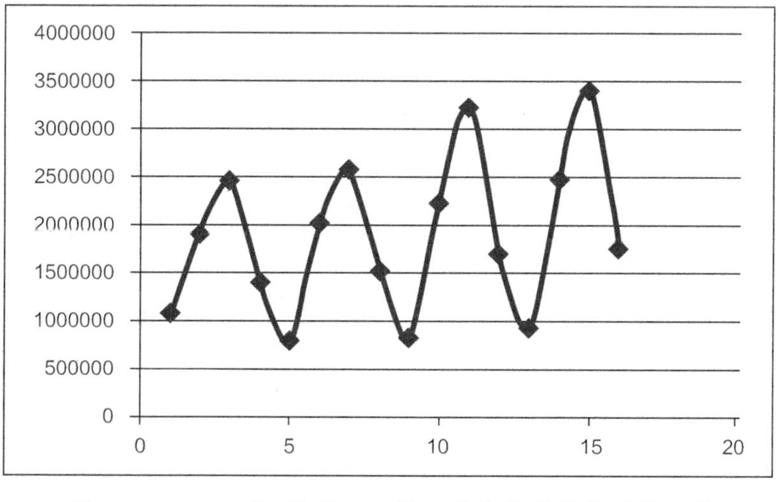


图15-26　2009年1月至2011年12月某景区接待游客数量

SPSS操作步骤：

1．把表15-2的excel类型数据导入到SPSS软件，并在窗口打开（见图15-27），点击下拉菜单的“数据”，继续点击“定义日期”（见图15-28）。在“定义日期”对话框中选择“年份、季度”，并在第一个个案对话框中的年份输入XX年，季度输入数1（见图15-29），点击“确定”。

2．在下列菜单中选择“分析”→“预测”→“季节性分解”命令，弹出“周期性分解”对话框，如图15-30所示。在左侧的变量框中选择“接待人数”变量，单击“ ”按钮，移入“变量”框中。

3．在模型类型栏可以根据时间序列构成的特点选用两种模型，即“乘法”（乘法模型）和“加法”（加法模型）。本例选择“乘法”（见图15-31）。

4．在移动平均权重栏中有两个选项：

- 所有点相等，是计算周期跨度相等和所有点权重相等时的移动平均，常用于周期是奇数的情形。
- 结束点按0.5加权，用相同跨度（周期+1）和端点权重乘 0.5计算移动平均，这个选项仅当时间序列的周期是偶数时有效。

本例选择所有点相等。

最下面的显示对象删除列表在运算过程中对每个变量生成一行4个新序列值。这里我们采

| | 游客人数1 | 游客人数2 | 民俗接待收入 | 年份 | 季节 | 接待人数 | 变量 |
|---|---|---|---|---|---|---|---|
| 1 | 256700 | 113968 | 4655 | 2009 | 1 | 1050498 | |
| 2 | 288543 | 130741 | 6299 | 2009 | 2 | 1891869 | |
| 3 | 505255 | 149728 | 8192 | 2009 | 3 | 2445978 | |
| 4 | 752897 | 143032 | 8873 | 2009 | 4 | 1402166 | |
| 5 | 734637 | 165038 | 11390 | 2010 | 1 | 775479 | |
| 6 | 404335 | 356557 | 15112 | 2010 | 2 | 2006184 | |
| 7 | 985678 | 419028 | 19138 | 2010 | 3 | 2569961 | |
| 8 | 1077206 | . | . | 2010 | 4 | 1504515 | |
| 9 | 383094 | . | . | 2011 | 1 | 819921 | |
| 10 | 867598 | . | . | 2011 | 2 | 2229347 | |
| 11 | 349155 | . | . | 2011 | 3 | 3217982 | |
| 12 | 185413 | . | . | 2011 | 4 | 1679601 | |
| 13 | 140071 | . | . | . | . | . | |
| 14 | 272759 | . | . | . | . | . | |
| 15 | 362649 | . | . | . | . | . | |

图15-27

文件(F) 编辑(E) 视图(V) 数据(D) 转换(T) 分析(A) 直销(M) 图形(G) 实用程序(U) 窗口(W) 帮助
定义变量属性(V)...
复制数据属性(C)...
新建设定属性(B)...
定义日期(E)...
定义多重响应集(M)...
验证(L)
标识重复个案(U)...
标识异常个案(I)...
排序个案...
排列变量...
转置(N)...
重组(R)...
合并文件(G)
分类汇总(A)...
正交设计(H)
名称
小数
标签
值
缺失
游客人数1
游客人数2
民俗接待收入
年份
季节
接待人数
无

图15-28

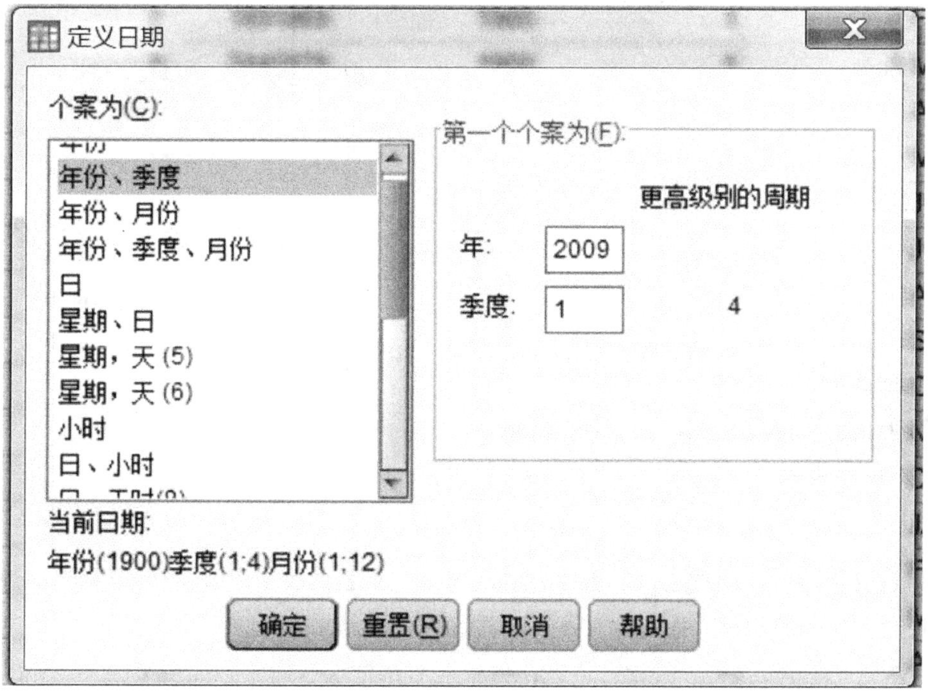
定义日期
个案为(C):
年份、季度
年份、月份
年份、季度、月份
日
星期、日
星期，天 (5)
星期，天 (6)
小时
日、小时
第一个个案为(F):
更高级别的周期
年:
2009
季度:
1
4
当前日期:
年份(1900)季度(1;4)月份(1;12)
确定
重置(R)
取消
帮助

图15-29

图15-30

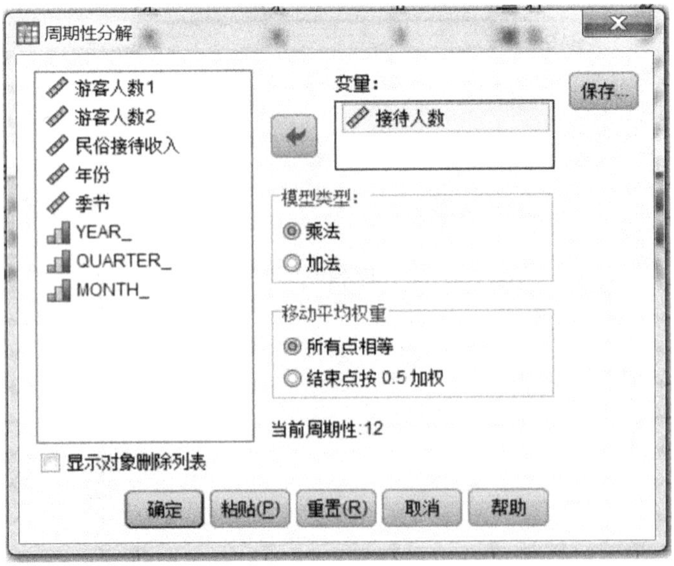


图15-31

图15-32

用系统默认选项即可，读者也可以选择其他选项，在一般情况下这几个选项得到的分析结果都是十分接近的，因此选择其他选项并不影响我们的分析结果。

5. 点击“保存”按钮，弹出“周期：保存”对话框，选择“添加至文件”，如图15-32所示。在Create Variables栏中有3个选项，选项含义如下：

- 添加至文件：将新建变量存放在原数据文件中，是系统默认的。
- 替换现有：用新建变量数据替代数据文件中原先存在的计算结果。
- 不要创建：在原数据文件中不建立新变量。

在这里我们选择第一个选项，将其添加至文件。

6. 打开“统计量”选项，选择“模型显示拟合度量、Ljung-Box统计量和离群值的数量”“比较模型的统计量”“显示预测值”，单击“继续”按钮，回到“周期性分解”对话框，单击“确定”按钮，进入计算分析。

结果展示：

SPSS分析结果包括三个部分：模型描述（图15-33）、季节性因素（图15-34）和运算结果表（图15-35）。模型描述给出了模型名称、模型类型、序列名称、季节性期间的长度和移动平均数的计算方法信息。季节性因素给出了4个季度的季节性因素值（总和是4）。运算结果表在原有数据的基础上，增加了定义日期中的选项年份、季节和日期变量，同时还增加了ERR_1、SAS_1、SAF_1和STC_1四个变量。

**模型描述**

| | | |
|---|---|---|
| 模型名称 | | MOD_10 |
| 模型类型 | | 可乘 |
| 序列名称 | 1 | 接待人数 |
| 季节性期间的长度 | | 4 |
| 移动平均数的计算方法 | | 跨度等于周期，并且所有点具有相同的权重 |

正在应用来自MOD_10的模型指定。

图15-33

**季节性因素**

序列名称：接待人数

| 期间 | 季节性因素(%) |
|---|---|
| 1 | 45.6 |
| 2 | 115.4 |
| 3 | 153.7 |
| 4 | 85.3 |

图15-34

计算机运行完毕后得到下面的结果，如图 15-35 所示。

可见：1

| | 时间 | 年份 | 季节 | 接待人数 | YEAR_ | QUARTER_ | DATE_ | ERR_1 | SAS_1 | SAF_1 | STC_1 |
|---|---|---|---|---|---|---|---|---|---|---|---|
| 1 | 1 | 2009 | 1 | 1050498 | 2009 | 1 | Q1 2009 | 1.20257 | 2302144.06001 | .45631 | 1914354.48893 |
| 2 | 2 | 2009 | 2 | 1891869 | 2009 | 2 | Q2 2009 | .88883 | 1639449.00994 | 1.15397 | 1844495.91987 |
| 3 | 3 | 2009 | 3 | 2445978 | 2009 | 3 | Q3 2009 | .93378 | 1591894.69966 | 1.53652 | 1704778.78176 |
| 4 | 4 | 2009 | 4 | 1402166 | 2009 | 4 | Q4 2009 | .99328 | 1643418.55643 | .85320 | 1654544.14186 |
| 5 | 5 | 2010 | 1 | 775479 | 2010 | 1 | Q1 2010 | 1.01113 | 1699445.75407 | .45631 | 1680741.99308 |
| 6 | 6 | 2010 | 2 | 2006184 | 2010 | 2 | Q2 2010 | 1.01824 | 1738511.69006 | 1.15397 | 1707377.05830 |
| 7 | 7 | 2010 | 3 | 2569961 | 2010 | 3 | Q3 2010 | .97006 | 1672585.48288 | 1.53652 | 1724202.20936 |
| 8 | 8 | 2010 | 4 | 1504515 | 2010 | 4 | Q4 2010 | .99818 | 1763377.42424 | .85320 | 1766599.25684 |
| 9 | 9 | 2011 | 1 | 819921 | 2011 | 1 | Q1 2011 | .97725 | 1796839.45293 | .45631 | 1838665.44758 |
| 10 | 10 | 2011 | 2 | 2229347 | 2011 | 2 | Q2 2011 | 1.00445 | 1931899.47716 | 1.15397 | 1923333.97060 |
| 11 | 11 | 2011 | 3 | 3217982 | 2011 | 3 | Q3 2011 | 1.05302 | 2094331.38377 | 1.53652 | 1988878.93232 |
| 12 | 12 | 2011 | 4 | 1679601 | 2011 | 4 | Q4 2011 | .97305 | 1968588.20625 | .85320 | 2023118.46662 |
| 13 | 13 | 2012 | 1 | 921342 | 2012 | 1 | Q1 2012 | .97677 | 2019101.41983 | .45631 | 2067125.78182 |
| 14 | 14 | 2012 | 2 | 2473569 | 2012 | 2 | Q2 2012 | 1.01927 | 2143536.49648 | 1.15397 | 2103010.78338 |
| 15 | 15 | 2012 | 3 | 3423746 | 2012 | 3 | Q3 2012 | 1.04368 | 2228246.98766 | 1.53652 | 2134995.34131 |
| 16 | 16 | 2012 | 4 | 1734730 | 2012 | 4 | Q4 2012 | .94524 | 2033202.53978 | .85320 | 2150987.62027 |

图15-35

结果解释：

季节分解后得到的结果在原数据的基础上增加了 4 列数据（见图 15-35），ERR_1、SAS_1、SAF_1 和 STC_1 分别表示序列的残差因子、经过季节调整后的序列、季节调整因子和平滑后的趋势与周期成分。比如，对于 2009 年第一季度的接待人数 1050498，经过剔除季节因素的季节调整后的销售量为 2302144.05。季节调整因子为 0.45631（需要注意的是此值越接近 1，说明季节因素越小，需要调整的幅度也越小）。平滑后的趋势与周期成分为 1914354.49，这是将 SAS_1 序列又进行平滑后得到的，是最终的经过季节调整并且平滑后的时间序列，仅包含了趋势和周期的成分，这就是我们需要的最终的时间序列数据。

说明：（1）每次进行季节性分解分析时，首先要定义日期（如本例所展示的）；

（2）进行季节性分解分析时，数据文件至少要包含 4 个季节（本例每个季节含 4 个季度，故至少需要 16 个时间序列数据），SPSS 软件才可以进行预算；

（3）数据文件中不能有缺失值，因此要保证数据的完整性。

（4）预测方法：如果要预测 2013 年的第一季度第 17 时刻的接待人数，可以用乘法公式：$Y_t = T_t \times S_t \times C_t \times I_t$ 来计算。其中 $C_t$ 和 $I_t$ 的值取 1。$t = 17$，$T_{17}$ 为时间序列第 17 时刻的趋势值，$S_{17} = 0.45631$ 对应的是第一季度的季节调整因子。$T_{17}$ 的值需要对 STC_1 的数值以时间为自变量求线性回归方程。对 STC_1 进行回归分析的结果见表 15-3。

表15-3　回归分析结果

| 模型 | | 非标准化系数 | | 标准系数 | t | Sig. | 共线性统计量 | |
|---|---|---|---|---|---|---|---|---|
| | | B | 标准误差 | 试用版 | | | 容差 | VIF |
| 1 | (常量) | 1640533.357 | 55602.903 | | 29.504 | .000 | | |
| | 时间 | 29254.974 | 5750.315 | .806 | 5.088 | .000 | 1.000 | 1.000 |

a. 因变量：SEASON、MOD_10、MUL、EQU 4 种接待人数的趋势循环。

回归方程：$T_t = 1640533.357 + 29254.974 \times t$，取 $t=17$，即得出 2013 年第一季度的趋势值（含周期因素）。

$T_{17} = 1640533.357 + 29254.974 \times 17 = 2137867.92$。

根据乘法公式：$Y_{17} = T_{17} \times S_{17} \times C_{17} \times I_{17} = 2137867.92 \times 0.45631 \approx 975530.508 \approx 975531$（人）。

同理可以预测其他时刻的游客接待人数。

本节小结：

本节主要内容是介绍时间序列中季节因素的含义和出现的特征。通过本节学习，可以理解季节分解的基本思想和重要意义，掌握季节分解的方法和序列平滑的方法。通过本节学习，还可以熟悉SPSS中时间序列季节分解过程的操作方法和步骤，能熟练应用此方法对含有季节因素的时间序列数据进行季节分解并能够对季节因素进行剔除，熟练掌握加法和乘法两种季节分解模型，能够恰当地选用模型对时间序列进行季节因素的剔除并进行平滑处理，进而进行预测。

## 15.4 本章小结

本章介绍了时间序列预测方法，主要有指数平滑法、自回归集成移动平均法和季节分解法三大类。每一类又细分为多种方法。本书只简单介绍了三种主要方法，其他方法的使用要根据序列的具体特征和方法的适用性进行选择和使用，并通过课后练习和自己的实践来掌握。由于篇幅问题和涉及的知识内容较多，本章涉及的概念和理论没有过多介绍，因此需要读者有一定的相关知识基础或参考指定的文献进行补充。根据时间序列分析方法的特征，自回归集成移动平均法是时间序列预测的常用方法。

## 15.5 练习题

### 一、单项选择题

1. 在时间序列分析方法中，对于无趋势、季节变化的序列，一般采用 (　　)

A. 指数平滑法　　B. 季节分解法

C. ARIMA　　D. 都不适合

2. 在时间序列分析方法中，对于有趋势、季节变化的序列，一般采用 (　　)

A. 指数平滑法　　B. 季节分解法

C. Holt线性趋势法　　D. 都不适合

3. 在指数平滑法中，可以进行季节预测的是 (　　)

A. Holt　　B. Brown

C. 阻尼趋势　　D. Winters

4. 在ARIMA（$p$，$d$，$q$）中，$p$指的是 (　　)

A. 自回归阶数　　B. 差分次数

C. 移动平均阶数　　D. 季节指数

5. 在ARIMA（$p$，$d$，$q$）中，$d$指的是 (　　)

A. 自回归阶数　　B. 差分次数

C. 移动平均阶数　　D. 季节指数

6. 在ARIMA（$p$，$d$，$q$）中，$q$指的是 (　　)

A. 自回归阶数　　B. 差分次数

C. 移动平均阶数　　D. 季节指数

## 二、判断题

1. 指数平滑法既可以预测季节性时间序列，也可以预测非季节性时间序列。 （ ）
2. 运用ARIMA法可以进行长期预测。 （ ）
3. 季节分解法只用乘法模型进行预测。 （ ）
4. 季节分解法既用加法又用乘法模型进行预测。 （ ）
5. 指数平滑法不可以预测有季节性的序列。 （ ）

## 三、操作题

1．用 Winters 相乘性方法预测表 15-2 中 2013 年第一季度的接待人数。

2．运用ARIMA法对表15-2中的数据进行预测2013年第一季度、第二季度的接待人数(与季节性分解方法比较，此法可以直接预测未来接待量）。

3．运用 Brown 线性趋势法对表 15-2 的时间序列进行预测。

# 第16章

# 非参数检验

## 16.1 非参数检验概述

统计分析主要有参数检验和非参数检验两种方法。参数指的是总体的一些特征（分布、方差等），而参数检验（$t$ 检验、方差分析等）要求样本总体要满足一些前提条件（正态分布、方差齐性等），非参数检验不对总体特征提出参数检验的严格要求。非参数检验方法不是样本总体间的有关参数的比较，它的推断过程和结论均与原总体参数无关。非参数检验依然遵循假设检验的基本思想和基本准则，在缺乏总体分布信息的情况下，利用统计思想、数学方法和技巧构造相应的统计进行检验，解决了特殊条件下假设检验的难题。

非参数检验虽然少了很多严格的前提条件限制，对数据类型也没有限制，这令其看起来适用性很强。但其弱点是对分析结果不是很敏感，有些组间特征的差异容易被忽视。因此，如果数据满足参数检验的条件，还是要使用参数检验。如果变量中含有名义数据和顺序数据类型，或者样本较小，或者总体不满足参数分布的前提条件，这些情况下最好使用非参数检验。

非参数检验虽然对总体分布没有强制要求，但是下面两个前提假设也要满足：

1. 样本随机性；
2. 观察的独立性。

在具体分析方法中还会有特殊条件要求。表16-1是非参数检验的主要方法和其对应的参数检验法对照。下面各节将逐一介绍表中所列的非参数检验方法的SPSS分析（卡方检验请参考第10章）。

表16-1 非参数检验的类型和对应的参数检验分析

| 非参数检验技术 | 对应的参数检验技术 |
|---|---|
| 卡方检验 | 见第10章 |
| 斯皮尔曼秩序相关系数 | 皮尔森积差相关系数（见第11章） |
| 单样本Kolmogorov- Smirnov检验 | 单样本 $t$ 检验（见第12章） |
| 曼恩-惠特尼U检验法 | 独立样本 $t$ 检验（见第12章） |
| 威尔柯森符号秩检验法 | 配对样本 $t$ 检验（见第12章） |
| 克鲁斯凯-沃利斯H检验法 | 组间单因素方差分析（见第12章） |
| 弗里德曼检验法 | 组内单因素方差分析（见第12章） |

## 16.2 斯皮尔曼秩序相关

斯皮尔曼秩序相关是皮尔森积差相关的非参数检验分析，它计算的仍然是两个连续变量的关联的强度和方向。为了比较两种方法的差异，斯皮尔曼秩序相关的前提条件是本章前面提到的非参数检验的两个假设。

例1：分析两个变量酒店员工月收入和年龄是否有显著的相关关系。

SPSS操作步骤：

1. 打开附件2—酒店员工调研数据文件，从菜单栏中选择“分析”→“相关”，点击“双变量”。打开“双变量相关”对话框，变量年龄和变量月收入出现在对话框的左侧。

2. 选择变量年龄和变量月收入，点击向右箭头“➡”按钮，把二变量移入“变量”框中（见图16-1）。

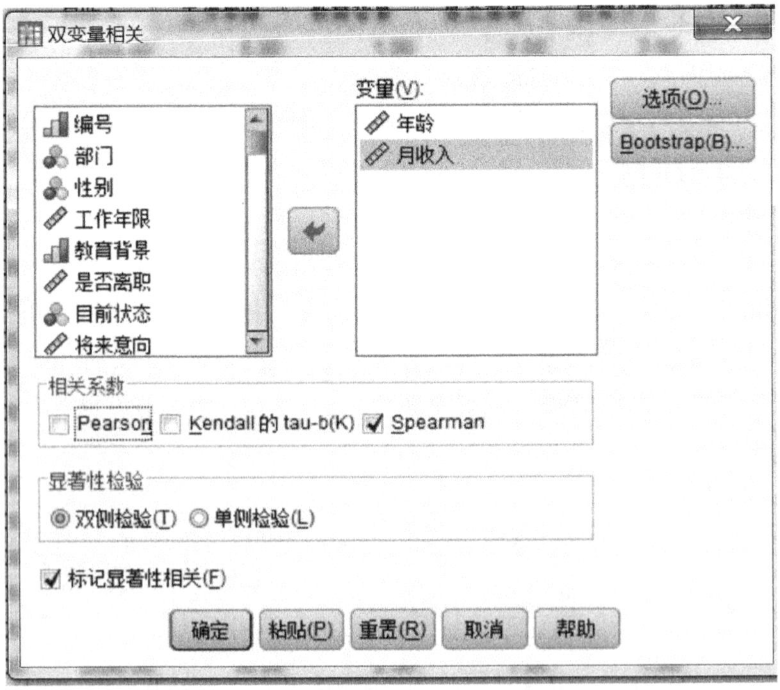


图16-1

3. 此时对话框中的相关系数选项默认的是“Spearman”，显著性检验默认的是“双侧检验”及“标记显著性相关”（见图 16-1）。分析结果会出现在 SPSS 的输出窗口中（见图 16-2）。

结果解释：

SPSS 斯皮尔曼秩序相关分析结果显示变量年龄和变量月收入之间存在显著的中等正线性关系，其中 $r=0.415$，$p$ 值是 0.000，两变量在 0.001 水平上是显著相关的（见图 16-2）。

斯皮尔曼秩序相关系数比皮尔森积差相关系数的数值要大很多，这也体现了前者对离群值的影响不是很敏感。

相关系数

| | | | 年龄 | 月收入 |
|---|---|---|---|---|
| Spearman 的 rho | 年龄 | 相关系数 | 1.000 | .415** |
| | | Sig.（双侧） | . | .000 |
| | | N | 252 | 252 |
| | 月收入 | 相关系数 | .415** | 1.000 |
| | | Sig.（双侧） | .000 | . |
| | | N | 252 | 252 |

**. 在置信度（双侧）为0.01时，相关性是显著的。

图16-2

## 16.3 单样本Kolmogorov-Smirnov检验

单样本 Kolmogorov-Smirnov 检验（以下简称 K-S 检验）的原理是将观察到的样本的累积分布函数与某一理论分布的累积分布函数进行比较，这个理论分布可以是正态分布、均匀分布、泊松分布或指数分布等。检验中通过统计量 $Z$ 度量来刻画观察到的累积分布函数与理论上的累积分布函数之间最大的差值（注意这里是绝对值）。另外，检验中用拟合优度检验来判断某一样本是否来自某一特定分布总体。

在参数检验中，我们要求所分析变量是正态分布的，而 K-S 检验可以检验一个样本是否来自一个正态分部总体。如果检验通过正态总体分布，那么就可以进行参数检验分析了，否则就要运用本章介绍的非参数检验。

例 2：本例将检验变量员工年龄、月收入、工作年限是否符合正态分布。

SPSS 操作步骤：

1．打开附件 2—酒店员工调研数据文件，选择“分析”→“非参数检验”→“旧对话框”→“1- 样本 K-S”命令，弹出“单样本 Kolmogorov-Smirnov 检验”对话框。选择左侧的“变量”框中的变量年龄、月收入、工作年限，点击向右箭头“➡”按钮，移入右侧的“检验变量列表”框中，作为我们要分析的变量。在“检验分布”选项组中勾选“常规”（正态）（见图 16-3）。

2．点击“精确”，出现“精确检验”对话框，选择“仅渐进法”，点击“继续”。点击“选项”，出现“单样本 K-S：选项”对话框，分别选择“描述性”和“按检验排除个案”选项（图 16-4），点击“继续”，回到“单样本检验”窗口。

3．点击“确定”进入计算分析。

结果解释：

计算机运行完毕后出现分析结果表，如图 16-5 和图 16-6 所示。

图 16-5 中给出了三个变量样本的均值和标准差等描述统计量。图 16-6 给出了三个变量

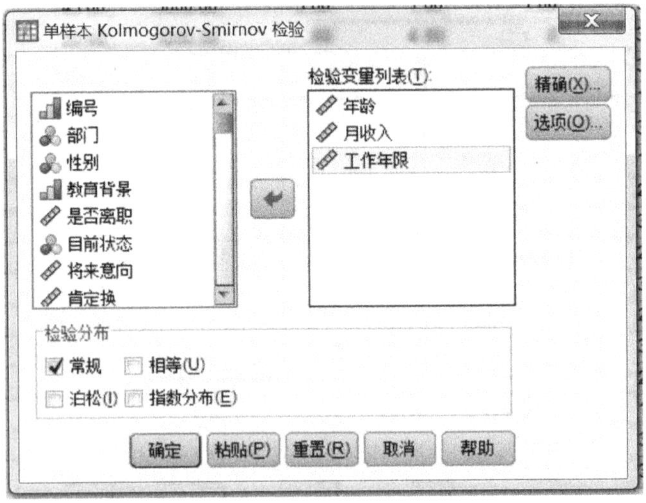


图16-3

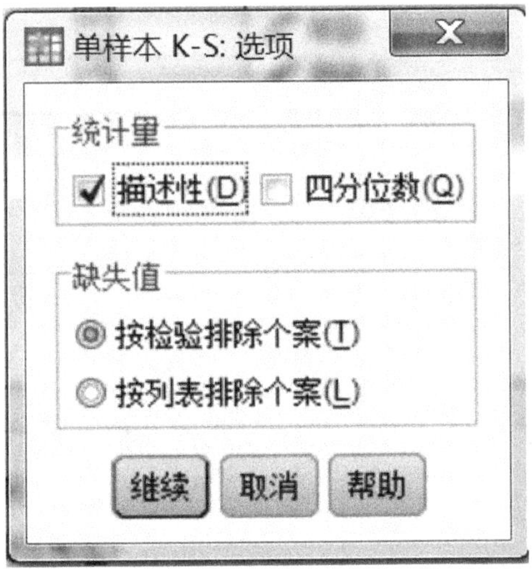


图16-4

**描述性统计量**

| | N | 均值 | 标准差 | 极小值 | 极大值 |
|---|---|---|---|---|---|
| 年龄 | 100 | 29.2600 | 8.27631 | 18.00 | 52.00 |
| 月收入 | 100 | 2932.0000 | 1357.20152 | 1200.00 | 10000.00 |
| 工作年限 | 100 | 3.0800 | 2.68057 | .50 | 14.00 |

图16-5

**单样本 Kolmogorov-Smirnov 检验**

| | | 年龄 | 月收入 | 工作年限 |
|---|---|---|---|---|
| N | | 100 | 100 | 100 |
| 正态参数[a,b] | 均值 | 29.2600 | 2932.0000 | 3.0800 |
| | 标准差 | 8.27631 | 1357.20152 | 2.68057 |
| 最极端差别 | 绝对值 | .218 | .210 | .216 |
| | 正 | .218 | .210 | .216 |
| | 负 | −.098 | −.104 | −.168 |
| Kolmogorov-Smirnov Z | | 2.176 | 2.100 | 2.165 |
| 渐近显著性（双侧） | | .000 | .000 | .000 |

a. 检验分布为正态分布。
b. 根据数据计算得到。

图16-6

的个案数 $N$、正态分布参数（均值、标准差）及最极端差别值，Kolmogorov-Smirnov $Z$（K-S 检验统计量 $Z$ 值），以及各自的渐近显著性（双侧）。本例的三个变量的渐近显著性（双侧）水平都小于 0.001。由于此概率值小于 0.05，说明参数为以上数值的正态分布不能很好地拟合样本数据，于是拒绝原假设，即三个变量所在的总体不满足正态分布。此结果说明在涉及以上三个变量的均值比较时，应使用非参数检验法。

## 16.4 独立样本 $t$ 检验

在均值比较的两个独立样本的 $t$ 检验过程中，必须假设两个样本都来自正态总体。然而我们往往不知道总体的分布形式，或者样本总体不满足正态性假设，这时就必须用非参数检验法进行分析。SPSS 中提供了 4 种两个独立样本的检验过程。其中曼恩 – 惠特尼 U 检验法用于检验两个独立样本是否来自于同一总体。这是系统默认的检验方法，也是普遍使用的非参数检验法。此外，还有 Moses 极限反应检验法、Kolmogorov-Smirnov $Z$ 检验法和 Wald-Wolfowitz 游程检验法。

例 3：本例研究男性员工的平均年龄与女性员工的平均年龄是否有显著差异。

SPSS 操作步骤：

1．打开附件 2—酒店员工调研数据文件，选择“分析”→“非参数检验”→“旧对话框”→“2 个独立样本（2）”命令，弹出“两个独立样本检验”对话框（见图 16-7）。

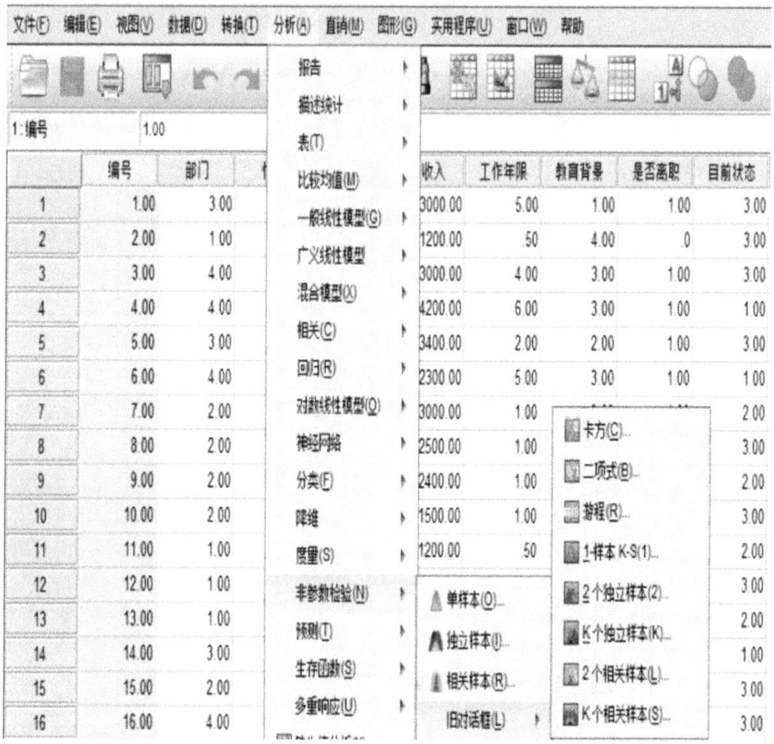

图16-7

2. 在对话框中，选择“年龄”变量，单击“ ”按钮，将此变量移入“检验变量列表”框中（见图16-8）。

3. 在左侧的变量窗口中选择“性别”，单击“ ”按钮，将该变量移入“分组变量”中，然后单击“定义组”，弹出“两独立样本：定义组”对话框（见图16-8、图16-9）。本例在

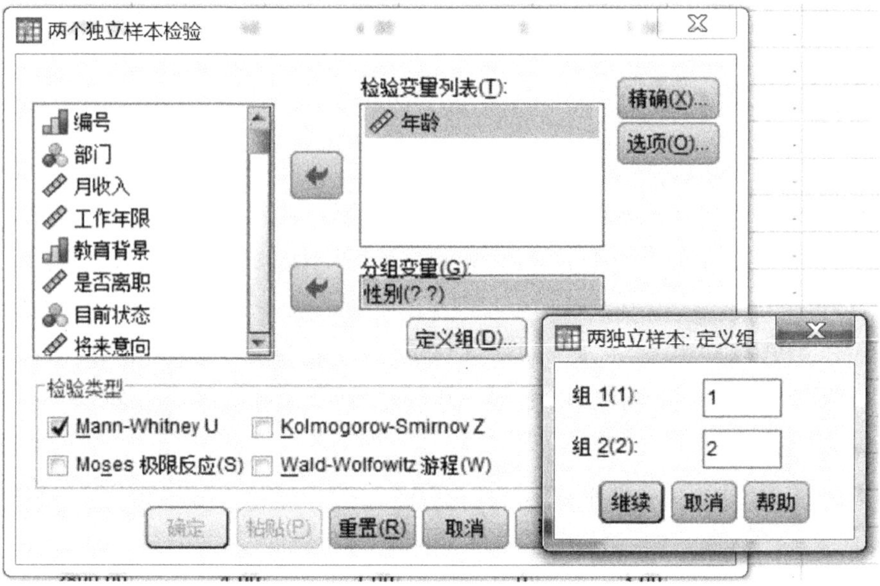


图16-8

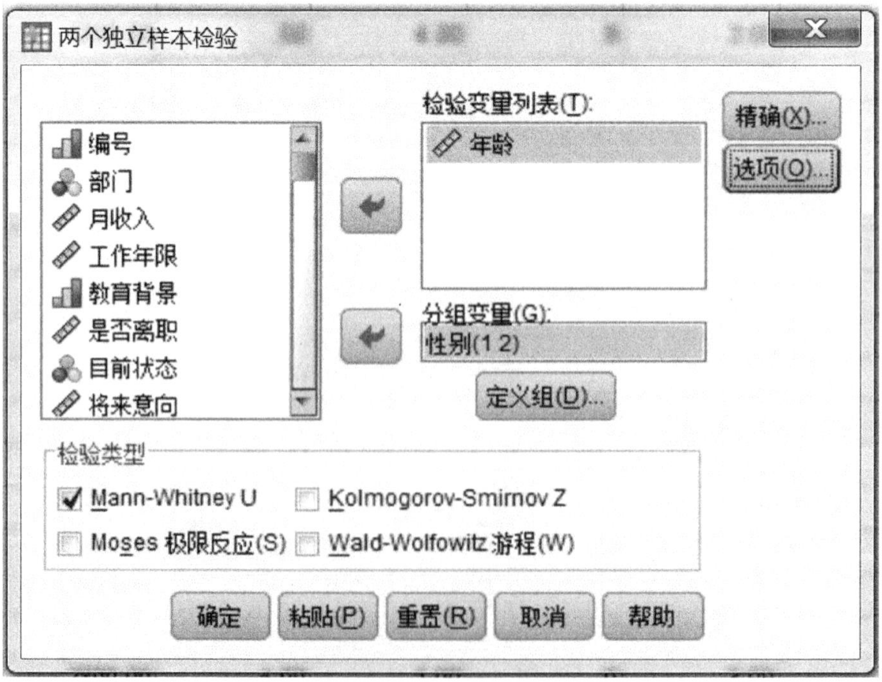


图16-9

组 1 输入 1（男性），在组 2 输入 2（女性）。

4．单击“继续”回到“两个独立样本检验”对话框，在“检验类型”中选择“Mann-Whitney U”，然后点击“精确”，出现“精确检验”对话框，选择“仅渐进法”（见图 16-10），点击“继续”。点击“选项”，出现“两独立样本：选项”对话框，分别选择“描述性”和“按检验排除个案”选项（见图 16-11），点击“继续”，回到“两个独立样本检验”窗口。

5．单击“确定”进入计算分析。

说明：按检验排除个案意味着只针对每个变量中的缺失值去掉相应的个案；按列表排除个案表示针对比较的两个变量，如果一个个案有缺失值，则同时去掉配对的两个个案。前者的分析结果中不同组的个案可能不同，后者结果中不同组的个案数相同。在分析时可以选择任何一种（如果样本较小，建议选择前者）。

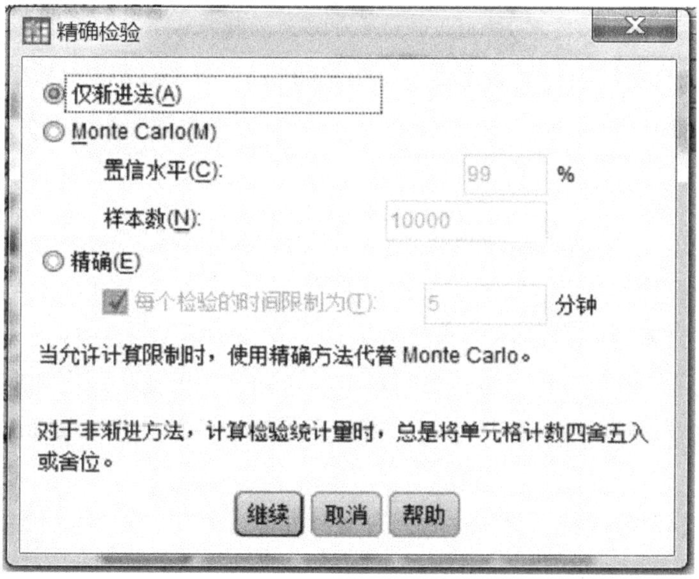


图16-10

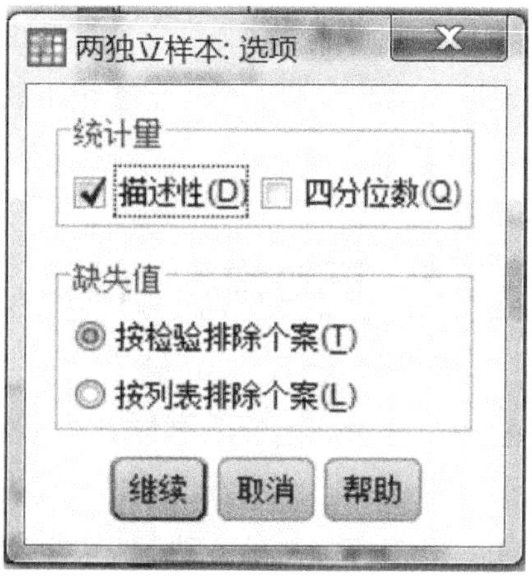


图16-11

结果解释：

计算机运行完毕后会得到分析结果，如图16-12至图16-14所示。

**描述性统计量**

| | N | 均值 | 标准差 | 极小值 | 极大值 |
|---|---|---|---|---|---|
| 年龄 | 252 | 28.6252 | 7.65586 | 18.0 | 52.00 |
| 性别 | 252 | 1.3770 | .48560 | 1.00 | 2.00 |

图16-12

**秩**

| | 性别 | N | 秩均值 | 秩和 |
|---|---|---|---|---|
| 年龄 | 男 | 157 | 126.25 | 19820.50 |
| | 女 | 95 | 126.92 | 12057.50 |
| | 总数 | 252 | | |

图16-13

**检验统计量**[a]

| | 年龄 |
|---|---|
| Mann-Whitney U | 7417.500 |
| Wilcoxon W | 19820.500 |
| Z | -.071 |
| 渐近显著性(双侧) | .943 |

a. 分组变量：性别。

图16-14

曼恩－惠特尼U检验法的结果中，图16-12给出了变量年龄的均值、标准差和有效个案数。图16-13给出了不同组的个案数及其秩均值、秩和，可以看出秩均值差异很小。

曼恩－惠特尼U检验法的结果最重要的是图16-14中的$Z$值和渐近显著性（双侧）值，从以上结果可以看出，渐近显著性（双侧）概率值是0.94，大于0.05，因此本例分析的结果是男性员工的平均年龄与女性员工的平均年龄没有显著差异。此结果与第12章中相应的分析结果一致。

## 16.5 配对样本 $t$ 检验

两个相关样本的检验方法也适用于比较两个总体分布的非参数检验。当两个总体分布类型未知，而抽出的两个样本为独立样本时，可以使用非参数检验。在SPSS中，有4种关于两个相关样本的非参数检验方法：威尔柯森符号秩检验法是系统默认的，如果变量是连续型的，应该选择这种方法；此外还有符号检验法、McNemar（麦克奈梅尔）检验法和Marginal homogeneity（边际同质性）检验法。

例4：本节仍然使用第12章参数检验中配对样本$t$检验的变量数据进行非参数检验方法介绍。

SPSS操作步骤：

1．打开附件3—北京旅游信息服务调查数据文件，选择“分析”→“非参数检验”→“旧对话框”→“2个相关样本”命令，弹出“两个相关样本检验”对话框（见图16-15）。

2．在对话框中，选择对信息的期望值和对信息的感受值变量，单击“➡”按钮，将此二变量移入“检验对”中。同时选择“Wilcoxon”选项（见图16-15）。

3．单击“选项”按钮，分别选择“描述性”和“按列表排除个案”选项（见图16-16），点击“继续”，回到“两个相关样本检验”窗口。然后点击“精确”，出现“精确检验”对话框，选择“仅渐进法”，点击“继续”。

4．单击“确定”开始计算分析。

结果解释：

计算机运行后得到图16-17至图16-19所示的结果。

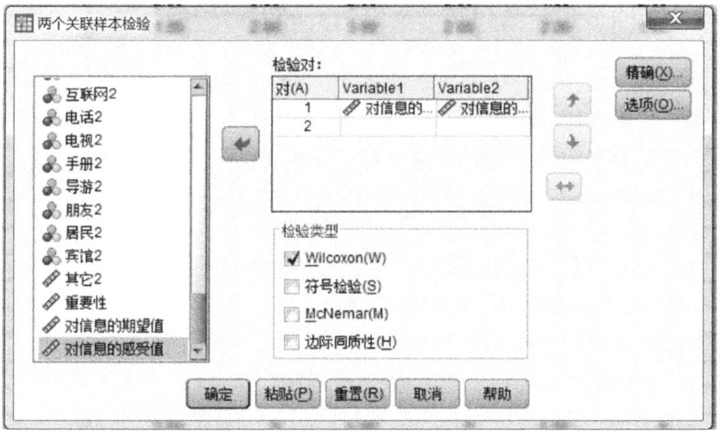


图16-15

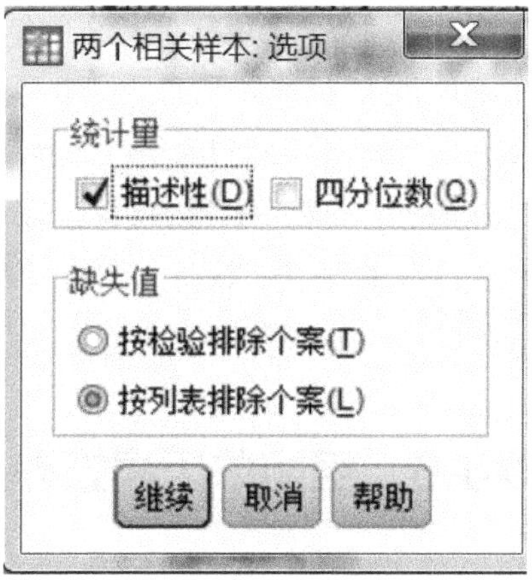


图16-16

**描述性统计量**

| | N | 均值 | 标准差 | 极小值 | 极大值 |
|---|---|---|---|---|---|
| 对信息的期望值 | 121 | 3.5261 | .73860 | .53 | 6.13 |
| 对信息的感受值 | 121 | 2.8749 | .85456 | .00 | 4.60 |

图16-17

**秩**

| | | N | 秩均值 | 秩和 |
|---|---|---|---|---|
| 对信息的感受值－对信息的期望值 | 负秩 | 54[a] | 37.93 | 2048.00 |
| | 正秩 | 14[b] | 21.29 | 298.00 |
| | 结 | 3[c] | | |
| | 总数 | 71 | | |

a. 对信息的感受值<对信息的期望值。
b. 对信息的感受值>对信息的期望值。
c. 对信息的感受值=对信息的期望值。

图16-18

**检验统计量[b]**

| | 对信息的感受值－对信息的期望值 |
|---|---|
| Z | -6.798[a] |
| 渐近显著性（双侧） | .000 |

a. 基于正秩。
b. Wilcoxon带符号秩检验。

图16-19

曼恩－惠特尼U检验法的结果中，图16－17给出了变量对信息的期望值与对信息的感受值的均值、标准差和有效个案数，结果显示两个组的均值有一定的差异（3.53和2.87）。图16－18给出了不同组的个案数秩均值、秩和的结果，可以看出秩均值的差异。

曼恩－惠特尼U检验法的结果最重要的是图16－19中的Z值和渐近显著性（双侧）值，从以上结果可以看出，渐近显著性（双侧）概率值小于0.05，因此本例最后的结果是游客的信息期望值与信息感受值有显著差异。此结果与第13章中相应的分析结果一致。

## 16.6 组间单因素方差分析

在比较多个独立样本是否来自具有相同分布总体的样本，而且当这些样本都是来自同方差的正态总体时，我们可以采用组间单因素方差分析。如果正态的假定不满足，便可以运用多个独立样本的检验方法来进行检验。在SPSS中提供了两种多独立样本检验的方法：一种是克鲁斯凯－沃利斯H（HKruskal－Wallis H）检验法。该方法是曼恩－惠特尼U检验法的推广，是类似于单因素方差分析的一种检验方法，这也是系统默认的检验方法。另外一种方法是中位数检验法。中位数检验法是使用最为普遍的一种非参数检验方法，用于检验多个总体的中位数是否完全相同，它关于总体的假定要比克鲁斯凯－沃利斯H检验法更为宽松。多个独立样本的非参数检验要求总体是连续型随机变量，或具有定序的测度水平，需使用经过排序的数据，检验过程使用的样本必须是相互独立的随机样本。在运用克鲁斯凯－沃利斯H检验时，还要求被检验的样本形状相似。

例5：本节继续研究第12章中组间单因素方差分析的例子，即酒店不同部门员工的离职意向是否有显著差异。

SPSS操作步骤：

1．在SPSS窗口打开附件2—酒店员工调研数据文件，选择“分析”→“非参数检验”→“旧对话框”→“K个独立样本”命令，弹出“多个独立样本检验”对话框，在左侧的变量列表中选择变量“离职意向”，单击“➡”按钮，将其选入右边的“检验变量列表”框中。另外选择“部门”，把其移入“分组变量”窗口。“检验类型”对话框中的默认选项是“Kruskal－Wallis H”（见图16－20）。

2．单击“定义范围”按钮，在最小值处输入1，在最大处输入4（本例分为4个部门，编码分别为1至4）。但如果只想比较前三个组，可以输入最小值1和最大值3。单击“继续”按钮，回到“多个独立样本检验”对话框（见图16－21）。

3．在“多个独立样本检验”对话框中单击“选项”按钮，进入“多自变量样本：选项”对话框。在对话框上方的“统计量”框中选择“描述性”，在“缺失值”选项中选择“按列表排除个案”（见图16－22）。单击“继续”回到“多个独立样本检验”对话框。在“精确选项”中选择系统默认的“仅渐进法”。

4．在“多个独立样本检验”对话框中点击“确定”按钮，进入计算分析。

图16-20

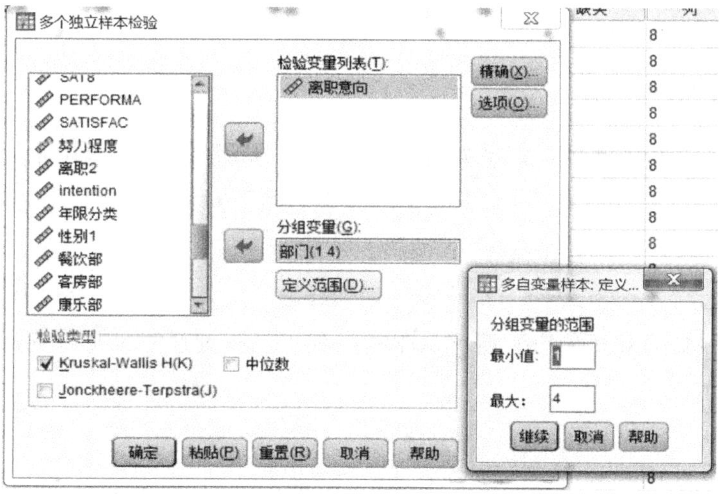


图16-21

图16-22

结果解释：

计算机运行后得到结果（见图 16-23 至图 16-25）。

图 16-23 给出了离职意向变量的描述性统计量（均值、标准差、极小值、极大值）。图 16-24 给出了不同部门的秩均值和个案数。结果显示样本间的秩均值有一定的差异。但是图 16-25 的检验统计量中的卡方值、自由度、渐近显著性概率是最重要的信息。本例的渐近显著性概率值 $0.609 > 0.05$，因此可以得出结论：几个部门的员工离职意向在 0.05 的显著性水平上无显著差异。本例的分析结果与第 12 章的参数检验结果一致。

如果存在显著差异的话，可以在图 16-24 中进一步查看哪个组所在的总体均值高，哪个组所在的总体均值低。但是我们发现非参数检验的结果比较简单，并没有得出哪些组间有显著差异的分析结果，因此建议分别检验每两个组间的离职意向差异，进而得出具体结论。

描述性统计量

| | N | 均值 | 标准差 | 极小值 | 极大值 |
|---|---|---|---|---|---|
| 离职意向 | 151 | 3.5497 | .59777 | 1.67 | 5.00 |
| 部门 | 151 | 2.1854 | 1.07334 | 1.00 | 4.00 |

图16-23

秩

| | 部门 | N | 秩均值 |
|---|---|---|---|
| 离职意向 | 前厅部 | 47 | 81.21 |
| | 餐饮部 | 57 | 76.46 |
| | 客房部 | 19 | 74.29 |
| | 康乐部 | 28 | 67.46 |
| | 总数 | 151 | |

图16-24

检验统计量[a,b]

| | 离职意向 |
|---|---|
| 卡方 | 1.830 |
| df | 3 |
| 渐近显著性 | .609 |

a. Kruskal Wallis H检验。
b. 分组变量：部门。

图16-25

## 16.7 组内单因素方差分析

如果总体不服从等方差的正态分布的基本假设，多个相关样本的总体均值差异可以运用非参数检验方法，通常是用秩和检验方法。本过程使用的数据必须是可排序的数值型变量，可以使用独立的或者相关的随机样本。SPSS 中提供了三种检验方法：弗里德曼（Friedman）检验法，该方法是系统默认的检验方法；另外还有肯德尔检验法（Kendall's W）、柯赫伦检验法（Cochran's Q）。

例 6：本例仍然使用第 12 章中组内方差分析的变量，即酒店客人总体对三个月的服务满意度是否有显著差异。

SPSS 操作步骤：

1．在SPSS窗口打开附件4—酒店顾客满意度数据文件，选择“分析”→“非参数检验”→“旧对话框”→“K 个相关样本”命令，弹出“多个关联样本检验”对话框，在左侧的变量列表中选择变量“一月满意度”“二月满意度”“三月满意度”，单击“➡”按钮，将其选入右边的“检验变量列表”框中。“检验类型”对话框中的默认选项是“Friedman”（见图 16-26）。

2．单击“选项”按钮，在“多个相关样本：统计”窗口选择“描述性”，点击“继续”。在“精确选项”中选择默认值“仅渐近法”（见图 16-27）。

3．在“多个独立样本检验”对话框中点击“确定”按钮，进入计算分析。

结果解释：

计算机运行完毕后得到图 16-28 至图 16-30 所示的结果。

图 16-28 给出了三次测量的顾客满意度的均值、标准差、极大值、极小值等描述性统计量。三个样本的均值有一定的差异。图 16-29 给出了三次观察值的秩均值。图 16-30 给出了检验统计量的卡方值、自由度和渐近显著性概率值。概率值 0.025<0.05，因此可以得出结论：三个

月的顾客满意度是有显著差异的。具体哪些月份间满意度有差异，同组间多因素方差分析不能由非参数检验结果得出。这也是非参数检验的局限性。补救措施可以分别检验每两个月间的满意度差异，进而得出具体结论。

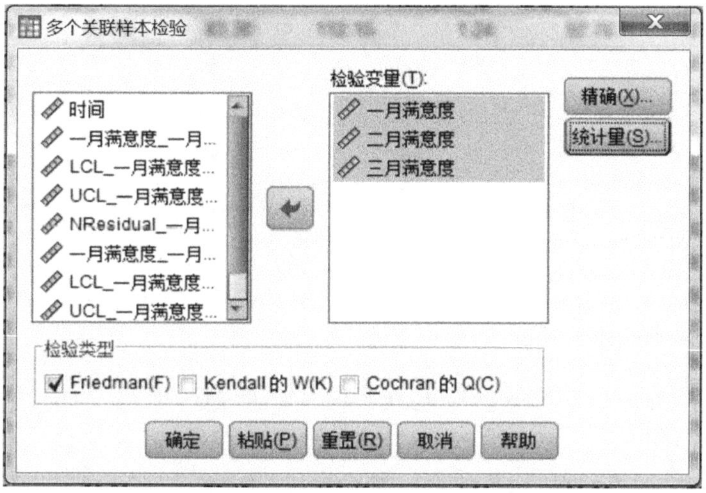


图16-26

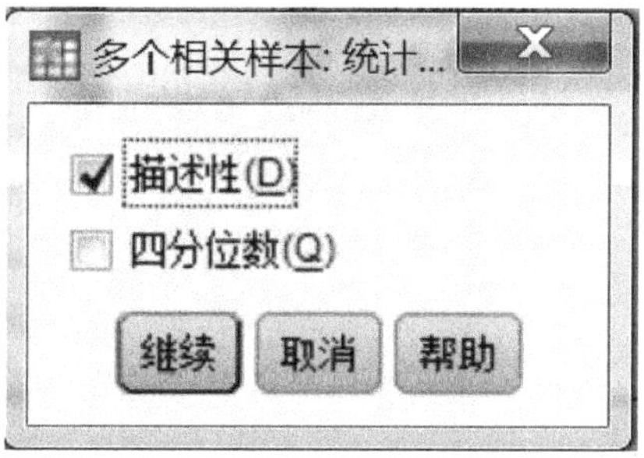


图16-27

**描述性统计量**

| | N | 均值 | 标准差 | 极小值 | 极大值 |
|---|---|---|---|---|---|
| 一月满意度 | 182 | 81.0989 | 12.33515 | 32.00 | 100.00 |
| 二月满意度 | 182 | 83.4390 | 10.34028 | 20.00 | 99.00 |
| 三月满意度 | 182 | 79.3956 | 12.57102 | 35.00 | 100.00 |

图16-28

**秩**

| | 秩均值 |
|---|---|
| 一月满意度 | 2.00 |
| 二月满意度 | 2.14 |
| 三月满意度 | 1.86 |

图16-29

**检验统计量**[a]

| | |
|---|---|
| N | 182 |
| 卡方 | 7.390 |
| df | 2 |
| 渐近显著性 | .025 |

a. Friedman检验。

图16-30

## 16.8 本章小结

本章主要介绍了非参数检验的意义和 SPSS 分析方法。其中包括两种相关性分析、一种正态分布检验，以及四种均值比较的非参数检验（见表 16-1）。这些分析法是对前面参数检验在前提条件不满足情况下的替代检验法。虽然条件宽松，操作简单，但是结果不是很精确或不敏感，因此在涉及类似检验时，应首先考虑参数分析。

## 16.9 练习题

### 一、单项选择题

1. 非参数检验的前提条件包括 （ ）

A. 正态分布 B. 方差齐性 C. 线性 D. 随机样本

2. 非参数检验的结果对离群值 （ ）

A. 不敏感 B. 敏感 C. 无关 D. 不确定

3. 非参数检验比较的是变量间的 （ ）

A. 分布 B. 方差 C. 秩 D. 顺序

4. 非参数检验的结果比参数检验的结果 （ ）

A. 精确 B. 不精确 C. 无法比 D. 准确

5. 非参数检验结果中关键的统计量是 （ ）

A. 渐近显著性 B. 秩值 C. 秩和 D. 均值

### 二、判断题

1. 非参数检验法比参数检验法好。 （ ）
2. 非参数检验需要样本总体是正态分布。 （ ）
3. 非参数检验需要不同样本的总体方差相等。 （ ）
4. 非参数检验要求样本观察值独立。 （ ）
5. 非参数检验要求样本随机选取。 （ ）

### 三、操作题

参考自己收集的数据或网上二手数据，做如下分析：

（1）使用单样本的Kolmogorov- Smirnov检验法或其他方法进行变量的正态分布检验。

（2）对于不满足正态分布的变量，运用非参数检验进行本节所介绍的相关检验。步骤包括：研究问题、结果解释。

# 第17章

# 调研报告撰写

把一项调研从开始设计到最后的结论通过文字的形式展示出来，这种展示的形式就是调研报告（或论文）。本章将介绍调研报告的结构及写法，以便研究人员更好地把所研究的成果逻辑清晰、方法科学地展示出来。

## 17.1 调研报告及其意义

调研报告实际上是对某个研究课题的整个研究过程的展示。具体包括对研究问题的探索与提炼，相关的理论基础与研究设计、研究方法、研究发现，以及最后的研究结论和建议。它的意义是展示某一研究课题的研究是如何进行的，研究的结论是什么，针对研究的问题给出哪些可行性建议，从而获得对方的理解与认可，并顺利通过研究项目或论文的审核、结题。调研报告更深层的意义是通过研究，把研究所发现的理论贡献和管理寓意进行归纳总结，从而为理论研究和管理实践提供参考。

## 17.2 调研报告的结构

一个结构完整的调研报告可以展示给读者所需的相关信息，同时能体现研究的逻辑性、严谨性和科学性。而调研报告中各部分的逻辑关系正是逻辑性和严谨性的体现。很多学生或研究人员对研究报告的结构，以及各部分间的关系认识非常模糊，因此写出的报告或论文结构不合理，逻辑性不强，也缺乏严谨性。本节主要介绍调研报告的结构及各部分间的逻辑关系。

### 17.2.1 调研报告的结构

社会科学领域的调研报告主要包括下面几部分内容：题目、摘要及关键字、引言、文献综述、研究方法、研究发现、结论与讨论、参考文献、致谢、附件。具体各部分的写法将在本章第3节详细介绍。

### 17.2.2 调研报告不同部分间的逻辑关系

本部分内容主要介绍从“引言”到“结论与讨论”几部分间的逻辑关系（见图17-1）。

很多情况下，调研报告初级写作者对各部分间的逻辑关系不是很明确，或者说根本不知道，为此，本书提供了这个关系图。提供关系图的目的是通过学习本节的内容，提高读者对调研报告结构的认识，提升调研报告或论文写作的逻辑性和严谨性，从而写出高水平的研究报告或科研论文。图17-1把各部分的关系用联立号联系起来，以表示不同内容间的关系以及先后顺序，这些关系在本章第三节中会给出详细的说明。

**引言**

研究问题（源于管理问题）
子问题1
子问题2
子问题3
……

**文献综述**

主要概念（定义及指标变量，著作）
前期研究的结论与局限性（论文）
概念间的关系
假设1
假设2
假设3
……
概念模型（基于假设的因果关系）

**研究方法**

问卷设计
样本选择与数据收集
数据分析（按照假设顺序）

**研究发现**

被试基本信息
假设检验（结果）：
假设1
假设2
假设3
……

**结论与讨论**

结论汇总：归纳总结研究发现对研究问题（引言部分）及研究假设（文献综述部分）的答案
理论贡献：结合文献综述部分的理论基础及局限性进行阐述
实践贡献：结合引言部分提出的背景信息，尤其是产业信息来展开
局限性与待研究问题：主要从研究方法部分去找，如样本大小、抽样方法、数据收集方法等。还有就是研究的范围、研究领域的局限性

图17-1　调研报告主体各部分间的顺序和逻辑关系

# 17.3 调研报告的内容

本节就调研报告中的各部分内容分别进行详细介绍，让读者更好地掌握每一部分的写作要求和方法，以便写出内容更准确，逻辑性、一致性更强的调研报告。

## 17.3.1 题目

科学研究的第一步就是要确定研究问题，并准确地概括出所研究问题的实质——题目。科学研究可以分为学术性研究和应用性研究，前者是理论导向的，后者是实践导向的。学术研究是针对现有理论的局限性、争论等进行研究，使其更完善或提出新理论，但是所研究的问题并不直接影响管理运营和政策决策。大学的论文和教师的学术研究通常属于这类研究。应用性研究是针对企业管理、管理决策、创新、管理困境等方面的问题进行研究。

学术性研究的题目有时是指定的（如大会的主题），或者是研究人员个人的研究兴趣（如学士、硕士、博士论文）。应用性研究的题目往往由管理者、企业或政府等部门根据其运营及管理具体需要确定调研问题或项目，以合同的方式委托他人（单位）进行研究。

在学术性研究中，题目一般是自选，要求选题具有前瞻性（领先）、敏感性（及时、重要）、适用性（推广及应用），以及可行性。另外，所研究题目应考虑其对理论和实践的贡献。

一旦研究问题确定，就要根据有关理论把研究问题升华为研究题目。研究题目是对研究问题实质的表述，要简洁明了，避免冗长含糊。题目的字数一般在15字以内，但题目内容要包括三个要素：变量（概念）、变量间的关系和涉及的范围（总体）。下面是几个不同研究层级（见第一章研究的层次）的题目的例子。

1. 描述性研究的题目：我国酒店业近两年员工流失率分析（研究“是什么”）
2. 相关性研究的题目：酒店员工工作环境与流失率的关系（研究相关性）
3. 因果性研究的题目：不同的激励方法对酒店员工工作态度的作用（研究“为什么”）

## 17.3.2 摘要

摘要是对调研报告总体的高度概括，也是调研报告各部分的缩写。学术论文的摘要要求高度概括，字数一般限制在300字以内。但应用性研究的摘要（也叫执行摘要）要尽量完整、详细地把研究的核心结果表达清楚，因此字数一般在1000字以上，其主要目的也是让管理者通过阅读摘要了解研究的过程和主要结果。需要说明的是摘要虽然在题目之后、调研报告主体内容之前，但是它是在调研报告主体完成后才撰写的。

为了方便读者了解报告的核心内容，并且便于进行文献检索，摘要后面要包括5个左右的关键词，即研究的主要概念。

### 17.3.3 引言

引言的作用就是引出或提出问题，并为后续研究确定研究范围和方向。因此，引言一般包括下面几个方面：

1. 问题的提出：主要是研究背景介绍、与研究问题有关的大环境（社会、政治、经济、文化、法律、技术）及产业环境（如波特的五力）。在撰写这部分时，要引用相关的二手资料与数据来论证，以增加说服力。例如在研究酒店员工流失问题时，要引用别人研究的有关结果和结论，要找到酒店业员工流失的现状（流失率等数据）。

2. 问题的表述：此处要把一个管理中遇到的现象或问题通过所学的理论知识进行理论定位，通过现象看本质，通过学术语言把问题的实质表达出来。问题表述必须是一个完整的句子，句子中的文字要简洁明了。问题表述一般是以问句的形式给出的。例如研究酒店员工流失的驱动因素时，可以表述为“哪些因素驱动酒店员工的流失？”。

3. 问题的重要性和意义：在提出问题并把问题表述清楚后，要强调研究这个问题的意义和重要性。这些意义可以从具体的近期意义到长期的宏观意义来分析。但是近期的管理意义要作为重点来强调，这样才能吸引企业或赞助者的注意力。例如在研究降低员工流失问题的意义时，可以说成“会降低企业的成本，稳定服务质量，提升顾客满意度等”。更深远的意义是“提升我国酒店业的服务质量和旅游形象等”。

4. 研究目的：是对研究意义的更具体化描述。研究意义具有某种程度的抽象性，而研究目的就要更具体一些，并且直接把解决所研究的问题作为目标。例如研究员工流失驱动因素的研究目的可以说成“本研究的目的是找出导致员工流失的具体原因，以便对症下药，减少流失率”。

5. 问题的细分：把所研究的问题细化分解，进而把复杂问题简单化，像剥洋葱一样，把所研究的问题分解为若干子问题，分层次地分析问题和解决问题。通过这一过程，研究者会对问题的研究方法更加明确。在调研报告中可以写“本研究将具体研究如下几个问题：（1）、（2）、（3）……”，同时可以把每个子问题要实现的目标给以说明。这些子问题研究结果的整合就是大标题的研究结果，而子问题的另一个作用就是指导文献综述部分的假设的建立（如图17-1所示）。

引言除了引起读者、导师或课题发布者的兴趣，在报告中它还直接指导文献综述的内容以及调研报告最后的结论和讨论部分的撰写。即引言牵头，牵引后续部分，而最后要首尾呼应，前后一致，成为一体（如图17-1所示）。非常重要的是，引言部分的最后还应说明本研究结果有哪些独到之处，在相关研究领域有哪些拓展，以及研究结果对相关的理论有哪些贡献。这部分和最后的结论与讨论部分内容是相互呼应的。

### 17.3.4 文献综述

文献综述部分主要是引入相关概念和理论，以明确所研究问题涉及的领域。其中主要涉及相关理论的历史背景、目前的研究成果、成果的局限性，以及待研究的问题，从而奠定本研究的基础。在此基础上，提出本研究的假设，建立新的模型，并对新的模型进行研究。因此这部分属于探索性研究，也是定性研究。具体而言，就是下面的五部分（这五部分与其他部分的关系如图17-1所示）：

1. 理论背景：介绍研究问题涉及的核心概念的背景。

2. 理论介绍：介绍研究问题及子问题涉及的相关理论和重要概念。

3. 最新研究成果：分析与本研究问题相关的研究发现、局限性和待研究的问题，以及概念间的关系，为建立假设提供理论根据。

4. 假设：围绕引言中的子问题，以及文献综述的结论，建立研究假设$H_1$、$H_2$、$H_3$……

5. 模型：根据所提出的假设建立的概念间的关系图（即模型）（请参考第1章中的内容）。

## 17.3.5 研究方法

对于实证性研究，尤其是定量研究，需要收集数据，而数据收集的普遍手段就是问卷调查。研究方法主要有三个部分：问卷设计、样本设计与数据收集、数据分析方法。下面对其含义和内容分别进行介绍。

1. 问卷设计。

对于实证性研究，问卷是数据收集的工具，也是测量的尺度，因此问卷非常重要。如第一章介绍的，问卷设计部分一般要说明问卷的主要内容、变量的类型、因子的构成及问项的来源（采用他人的问题，或经过调整的问题，或自己设计的问题）。为了更加清楚，可以给出具体问题的例子。问卷中的问题一般是通过文献综述，从他人的研究结果中得到，并进行适当修改确定的。问卷设计与图17-1中的概念部分是相关的。

2. 样本设计与数据收集。

为了获取有代表性的数据，样本设计非常重要。在此处，要说明研究的总体、样本大小、抽样方法的选择及数据收集方法，以展示研究的科学性、严谨性和可靠性。由于样本设计经常受到调研环境和资源的限制，样本设计往往有局限性，因此这部分会在后面结论与讨论部分中提到。

3. 数据分析。

数据收集完毕后，最重要的工作是数据分析。这里应说明数据分析使用的统计分析工具、分析方法和主要的分析技术，以强化研究发现的科学性和可靠性。问卷设计与图17-1中的假设部分是相关的。

## 17.3.6 研究发现

研究发现就是把问卷收集的信息进行统计分析，并通过适当的统计量把结果展示出来，因此，此部分属于定量研究。根据问卷结构的三大部分（基本信息、行为部分、态度部分），以及研究假设的内容，研究发现可以有如下内容：

1. 人口统计学特征及解释；
2. 因子的信度与效度分析；
3. 因子间的相关分析；
4. 假设检验分析。

人口统计学特征主要是分析样本的分布情况，如被试的性别、年龄、教育水平、收入、职业、地理分布等。这些信息都在问卷的基本信息部分，通过这些信息可以了解样本的代表性。

因子的信度与效度指的主要是问卷的核心内容部分（态度部分）因子本身的信度与效度、因子之间的区分效度、因子本身的聚合效度，以及问卷中因子的架构效度（具体内容请参考第1章和有关书籍）。

因子间的相关分析主要是皮尔逊积差相关分析，目的是为后续分析做准备。

假设检验分析是研究发现这一部分的核心内容，它是根据研究人员前期建立的假设，通过数据分析，逐一进行检验。这一过程根据假设可能会用到本书第二部分介绍的各种统计分析技术（本科及硕士水平的研究采用的分析技术）。对于复杂的研究，还要用到线性结构方程理论及高级分析软件进行分析（一般博士研究水平才需要这些分析技术）。这些分析技术会涉及问卷不同部分的问题（信息），因此这些分析是综合性的。需要明确的是，这部分与文献综述部分的假设是紧密关联的（见图17-1）。

### 17.3.7 结论与讨论

此部分要对研究的问题及其假设给出定性的结论，因此不需要更多的数据和量化结果。它是对假设结果的汇总，以达到解释所研究的主要问题的目的，并对本研究做出的理论和实践贡献进行阐述，同时指出本研究的局限性和待解决的问题，以便在今后的研究中不断完善。具体包括如下几个部分：

1. 结论：围绕引言部分所明确的研究问题、目的和假设概括说明研究的结论。

2. 理论与实践贡献：这部分要分别从理论贡献和实践贡献（管理寓意）来阐述。理论贡献要结合文献综述部分的前期研究成果和局限性来展开（见图17-1），明确前期研究的局限性，本研究在哪些方面进行了拓展（深度和广度）、弥补或验证了哪些理论、与哪些理论有不同结论等，作为他人后续研究的基础。实践贡献主要是从管理的角度，针对管理问题（见图17-1引言部分），根据研究发现给出解决现有问题的建议。这里要强调的是，所给的建议要紧密结合研究发现和研究问题本身，不是脱离研究发现的主观臆测和在其他地方摘录的与本研究结果无关的建议。

3. 局限性：任何研究都有局限性。局限性一般存在于研究方法部分，如样本的大小、抽样方法、数据收集方法和分析技术等。同时研究的内容也会存在局限性，如研究的范围（区域、对象层次）、研究领域（模型中涉及的理论范围）等。

4. 后续研究问题：在明确本研究的局限后，应说明在后续研究中如何弥补本研究未解决的相关问题，以不断完善此问题涉及领域的研究。但是此处不宜提出与本研究无关的待研究问题或纯新的问题。

### 17.3.8 参考文献、致谢、附件

在调研报告最后，要列出参考文献、表达致谢，以及与本研究问题有关的附件。其目的是为本研究报告提供理论支撑和数据支撑。同时也是尊重他人的研究成果，避免剽窃的嫌疑。

1. 参考文献：好的调研报告（或论文）应引用国内外较新的研究成果和理论至少50篇以上。中文期刊的参考文献格式采用国标GB/T 7714-2005标准，英文期刊社会学论文采用APA（美国心理协会）格式（相关内容可以在网上搜索）。

2. 致谢：是对他人或团体贡献的认可。如对研究参与者、指导教师、赞助者等所做贡献表示感谢。这里要强调的是，此处避免提及与本研究无关的人员或团体。

3. 附件：调研报告中一般包括调查问卷、图、表。其他支撑材料（收集回来的问卷、二手资料等）可以单独归档作为研究报告的附件。

## 17.4 本章小结

本章介绍的是调研报告（或论文）的写法，主要涉及调研报告的结构、每部分的具体写法，以及各部分间的逻辑关系。虽然很多书籍也介绍调研报告的写法，但大多只介绍其结构及各部分的写法，对于各部分间的逻辑关系很少提及，因此本章内容对初写调研报告或论文的人员有很大的帮助。即使这样，要想写出好的调研报告，除了深刻理解图17-1的结构及其各部分间的关系，在具体写作每个部分时还需要很多基础知识，因此要多看范文，深入理解参考文献，更重要的是把本书其他章节的内容真正掌握好，才能写出高质量的调研报告。

## 17.5 练习题

请按照本章给出的调研报告格式撰写你（或小组）的调研报告（或论文）。

# 附录

## 附录1　酒店服务质量调查问卷

尊敬的客人，您好！

我们是XX大学酒店管理专业的学生，正在研究顾客对酒店服务质量的感受和评价。目的是为了发现服务问题，提高酒店服务质量。希望您能对您所住酒店的以下问题进行评价，并祝您在此度过轻松愉快的时光。所有问题均为选择题，请您选出最适合您的答案，我们将对调查信息保密。

非常感谢您的配合与帮助！

**第一部分**　针对下列问题，请在您认同的选项上打"√"。

1. 您预订饭店的渠道是：

□本人直接预订　□通过酒店预订中介　□企业/公司预订　□旅行社　□其他

2. 您来京的目的是：

□商务　□度假　□会议　□其他

3. 您所住酒店的星级是：

□三星级　□四星级　□五星级

4. 您所住客房的价格是：__________元人民币/天。

5. 您此行共几人？

□1人　□2人　□3人　□其他

6. 您此次在酒店共住______天。

7. 您是第______次入住此酒店。

8. 您入住酒店的品牌是：

□中国品牌　□国外品牌　□合资品牌

**第二部分**　您的基本信息

1. 性别：□男　□女

2. 年龄：

□≤18　□19-25　□26-30　□31-40　□41-55　□≥56

3. 婚姻状况：

□已婚　□单身　□其他

4. 教育程度：

□初中及以下　□高中或职高　□专科　□本科　□研究生及以上

5. 职业：

□学生　□公务员　□制造业　□自由职业者　□商人　□农民或其他

6. 平均月收入：

□2000及以下　□2001-3000　□3001-5000　□5001-6000　□6001及以上

**第三部分**　请您对以下各部分进行评价，在您认为合适的选项前画√。

其中1代表对陈述完全不同意，2代表不同意，3代表一般，4代表同意，5代表完全同意。

**一、酒店的卫生状况**

1. 公共区域很干净。　□1　□2　□3　□4　□5
2. 客房很干净。　□1　□2　□3　□4　□5
3. 餐厅很干净。　□1　□2　□3　□4　□5

**二、酒店的安全性**

1. 您感觉酒店很安全。　□1　□2　□3　□4　□5
2. 客房私密性很好。　□1　□2　□3　□4　□5
3. 您的物品很安全。　□1　□2　□3　□4　□5

**三、服务态度**

1. 员工很热情。　□1　□2　□3　□4　□5
2. 员工服务很周到。　□1　□2　□3　□4　□5
3. 员工值得信赖。　□1　□2　□3　□4　□5
4. 员工尊重顾客。　□1　□2　□3　□4　□5
5. 员工很友好。　□1　□2　□3　□4　□5

四、服务操作

| | | | | | |
|---|---|---|---|---|---|
| 1. 服务操作效率高。 | □1 | □2 | □3 | □4 | □5 |
| 2. 员工解决问题能力强。 | □1 | □2 | □3 | □4 | □5 |
| 3. 员工有必要的服务知识。 | □1 | □2 | □3 | □4 | □5 |
| 4. 员工有很好的沟通技能。 | □1 | □2 | □3 | □4 | □5 |
| 5. 员工服务能满足顾客需要。 | □1 | □2 | □3 | □4 | □5 |
| 6. 员工能保证顾客隐私。 | □1 | □2 | □3 | □4 | □5 |

五、网络服务

| | | | | | |
|---|---|---|---|---|---|
| 1. 互联网速度很快。 | □1 | □2 | □3 | □4 | □5 |
| 2. 联网很方便。 | □1 | □2 | □3 | □4 | □5 |
| 3. 互联网价格合理或免费。 | □1 | □2 | □3 | □4 | □5 |

六、酒店环境

| | | | | | |
|---|---|---|---|---|---|
| 1. 酒店的环境很优美。 | □1 | □2 | □3 | □4 | □5 |
| 2. 客房很宽敞。 | □1 | □2 | □3 | □4 | □5 |
| 3. 酒店内没有异味。 | □1 | □2 | □3 | □4 | □5 |
| 4. 酒店内很安静。 | □1 | □2 | □3 | □4 | □5 |
| 5. 酒店内标识很清楚。 | □1 | □2 | □3 | □4 | □5 |
| 6. 酒店装饰很吸引人。 | □1 | □2 | □3 | □4 | □5 |

七、酒店设施设备

| | | | | | |
|---|---|---|---|---|---|
| 1. 酒店的设施设备很现代。 | □1 | □2 | □3 | □4 | □5 |
| 2. 设备很方便使用。 | □1 | □2 | □3 | □4 | □5 |
| 3. 设施设备维护得很好。 | □1 | □2 | □3 | □4 | □5 |
| 4. 设备感觉很舒服。 | □1 | □2 | □3 | □4 | □5 |

八、酒店餐饮质量

| | | | | | |
|---|---|---|---|---|---|
| 1. 食物种类很多。 | □1 | □2 | □3 | □4 | □5 |
| 2. 食物味道很好。 | □1 | □2 | □3 | □4 | □5 |
| 3. 食物价格合理。 | □1 | □2 | □3 | □4 | □5 |

### 九、酒店地理位置

| | | | | | |
|---|---|---|---|---|---|
| 1. 酒店位置很理想。 | □1 | □2 | □3 | □4 | □5 |
| 2. 周围交通很方便。 | □1 | □2 | □3 | □4 | □5 |

### 十、价格

| | | | | | |
|---|---|---|---|---|---|
| 1. 酒店服务价格合理。 | □1 | □2 | □3 | □4 | □5 |
| 2. 服务价格明确。 | □1 | □2 | □3 | □4 | □5 |

### 十一、总体满意度

| | | | | | |
|---|---|---|---|---|---|
| 1. 您对酒店的服务总体上满意。 | □1 | □2 | □3 | □4 | □5 |
| 2. 您认为自己是此酒店的忠诚顾客。 | □1 | □2 | □3 | □4 | □5 |
| 3. 您会向朋友介绍这家酒店。 | □1 | □2 | □3 | □4 | □5 |
| 4. 您会再次入住这家酒店。 | □1 | □2 | □3 | □4 | □5 |

# 附录2　酒店员工调研问卷

## 酒店员工调研问卷

您好，我们是北京xx大学的学生，想针对酒店员工流失方面做一些调查，将会耽误您几分钟的时间，我们会对您的答案进行保密，由衷感谢您的配合。谢谢!

联系方式：xxx

**第一部分：**基本信息

1. 请问您的工作部门为：□前厅部　□餐饮部　□客房部　□康乐部
2. 请问您的性别：□男士　□女士
3. 请问您的年龄：__________（直接填写即可）。
4. 请问您的月收入：__________（直接填写即可）。
5. 请问您的教育背景：

   □初中及以下　□高职或高中　□专科

   □本科　□研究生　□研究生及以上学历
6. 请问您在本酒店的工作年限为：__________年。
7. 请问您之前是否在其他酒店工作过？□是　□否
8. 请问您现在的状态是？□已换过酒店（单位）　□还在犹豫是否换单位　□从没想过换
9. 未来您对工作的态度是（给出百分比，三项总和为100%）：

   □肯定换单位（__________%）

   □会考虑是否换单位（__________%）

   □不会换单位（__________%）
10. 如果换单位，您会选择（给出百分比，三项总和为100%）：

    □离开酒店业（__________%）

    □到另一家酒店（__________%）

    □到本酒店其他部门（__________%）
11. 请问您的婚姻状况是？□已婚　□未婚　□其他

12. 请问您是酒店的：　□正式员工　□实习生　□小时工

**第二部分：**针对下面每个陈述，请您勾选合适的数字选项。其中1=完全不同意，2=不同意，3=无意见，4=同意，5=完全同意。

1. 当有任务时，您会全力以赴去完成。　□1　□2　□3　□4　□5
2. 您的表现是最好的。　□1　□2　□3　□4　□5
3. 您在工作中确实是全身心投入。　□1　□2　□3　□4　□5
4. 您在一线员工中表现非常靠前。　□1　□2　□3　□4　□5
5. 您常常有离开这家酒店的想法。　□1　□2　□3　□4　□5
6. 比起其他员工，您和客人的关系处得更好。　□1　□2　□3　□4　□5
7. 每当工作时，您非常专注所做的工作。　□1　□2　□3　□4　□5
8. 没什么外界因素吸引您离开这家酒店。　□1　□2　□3　□4　□5
9. 您在工作中以最大努力使您的工作取得成功。　□1　□2　□3　□4　□5
10. 您对从事的服务非常熟悉。　□1　□2　□3　□4　□5
11. 您正在寻求其他的工作机会。　□1　□2　□3　□4　□5
12. 您会在工作中尽我所能。　□1　□2　□3　□4　□5
13. 您对客人对服务的期望很了解。　□1　□2　□3　□4　□5
14. 您对工作的总体感受是满意的。　□1　□2　□3　□4　□5
15. 您对酒店的政策感到满意。　□1　□2　□3　□4　□5
16. 您对您的薪酬感到满意。　□1　□2　□3　□4　□5
17. 您对您的同事感到满意。　□1　□2　□3　□4　□5
18. 您对您的主管领导感到满意。　□1　□2　□3　□4　□5
19. 您对本酒店对您工作的支持感到满意。　□1　□2　□3　□4　□5
20. 您对酒店的顾客感到满意。　□1　□2　□3　□4　□5
21. 您对在此酒店的发展机会感到满意。　□1　□2　□3　□4　□5

再次感谢您的配合！

# 附录3 北京旅游信息服务调查问卷

## 北京旅游信息服务调查问卷

游客您好，我们是北京xx大学旅游学院的学生。为了解您对北京旅游信息的需求和北京旅游所提供的信息服务情况，我们做一次社会调查。这会对您和他人来北京旅游提供很大的帮助，希望您花费5～10分钟时间帮我们填写此问卷。

联系方式：xxx

谢谢！

1. 您来北京旅游是随团吗？ □ 是 □ 否
2. 您来北京大概待几天？ ________天

下列问题分两部分：A是您对某些信息需求的期望；B是您对所获得信息的评价。

每个问题有5个等级，1表示完全不同意；2表示不同意；3表示一般；4表示同意；5表示完全同意；0表示无此经历。请您在相应的数字位置画圈。

| A | | | | | | |
|---|---|---|---|---|---|---|
| | 完全反对 | 反对 | 一般 | 同意 | 完全同意 | 无此经历 |
| 1. 很想知道有关住宿的信息 | 1 | 2 | 3 | 4 | 5 | 0 |
| 2. 想知道从机场到市区/宾馆的交通方式 | 1 | 2 | 3 | 4 | 5 | 0 |
| 3. 想知道从火车站到宾馆的交通路线 | 1 | 2 | 3 | 4 | 5 | 0 |
| 4. 想知道从宾馆到旅游景点的交通路线 | 1 | 2 | 3 | 4 | 5 | 0 |
| 5. 想知道从一个景点到另一个景点如何走 | 1 | 2 | 3 | 4 | 5 | 0 |
| 6. 想知道北京的地方食品和特色饭店 | 1 | 2 | 3 | 4 | 5 | 0 |
| 7. 想知道购物有哪些好去处 | 1 | 2 | 3 | 4 | 5 | 0 |
| 8. 想知道北京的酒吧有哪些 | 1 | 2 | 3 | 4 | 5 | 0 |
| 9. 想知道北京的特色演出京剧/杂技等的剧场 | 1 | 2 | 3 | 4 | 5 | 0 |
| 10. 想知道北京更多的景点 | 1 | 2 | 3 | 4 | 5 | 0 |
| 11. 想知道景点内的更多信息 | 1 | 2 | 3 | 4 | 5 | 0 |
| 12. 想从所住宾馆处得到相关信息 | 1 | 2 | 3 | 4 | 5 | 0 |
| 13. 想从旅行社/导游处得到有关信息 | 1 | 2 | 3 | 4 | 5 | 0 |
| 14. 想从政府旅游部门得到相关信息 | 1 | 2 | 3 | 4 | 5 | 0 |
| 15. 想从当地居民得到相关信息 | 1 | 2 | 3 | 4 | 5 | 0 |

| B | | | | | | |
|---|---|---|---|---|---|---|
| | 完全反对 | 反对 | 一般 | 同意 | 完全同意 | 无此经历 |
| 1. 对有关住宿的信息很了解 | 1 | 2 | 3 | 4 | 5 | 0 |
| 2. 了解从机场到市区/宾馆的交通方式 | 1 | 2 | 3 | 4 | 5 | 0 |
| 3. 容易知道从火车站到宾馆的交通路线 | 1 | 2 | 3 | 4 | 5 | 0 |
| 4. 容易知道从宾馆到旅游景点的交通路线 | 1 | 2 | 3 | 4 | 5 | 0 |
| 5. 了解从一个景点到另一个景点的交通路线 | 1 | 2 | 3 | 4 | 5 | 0 |
| 6. 了解北京的地方食品和特色饭店 | 1 | 2 | 3 | 4 | 5 | 0 |
| 7. 知道几个购物的好去处 | 1 | 2 | 3 | 4 | 5 | 0 |
| 8. 知道北京的酒吧有哪些 | 1 | 2 | 3 | 4 | 5 | 0 |
| 9. 知道北京的特色演出京剧/杂技等的剧场 | 1 | 2 | 3 | 4 | 5 | 0 |
| 10. 知道北京更多的景点如郊区景点 | 1 | 2 | 3 | 4 | 5 | 0 |
| 11. 知道景点内的更多信息 | 1 | 2 | 3 | 4 | 5 | 0 |
| 12. 从所住宾馆处得到了相关信息 | 1 | 2 | 3 | 4 | 5 | 0 |
| 13. 从旅行社/导游处得到了有关信息 | 1 | 2 | 3 | 4 | 5 | 0 |
| 14. 从政府旅游部门得到了相关信息 | 1 | 2 | 3 | 4 | 5 | 0 |
| 15. 从当地居民得到了相关信息 | 1 | 2 | 3 | 4 | 5 | 0 |

## C 基本信息

1. 您对北京旅游为您提供的信息满意吗？

   □ 不满意　□ 满意　□ 非常满意

2. 除了以上信息，您还想了解其他信息如：________________

3. 您需要的旅游信息是从哪里得到的？（可多选）

   □ 网络搜索　□ 电话咨询　□ 电视宣传
   □ 宣传手册　□ 导游介绍　□ 朋友介绍
   □ 当地居民　□ 宾馆服务　□ 其他

4. 您希望通过什么途径获取北京旅游的有关信息？（可多选）

   □ 网络搜索　□ 电话咨询　□ 电视宣传
   □ 宣传手册　□ 导游介绍　□ 朋友介绍
   □ 当地居民　□ 宾馆服务　□ 其他

5. 您认为信息重要性在您的旅游体验中占多大比重？________%

非常感谢您的合作！

编号：________

调查地点：________________

调查时间：______年_____月_____日

调查人员：________

# 参考文献


[1] 张文彤，闫洁．SPSS统计分析基础教程［M］．北京：高等教育出版社，2004.

[2] 罗纳德·D．约克奇．SPSS其实很简单［M］．刘超，吴峥，译．吴喜之，审校．北京：中国人民大学出版社，2010.

[3] Julie Pallant．SPSS Survival Manual（第2版）［M］．UK：Open University Press，2001.

[4] Sinha，R．Beyond cardsorting：Free−listing methods to explore user categorizations［EB/OL］．［2017−05−16］．http://www.boxesandarrows.com.

[5] 罗伯特·S．平狄克，丹尼尔·L．鲁宾费尔德．计量经济模型与经济预测（第4版）［M］．钱小军，译．北京：机械工业出版社，1999.

[6] 戴维·R．安德森，丹尼斯·J．斯维尼，托马斯·A．威廉姆斯．商务与经济统计（第7版）［M］．张建华，王健，冯燕奇等译．北京：机械工业出版社，2003.

[7] 冯国生，刘荣，吕振通等著．赢在职场：SPSS统计分析与应用（第2版）［M］．北京：机械工业出版社，2014.

[8] 西摩·萨德曼，爱德华·布莱尔．营销调研（第9版）［M］．宋学宝等译．北京：华夏出版社，2004.

[9] 小吉尔伯特·A．丘吉尔，唐·拉柯布奇．营销调研方法论基础［M］．王桂林，赵春艳，译．北京：北京大学出版社，2010.

[10] Cooper, R. Donald, & Schindler, S. Pamela. Business Research Methods (Eighth Edition) [M].New York: McGraw−Hill, 2003.

[11] Turoff, M. (2002), "The Policy Delphi", in Linstone, H.A. and Turoff, M. (Eds), The Delphi Method: Techniques and Applications [M].Addison−Wesley, Reading, MA, pp. 80−96.

[12] Alexandros, P., & Saunders, M. N. K. (2012). Beyond consensus: an alternative use of Delphi enquiry in hospitality research. International Journal of Contemporary Hospitality Management, 24(6), 907−924.